深化科研领域综合改革促进中西部高校哲学社会科学发展

全国高校社会科学科研管理研究会 组编

WUHAN UNIVERSITY PRESS
武汉大学出版社

图书在版编目(CIP)数据

深化科研领域综合改革　促进中西部高校哲学社会科学发展/全国高校社会科学科研管理研究会组编. —武汉：武汉大学出版社，2015.9

ISBN 978-7-307-16913-5

Ⅰ.深…　Ⅱ.全…　Ⅲ.高等学校—哲学社会科学—发展—研究—中西部地区　Ⅳ.C12

中国版本图书馆 CIP 数据核字(2015)第 227551 号

责任编辑:郭　静　　　责任校对:李孟潇　　　版式设计:马　佳

出版发行：**武汉大学出版社**　（430072　武昌　珞珈山）

（电子邮件：cbs22@whu.edu.cn　网址：www.wdp.com.cn）

印刷:武汉中远印务有限公司

开本：720×1000　1/16　　印张:26　字数:373 千字　插页:1

版次:2015 年 9 月第 1 版　　2015 年 9 月第 1 次印刷

ISBN 978-7-307-16913-5　　定价:50.00 元

前　言

全国高校社会科学科研管理研究会 2014 年年度工作会议的研讨主题是“深化科研领域综合改革，促进中西部高校哲学社会科学发展”。确定这一研讨主题，是深入贯彻党的十八大和十八届三中全会精神，学习贯彻习近平总书记系列重要讲话精神，深入落实中办国办转发《教育部关于深入推进高等学校哲学社会科学繁荣发展的意见》和教育部、国家发改委、财政部联合印发《中西部高等教育振兴计划（2012—2020 年）》，提高服务国家和区域经济社会发展的能力和水平的具体体现。

党的十八大以来，习近平总书记发表了一系列重要讲话，深刻回答了新形势下党和国家事业发展的一系列重大理论和现实问题，是坚持和发展中国特色社会主义的最新理论成果。总书记对教育工作的系列重要论述，视野开阔、内涵丰富、思想深邃，丰富发展了中国特色社会主义教育理论，是全面深化教育领域综合改革的行动指南，是指导教育事业科学发展的强大思想武器。

中西部高等教育是我国高等教育的重要组成部分。中西部普通高校数、在校学生数接近全国三分之二，肩负着为国家特别是中西部地区经济社会发展提供人才支持和智力支撑的重要使命。可以说，中西部高等教育的发展程度，决定着中国高等教育的总体水平；没有中西部高校哲学社会科学的欣欣向荣，就不会有整个高校哲学社会科学的健康持续发展。2011 年，中办、国办转发《教育部关于深入推进高等学校哲学社会科学繁荣发展的意见》，提出到 2020 年基本建成高等学校哲学社会科学创新体系，新一轮“高校哲学社会科学繁荣计划”全面启动。2013 年，教育部、国家发改委、财政部联合印发《中西部高等教育振兴计划（2012—2020 年）》，提出了“突出应用服务、支持区域急需、强化特色发展、发挥主体作用、注重分类指导”的指导原则和十个方面的主要任务。作为哲学社会科学工作者，我们要以学习贯彻习近平总书记系列讲话为契机，总结中西部高校哲学社会科学工作，分析形势、明确任务，凝聚共识、团结力量，努力实现中西部高校哲学社会科学内涵式发展新跨越，为实现“两个百年”目标和中华民族伟大复兴中国梦作出新的贡献。

本次年度工作会议在教育部社会科学司的指导下，由全国高校社科科研管理研究会主办。本会议于 2014 年 7 月在山西大学举办，教育部副部长李卫红同志出席论坛并发表讲话。研究会理事长顾海良、河南省教育厅厅长朱清孟、新疆大学党委书记李中耀、重庆工商大学校长杨继瑞、西北大学校长方光华、浙江大学副校长罗卫东和山西大学校长贾锁堂等知名学者作了主题演讲，教育部社会科学司司长张东刚作了专题报告，他们从理论、方法、经验、实现路径等方面对深化科研领域综合改革作了深入阐发，就促进中西部高校哲学社会科学发展发表了精辟的见解。

现在呈现在读者面前的，是本次会议主题学术研讨的成果汇编，以《深化科研领域综合改革 促进中西部高校哲学社会科学发展》为题结集出版。这些研究或从理论层面对制约中西部高校哲学社会科学创新发展的主要体制机制障碍进行分析，或从不同的视角对深化中西部高校哲学社会科学领域综合改革的总体思路和重点举措进行深入阐述，或结合成功经验和典型案例对高校哲学社会科学创新体系的地位作用、目标任务、建设标准和指标体系进行探讨，具有较高的学术水平。因篇幅所限，还有部分有价值的研究成果未能编入，敬请相关作者谅解。

在本成果的组编过程中，教育部社会科学司领导给予了精心指导，全国高校社科科研管理研究会秘书、武汉大学人文社会科学研究院刘金波同志和曾彦同志承担了大量的具体工作。武汉大学出版社编辑为书稿的出版付出了许多心血。在此一并致谢！

全国高校社科科研管理研究会

2015 年 1 月

目　　录

第一部分　主题报告

第二部分　社科管理

第三部分　协同创新

第四部分　智库建设

第五部分　社科评价

第一部分　主题报告

努力实现中西部高校哲学社会科学内涵式发展新跨越

李卫红 *

党的十八大以来，习近平总书记发表了一系列重要讲话，深刻回答了新形势下党和国家事业发展的一系列重大理论和现实问题，是坚持和发展中国特色社会主义的最新理论成果。总书记对教育工作的系列重要论述，视野开阔、内涵丰富、思想深邃，丰富发展了中国特色社会主义教育理论，是全面深化教育领域综合改革的行动指南，是指导教育事业科学发展的强大思想武器。日前，由中宣部组织编写的《习近平总书记系列重要讲话读本》已正式出版，全党全国正在兴起学习贯彻总书记系列重要讲话精神的高潮热潮。我们要深化对讲话精神的领会和把握，更好地把思想和行动统一到讲话精神上来，落实到推进高等教育和哲学社会科学事业发展的各个方面。

中西部高等教育是我国高等教育的重要组成部分。中西部普通高校数、在校学生数接近全国三分之二，肩负着为国家特别是中西部地区经济社会发展提供人才支持和智力支撑的重要使命。可以说，中西部高等教育的发展程度，决定着中国高等教育的总体水平；没有中西部高校哲学社会科学的欣欣向荣，就不会有整个高校哲学社会科学的健康持续发展。2011 年，中办、国办转发《教育部关于深入推进高等学校哲学社会科学繁荣发展的意见》，提出到 2020 年基本建成高等学校哲学社会科学创新体系，新一轮“高校

---

* 李卫红，教育部党组成员、副部长。

哲学社会科学繁荣计划”全面启动。2013 年，教育部、国家发改委、财政部联合印发《中西部高等教育振兴计划（2012—2020年）》，提出了“突出应用服务、支持区域急需、强化特色发展、发挥主体作用、注重分类指导”的指导原则和十个方面的主要任务。我们要认真学习贯彻习近平总书记系列重要讲话精神，深入落实《繁荣发展意见》和《中西部高等教育振兴计划》，全面总结中西部高校哲学社会科学成绩和经验，认清形势、明确任务、凝聚共识、团结力量，努力促进中西部高校哲学社会科学内涵式发展，实现新的跨越。

一、立足优势，彰显特色，中西部高校哲学社会科学取得突出成绩

新世纪以来，中西部高校立足区域优势，秉承优良传统，扎实推进工作，哲学社会科学整体呈现“稳中有进，量增质升”的良好态势：2004—2013 年，中西部高校共培养文科人才约 1800 万人，出版著作约 12.1 万部，发表论文约 167.6 万篇，提交研究报告约 5.7 万篇。蓬勃发展的中西部高校哲学社会科学，为现代化建设源源不断地输送了大量高层次人才，提供了高水平的智力支撑，走出了一条特色发展之路。这是很了不起的成就，为服务国家战略和经济社会发展提供了强大的人才和智力支撑，也充分说明中西部高校地位重要、作用独特。

1. 依托红色资源优势，立体化育人效果明显。红色文化资源是我党领导人民群众在长期革命实践中形成的宝贵财富，是世界观、人生观和价值观教育的鲜活教材。全国 12 个重点红色基地区域有 10 个位于中西部，井冈山精神、长征精神、延安精神、西柏坡精神根植于中西部。近年来，中西部高校突破陈旧单一的教育方式，将红色文化资源嵌入立德树人教育系统中，探索出了融教材、教学、实践教育、教师培训于一体的立体化育人新模式，展现了独特的功效。一是推动红色文化进教材进课堂进头脑。延安大学推出《延安时期红色经典导读》教材，从现有的课程教学体系中提炼“实践点”、从延安红色文化资源中提炼“教育点”，实现二者的有

机对接；赣南师范学院启动大学生红色教育工程，开发《中央苏区史教程》，开设《中央苏区社会变革史》等选修课程，加强大学生革命传统教育。二是建立一批红色文化教学和研究基地。湘潭大学、井冈山大学、延安大学等6所中西部高校“中国共产党革命精神与文化资源研究中心”纳入了教育部人文社科重点研究基地，成为党史与革命精神研究高地和革命传统教育宣传阵地。许多高校联合地方政府，建成一大批红色文化教学实践基地，广泛组织大学生深入开展红色之旅主题教育活动。三是组织骨干教师开展实践研修。十年来，大约有10万人次的哲学社会科学骨干教师和思想政治理论课教师到井冈山、延安、西柏坡等革命圣地接受学习培训。四川大学、贵州师范大学等6所中西部高校获批全国首批高校思政课教师社会实践研修基地，成为思政课教师培训的重要平台。

2. 利用政策扶持优势，哲学社会科学研究蓬勃发展。国家西部大开发、中部崛起等一系列战略，对口支援、省部共建、一省一校工程等有关政策，给中西部高校哲学社会科学提供了难得的发展机遇。各地各高校抓住契机，因地制宜，因校制宜，先后出台并实施各自的繁荣计划，哲学社会科学研究事业实现了快速发展。2013年，中西部高校社科研究经费数达40.3亿元，较2004年增长8倍多；承担各类项目约16.9万项，增长3.5倍；发表论文约18.5万篇，增长35%；出版著作约1.3万部，增长19.5%。教育部人文社科重点研究基地中有49个设在中西部高校，占基地总数的32.5%，建立省级研究基地647个。许多基地研究水平位居全国前列，如华中师范大学中国农村问题研究中心、山西大学科学技术哲学研究中心等，其研究成果在同行中得到高度认可。扎实推进基础理论研究，产生了一批影响广泛的精品力作：内蒙古大学历时十年完成的《内蒙古通史》，是学界公认的第一部贯通内蒙古古今历史的传世之作；宁夏大学牵头完成的《中国藏西夏文献》，填补了西夏学研究领域众多学术空白。

3. 挖掘历史文化优势，特色学科和研究领域不断涌现。西域文化、巴蜀文化、滇黔文化、藏文化、伊斯兰文化等，在中西部广袤大地上碰撞、交融，造就了异彩纷呈的思想文化资源宝库。中西部高校深入挖掘历史文化资源，经过多年的积淀，形成了一批又一批在全国有较强竞争力甚至是独一无二的优势学科和特色学科：拥有哲学社会科学国家重点学科一级学科 9 个、二级学科 66 个、重点培育学科 18 个；西北大学的考古学、西南政法大学的法学、兰州大学的民族学等都处于全国高校前列；敦煌学、蒙古学、藏学、西夏学、徽学等已成为“显学”。围绕中西部特有的民族多样性与文化多样性，开辟和拓展了诸多研究领域，如云南大学多民族文化研究、西北师范大学少数民族教育研究、河南大学黄河文明研究等。积极开展跨学科文化研究，如西北大学建成了教育部文化遗产保护重点实验室，西藏民族学院牵头组建了西藏文化传承发展协同创新中心，四川师范大学承担了国家重大项目“南方丝绸之路与欧亚古代文明”等。

4. 发挥民族团结优势，高校智库建设初见成效。全国 56 个民族绝大多数聚居在中西部，各民族和睦相处，共同繁荣发展，为高校智库建设提供了丰厚的土壤。十年来，中西部高校提交各类咨询报告 5.7 万余篇，占全国 45.6%。积极开展民族问题研究，承担多项教育部人文社科重大攻关项目，如新疆大学“边疆多民族地区构建社会主义和谐社会研究”、西南大学“民族地区教育优先发展研究”等。凝练研究方向，汇聚研究队伍，建立了一批高水平的民族文化研究平台，如兰州大学西北少数民族研究中心、西藏大学西藏民族文化研究中心等，都是民族文化研究的重镇。积极开展咨询服务，提出了一批针对性、实效性强的研究报告，在服务经济社会发展中发挥了重要作用。2013 年，仅四川大学、新疆大学、武汉大学、吉林大学、东北师范大学等 5 所高校，就有 21 篇专家建议得到中央领导同志重要批示。

5. 借助边疆地理优势，对外人文交流呈现新亮点。中西部地区毗邻中亚、南亚、东南亚和东北亚多个国家和地区，与 14 个国家接壤，区位地理优势独特。中西部高校立足地缘优势，积极开展教育和学术文化交流活动。一是开展留学生培养。十年来，共培养来华留学生约 70 万人次。广西师范大学先后为越南、泰国、缅甸等国培训了 300 多名中小学汉语教师，为东盟国家培养了约 1 万名留学生。二是创设国际问题研究机构。四川大学南亚研究中心、广西大学中国—东盟研究院、新疆师范大学中亚研究院、黑龙江大学俄罗斯语言文化研究中心、延边大学中朝韩日文化比较研究中心等，都成为国内外有影响的研究基地。三是搭建高水平学术交流平台。云南大学承办的国际人类学与民族学联合会第十六届大会，组织了156场学术专题会议，来自100多个国家和地区的4000多位专家学者参会，被誉为名副其实的学术盛宴，吉林大学推动建立的“东北亚大学教授协议会”，构建了东北亚大学间的交流网络，为各国决策及合作发展提供咨询与支持，有效提升了中国学者在东北亚区域研究的学术话语权。四是开办孔子学院。中西部高校建有孔子学院155所，占全国总数的35.2%，成为各国人民学习中国文化、了解中国发展的重要窗口。

在长期的发展过程中，中西部高校哲学社会科学积累了许多宝贵经验：一是坚持理论指引与注重实践并重。始终坚持马克思主义的立场观点方法，紧跟时代步伐，根植社会实践，聚焦重大理论和现实问题，不断提高服务国家战略和区域经济社会发展的能力和水平。二是坚持政策扶持与自我提升并重。把政策优势转化为内生动力，优化布局结构，挖掘内部潜力，发挥主体作用，增强自我造血、自我发展、自我提升能力。三是坚持整体推进与特色发展并重。将历史文化的资源优势转化为学科优势和科研优势，汇聚人才队伍，凝练研究方向，构筑学术高地，以特色谋发展、以特色创品牌、以特色立地位。四是坚持继承传统与改革创新并重。弘扬优良的办学传统，扎实推进基础研究，延伸传统学科链，赋予传统文化以时代内涵；整合多方资源，以改革求突破，以开放促发展，创新育人模式，改进管理机制，不断释放发展活力。

这些成绩和经验的取得，是党中央高度重视、坚强领导的结果，是广大中西部高校哲学社会科学工作者共同努力、扎实工作的结果，是东部高校对口支援、无私奉献的结果，同时也凝结着各级科研管理工作者的心血与智慧。成绩来之不易，经验弥足珍贵，我们要倍加珍惜，不断发扬光大、丰富发展。

二、把握形势，明确任务，促进中西部高校哲学社会科学从大到强的新跨越

在充分肯定成绩的同时，我们更应该清醒地认识到中西部高校哲学社会科学发展面临的新形势。从国际形势看，当前世界正在发生深刻复杂的变化，世界多极化、经济全球化深入发展，新一轮科技革命和产业变革正在孕育兴起。中国在世界上的地位角色发生了历史性变化，日益走向世界舞台的中心，“树大招风”在所难免。国家安全形势出现新趋势，思想文化交流交融交锋呈现新特点，意识形态领域的斗争日趋激烈、复杂和严峻。从国内形势看，我们进入了改革的攻坚期和深水区，社会稳定进入风险期。各种社会矛盾和问题相互交织、叠加呈现，民族、宗教、涉疆、涉藏、南海、钓鱼岛等问题近期愈加凸显。中西部地区特别是边疆民族地区成为反华势力意识形态渗透和遏制、分裂中国的重要突破口，同时也是民族矛盾、宗教冲突最易爆发的区域。维护国家总体安全，推进国家治理体系和治理能力现代化，是摆在我们面前的重大历史任务。从高等教育形势看，我国高等教育正处于从外延式发展到内涵式发展，从高等教育大国向高等教育强国的发展新阶段。未来五到十年将是中国高等教育大竞争时代，同时也是大洗牌时代。必须把振兴中西部高等教育作为推动高等教育改革发展的战略重点，抓住机遇，加快解决突出问题，促进中西部高等教育在新的历史起点上实现内涵式发展的新跨越。从高校社科形势看，随着中办国办《繁荣发展意见》的下发，全国高校哲学社会科学已经进入整体上向问题导向转型，从注重硬指标显性增长向注重软实力内在提升的新阶段。习近平总书记关于智库建设的重要讲话，得到社科界的广泛认同并成为自觉行动。增强理论创新能力，提升社会服务水平，推进新型智库建设，是高校面临的最为紧迫的任务。

面对新形势新要求，中西部高校哲学社会科学还有很多不适应，存在一些突出问题和薄弱环节，比如整体研究实力偏弱、人才队伍流失严重、特色优势发挥不足、社会服务能力不强、科研经费投入偏少等，成为制约发展的障碍。我们必须切实增强使命感责任

感，抢抓机遇、乘势而上，入主流、强特色、树品牌，努力实现中西部高校哲学社会科学由大到强的内涵式发展新跨越。

1. 落实立德树人根本任务，培育和弘扬社会主义核心价值观。学校教育，育人为本；德智体美，德育为先。高校要落实好立德树人的根本任务，把培育和弘扬社会主义核心价值观融入到教育教学和科学研究的全过程。一是抓好立体化教材体系建设。把研究阐释社会主义核心价值观的最新成果体现在教材建设的各方面，形成面向不同对象、辐射各个层次、涵盖多种载体的立体化教材体系。根据自身特色，编写适宜本地区使用的教材教辅，比如双语教材、红色文化教材等。二是建设好高校思想政治理论课。落实总书记“高校思政课必须办好”的重要批示精神，强化课程知识传授、能力培养、信仰培塑的功能定位，把培育和弘扬社会主义核心价值观作为重要任务，并与加强中华优秀传统文化教育有机结合起来。推动思想政治理论课标准化建设，深化教学改革，提高教学效果。三是加强总体国家安全观、民族大团结教育。结合区域安全形势，加强马克思主义祖国观、民族观、宗教观、文化观教育，引导大学生自觉维护国家统一和民族团结。加强民族地区双语教师培养培训基地建设，采取集中学习、脱产研修、远程教育等多种形式，提高双语教师的理论素养和业务能力。

2. 树立强烈的人才意识，打造中西部高校哲学社会科学高水平人才队伍。人才是第一宝贵资源，繁荣发展哲学社会科学归根到底靠人才、靠队伍。中西部高校要认真学习贯彻总书记关于人才工作的讲话精神，坚持育引并举、以用为本，努力破解人才困境。一是利用好国家对中西部人才队伍建设的重点扶持计划。借助“长江学者奖励计划”、“千人计划”、“新世纪优秀人才支持计划”等对中西部高校的政策倾斜，扶持与培养一批哲学社会科学研究领军人才。落实“边远贫困地区、边疆民族地区和革命老区人才支持计划”，推进实施各地各高校的人才计划，为科研人员的健康成长提供强有力的政策支持。二是培养好中青年人才队伍。下大力气培养学术研究后备力量，加强对中青年骨干教师的业务培养，加大扶持力度，努力使中青年人才脱颖而出。鼓励在校博士生、硕士生参与科研项目，夯实科研人员的人才储备。三是使用好人才。用人才是大智慧，事业留人是核心。要不断创新人才工作思路和机制，加大用人制度、薪酬制度改革，破解留住人才难的问题，在学习上重视、在工作上支持、在生活上关心人才，使他们成长有机会、干事有舞台、发展有空间。

3. 强化协同创新，推进中西部高校哲学社会科学特色发展。协同创新，走特色化发展之路，是提升高校创新能力的战略选择。中西部高校要学习贯彻总书记关于创新驱动发展战略的重要讲话精神，紧密关注经济社会发展问题，突出重点发展方向，协同创新上水平，特色办学促发展。一是注重特色凝练，推进学科体系和创新平台发展。努力打好民族多样性和文化多样性这张牌，打好地缘地域这张牌，大力发展特色学科；推进传统学科和新兴学科、交叉学科深度融合、相互渗透，培育新的学术领域和学科增长点；建好一批体现学科优势和特色的重点研究基地，积极牵头或主动参与国家和区域急需的协同创新中心建设。二是创新协同机制。着力解决封闭、重复、低效等问题，探索建立多元协同的开放、集成、高效的创新模式，实现稳定持续创新。主动与地方政府共建联合研究院、新农村发展研究院、软科学研究基地等校地合作平台，促进成果转化；与行业协会、龙头企业共建战略研究院，开展产业发展研究咨询；加强与东部高校的合作研究，共建优质教学资源和科研资源共享平台，增强东西互动，实现优势互补、协同发展。三是创新研究方法和手段。坚持理论联系实际，深入基层、深入社会、深入生活，从实践中发现和解决问题，改变从理论到理论、从书本到书本的科研模式。吸收借鉴自然科学的研究方法，充分利用现代信息技术，重点建设一批社会调查、统计分析、案例集成等专题数据库，在数据和方法支撑方面力争走在全国高校前列。

4. 服务国家和区域急需，推进中西部高校新型智库建设。高校智库具有战略研究、政策建言、人才培养、舆论引导、公共外交的重要功能。中西部高校要贯彻落实总书记关于智库建设的重要讲话和批示精神，深化机制体制改革，推进中国特色新型智库建设。一是服务国家战略和区域发展需求，明确智库建设方向。以服务区域经济发展、民族团结与国家安全为核心，聚焦重大问题，培育一批“2011 协同创新中心”；遴选一批重点智库机构，“选苗浇水”，加大支持力度，打造智库品牌。二是找准薄弱环节，破除智库建设藩篱。切实解决高校智库“小、散、乱”问题，深化运行和管理体制改革，实行“有进有退、优胜劣汰”的动态管理和弹性经费制度，推动重点研究基地等研究机构从整体上向问题导向转型。三是构建智库网络，优化智库建设环境。加强高校研究机构间的交流合作，扩展高校间议题设置、协同研究的广度和深度，构建多元而通畅的合作网络，实现优势智库资源的传递与共享。

5. 深化对外合作交流，提升中西部高校学术话语权。教育交流是人文交流的重要组成部分，是哲学社会科学“走出去”的重要渠道，具有基础性、先导性、广泛性和持久性作用。中西部高校要学习贯彻总书记关于加强传播能力和话语体系建设的重要讲话精神，立足地域优势，拓展国际视野，发挥高校推动中外人文交流的独特作用。一是加强国际和区域问题研究。通过政策引导、项目资助、自主创新，着力打造一批特色突出的国际问题研究机构，深入开展资源环境、反恐维和、边疆海洋等全球性问题和中亚、南亚、东北亚等区域问题研究，拓展中国—东盟区域发展、陆海丝绸之路经济带等新兴领域研究。二是扩大人员往来。充分利用区域文化优势，吸引国外优秀人才来华学习培训，鼓励在外优秀留学人员参与中西部地区的文化交流与合作；支持高校学生出国留学，继续实施“千名中西部大学校长海外研修计划”，提升高校领导的办学治校综合能力。三是建好对外人文交流平台。探索合作建立海外中国学术研究中心，扩大海外对中国道路、中国理论、中国制度的了解和认识。充分利用中国—东盟教育交流周、中国—阿拉伯国家大学校长论坛、东北亚论坛等交流平台，扩展与周边国家教育交流与合作。切实办好孔子学院，深化合作内涵，精心打造文化品牌。

三、加强领导，深化改革，为中西部高校哲学社会科学发展提供坚强保证

繁荣发展中西部高校哲学社会科学的任务和要求已经明确，关

键是不折不扣地抓好落实。各地各高校要结合党的群众路线教育实践活动，进一步更新观念、加强领导、深化改革，把学习总书记系列重要讲话精神引向深入，把智慧和力量凝聚到中央的决策和部署上来，以更加良好的精神状态，更加有力的工作举措，扎实推进高校哲学社会科学创新体系建设。

1. 更新思想观念，加强统筹协调。各地教育部门要深刻认识哲学社会科学的地位和作用，会同有关单位，加强顶层设计，整体规划，强化对区域内哲学社会科学发展的统筹，结合编制区域经济社会发展“十三五”规划，加大投入力度，优化资源配置，抓紧制定配套政策，同步规划高校哲学社会科学发展。中西部高校要把哲学社会科学发展摆到更加突出的位置，切实转变“等靠要”思想，准确把握发展的阶段性特征，注重提高自主发展能力，努力实现可持续发展。高校社科工作者要树立强烈的责任担当意识，在勤学、修德、明辨、笃实上下工夫，深入实践、深入基层，关注人们的精神世界、关注社会现实问题、积极回应社会关切，多出成果、多出人才。

2. 深化综合改革，实现重点突破。深化科研领域综合改革，推进科研体系和科研制度现代化，是中西部高校哲学社会科学今后一段时期最紧迫的任务。要把握好改革的系统性、协同性和操作性，统筹协调好人事制度、分配制度、管理制度等各项改革，加强规划协调，完善配套措施，形成改革合力，使各项改革举措相互配合、互相促进、富有成效。要深化政府职能转变，进一步发挥高校自主权，在完善内部治理制度上下工夫，加强高校章程建设，充分发挥学术委员会在学科建设、学术评价、学术发展和学风建设等事项上的重要作用。要确立质量第一的评价导向，改变简单以数量、形式评价业绩、评价人才的做法，把解决国家重大需求的实际贡献作为核心标准，加大绩效评价权重，真正建立起符合哲学社会科学特点、有利于激励创新的多元评价体系。

3. 强化主体责任，深化对口支援。推进哲学社会科学实现跨越式发展，各地各高校要勇于担当，切实履行责任。各地教育部门要建立健全高校哲学社会科学的评价监督机制，将推进重大改革、促进繁荣发展等作为督导评估重要内容，定期组织各项工作的绩效评价。中西部高校要始终将主体责任扛在肩上，在充分调研论证的基础上，根据本校实际研究提出推进改革发展的实施方案、路线图和时间表，精心组织，扎实推进，确保达到预期成效。同时借助对口支援平台，利用“西部之光”等访问学者项目，支持中青年骨干教师、管理干部到东部高水平大学研修访学、进修锻炼。东部高校要认真总结对口支援经验，扩大对口支援规模，创新对口支援方式，根据受援高校的不同办学定位和办学特色，分类制订不同模式的团队式支援方案，以学科建设为重点，深入开展科研合作，共建优质教学资源和科研资源共享平台，促进受援高校的师资队伍水平、人才培养质量、科研服务能力和学校管理水平显著提升。

当前，正值深入推进《繁荣发展意见》和《中西部高等教育振兴计划》的关键时期，中西部高校哲学社会科学发展前景广阔，大有可为。我们要把学习贯彻总书记系列重要讲话精神转化为推进事业发展的强大动力和实际行动，发扬“钉子精神”，着眼学校长远发展，扎扎实实打好基础，努力实现中西部高校哲学社会科学内涵式发展新跨越，为实现“两个一百年”奋斗目标和中华民族伟大复兴的中国梦作出更大的贡献。

［本文为教育部副部长李卫红 2014 年 7 月 18 日在全国高校社科科研管理研究会 2014 年年度工作会议上的讲话节选］

中华优秀传统文化与高校人文社会科学研究的新样式

顾海良*

各位专家、各位领导：

我发言的题目是“中华优秀传统文化与高校人文社会科学研究的新样式”。选择“新样式”的说法，主要是想表明两点：第一，和我们这次年会的主题有关。根据经济发展和增长的规律，后发优势往往是寻找一个和已经发展的经济地区同样的起跑线，在这一新的同样的起跑线上，后发优势才可能得到真正的发挥和张扬。中西部要在国家经济社会的科学发展过程中推进哲学社会科学的发展，同样需要寻找到并与哲学社会科学发展得比较好的其他地区、其他高校，确定同样的一个新的“起跑点”。我们现在用中华优秀的传统文化来推进哲学社会科学发展，应该说正是一个新的“起跑点”。第二，我们现在经常提到道路自信、理论自信和制度自信，中国哲学社会科学特别是高校哲学社会科学应该有它的自信，这就表现为理论自觉、理论自信、理论自强。无论是自觉、自信还是自强，都要寻找到一种新的发展的样式。在弘扬中华优秀历史文化传统的基础上，形成具有中国特色、中国风格、中国气派的哲学社会科学，就应该以一种新的样式为载体。

传承和弘扬“中华民族的优秀传统文化和民族精神”，增强中华文化的主体性，发展具有中国特色、中国风格、中国气派的高校社会科学研究新样式，是高校哲学社会科学研究的一项新任务，是

* 顾海良，高校社科科研管理研究会理事长。

促进中西部高校人文社会科学研究的重要方面，也是中西部高校人文社会科学研究形成自身特色和优势的重要契机。特别是中华民族优秀传统文化，特别是中华文化主体性的哲学社会科学研究，体现了中西部高校哲学社会科学研究的道路自信。

中华传统文化历来重视人文社会科学研究。在中华的文化典籍中，有过“观乎天文以察时变，观乎人文以化成天下”的说法；有过“圣达立言，化成天下，人文也”的解释；也有过“言圣人观察人文，则诗书礼乐之谓，当法此教化而成天下也”的阐发。这些，都体现了中华文化对人文社会科学地位和作用的充分肯定和高度认同。这里，把对自然科学的认识和对人文社会科学的认识不仅看作具有同样重要性，而且看作解决人与自然和人与人关系的两个并行的重要的研究领域。

对于高校来讲，人文社会科学研究的中国特色和中国样式，应该成为学科创新的基本路径、成为学科建设的卓越追求。习近平总书记在谈到“培育和弘扬社会主义核心价值观作为凝魂聚气、强基固本的基础工程”时，要求“继承和发扬中华优秀传统文化和传统美德”，“不断夯实中国特色社会主义的思想道德基础”。① 培育和弘扬社会主义核心价值观是这样，高校人文社会科学研究的发展和创新也是这样，在“继承和发扬中华优秀传统文化和传统美德”中，要不断彰显人文社会科学中国特色的“基因”，深化人文社会科学研究中国样式的特质。

一、中华优秀传统文化中蕴涵的思想精华和人文哲理，作为推进人文社会科学研究的“沃土”，以此培育高校人文社会科学研究的根基

这里讲的“沃土”实际上是说明中华优秀文化中的一些思想精华和人文哲理至今仍可能生长出新的、适合于时代需要的人文社会科学研究的成果和成就。习近平总书记在中央党校给中高级干部

① 习近平．把培育和弘扬社会主义核心价值观作为凝魂聚气强基固本的基础工程［N］．人民日报，2014-2-26.

的讲话中，用了中华优秀传统文化中的一些经典论述。习近平提到："古人所说的'先天下之忧而忧，后天下之乐而乐'的政治抱负，'位卑未敢忘忧国'、'苟利国家生死以，岂因祸福避趋之'的报国情怀，'富贵不能淫，贫贱不能移，威武不能屈'的浩然正气，'人生自古谁无死，留取丹心照汗青'、'鞠躬尽瘁，死而后已'的献身精神等，都体现了中华民族的优秀传统文化和民族精神，我们都应该继承和发扬。"① 这里提到的"政治抱负"、"报国情怀"、"浩然正气"和"献身精神"等方面的思想精华和人文哲理，是中国优秀传统文化"沃土"的突出体现。2014 年"五四"青年节，习近平在对北京大学的大学生的讲话中，又提到："我们提倡和弘扬社会主义核心价值观，必须从中汲取丰富营养，否则就不会有生命力和影响力。比如，中华文化强调'民惟邦本'、'天人合一'、'和而不同'，强调'天行健，君子以自强不息'、'大道之行也，天下为公'；强调'天下兴亡，匹夫有责'，主张以德治国、以文化人；强调'君子喻于义'、'君子坦荡荡'、'君子义以为质'；强调'言必信，行必果'、'人而无信，不知其可也'；强调'德不孤，必有邻'、'仁者爱人'、'与人为善'、'己所不欲，勿施于人'、'出入相友，守望相助'、'老吾老以及人之老，幼吾幼以及人之幼'、'扶贫济困'、'不患寡而患不均'，等等。"这些思想和精神，具有鲜明的民族特色，有其"永不褪色的时代价值"，蕴涵了"中国人的独特精神世界"和"百姓日用而不觉的价值观"，而"我们提倡的社会主义核心价值观，就充分体现了对中华优秀传统文化的传承和升华"。② 这一讲话，用中华优秀传统文化，强调了社会主义核心价值观的三个层面：个人层面、社会层面和国家层面。这充分表明，中华优秀传统文化在社会主义核心价值观的研究和推进中有它的重要意义。我们需要认真思考，如何弘

① 习近平．在中央党校建校 80 周年庆祝大会暨 2013 年春季学期开学典礼上的讲话［N］．人民日报，2013-3-3.

② 习近平．青年要自觉践行社会主义核心价值观——在北京大学师生座谈会上的讲话［N］．人民日报，2014-5-5.

扬这些重要的思想，推进高校哲学社会科学研究、促进哲学社会科学发展。

高校人文社会科学研究要根植于中华优秀传统文化的“沃土”之中，要传承和弘扬中华传统文化的这些优秀思想和崇高精神。当然，我这里强调，中华优秀传统文化是指在中华文化长期发展中所形成的那些思想精华，而不是某一个学派或某一种学说，不能把中华优秀传统文化等同于“儒学”或者所谓的“儒教”。儒学中有中华优秀传统文化，但中华优秀传统文化不只存在于儒学之中。我们所讲的中华优秀传统文化，并不是从一个体系上来接受儒学，只是接受它蕴含的一些思想精华和一些优秀哲理。我们现在弘扬中华优秀传统文化不等于儒学的“回归”，更不等于说用儒学来指导我们的人文社会科学研究。

二、中华优秀传统文化中蕴涵的思想精华和人文哲理，是涵养高校人文社会科学研究的思想文化源泉，要以此拓展高校人文社会科学研究的境界

所谓“源泉”，是指产生我们思想的重要的来源，产生我们新的研究成果的基本根据。中华优秀传统文化中积淀的中华民族最深层的思想精粹和人文追求，是中华民族独特的精神标识，也是塑造人文社会科学的中国气质、激扬人文社会科学研究中国风格的最为丰富的思想资源。改革开放以来，我们在人文社会科学研究中，走过了一段比较长时期的借鉴、吸收、引进国外人文社会科学研究优秀成果以及有价值的思想的过程，对高校人文社会科学研究和发展起到了极其重要的作用。但至今，正如总书记所讲的，中国作为一只“睡醒的狮子”，作为一只“睡醒的善良的狮子”，应该发出人文社会科学研究的中国声音；而其源泉，应该来自于中华优秀传统文化，要把我们悠久灿烂的传统文化，闪亮的精神标识，与当代中国社会现实结合起来，形成人文社会科学研究的重要思想资源。习近平在这方面不仅给我们提出了明确要求，同时更作出了一个生动榜样。

习近平在北大“五四”讲话中提到社会主义核心价值观三个

层面，就恰如其分地引用了中国古代传统文化中的一些基本的思想资源。他说："中国古代历来讲格物致知、诚意正心、修身齐家、治国平天下。从某种角度看，格物致知、诚意正心、修身是个人层面的要求，齐家是社会层面的要求，治国平天下是国家层面的要求。"① 习近平把"修身"、"齐家"、"治国"而"平天下"的古训，用在社会主义核心价值观的三个层面，升华了对社会主义核心价值观中国家、社会和个人三个层面的意蕴及其密切关联的理解，讲清了大德、公德和私德之间的关系。这一讲话，对于用中华民族传统文化阐释了一个重要的时代命题，对如何把中华优秀传统文化作为当今人文社会科学研究的重要思想资源和源泉，作出了一个非常重要的、也是生动的示范。

三、中华优秀传统文化中蕴涵的思想精华和人文哲理，是实现高校人文社会科学创造性转化、创新性发展的思想文化根基，要以此升华高校人文社会科学研究的时代特色

中华优秀传统文化用于当今中国人文社会科学的研究，并不是照搬，其中有一个重要的转化，这个转化就是创造性的转化；有一个重要的发展，就是创新性的发展。实现创造性转化和创新性发展，是把中华优秀传统文化的精华用于当代中国人文社会科学研究的一个非常重要的环节。对中华优秀传统文化，没有创新、没有发展，只是照搬照抄，不是我们当今应该有的科学的态度。对中华优秀传统文化的继承和弘扬，重要的是在创造中转化和创新中发展。习近平总书记强调，要坚持以马克思主义为指导、坚持社会主义先进文化方向，"去粗取精、去伪存真"，"古为今用、推陈出新"，实现中华传统文化的"创造性转化、创新性发展"，凸显人文社会科学的先进性、民族性、时代性。中华优秀传统文化即便历来为大家所接受，被老百姓所认可，但是，要展现它的时代特色，还必须有创造、创新。在创造中体现中华优秀传统文化的时代精神，在创

① 习近平．青年要自觉践行社会主义核心价值观——在北京大学师生座谈会上的讲话［N］．人民日报，2014-5-5.

新中彰显中国特色社会主义先进文化和哲学社会科学的新的时代特色。

高校人文社会科学研究要牢牢把握中国的历史、现实，坚持以马克思主义为指导，从历史、现实与未来的视界，把中华民族追求的人文社会科学境界，传承下去、繁荣起来、弘扬开来，在创造中转化、在创新中发展，使根植于中华大地的人文社会科学研究成就闪烁着时代的光彩和生机。

四、中华优秀传统文化中蕴涵的思想精华和人文哲理，也是把当代中国人文社会科学研究成果进行国际交流和传播的有效载体，要以此增强高校人文社会科学“走出去”的感召力和影响力

任何国家、任何民族，在世界范围内宣传自己民族文化，宣传这个国家当今的人文社会科学的思想精华，都要找到有效载体。这个有效载体，就是我们经常提到的“只有民族的，才是世界的”。在本民族优秀传统文化的根基上、沃土上培育出一些重要思想，以此作为进行国际交流和传播的有效载体，这不仅是世界范围内民族文化国际发展的一个重要途径，也是我们已经做的“走出去”战略中比较成功的经验总结。

习近平在谈到中国文化、中国人文社会科学“走出去”时，有过一个重要论述，他提出：“努力实现中华传统美德的创造性转化、创新性发展，把跨越时空、超越国度、富有永恒魅力、具有当代价值的文化精神弘扬起来，把继承优秀传统文化又弘扬时代精神、立足本国又面向世界的当代中国文化创新成果传播出去。”① 人文社会科学研究特别要能讲清楚中华优秀传统文化的历史渊源、深刻内涵、发展脉络和基本走向，讲清楚中华优秀传统文化的民族气质、独特创造、价值理念和鲜明特色，增强实现中华优秀传统文化的创造性转化发展的自觉自信自强。

---

① 习近平．完善和发展中国特色社会主义制度 推进国家治理体系和治理能力现代化［N］．人民日报，2014-2-18.

人文社会科学研究的开放性，既体现在学习和借鉴人类优秀思想文化成果上，也体现在继承和弘扬中华优秀思想文化成果上，更体现在立足创新，用中国的文化样式和话语体系解读中国道路、中国精神、中国形象，不断概括出理论联系实际的、科学的、开放融通的新概念新范畴新表述，形成具有中国特色、中国气派的高校人文社会科学研究的新样式。这应该是高校人文社会科学研究的极其重要的，也是极为艰巨的时代的和历史的任务。

凸显高等教育功能　构建协同创新机制

王嘉毅*

目前，甘肃省现有普通高校43所，拥有社科类重点研究基地25个，社科研究人员8000余人。高校哲学社会科学工作，事关党和国家的工作大局，在人才培养、科学研究、社会服务和文化传承方面，责任重大，任务艰巨，使命光荣。当前，深化高校哲学社会科学领域综合改革，推动协同创新，应进一步发挥高等教育功能，实现体制机制上的突破和创新。

一、落实新一轮"高校哲学社会科学计划"和"2011协同创新计划"，建立产学研协同创新机制

一是加强校企、校地、校院、校校交流和产学研合作。2014年，甘肃省根据新一轮"高校哲学社会科学计划"，在全省开展了"高校访高校，高校访政府，高校访企业，高校访科研院所"为内容的"四访"活动。高校互访，重点是相互交流学习高校之间的办学思路、人才培养、科学研究、创新创业及科学管理等方面的先进之处，促进全省高校提高人才培养质量和科技创新能力；高校访市州政府，着重推动高校与地方政府的合作、对接，了解地方对人才和科技的需求，推动高校利用人才和科技优势助推地方经济发展；高校访企业，意在了解企业在人才和技术改造方面的需求，寻求高校与企业的产学研结合，推动高校的科技创新和学科建设，为

* 王嘉毅，甘肃省教育厅厅长。

企业的转型升级和技术攻关提供人才和技术支撑，更好地服务地方产业升级和战略转型；高校访科研院所，目的是加强高校与科研院所的合作，优化科技资源配置，实施科技联合，实现优势互补，促进成果转化。

二是加强协同创新中心建设。根据“2011 协同创新计划”和省委、省政府的总体部署，大力推动省内高校汇集国内外、省内外各种创新力量，以哲学、社会科学为主题，以科技手段为支撑，以华夏文明优势资源为建设重点，在华夏文明发展前景与现代价值、基础研究与理论创新、创新平台与基地建设、应用研发与产业发展、华夏文明传承示范区建设等方面开展工作，争取建成一批跨学校、跨学科、综合型或任务导向型的科研平台。

三是建立产学研基地，助推科研成果的转化和应用。依托省内文化传媒建设实力强的高校，建成一批服务文化发展的科学研究机构和创新基地。西北师范大学牵头组建了“华夏文明传承发展协同创新中心”，兰州交通大学承担了“甘肃染缬文化创意产业研发项目”和“丝绸之路染缬文化产业平台与传播体系建设”项目，复活了几近失传的敦煌染缬技艺，在甘肃历史上首次承担国家文化创新重点项目和财政部文化专项资金项目。目前，我省兰州大学、西北师范大学、西北民族大学等已批准建设了若干国家级人文社科重点学科、重点研究基地等。今后，各高校将立足于甘肃丰富的历史文化资源，进一步加强敦煌文化、丝路文化、伏羲文化、农耕文化、传统医学文化、红色文化、少数民族特色文化等传承创新研究，推出更多研究成果。联合省内有关文化传媒部门，在全省建成4~5 个文化产业、文化新业态研发基地，推出更多文化产品。积极构建并逐步形成以国家和省部级重点实验室、工程技术中心、国际合作科学技术研究基地、基础理论研究及教学人才培养基地等为基础的研究和教育实验基地结构体系。进一步深化改革，创新体制机制，产出高水平、原创性的研究成果，搭建高水平的舞台，为甘肃的文化建设出谋划策，做好助手与参谋。

二、加强高校之间战略联盟建设，建立校际协同创新机制

一是加强全省高校战略联盟建设，推动区域性、专业化的协同创新。从 2012 年开始，甘肃省高校之间的互动交流和协同创新进入了实质性阶段，甘肃高校教师教育战略联盟、安宁五所高校战略联盟等学科性、区域性战略联盟相继成立并开展了卓有成效的工作。在此基础上，一方面进一步巩固现有高校战略联盟的工作成绩，及时总结经验，探索协同创新的新机制、新思路、新方式，形成协同创新的典型示范。另一方面在高校战略联盟的基础上，开展深层次的协同创新，实施重大研究项目，开展联合攻关，着力实现战略联盟成果的转化应用。

二是以高校内部院系间优秀的多学科科研团队培育为主体，推进多学科优秀科研团队建设。着力培养一批有潜力的优秀中青年人才和多学科合作科研团队，引导科研工作者把自由探索与甘肃区域发展战略需求相结合，力争在前沿科学和制约甘肃经济社会发展的若干重大问题上取得突破性进展。鼓励和支持有条件的高校联合其他高校组建 2~3 个高水平的多学科优秀科研团队并重点建设，从源头上为协同创新提供动力和智力帮扶，从行动上为甘肃产业结构调整重大项目工程提供支撑。

三是推动各高校之间进一步实现资源共享、优势互补，加强知识创新与学科交叉。紧紧围绕国家高等教育改革战略重点，紧紧瞄准甘肃未来产业发展战略重点，抢抓国家政策机遇，加大开放开发和协同创新力度。以深化各类教师专业建设为根本，以教师质量评估为动力，注重未来人才综合能力培养，注重高层次人才培养，提升人才适应经济社会发展和引领带动行业发展的综合服务能力。以提升高校科研创新能力为突破口，促进学科交叉融合，开展项目联合攻关，汇集人才，凝聚力量，形成为地方经济社会服务的联动效应。通过高校联盟之间的协同，提升创造能力和创新水平，为甘肃高等教育的内涵式发展和质量全面提升开拓更大的空间。

三、创新人才培养模式，建立人才培养协同创新机制

一是努力提升学校的文化、艺术教育水平。引导各高校切实承担起推动哲学社会科学繁荣发展的使命，坚持以社会主义核心价值观为统领，大力推进教学科研改革和艺术教育课程改革，提高学校哲学社会科学教学和科研质量。加强校园文化建设，强化文化引领，加强大学校训教育，弘扬大学精神，大力开展学术生态文化建设和学术道德建设。加强人文社会科学学科对重大社会现实问题的深入研究，引领社会文化发展。

二是努力培养文化创新人才。依托兰州大学、西北民族大学、西北师范大学、兰州文理学院等高校，设置一批与文化产业开发、传统文化保护等相关专业，如敦煌舞蹈、专门翻译、古籍整理、艺术展演、文武保护、考古、文博等本科专业。2014 年，甘肃省启动兰州文理学院创建甘肃文化传媒学院工作，着力打造重在培养文化、旅游、传媒、艺术等文化人才的综合性院校。甘肃正在建设文化大省，下一步将加大高层次文化专业人才的培养，研究特殊人才培养计划，努力培养培训一批文化发展规划人才、文化发展创意人才、文化精品创作人才、文化产业管理人才和文化艺术领域高层次人才。充分发挥已设置与行业紧密相关专业的高等学校的作用，加强高校生态文明相关专业建设，促进高校同政府主管部门、行业、企业的合作，共同制订人才培养方案，共同开发课程和教材，共同建设实践实习培训基地，大力培养储备我省急需的高端行业人才，培养生态文明建设所需的专门性人才。

四、加强文化保护传承和对外交流，建立文化传承协同创新机制

一是加强文化的保护研究与抢救工作。依托省内高校和科研机构设置考古学、博物馆学、民俗学、文物修复、古籍整理等地方历史文化专业，培养一批专业的文化保护人才。强化学校文史馆、博物馆等文化保护机构的建设，确保各类文化遗产的安全和完整。以语言文字工作为重点，在全省开展民族语言整理与语音资料库建设

工作。

二是实施“走出去、请进来”的战略，提高甘肃文化的对外效应，培植甘肃文化的国际竞争能力。近年来，国外对中国文化的需求越来越旺盛，特别是根据习近平总书记共建“丝绸之路经济带”的战略构想，甘肃省提出建设“丝绸之路经济带”打造甘肃黄金段，这为甘肃文化走向国际平台提供了难得的历史机遇。甘肃的两大突出特点是经济欠发达和文化资源丰富，我们将进一步引导全省高校用足用好国家政策，抓紧抓住这一战略机遇，鼓励高校加大对外交流的力度，支持有条件的省内高校赴境外办教育，加强与港澳联系，探索与台湾地区的高校合作方式。逐步加大选派高校青年教师出国进修工作和组团出访力度，为各级各类学校校长和中层管理人员提供更多的国际交流和学习机会。

三是支持发展校园文化特色文化，鼓励各级各类教师到国内外参加学术研讨会、出版学术著作、担任刊物主编等。鼓励省内高校主动到国内外、海内外引进、聘请文化创新人才，逐步形成人才培养和人员往来的长效机制。同时，积极创造便利条件，搭建省内学校与国外院校之间互动交流的平台，邀请外国师生来我省交流，这对于国外了解甘肃发展状况、亲身感受甘肃文化韵味具有重要的意义。我省高校在这些方面有着自身优势，兰州大学、西北师范大学等高校在国外建立了若干所孔子学院。我们将大力支持高校强化汉语国际推广工作，努力把甘肃汉语国际推广中心扩建成面向中亚国家的本土汉语教师培训基地，强化华文教育基地、华文及教育项目、来华留学项目等项目载体，扩大高校间教育合作交流范围与规模，由语言教育向文化交流拓展，由单边交流向双边、多边交流延伸。

构建协同创新机制，协同是手段，创新是目的，发展是实质，最终要落实到服务地方经济社会发展上。高校社会科学工作，更集中地体现在为政府决策提供信息咨询和政策服务方面。高等教育必须以贡献求支持，以服务求发展，努力提升服务社会的综合能力和贡献率，为区域经济社会发展做出更多新的成绩。

坚持正确科研导向，服务边疆稳定发展

李中耀*

一、认清形势、明确目标——增强使命意识和担当精神

新疆稳定发展关系全国大局。新疆大学作为地处新疆多民族地区的高校，为边疆稳定发展服务一直是我们的责任担当。我们秉承“需求导向、新疆情怀”的科研发展理念，围绕国家和自治区的现实需要，积极致力于解决新疆多民族地区的稳定与发展问题研究，努力为实现新疆长治久安与和谐发展提供高质量智力支持。

二、突出重点、强调特色——防止自我边缘化

新疆大学地处边疆，为防止经济落后必然导致科研落后的思维惯性扩大与泛化，我们主动作为，积极依据区域、民族特色，整合科研队伍，凝练研究方向。目前，新疆大学围绕新疆社会稳定与和谐发展这个重大主题，已形成民主法治建设与新疆社会治理、新疆周边安全环境、新疆经济社会与生态文明协调发展、丝绸之路经济带、新疆文化建设与教育发展、新疆民族与宗教和谐发展等6个相对稳定的研究方向和学术团队，力求在相关领域做出我们应有的贡献。

三、扎实工作、务求实效——不断提升服务社会能力

1. 科研实力有所增强。2011—2013年，新疆大学哲学社会科

* 李中耀，新疆大学党委书记。

学领域共承担各类科研项目573项，资助经费4038.55万元，其中国家社科基金45项，国家社科基金重大招标课题立项2项；教育部社科基金55项。获得省部级奖励39项。承担的课题大多紧扣新疆地域特点和民族特色，如2012年国家社科基金重大课题《西北民族地区的语言接触和语言联盟研究》、2013年重大课题《维吾尔族本土知识的保护与传承研究》等。

2. 创新平台建设和科研团队建设取得成效。学校现有各类科研平台15个，包括教育部人文社会科学重点研究基地1个，自治区人文社会科学重点研究基地9个，校级文科基地3个，自治区协同创新中心1个，自治区科研创新群体1个。

3. 不断提升社会服务的能力。近3年，围绕政府关切，向教育部和自治区党委、政府呈报《专家建议》和《成果要报》59份，其中获得中央、自治区领导批示的18份，对自治区党委和政府科学决策与有效施策作出了重要贡献。2012年新疆大学因“专家建议”呈报工作成绩突出，成为教育部表扬的20所高校之一。

四、重视改革、力求创新——努力激活体制活力

1. 大力实施人才工程，提高科研队伍水平和层次

在外引人才方面，通过实施“长江学者”、“天山学者”、“创新团队建设”等计划，吸引和大力培养高水平人才，近3年，学校引进“天山学者”15人，引进博士、教授50人，促进了相关学科教学科研水平的提高，带动了师资队伍水平的提升。

在稳定和激励人才方面，通过设立“新疆大学青年科研奖”，实施“新疆大学优秀人才支持计划”，“新疆大学教学科研系列岗位津贴制度”，充分调动了我校教职工从事科研工作的积极性。

2. 大力加强科研平台建设，提高科研创新能力。

一是充分利用现有研究平台，使其充分发挥凝练科研方向、集聚学术团队、培育科研成果的作用。二是充分利用对口支援高校的优势力量，有目的有计划地合作筹建一些急需发展的、和地方经济社会发展密切相关的研究中心，深入开展学科前沿领域的研究工作。比如，成立了新疆大学清华大学中亚发展研究中心，主要开展

对中亚及周边国家地缘政治、经济、文化、教育、外交、安全等领域的研究，以服务于国家战略，更好地为党和国家及新疆重大决策提供咨询和服务。

我们将认真贯彻落实中央第二次新疆工作座谈会精神，围绕新疆社会稳定和长治久安这个总目标，继续努力工作，打造一支扎根新疆的社科研究队伍，形成推动新疆长治久安与和谐发展的综合性学科集群，出一批高质量的科研成果，努力为新疆稳定发展做出新贡献。

把社科自信的创新成果内化在美丽西部的大地上

杨继瑞*

当前，西部大开发正焕发着盎然生机和活力，进入了打造西部经济核心增长极和全面建设小康社会的关键时期。面对着前所未有的机遇和挑战，更加需要西部高校广大哲学社会科学工作者发挥聪明才智，通过“接地气”、“服大局”、“搭桥梁”、“扩影响”和“强队伍”五个具体路径，把社科自信的创新成果内化在美丽西部的大地上。

一、接地气

社会科学不是阳春白雪，更无需曲高和寡。社会科学应从理论王国的象牙塔走向现实西部的生动实践。社科工作者不能自说自话，闭门造车，而应立足美丽西部的现实区情，到全面深化改革和西部大开发的伟大实践中提出有价值的研究选题，跟踪西部实践、阐明西部实践、指导西部实践。西部高校社科研究的比较优势在于“下联”基层和“接地气”。西部高校要通过多种渠道，引导社科工作者在西部的现实社会中寻找研究主题，逐渐形成“用脚做学问”的良好学术精神。

二、服大局

社科研究必须围绕中心服务大局，在发展全局中找准工作定

* 杨继瑞，重庆工商大学校长。

位，努力做到党委和政府工作的重心在哪里、社科研究的选题重点就跟进到哪里。高校要主动“上联”有关部委、地方党政部门，为中心工作出谋划策，努力彰显西部高校社科的实际价值和理论力量。西部高校的社科研究要围绕党的十八届三中全会的改革部署，紧贴发展命题、改革课题和民生问题去观察、去思考、去研究，并以迅速和简洁的咨询范式，推出一批既有理论参考价值、又有实践指导意义的研究成果。当好地方党委和政府决策的“智囊团”和“思想库”，为西部新一轮改革发展多献具有针对性和突破性的务实之策。

三、搭桥梁

高校要构建广大哲学社会科学工作者与地方党政部门和企事业单位联系的“横联”路径，鼓励高校教师和科研人员到地方党政部门和企事业单位挂职，鼓励地方党政部门和企事业单位的实务骨干到高校挂职，拓宽高校社科工作者与政策决策部门和实际工作部门的沟通渠道；通过区域协同创新组织，与地方党政部门和企事业单位建立社会科研研究咨询的协同创新机制：不仅承接地方党政部门和企事业单位社科项目的服务外包，而且也将实务性强的研究项目或内容外包给地方党政部门和企事业单位。另一方面，将决策咨询性成果与顶尖的理论研究成果一视同仁，建立相应的考核、评估与奖励的制度安排，鼓励知名学者积极参与对策性、操作性的重大攻关问题的研究。

四、扩影响

社科研究的现实性使社科机构、研究成果和社科学者的传播与推广至关重要。传统基金会副总裁菲利普·特鲁拉克曾说“我们在推销思想上花的钱，绝对和研究上花的一样多”。因此，西部高校应进一步完善、多层次的信息传播机制和“外联”渠道，建立和完善哲学社会科学研究成果发布制度和社科专家决策咨询制度，使研究成果更多地进入党委政府决策视野，扩大社科成果的影响力和辐射力。

五、强队伍

西部自古人杰地灵，既有厚重的历史文化，又是孕育新思想、新文化的沃土。在一些西部城市，高校社科研究机构密集，名家汇集，为我市社科研究的持续发展奠定了坚实的基础。西部高校要牢固树立人才是第一资源的思想，“内联”社科领军人才、社科骨干和广大社科工作者，持续抓好特色基地建设，形成有社会影响力的决策咨询团队。

当前，充满自信与活力的西部社科研究工作团队，正沐浴着社科春风与阳光，活跃在社科事业和改革开放的伟大实践上。相信在党的十八大和十八届三中全会精神指引下，立足西部深厚的历史文化积淀和改革开放的西部实践，西部高校的哲学社会科学工作一定能够在新的发展起点上，乘势而上，再接再厉，为西部的大繁荣大发展提供坚强的理论支撑和创新路径，使社科成果的奖状镶嵌在美丽西部的大地上，转化在西部改革开放的伟大实践中。

丝绸之路经济带建设与高校教育科研发展

方光华 *

2013 年 9 月，习近平主席在中亚访问期间，提出共同建设“丝绸之路经济带”的倡议。丝绸之路具有三个主要历史特点：贸易利润容易造成丝路沿线国家的冲突，强大国家的和平相处是丝路畅通的重要保障，宗教文化传播方式对丝绸之路影响巨大。要重新焕发“丝绸之路”的活力，需要准确界定丝绸之路沿线国家在世界贸易体系中的地位，维护沿线国家政局的稳定和核心国家良好的政治关系，加强丝绸之路沿线国家的宗教与文化对话。这给高校的人才培养和科学研究工作带来了新的机遇与挑战。

西北大学早在 20 世纪 40 年代，就明确提出“发扬民族精神，融合世界思想，肩负建设西北重任”的办学愿景，致力于传承中华五千年灿烂文明、融汇世界优秀文化成果、建设中国辽阔西部。多年来，学校围绕“丝绸之路”，开展了多领域、多学科、多渠道的科学研究，在丝绸之路沿线考古及文化遗产保护、丝绸之路沿线的多种文明交往与融合、丝绸之路沿线区域经济社会协调发展、丝绸之路沿线石油勘探合作开发等方面有一定的积累。2000 年以来，学校已培养中亚各国留学生 1000 余名。学校重视“新丝绸之路经济带”建设给学校事业发展带来的机遇和挑战，在陕西省政府的指导和支持下，2014 年 1 月 10 日，正式揭牌成立了中亚学院、丝绸之路研究院。中亚学院旨在更有针对性地培养适应丝绸之路经济

* 方光华，西北大学校长。

带建设需要的人才，已经开设出中亚文明史、国际贸易、化学工程与工艺、过程装备与工程控制、矿产资源勘探与开采、考古与文化遗产保护、汉语言专业等七个专业，并设立了中亚留学生奖学金。丝绸之路研究院正在组织《丝绸之路丛书》，《丝绸之路经济带年度发展报告》、《中亚文明史》，以及“西天山西端地区考古调查、发掘与研究”等项目。2014 年以来，已经牵头举办“丝绸之路经济带：发展选择与陕西对策”、“奥斯曼帝国与现代土耳其研究”、“丝绸之路考古和文物保护”、“宗教与丝绸之路论坛”等重要学术会议，共同探讨丝绸之路经济带建设相关理论和实践问题。

建设“丝绸之路经济带”离不开高等院校和科研机构积极参与，离不开国内高校的协同配合。在人才培养方面，需要教育部加强对高校相关专业的支持，高校也要开展人才培养方面的经验交流。在科学研究方面，需要加强对中亚基础地质、矿产资源、经济发展、文明交流乃至丝绸之路数字化技术方面的研究，最好能支持建设一些有特色的研究基地。在学术交流方面，促成丝路沿线国家的高校对一些共同感兴趣的专题展开富有成效的研讨。

东西互动，推动高校哲学社会科学繁荣发展

罗卫东*

为贯彻落实国家西部大开发战略，教育部于2001年启动“对口支援西部地区高等学校计划”。作为第一批支援学校，浙江大学根据教育部的统一部署，充分发挥门类齐全的学科优势和独特的区位优势，以“古今会通、东西互动、中外认知、文理交融”的发展理念，坚持“思想到位、组织到位、政策到位、经费到位、工作到位”，全方位、多层次、持续性地支持贵州大学、塔里木大学等西部高校的建设，通过健全工作机制、构建研究平台、加强师资培训、联合培养人才和助力社会应用，有效地推动了受援西部高校哲学社会科学的繁荣发展。

贵州人民曾经养育过浙江大学，因而浙江大学优先选择贵州大学作为对口支援的西部高校，感情的倾注，资源的支持，使得贵州大学成为在结对高校中首家进入“211工程”建设行列的高校，实现了中国工程院院士、重点学科、博士后流动站、教育部重点实验室、973项目、国家精品课程、国家级双语教学课程、国家级教学团队等12个领域“零”的突破。

2005年教育部“援疆学科建设计划”正式启动，作为落实西部大开发战略而采取的一项重要举措，浙江大学重点支持了新疆石河子大学农业经济管理等三个学科。多年来，浙江大学本着真心帮扶、真情投入的工作态度，以科研合作、师资培养为重点，推动石

* 罗卫东，浙江大学副校长。

河子大学、新疆医科大学相关学科和师资队伍建设。

2006年，根据教育部、中央统战部、国家民委联合发出的有关文件精神，浙江大学对口支援西藏大学旅游与外语学院和农学院水电系。多年来，浙江大学认真履行与西藏大学签署的相关协议，通过选派优秀教师担任学科带头人、加强科研合作、培养师资队伍，援建实验室、开放优质教育资源、整合社会资源设立奖学奖教金等措施促进了西藏大学相关学科的建设与发展。

2010年9月，教育部启动新一轮对口支援新疆地区高等学校工作，浙江大学作为副组长单位对口支援塔里木大学。双方依托共建的研究平台，联合组建研究团队，积极申报国家项目和新疆建设兵团的项目，提升师资队伍水平，支撑塔里木大学西域文化研究院、非传统安全与边疆发展研究院、南疆经济社会发展研究院建设，取得了显著成效。

13年对口支援西部高校的实践中，浙江大学不仅认真履行了对口支援的各项职责，而且积极探索与受援高校互利共赢的机制和实现路径，进一步增强了对口支援工作的自觉性和主动性，提高了对口支援工作的绩效。下面，我就对口支援西部高校、推动哲学社会科学繁荣发展，谈几点体会。

第一，健全的工作机制，是援建西部高校哲学社会科学工作的基本保障。

一是领导高度重视。浙江大学领导班子高度重视对口支援工作，坚持把对口支援西部高校工作纳入创建世界一流大学的发展规划中，作为社会服务的一项重要任务来抓。学校党政主要领导和分管领导多次率领有关部门、学院负责人与专家教授到贵州大学、西藏大学、石河子大学、塔里木大学等对口支援高校开展访问调研，检查落实对口支援工作情况。据不完全统计，13年中，浙江大学与贵州大学两校校领导互访达120人次之多，两校之间签订各项协议19份。浙江大学与塔里木大学开展对口支援工作的头一年，两校领导互访达12人次。

二是完善工作机制。为推进对口支援各项工作，浙江大学先后成立了“对口支援贵州大学合作领导小组”、“对口支援塔里木大学工作小组”、“援疆援藏工作小组”等，基本形成了“主管领导主抓、职能部门统筹”的工作机制。学校社会科学研究院是我校哲学社会科学科研规划和管理服务的职能部门，在推进支援西部高校哲学社会科学繁荣发展工作中，发挥了有力的协调和推动作用。

三是强化经费保障。为确保对口支援的顺利开展，从2001年开始学校每年从校本级财务拨出专项经费，列入年度预算，用于对口支援工作。学校还专门设立“对口支援西部高校专项经费”，主要用于对口支援西部高校工作的组织与实施。为了支持并推动工作重心下移，学校将主要经费下拨到相关学科与部门，有力推动了对口支援向纵深发展。

第二，依托高水平研究平台，是提升受援高校哲学社会科学研究能力的重要渠道。

为响应国家关于西部开发、中部崛起的大战略，2006年10月29日，国务院西部开发领导小组办公室和浙江大学共同组建了浙江大学中国西部发展研究院，由原国务院西部地区开发领导小组办公室副主任曹玉书担任院长。时任浙江省委书记习近平同志，高度重视，亲自参加西部院大楼奠基仪式。中国西部发展研究院成立8年来，坚持高层次、开放式、前瞻性的发展方向，整合各种优势，凝聚优秀人才，围绕西部大开发的全局性、综合性、战略性的重大问题开展理论和应用研究、政策咨询、科技服务、人才培训、国际交流与合作等活动，成为一个促进东西部地区互动合作、共同发展的重要研究交流和人才培养基地。西部院与西部高校密切合作，在塔里木大学设立浙江大学中国西部发展研究院南疆分中心，与宁夏大学共同推进浙江大学中国西部发展研究院宁夏分中心建设，与贵州大学共同举办“贵阳市生态文明论坛”分论坛，与贵州省委党校洽谈西部院贵州分中心等，都为加强受援高校哲学社会科学研究能力提供了平台。

浙江大学中国农村发展研究院是浙江大学首个教育部人文社会科学重点研究基地，以面向农村、发展农业、造福农民为己任，以加快实现中国农业与农村现代化为宗旨，重点研究解决我国农业与农村现代化发展进程中所面临的重大理论和实际问题，为政府制定农业和农村发展战略、相关政策提供决策参考，为企业科学决策与管理提供咨询服务，为社会培养高质量的农业与农村经济管理人才。中国农村发展研究院与四川农业大学、河南农业大学以及新疆石河子大学等单位合作，分别在中西部地区建立了紧密型的中国农村发展研究院分院、分中心和“教学科研援建点”；与贵州大学和湄潭县共建新农村研究院。不同层次和功能的平台搭建，为直接推动受援高校农业经济管理学科的发展、提升“三农”问题的研究水平以及增强产学研服务社会的能力，做出了重要贡献。

浙江大学文化遗产研究院是开展文化遗产保护与研究的文理交叉科研平台，以解决文化遗产保护与研究领域中的重大问题为目标，积极与全国各区域文物保护部门、科研部门、教育部门紧密合作，发挥各自在文化遗产保护与研究领域的优势和特色，协同创新，各方联动，共担文化遗产保护与研究的历史使命。为了加快推动塔里木大学人文学科的发展，自2012年5月，塔里木大学、浙江大学、新疆维吾尔自治区文物局、浙江省文物局共同签订《新疆文化遗产科技保护协议》以来，四方充分发挥文物资源、人才资源、科技研究资源等各自优势，围绕新疆文物保护以及塔里木大学与浙江大学学科建设需要，联合开展了多层次的科学研究、技术交流与人才培养，启动了新疆博物馆信息中心及数字博物馆，完成了吐鲁番地区文化遗产保护一系列合作项目，筹建中亚文明研究中心等，为新疆文化遗产保护与研究工作做了积极有益的实践，取得了良好实效。

第三，坚持授之以渔，是提高受援高校哲学社会科学整体水平的关键举措。

一是选派优秀干部担任校长，直接支持学校发展。2002年2月，学校推荐理学院常务副院长陈叔平教授担任贵州大学校长。长达10年时间，陈叔平校长克服家庭困难，尽心尽力地履行校长职责，不仅为贵州大学带来了办学新理念，更以实际行动推动贵州大学取得了实实在在的发展业绩，受到贵州大学师生的充分肯定。2012年6月，浙江大学党委副书记郑强教授接任贵州大学校长，两年多来，在贵州大学全体师生的鼎力支持下，他与贵州大学领导班子成员一起，结合贵州大学办学实际和发展需要，创新思路，脚踏实地，尽心尽力推动贵州大学朝着有特色、领军型、高水平大学的目标坚实迈进。

二是帮助受援高校培养师资与管理干部。13 年中，学校优先录取贵州大学、石河子大学、塔里木大学、西藏大学等四所高校在职博士生 34 名、硕士生 70 名，共接受贵州大学、石河子大学、西藏大学 114 名相关专业年轻骨干教师和 40 名优秀干部来校进修学习和挂职锻炼。学校共组织专家教授和管理专家到相关高校举办百余场（次）学术报告、专题讲座、示范教学和经验交流座谈会，承担了贵州大学重点课程的讲授。

三是受援高校培育教学团队建设。组织国家级教学名师中与贵州大学教学名师培育对象结成对子，开展教学研讨。注重提高教师进修质量，通过全过程跟班听课、与指导教师研讨、承担一定时数的讲课实践，观摩学习教学名师的教学方法和手段、说课等教学活动方式，提升进修教师的教学水平。学校还先后选派多位优秀干部教师分赴贵州大学、石河子大学、西藏大学、塔里木大学挂职，担任校长助理、副院长或学科带头人，通过帮助制定学科发展规划、指导本科教学改革、申报重大科研课题和组建科研团队等措施，提升了受援高校相关学科的办学层次和水平。

四是与受援高校开展联合研究。贵州大学获教育部立项的人文社会科学重点研究基地重大招标项目《中国山区绿色发展生态富民的路径与对策研究》取得阶段性成果。人文社会科学基金项目（2011GDZD001）《湄潭新农村建设研究》取得最终成果：浙江大学出版社出版了由贵州大学人文社科处处长洪名勇主编、副处长李波副主编的《绿色富民湄潭》，这是一套中国品牌新农村系列丛书之一，也是浙江大学、贵州大学和湄潭县三方合作的成果之一，是湄潭新农村建设研究院的重要成果。

第四，联合培养人才，是实现优质办学资源共建共享的重要方法。

一是创新学生培养模式。与贵州大学建立“1+3”联合培养本科生模式，为联合培养学生提供在浙江大学学习一年的机会，主要专业涉及经济、工商管理，目前已培养了贵大四批学生，并免费接受塔里木大学13名学生为期一年的学习培养。开创了硕士生培养的新形式。支持贵州大学兼职博导在浙江大学招收博士生，联合为贵州大学定向委培急需发展学科的高学历人才。贵州大学聘请浙江大学相关学科知名教授作为学科带头人，帮助其组建高水平学科创新团队，带动其相关学科的发展。

二是帮助拓展教学研究资源。浙江大学积极推动国内外著名大学图书馆收藏的全文文献资源以及百万册数字图书馆资源与西部高校共享。

三是积极开展支教活动。学校先后派遣了19位政治思想素质高、业务能力强的教师到新疆喀什师范学院任教，通过开设较高水平的课程、举办各类学术讲座，出色地完成了各种教学任务，同时也帮助喀什师范学院青年教师提高了业务水平，受到了广大师生的一致好评。

四是开展暑期社会实践活动。2013年7月，浙江大学求是学院丹青学园牵头贵州大学学生联合到湄潭县西河乡万马学校开展暑期社会实践活动，此次活动让学生们深入西部地区，深入农村基层，奉献青春、践行“中国梦”，进一步促进了浙江大学与贵州湄潭、浙江大学与贵州大学在新形势下的创新合作与交流。一方面以此为契机纪念浙江大学西迁73周年，另一方面也是对浙江大学求是精神的重温和再读，探索求是精神在新形势下的传承与发展。

第五，加强科研合作，是提升受援高校哲学社会科学研究成果转化应用能力的有效途径。

2013年，浙江大学中国农村发展研究院院长黄祖辉教授应邀赴贵州大学与相关部门对接，就西部中心建设、科技部教育部的新农村发展研究院申报等提出意见和建议。11月，贵州大学科技园管委会到访浙江大学国家大学科技园，在启动思路、建设模式和发展战略等方面向浙江大学科技园学习。

中国西部发展研究院联合西域文化研究院共同开展“阿拉尔市城市品牌与形象设计”、“阿拉尔市文化产业发展及产业园区规划”前期研究，开展新疆及接壤国家国别数据库建设合作项目。

与新疆农业大学建立合作关系，开展自治区人文社科研究基地——干旱区农村发展研究中心两个招标课题“新形势下新疆沿边口岸发展模式研究”和“面向中亚的沿边旅游开放与发展研究”。

除了依托平台，浙江大学研究学者还开展了点与点的合作交流：协助云南大学开展对彝族文化、古滇国文化旅游产品的共同开发，对滇池生态环境治理进行机制设计与评估。与西南农业大学联合开展茶文化及产业化路径研究，与贵州铜仁职业技术学院联合开展武陵山区产业集聚区规划。

对口支援西部高校的根本目的：一是提高西部高校教育教学水平，从而为西部经济社会发展培养更多人才；二是提高西部高校科学研究水平，从而提升推动西部经济社会发展的能力；三是提高西部高校文化发展水平，从而增强西部高校文化传承与创新的能力。过去的13年，浙江大学统筹资源，突出重点，实现了西部高校在哲学社会科学研究、人才培养、社会服务和文化传承创新等各方面能力的提升，全面完成了党和国家交予的重任。面向未来，浙江大学将再接再厉，在现有基础上进一步创新工作机制，为对口支援西部高校哲学社会科学繁荣发展，做出更大的贡献！

汇聚创新资源　提升服务水平

贾锁堂*

面向未来，山西大学哲学社会科学发展的总体思路是：深入贯彻落实党的十八届三中全会精神，紧紧抓住国家实施中西部高等教育振兴计划、山西省推进综改试验区建设、山西大学入选“中西部高校综合实力提升计划”的战略机遇，以协同创新中心建设为抓手，强化学科特色，汇聚创新资源，深化综合改革，推进特色新型高校智库建设，为区域经济社会发展提供高质量的智力支持。

根据学校提升综合实力总体规划，按照国家“2011 计划”和大学智库建设的要求，整合优势学科资源和创新力量，重点建设八个协同创新中心，其中哲学社会科学应用型协同创新中心有两个：三晋文化传承与保护协同创新中心和资源型经济转型发展协同创新中心。

三晋文化传承与保护协同创新中心对应国家“建设优秀传统文化传承体系，弘扬中华优秀传统文化”和山西省“深入实施文化强省战略，推动文化大发展大繁荣”的战略需求，整合中国语言文学、中国史、考古学三个一级学科博士点等相关学科的力量，与国家非遗保护中心、中国艺术研究院、香港科技大学、北京大学、同济大学、山西省文化厅、山西省考古研究院等单位合作，以三晋文化基础研究、三晋文化传承与保护、历史文化名村示范点建设等为主要建设内容，重点打造三晋文化资料收藏及数字化中心、三晋文化保护与传承的人才队伍、历史文化村庄研究与保护的样板

* 贾锁堂，山西大学校长。

与品牌。

资源型经济转型发展协同创新中心对接国家可持续发展战略和山西资源型经济转型发展的重大需求，整合管理科学与工程、马克思主义理论一级学科博士点等相关学科的力量，与中国社会科学院、中国科学院、山西省人民政府发展研究中心、山西省发展和改革委员会、山西省统计局、山西省证监局、山西省煤炭运销集团有限公司合作，以“绿色、创新、民生”为主题，以“创新转型理论、完善治理体系、实现民生保障”为重大任务牵引，力争在资源型经济转型理论研究与实践领域实现重大突破，努力打造资源型经济转型领域杰出人才的汇聚基地、经管法学科共生共长的发展平台、系统解决资源型经济转型重大问题的新型智库。

以上述两个协同创新中心为试点，深化社会科学科研管理机制综合改革，推进协同创新中心健康发展。一是创新人才引进机制。探索建立“人才引进中心主任负责制”与“一人一薪制”。根据协同创新中心发展需要，中心主任全面负责杰出人才的选择、引进条件、团队建设等。二是创新评价激励机制。探索建立以质量与创新为衡量标准的科研评价体系，重点制定面向社会服务的评价与激励制度，将咨询报告、政策建议等成果纳入科研评价、职称评审、绩效考核体系。三是创新利益分配机制。探索建立协同创新主体之间在成果完成、成果转化、成果使用、成果共享等方面的权益分配制度。四是创新人才培养机制。探索建立以“宽口径、厚基础、重实践、强能力”为原则的本科生培养机制，以“科研主导、导师负责、激励争优、协同创新”为原则的研究生培养机制。

充分发挥协同创新中心的引领与带动作用，创新社会科学服务方式，拓宽社会科学服务领域，提高社会科学服务能力，自觉融入山西省国家资源型经济转型综合配套改革试验区的实践中，把山西大学建设成为山西服务型高层次人才培养教育中心、优秀文化传承创新中心，经济社会发展决策咨询中心，不断提高学校对区域经济社会发展的支撑度、贡献度。

第二部分　社科管理

深化改革　提升活力
推动高校社科繁荣发展

陈　军*

习近平总书记在2014年“五四”青年节与北大师生座谈会上强调指出：“大学是一个研究学问、探索真理的地方。”话虽朴实，却是对高校内涵的准确定位。科研工作既是每一所高校事业发展的重中之重，也是高校每一位教育工作者不可懈怠的要务之一。总而言之，社会科学研究关系国家文化软实力的提升，关系到高校学科竞争力，也关系到每一位专业教师的切身利益。近年来，学界围绕学术成果评价、学术不正之风、教学与科研失衡、学术功利主义等话题，展开了非常激烈的探讨与争论①。党的十八届三中全会《公报》也明确提到要“深化科技体制改革”，要“加快形成具有国际竞争力的人才制度优势，完善人才评价机制”。可见，关于高校社会科学研究管理的改革与理论研究迫在眉睫，不容回避。本文拟从三个方面就如何通过改革创新、分类指导来调动科研积极性、推动高校社会科学发展，谈点看法，抛砖引玉。

---

* 陈军，江苏省扬州大学人文社科处副处长。

① 教育部2013年末下发了《关于深化高等学校科技评价改革的意见》；《光明日报》社2014年1月举办了“完善人才评价体系”研讨会，并刊发了《建立科学评价体系　释放人才活力》的会议纪要；《中国社会科学报》2014年2月转载了美国加利福尼亚大学彼得·鲍德温教授关于介绍了对于美国社科成果评价体系的现状及不足的文章。

一、务必要重视科研积极性的调动与保障

首先，要切实营造公平、公正、透明的科研大环境。

以外在大环境与科研积极性互相呼应，以公平、公正、透明的科研大环境保障科研积极性的良性生长。科研大环境易破难立，一旦破坏，遗患无穷；而科研积极性易破易立，极易受到科研大环境的影响。科研大环境体现的维度很多，如职称评审、论文发表、报奖评优等等。我们要营造公平、公正、透明的科研大环境，真正体现科研、学术的公信力，为个人科研积极性保驾护航。

其次，要切实完善现有科研成果评价体系。

众所周知，目前的社会科学成果评价，明显存在“三少”的特点，即：奖项少、层次少、次数少。奖项少，就是单纯设置一二三等奖，类别单一；层次少，就是市、省、教育部以及社科联，真正意义上的国家级奖项设置还是空白；次数少，例如教育部奖每3年才评选一次；各省政府奖的届期相隔时间则不一。这里我们不妨对比同样是教育部奖的“科学技术”类别。社科奖方面：1995年至今，共3320项获奖，年均获奖数为160项左右；2013年第六届社科奖在2008—2010年的10万本（篇）中最终评出830项获奖，获奖总比例为：8.3/万。申报数为5818项，立项率为14.3%。科技奖方面：每年评选，2013年申报总数为1239项，2012年获奖数为307项，立项率为24.8%。

再次，要切实发挥科研经费对科研人员尤其是青年科研人员的帮助作用。

在《中国社会科学报》（2013年11月8日A08版）读到中国科协调研宣传部周大亚处长的一篇文章《科技体制改革要防止“见物不见人”》，讲到要调动科研积极性，措施之一就是“改革科技经费管理体制”，认为财政性科技经费投入要“充分听取科技工作者的意见”，“要适当放宽科研经费中人员经费的使用限制，将有关基础研究、技术推广、软科学研究项目中的人员经费提取比例提高，以利于尊重科研人员的智力劳动，进一步调动他们的创新积极性”。这段出自中国科协领导的文字，是切中科研经费管理现

状的实话。就社会科学科研经费来说，也是如此，目前因噎废食，管得太多太严。毕竟科研经费出问题的比例并不高，再有，要看到社会科学科研经费与自然科学科研经费的差异性，两者在数量上以及发挥作用的途径上皆有不同。尤其是对于年轻的科研人员来说，科研经费的便利提取是解决他们生活上的后顾之忧、调动科研积极性的重要保障。2013 年底，江苏省教育厅下发了《江苏省教育厅关于印发〈江苏省省属高校科研经费管理办法〉的通知》（苏教规〔2013〕4 号），就主要内容来看，理工科色彩浓厚，而突出文科科研特征的条目明显不足，要发挥经费管理实际效益不容乐观。

最后，要切实采取有效措施防范科研项目“立而不结”的投机乱象。

已有各级各类项目虽然都有对于到期无法结项的惩罚措施，比如撤项之类，但是实践中仍有很大漏洞存在。例如，在项目立项到撤项警告之间的一定时间期限内（例如 5 年），国家经费正常下拨，因为不存在项目立项、结项与承担课题项目认可之间的制度性规定，即：何种情况算是承担课题项目？是否立项了就算承担课题项目呢？如果是，那么是否考虑过最终“立而不结”的现象呢？如果真的到了撤项之时，那么之前认定的“承担课题项目”的实际意义何在呢？因此，在没有制度性规定的情况下，在一定期限内持续“立而不结”且在最终作出撤项的处理结果之前，该立项课题项目已经给项目主持人带来了各方面的利益，比如国家下拨的经费、学校配套奖励的经费、立项课题作为职称或导师等各种奖励性项目评定时的条件等。最终“立而不结”的项目主持人却获得巨大现实利益，此种投机性现象是目前科研管理中的毒瘤，其产生的负面效应不容小觑，也在客观上有损项目资助方与管理方的公信力。

二、采取针对性措施尝试解决中国社科成果走出去与中国化的问题

习总书记在《2014 年国际工程科技大会上的主旨演讲》中指出：科技的灵魂是开放，“我们将加强半官方及民间工程科技合

作，促进国内外科研机构、高等学校、科技学术组织、企业、城市、科学家个人的交流。”社科研究也不例外。近年来，随着我国综合国力的持续增强，国际地位的不断抬升，中华文化如何走出国门，中国学术如何向世界发出自己的声音，越来越成为学界的共识。我们高兴地看到，学界已经开始探讨具体路径、方法及载体等，如《中国文化走出去不是简单的翻译问题》（谢天振）、《我国书刊国际交换的现状与对策》（甘大明）以及专门召开“中华文化走向世界”研讨会等学术会议。中华文化、中华学术如何走出去逐渐成为学界关注的焦点之一。要看到我国作为社科科研大国，从事社会科学研究人员众多，层次复杂，在要求和倡导社会科学研究人员个人走出去的同时，从国家层面上，不妨采取专门措施来扩大、加快中国社科成果的走出去以及社科研究中国化步伐。全国哲学社会科学规划办公室目前已经采取了学术精品的外译资助工程，部分期刊杂志也精选了部分论文外译，但是总体来说力度还不够，范围还不广。笔者建议不妨点面齐下，著作与论文兼顾，比如可以选择《中国社会科学文摘》、《新华文摘》、“人大复印资料”等核心数据库的文章，专门予以资助，保证及时高效地翻译对外出版，扩大中国社科研究在国际上的影响。有学者担忧此类译著在国外没有读者或读者数量稀少，甚至以此来质疑翻译输出的效用和必要性。殊不知，其实这是文化对外传播必经的初级阶段，目前只有先解决中华学术在国外有无的问题，才有可能让中华学术在将来成为国外观众阅读的对象；设若等到外国读者有兴趣了再翻译，那就为时已晚了。

三、呼吁将重视社会科学研究的国策尽快真正落到实处

自新中国成立以来，毛泽东、周恩来、邓小平、江泽民、胡锦涛、习近平等历届国家主要领导人无不强调重视和加强哲学社会科学研究工作的重要性、必要性、紧迫性。例如，邓小平同志就明确提出了“科学当然包括社会科学”的重要论断，1983 年成立了全国哲学社会科学规划领导小组，负责制定哲学社会科学研究规划。1986 年设立了国家社会科学基金，专门用于资助规划课题。这两

大举措有力地推动了哲学社会科学研究事业的发展。2001 年 8 月 7 日江泽民在北戴河接见国防科技和社会科学专家时提出了哲学社会科学与自然科学“四个同样重要”的论断，强调“我们必须始终重视哲学社会科学，加快发展哲学社会科学”。胡锦涛总书记 2005 年 5 月也明确要求全党：“我们一定要从党和国家事业发展全局的高度，把繁荣发展哲学社会科学作为一项重大而紧迫的战略任务切实抓紧抓好”。党的十八届三中全会报告中又再次强调要“推动社会主义文化大发展大繁荣”。然而就目前总体发展情况来看，虽然各级各类社科基金项目资助金额有质的改变，但是对于自然科学来说仍然相差甚远；其次，人文社科国家级奖项至今空白，教育部奖只是理论上的国家最高奖，并且是唯一的国家级奖项；最后，教育部社科基金项目面向全国层面来申报、评比、立项，但是被视作与一般省社科基金项目同重，明显不合情理。针对时下正在热议的科研项目申报中“一女多嫁”现象，从 2014 年开始，国家社科基金申报与教育部项目申报开始以不得兼报的办法来杜绝。我们无法否认这些措施的初衷，但问题是：一是科研项目客观上存在非常显著的等级现象；二是科研考核也体现了非常显著的等级标准；三是教育部项目是否属于国家级层次迄今无解。综合以上三个因素来看，“一女多嫁”现象究竟是否合理就不是一个用肯定或否定能够简单回答的问题了。

对口支援提高西部高校服务区域经济社会发展能力的政策演进与实践模式研究

孟东军　鲁　平　敖　晶*

我国西部地区土地广袤、资源丰富、民族集聚，战略枢纽位置显著。由于地理条件、自然状况、社会历史、文化环境、政策供给等方面的差异，我国东西部地区经济社会发展很不平衡。为尽快缩小东西部差距，实现区域经济社会协调发展，中央制定实施了“西部大开发”战略。西部大开发，人才是关键，西部高校作为西部高层次人才培养的主要基地和科研发展的重要力量，在“西部大开发”战略中的重要性不言而喻。然而，西部地区高校的整体办学质量与东部相比还有很大距离，高等教育发展很不均衡，严重阻碍了区域经济社会发展水平①。为此，教育部制定和实施了“对口支援西部地区高等学校计划”，通过引导东中部支援高校和西部受援高校建立对口共建关系，围绕“四个显著提升”，为受援高校的可持续发展和服务区域经济社会发展能力的提升奠定坚实基础。

伴随着“西部大开发”第二个十年的战略启动和深化，对口支援工作也走过了14年，深入梳理政策演进和特点，分析归纳实

* 孟东军，浙江大学中国西部发展研究院发展中心主任；鲁平，浙江大学社会科学研究院办公室副主任；敖晶，浙江大学中国西部发展研究院发展中心副主任。

① 我国东西部高等教育发展不均衡的比较分析［J］. 医学教育探索，2007年第六卷第3期.

践模式，总结工作经验及启示，对今后对口支援的政策制定和工作开展有着深远的理论和现实意义。

一、政策演进

回顾和总结对口支援助力西部高校服务区域经济社会发展的政策演进，以重大政策事件为转折标志，政策供给的演进可分为四个阶段。

（一）政策探索阶段（2000—2005 年）

2000 年 4 月，陈至立在东西部地区学校对口支援工作座谈会上介绍，“加强西部高等学校建设力度，促进高等教育协调发展”是教育部采取的十项支持西部大开发的重要举措之一。2001 年 6 月，对口支援西部地区高等学校计划的启动，标志着我国高校对口支援政策正式出台。这一时期，教育部积极探索，颁布了一系列有利于对口支援计划的政策文件，如《教育部关于做好对口支援新疆高等师范学校工作的通知》（教师函〔2002〕号）、《关于举办“第四次高等学校对口支援工作管理人员培训班”的通知》（教高司函〔2005〕126 号）、《关于全面实施对口支援新疆、西藏本科高等学校有关事宜的通知》（教高司函〔2005〕138 号）、《教育部关于对口支援西藏、新疆地区本科高等学校的通知》（教高函〔2005〕17 号）等。

在政策探索阶段，对口支援计划刚刚启动，西部高校各方面情况普遍较差，政策供给主要从“结对帮扶，奠定基础”开始，帮助受援高校进行学科专业建设、师资队伍建设、学校管理制度与运行机制建设。鼓励支援高校围绕受援高校所在地区的经济和社会发展中的关键问题，开展多种形式的科学研究，提升受援高校服务经济社会发展的能力，为区域经济社会发展献计献策。

（二）政策推进阶段（2006—2009 年）

经过五年的发展，对口支援工作取得了一定成效，教育部在总结第一阶段经验的基础上，颁布了《关于进一步深入开展对口支援西部地区高等学校工作的意见》（教高函〔2006〕12 号），《教育部、中央统战部、国家民委关于进一步加强教育对口支援西藏工作的意见》（教民〔2006〕7号）、《关于执行“质量工程”2007年对口支援工作教师进修和干部学习锻炼任务及划拨相关经费的通知》（教高司函〔2007〕69号）、《关于成立对口支援西部地区高等学校专家工作组的通知》（教高司函〔2008〕161号）、《关于开展对口支援西部地区高等学校工作理论研讨的通知》（教高司函〔2008〕174号）、《教育部办公厅关于西安交通大学对口支援新疆大学联合培养本科生的批复》（教高厅函〔2009〕13号）、《教育部办公厅关于成立教育部对口支援西部地区高等学校工作协调小组的通知》（教人厅〔2009〕4号）等文件，进一步深化推进工作。

在政策推进阶段，对口支援工作的结对范围继续扩展，政策供给的重点更加强调对口支援工作的质量，加强对口支援的互动、探索提高对口支援的成效作为政策的着力点。更加强调紧密结合西部地区经济建设和社会发展需要思想的指导作用，要求对口支援工作要结合西部地区的实际情况，积极支持西部地区继续学科专业的建设，鼓励支援高校与受援高校积极争取解决西部地区经济社会发展中重大问题的科研项目，为西部地区经济建设和社会发展服务。

（三）政策提升阶段（2010—2015年）

《教育部关于进一步推进对口支援西部地区高等学校工作的意见》（教高函〔2010〕1号）认为，经过多年的渐进发展，一个以政策为支撑，以各支援与受援高校为主体，以科学管理和长效机制为保障的对口支援体系已经基本形成，正式将对口支援工作提升到服务和促进西部经济社会发展的高度。在这一精神的推动下，《教育部办公厅关于做好对口支援高校联合培养本科生等有关工作的通知》（教高厅〔2010〕3号）、《教育部办公厅关于对口支援高校申请定向培养博士、硕士研究生单独招生指标办法等有关工作的通知》（教高厅〔2010〕4号）、《教育部关于批准有关高校对口支援新疆维吾尔自治区所属高职学校的通知》（教高函〔2011〕18号）、《教育部关于对口支援延安大学等6所高等学校的通知》（教高函〔2012〕16号）、《教育部关于对口支援宁夏理工学院的通知》（教高函〔2013〕11号）等文件相继下发。

在政策提升阶段，对口支援政策强调从西部地区现代化建设的大局出发，把服务和促进西部经济社会发展作为对口支援工作的核心目标，全面进入增强受援高校服务区域经济社会发展能力的时期。显著提升受援高校的师资队伍水平、人才培养质量、社会服务能力和高校管理水平成为新的政策供给方向。在开展针对区域经济社会发展实际的应用性科学研究工作中，重点强调了当地政府、企事业单位的地位，鼓励受援高校加强与当地政府、企事业单位的横向合作。

（四）政策自觉阶段（2016—2020年）

在“十三五”期间，我国将完成全面建设小康社会的任务，东中西部经济社会发展差距将进一步缩小，西部地区和东部地区的交流越来越趋向于优势互补、合作共赢。随着“2011协同创新计划”的进一步实施，以协同创新中心为载体，推进高校之间、科研院所、行业企业、地方政府以及国际社会的深度融合，高校间会自发地探索建立适应于不同需求、形式多样的协同创新模式。对口支援作为优化东西部高等教育资源配置的战略决策，有责任、有义务在下一个发展阶段过程中提出有鲜明针对性、预见性、可行性的政策任务，通过牢固树立协同创新推动对口支援工作发展的思路，借助自身在科学研究方面的资源优势，引领区域、国家的发展思路；加强协同创新在对口支援乃至高等教育领域的实践应用，引导包括企业、政府等在内的全社会对于协同创新的关注和支持，主动为推动区域经济社会发展，推动国家经济建设发展规划服务。高校对口支援政策将会由原来主导和推动角色演变为辅助和平衡政策角色，更多是发挥预见方向和激发动力的作用，将进入全面提升的政策自觉阶段。

二、政策供给特点

我们分类整理政策供给，找出问题所在，来分析对口支援西部高校政策供给的特点。

（一）政策分类

对口支援西部高校政策作为一项公共政策，在类型划分上可参考一般的公共政策类型划分标准，高校对口支援政策供给类型可分为三种类型。

1. 计划管制型政策。主要功能在于规范和保障，具有强制性，需组织监控执行。在对口支援推进工作中，计划管制型政策占据主导地位。《关于实施“对口支援西部地区高等学校计划”的通知》（教高〔2001〕2号）作为对口支援计划的启动文件，对高校对口支援工作的目的意义、工作内容及相关要求作出了规定；《关于进一步深入开展对口支援西部地区高等学校工作的意见》（教高〔2006〕12号）为进一步开展对口支援工作提出了9条具体指导性意见；《进一步推进对口支援西部地区高等学校工作的意见》（教高〔2010〕1号）在已有基础上进一步加大对口支援工作力度，提出9条规范性意见，推动对口支援工作迈上新台阶。

2. 行为激励型政策。与计划管制型政策不同，行为激励型政策不具有强制性，主要通过正向或负向激励来施加影响。从第二阶段开始，教育部设立对口支援工作先进集体和先进个人表彰制度，通过正向激励推动对口支援工作持续稳定开展。“质量工程”数字化教室建设、“质量工程”教师进修和干部学习锻炼两个项目也是行为激励型政策。

3. 学习动员型政策。学习动员型政策已经比较成熟，在对口支援工作中的地位已经越来越重要，主要包括计划总结报送、年度工作例会、对口支援西部地区高等学校工作经验交流会、理论研讨、成果展示、新闻发布会等制度。借助学习动员型政策，及时了解对口支援工作进展情况，开展工作成果总结交流，明确工作开展过程中的困难问题，能更高效地推进对口支援工作的开展。

（二）问题和不足

总体来看，对口支援政策为推动工作发挥了推动和主导作用，普遍实现了“四个显著提升”，但是出台的政策也存在问题和不足：

1. 行政指令特征显著。高校对口支援工作借助政策启动、依靠政策指导、通过政策规范，对口支援相关政策供给又与国家“科教兴国”、“西部大开发”、“质量工程”等战略紧密结合，对口支援工作开展过程中体现出了国家意志。无论是对口支援工作规划，还是支援、受援高校结对都由政策指定都是通过行政指令的形式确定。

2. 政策资源投入不够规范。“学科、队伍是支援高校的强项，但资金、政策不是支援高校的强项，经费问题成为制约对口支援工作深入开展的瓶颈问题”。一方面，西部院校在资金方面本来就存在缺口；另一方面，虽然支援学校拿出一定的经费从事对口支援工作，但它们自身也存在发展需要经费投入的问题。高校对口支援政策方案中并未提供经费来源，2001 年《关于实施“对口支援西部地区高等学校计划”的通知》指出“以支援高校为主的支援与合作项目，所需经费由支援高校从各条渠道筹集的资金中统筹安排，受援高校内部基本建设和派出教师进修、攻读学位等费用，主要从西部重点建设高校专项基金中自行解决”，后续政策文件也未安排专项经费保障。

三、实践模式

经过几个阶段的发展，高校对口支援工作的重心经历了从“受援高校的学科专业建设、师资队伍建设、学校管理制度与运行机制建设”到“受援高校的教育质量和办学水平”再到“受援高校服务和促进西部经济社会发展”的分阶段逐步深化的历程，最终目标是西部地区科技提升、人才积累和开发，促进西部地区崛起，实现东中西部区域经济社会的均衡协调发展。

支援高校联手受援高校积极探索，通过梳理助力西部高校服务区域经济社会发展能力提升的典型案例，总结出三种实践模式。

（一）“校—校—企”模式

“校—校—企”模式是指支援高校利用自身科研、学科优势，以联合受援高校开展具有鲜明地域特色的科研活动为切入点，联合构建科研大平台；引入地方企业协同参与，以科学研究服务当地经济社会发展，同时以科技创新带动学科师资队伍建设和人才培养的模式。

浙江大学带动贵州大学，联手当地企业，根据贵州省当地发展需求进行科研立项；充分利用高校的研发优势、企业的市场经验，联合推动科研成果的有效转化。2002～2005 年，浙江大学、贵州大学、贵州喀斯特山乡牛业有限公司共同争取了国家科技攻关西部专项“中国西南喀斯特山区高效生产优质牛奶、牛肉配套技术研究与产业化示范”，直接带动 32 万农民脱贫致富，带动周边新增产值 5 亿元以上；项目成果为优势畜牧业持续发展提供了技术支撑，促进了贵州省地方经济建设。2010 年，浙江大学、贵州大学与新西兰林肯大学共同开展“云贵高原奶牛健康养殖与牛奶安全技术研究与集成示范”项目合作（按照此模式，2013 年启动了浙江大学—西澳大学—塔里木大学“三兄弟合作项目”，三校结成伙伴，合作开展高端人才培养和联合科学研究），得到教育部支持，以科研项目为载体，引入当地企业作为执行主体，有望解决制约云贵高原地区奶业发展的瓶颈，从而为振兴贵州省奶业的发展、提升产业层次做出新贡献。①

在社会科学领域，浙江大学与塔里木大学、新疆维吾尔自治区文物局、浙江省文物局共同签订《新疆文化遗产科技保护协议》以来，四方充分发挥文物资源、人才资源、科技研究资源等各自优势，围绕新疆文物保护以及塔里木大学与浙江大学学科建设需要，联合开展了多层次的科学研究、技术交流与人才培养，启动了新疆博物馆信息中心及数字博物馆，完成了吐鲁番地区文化遗产保护一系列合作项目，筹建中亚文明研究中心等，为新疆文化遗产保护与研究工作做了积极有益的实践，取得了良好实效。

（二）“校—校—地”模式

支援、受援高校不仅联合开展科学研究，而且重视与地方政府部门的合作，依托地方政府牵头组织对口支援协调机制，争取政府部门行政资源优势，转变办学理念，通过科学研究、人才培养等途径，服务当地区域经济社会发展，逐步形成“校—校—地”模式。

例如：“青海大学—清华大学三江源研究院”的成立，旨在通过联合申报国家及省级相关研究课题，提高青海大学人才培养的针

① 浙大与塔大、西澳大学开展“三兄弟合作”，浙江大学求是新闻网，2013-4-19.

对性，有利于青海大学贴近现实、服务社会，适应青海省经济社会发展需要。清华大学与青海省政府签署合作协议，把对口支援青海大学的发展纳入到地区发展战略之中，以青海省政府为依托，助力青海大学人才培养、科学研究和服务区域经济社会发展能力的显著提升。

（三）“团队支援”模式

2010年以来，教育部组建了若干支对口支援新疆和西藏高校的团队，这种高校团队对口支援成为东部高校对口支援西部高校工作中的一种新模式。对口支援工作由以往的“一对一”向“多对一”发展，从前的援建采用“散打型”作战方式，如今则向“集团军式”作战方式转变。以清华大学为组长单位的高校团队对口支援新疆大学；以中国农业大学担任组长单位高校团队对口支援塔里木大学；以北京大学担任组长单位高校团队对口支援西藏大学，形成了“团队支援”模式。

例如，在塔里木大学，支援高校团队根据各自学科优势，结合塔里木大学学科发展现实需求，明确分工：中国农业大学重点支援塔里木大学动物科学学院、水利与建筑工程学院、机械电气化工程学院、经济管理学院，浙江大学重点支援塔里木大学人文学院、信息学院，华中农业大学重点支援塔里木大学生命科学学院、经济管理学院，北京化工大学重点支援塔里木大学筹建化学化工学院及相关学科建设，东华大学重点支援塔里木大学筹建纺织科学与工程学科及相应学院。

这是对口支援工作模式的创新，有利于加大优质资源整合力度，有利于加强优势互补，有利于建立协同创新、协同发展的平台，有利于搭建和开通对口支援的“立交桥”和“直通车”。实践表明，对口支援高校团队成立之后，对口支援工作的力量进一步壮大。团队支援模式，既是新的尝试，也增强了支援力量。做好高校团队对口支援工作，既要充分发挥各支援高校的优势和特色，又要必须加大组织协调力度，要求各支援高校要主动和受援高校做好团队对口支援的发展规划和行动方案，建立健全科学的对口支援工作运行机制。

四、经验启示

综上所述，对口支援工作已经积累了很多好的经验和做法，为我们进一步做好当前和下一阶段工作带来了启示。

1. 提升受援高校服务区域经济社会发展能力，是当前工作的核心目标任务。通过对政策演进、政策特点、实践模式的分析，突出体现了支援高校提升受援高校服务区域经济社会发展能力是当前对口支援工作的核心目标任务。

2. 明确受援高校所在区域发展的实际需求，是提升受援高校服务区域经济社会发展服务能力的先决条件。深入了解受援高校所在区域发展规划和实际需求，是支援高校协助受援高校提升服务能力的先决条件，方有可能保证对口支援工作选准目标，努力解决受援高校所在区域发展之需求。

3. 把握受援高校学科结构及其师资队伍实际，是提升受援高校服务区域经济社会发展能力的基本要求。明确受援高校所在区域发展的实际需求，解决受援高校服务区域发展的当下需求，分析把握受援高校学科结构、师资队伍等实际，找出突破口，实现科研项目带动、科研平台支撑或学科建设支持等协同创新。通过联合开展科学研究、联合建设科研平台、联合建设学科等方式，促进受援高校社会服务能力提升，同时在其过程中实现受援高校在人才培养质量、师资队伍水平、学科建设、学校管理水平等方面的全面提升。

4. 发挥支援高校的优势长处，是对口支援工作顺利开展的有效路径。支援高校必须从实际出发，坚持长远规划，又立足当前，依托优势学科，选择见效快、把握大的对口支援工作重点，则是各支援高校在对口支援工作中的首选。

5. 建立对口支援协调保障机制，是对口支援工作顺利开展的根本保证。对口支援工作开展十多年来，支援、受援高校不断创新思路，共同探索高校服务区域发展对口支援特色模式。为有效助推提升受援高校服务区域能力，要目标明确，组织有力，经费落实，努力构建统筹协调保障机制。

从山东大学哲学社会科学发展谈中西部高校哲学社会科学建设
——以西藏大学为例

陈新岗 *

一、引言

作为国内乃至国际上哲学社会科学研究的重镇，山东大学哲学社会科学不仅有光荣的历史传统，更有丰硕的研究成果，在学科建设、师资力量培养、学生发展等方面都走在国内学界的前列。山东大学哲学社会科学的成功也为国内其他高校尤其是中西部哲学社会科学发展薄弱地区的高校提供了可以借鉴的经验。基于此，本文简要介绍山东大学哲学社会科学发展的现状和成功经验，重点探讨其对中西部高校的影响和借鉴意义。本文选取西藏大学作为中西部高校的代表，不仅是因为西藏大学确属哲学社会科学发展相对比较薄弱的地区，更是因为笔者曾经作为中央组织部第六批援藏干部的一员，在西藏大学从事了一年半的援藏工作。相对而言，笔者对两校哲学社会科学都比较熟悉，因此本文或许具有一定的说服力。

二、山东大学哲学社会科学发展的成功经验

从 1901 年山东大学堂建立伊始，哲学社会科学就在山东大学各学科中占有一席之地。在山东大学最早开设的学科中，国学、商科、历史学、文学等哲学社会科学等学科就开始发轫。建国之前，

---

* 陈新岗，山东大学经济学院副院长。

山东大学虽然历经战火洗礼，校址几次迁徙，甚至一度停办，但山东大学哲学社会科学等学科的发展却从未停步，一大批著名学者都曾在山东大学各学科任教，如王统照、游国恩、闻一多、老舍、臧克家等。一时间，山东大学成为国内国学、史学、文学等学科发展的重要基地，也正是这一大批著名学者的加盟，使得山东大学奠定了文史见长的基础。建国之前哲学社会科学发展的历史不仅给山东大学发展留下了深刻的传统，也为后期发展奠定了坚实的基础。

新中国成立以后，山东大学院系几经调整，但是文史见长的历史积淀愈发彰显魅力，吸引了一大批学者加盟：成仿吾、华岗、冯沅君、陆侃如、高亨、赵俪生等文史专家都在不同时期来到山大任教。20世纪60年代，山东大学历史系八位名家汇聚，一时传为佳话。这些学者的优良学风不仅给山东大学哲学社会科学发展带来了众多学术成果，最重要的是使山东大学文史见长的办学传统得以延续。

改革开放以来，尤其是2000年新山东大学成立以来，山东大学哲学社会科学发展迈入了新的发展时期，不仅是专业设置更加合理，科研成果层出不穷，在国际上的影响力也更加深远，现将情况简要介绍如下：

（一）山东大学哲学社会科学发展现状简介

1. 专业设置齐全，正朝精细化、多样化发展。目前山东大学哲学社会科学各学科发展迅速，专业设置不断健全，目前山东大学哲社各学科涵盖了文、史、哲、经济、管理、高等教育、外国语言文学、儒学等各种专业，各学科专业设置日益合理，正朝多样化发展。

2. 学科建设日益完善，一大批学科建设水平位于国内高校前列。目前山东大学哲学社会科学各学科中，有四个国家重点学科：中国古代史、文艺学、产业经济学、科学社会主义与国际共产主义运动，除此之外还有很多教育部重点建设学科和山东省重点学科，在学科建设方面山东大学不遗余力。

3. 师资力量雄厚，初步形成了老中青相结合的教学科研队伍。山东大学哲学社会科学各学科中师资力量非常雄厚，不仅拥有一支经验丰富、学术修养深厚的资深专家学者队伍，更有一大批拥有较高理论水平、掌握现代哲学社会科学研究方法的中青年教师队伍。因此可以说，目前山东大学哲学社会科学各学科中，师资力量结构合理，资深学者、中年学科带头人和青年队伍相互结合，梯队完整，层次合理。师资队伍中既有成名已久的老教授，也有初出茅庐的学术新军，囊括了长江学者、教育部千人计划入选者、泰山学者等，可以说山东大学哲学社会科学的师资配置在整个国内都是比较领先的。

4. 学生培养序列完善，形成了从本科到硕士再到博士的完整的培养序列。山东大学哲学社会科学各学院目前都建立了完整的学生培养序列，各专业课程设置合理，除了文化课培养以外，还有丰富多彩的课外活动，多渠道全方面地提高学生的知识水平和能力。

5. 科研成果层出不穷，学术影响力不断提升。进入新世纪以来，山东大学哲学社会科学各条战线的学人在《中国社会科学》等国内顶级期刊及国外学术期刊上发表了一大批文章，同时各位学人依托国家社科基金、教育部山东省山东大学各种课题和项目承担了一大批研究课题，大部分课题的成果已经以专著的形式问世，这些科研成果极大地提高了山东大学哲学社会科学的学术影响力，同时也成为山东大学哲学社会科学的一块金字招牌，吸引和影响了一大批青年才俊。

（二）山大哲学社会科学发展的成功经验

作为百年名校，山东大学哲学社会科学发展取得了很大的成就。我们在庆祝取得骄人成绩的同时，也进行了总结，以期这些成功经验能对兄弟院校哲学社会科学的发展有所帮助。笔者认为，成功经验主要有以下几个方面：

1. 儒家文化深厚的文化底蕴和山东大学悠久的办学传统是山大哲学社会科学不断发展和进步的基础。众所周知，齐鲁大地是孔孟故里，儒家文化发源地，两千多年来，儒家文化在山东产生、流传、发展。悠久的历史带来了众多的古籍文献、人文遗迹，这些都成为山东大学哲学社会科学发展壮大的一个得天独厚的优势，可以说山东大学哲学社会科学的产生是建立在深厚的齐鲁文化和儒家文化基础之上的，素材之多、研究对象之广在国内都是不多见的。再加上山东大学建校以来就以文史发家，文史研究在山东大学一百多年来的建校历史中发挥着极其重要的作用，民国时期众多大家的加盟和工作终于形成了山大以文史见长的办学风格，而这种风格一直延续到现在，历久弥新。

2. 山东大学哲学社会科学的发展离不开众多学者的努力。民国以来的众多文史大家如王统照、游国恩、老舍、闻一多、朱自清、臧克家都曾在此执教，出版了许多学术成果，一举奠定山东大学文史的“江湖地位”。新中国成立以后，山东大学哲学社会科学各学科大师层出不穷，冯沅君的现代文学研究、高亨的杜甫研究，进一步增强了山东大学文学的实力和影响力；二十世纪五六十年代山东大学历史系八大名教授汇聚于此，科研成果涌现，一时国内无二。新时期以来，山东大学哲学社会科学依靠一支老中青相结合的学术队伍，科研成果层出不穷，数量和质量兼具。这些学术成果不但是山大哲学社会科学实力的体现，同时也为现实的生产提供了理论和技术上的支持。可以这样说，今天山东大学哲学社会科学之所以能在国内学界占据重要位置，结构合理、成果频现的科研队伍功不可没。

3. 山东大学开放办学的风格助力哲学社会科学发展。山东大学崇尚开放办学，在文史哲等哲学社会科学领域体现得尤其突出：教学风格开放，师生互动频繁，教学相长，有利地促进了各学科的发展。哲学社会科学不搞近亲繁殖，多渠道吸收其他学校培养的优秀人才，为我所用，不但给山大哲学社会科学教研队伍增添了新鲜血液，也提供了不同的风格，山东大学兼容并包的开放风格也吸引着很多学者加盟：很多学者从北京大学、中国人民大学、复旦大学等哲学社会科学发展较好的院校退休以后，都选择来到山东大学这片沃土继续发挥余热。这些大师的加盟不但切实提高了山东大学哲学社会科学的实力，也带来了众多难得的学术资源。

4. 创新是山东大学哲学社会科学得以持续发展的不竭动力。当代社会，墨守成规只能导致逡巡不前，而创新则是时代最鲜明的标记，学术研究也不例外。虽然山东大学哲学社会科学已经取得相当辉煌的成绩，深厚的文化底蕴和悠久的历史传统只是提供了相对有利的条件，山东大学哲学社会科学各学科的学人并没有固步自封，停步不前，而是将创新贯彻到学科发展的方方面面：第一，在专业设置方面，紧跟时代步伐，根据国家和社会发展的需要开设专业，如历史文化学院随着文化产业的发展，设立了文化产业管理等专业，紧跟时代步伐，为经济社会发展服务。第二，在学术研究方面，不闭门造车，通过选派教师出国进修、积极参加国内外学术研讨会等方式，让学者接受最新的学科前沿，扩展了学者的研究视野，也在一定程度上提升了科研能力。第三，在学生培养方面，依托山东大学“三跨四经历”，在学生培养模式上予以创新，通过不同学科交叉融合，来培养学生的复合能力，如文学院的“闻一多班”、尼山学堂、经济学院和数学院合办的金融数学基地班，这些特色班的开立不但为学生培养提供了更多模式上的选择，也是山东大学哲学社会求新求变的体现。

5. 山东大学哲学社会科学的发展也离不开学校学术管理服务部门的大力支持。多年来，山东大学社科处、学术部等学术管理服务机构为了哲学社会科学发展提供了力所能及的帮助，这种帮助体现在多方面：不仅为年轻教师申请课题和项目提供各种建议，也为学者出版专著提供各种帮助，从学术管理和服务方面，可以说社科处等学校职能部门的大力支持是山东大学哲学社会科学发展的坚强后盾。

三、西藏大学哲学社会科学的现状和问题

西藏大学最早可以追溯到 1951 年 12 月创办的中国人民解放军第十八军进藏干部藏文培训班，1952 年改称西藏军区干部学校，1961 年以该校为基础成立了西藏行政干部学校，1965 年 10 月改称西藏师范学校，1975 年改称西藏师范学院。1983 年 5 月，中华人民共和国国务院正式批准在西藏师范学院的基础上筹建西藏大学。1985 年 7 月 20 日西藏大学正式成立。在西藏大学成立之初，其专业设置就包括藏语语言教育、藏语培训，西藏大学哲学社会科学在藏大成立之初就建立起来，历经半个多世纪的发展，目前西藏大学

哲学社会科学经历了从无到有的艰辛历程，可以说筚路蓝缕，创业艰难。

在党中央和国务院的亲切关怀下，自治区党委和政府的高度重视和国内其他兄弟院校的大力支持下，西藏大学哲学社会科学发展取得了令人欣喜的成绩。目前，藏大哲学社会科学各学科专业分布在文学院、经济与管理学院、艺术学院、旅游与外语学院、法政学院、教育学院等六个二级学院中，开设了中国少数民族文学、历史学、民族教育等 27 个本科专业，专职教师 382 人①，其中具有研究生学历的有 137 人。目前西藏大学哲学社会科学各学科中有民族学、中国语言文学两个一级学科博士授予权，中国少数民族经济、工商管理等 6 个硕士学位授予点，其中中国少数民族经济、藏族文学等两个专业是自治区重点学科，在藏族文学、藏族历史、藏族艺术、藏文信息化、高原生态、高原医学、区域经济等领域取得一系列研究成果，获得国家科技进步二等奖 1 项，中国藏学研究珠峰奖 4 项，省部级科研成果奖 20 项。西藏大学哲学社会科学突破自身地域限制，积极与国内兄弟院校进行交流与合作，先后与北京师范大学、南京大学、西南交通大学、西南财经大学、山东大学等内地高校合作，内地高校在学科建设、学生培养、学术交流与合作等方面给予了西藏大学高度支持，使得西藏大学哲学社会科学的水平短时间内有了很大程度的提高。当然，与内地高校相比，西藏大学哲学社会科学还存在许多问题，这些问题集中体现在以下三方面：

1. 学科建设依然薄弱。笔者在援藏期间，主要负责经济与管理学院的学科建设和与国内高校的协同合作，深感西藏大学哲学社会科学发展虽已取得一定成绩，但是在学科建设方面依然不尽如人意。以经管学院为例，2013 年之前，尚没有一个博士学位授予点，只有行政管理、中国少数民族经济 2 个硕士学位授予点。经过几批援藏干部的努力与藏大人的付出，经管学院终于在 2013 年成功获得中国少数民族经济专业博士授予权。虽实现了博士点零的突破，但在博士点建设方面仍有漫长的道路要探索。如何尽快提高学科影

① 笔者根据西藏大学网站中各学院师资加总而得。

响力，合理布局学科力量，是经管院下一步学科建设的重点工作。

2. 师资力量薄弱，人才引进工作进展缓慢。不单是哲学社会科学各学科，整个西藏大学都面临着人才缺乏的尴尬。除了自然条件恶劣以外，相对薄弱的学术研究氛围和匮乏的学术资源也是重要原因。笔者所在的经管学院，有专职教师 48 人，其中具有博士学位的只有 3 人，硕士学位 16 人，拥有研究生学历的教师占比很低。而在内地，基本上专职教师都拥有研究生学历，新进师资基本上是博士学位获得者。没有优良的师资队伍，科研实力和学科建设自然就困难重重。面对西藏恶劣的自然条件与相对薄弱的学术氛围，如何让各类人才“靠得住、用得上、留得下”，成为西藏大学乃至自治区党委政府重点考虑的工作。

3. 科研成果相对较少，高质量成果更是凤毛麟角。科研成果的数量和质量决定了一个学科的实力和影响力。当前西藏大学哲学社会科学的研究主要集中在藏族语言挖掘、藏族文学、藏族历史等方面，虽然取得了一定的成绩，但是没有太高质量的成果，学术影响力较低，因此对师资力量的增强和学科建设都构成了严重障碍。虽然国家社科基金设立了西部项目与区域项目，但西藏大学申请率与中标率都较低，即便申请成功，但最终结项成果也参差不齐。

可以说，当前西藏大学哲学社会科学学科建设、师资队伍和科研水平的落后是环环相扣的，没有优良的师资自然不会产出高质量的成果，也就导致学科建设缓步不前，而较少的学术成果和薄弱的学科建设也不能吸引高质量人才加盟，事实上形成了一个恶性循环。

四、山东大学哲学社会科学的成功经验对西藏大学的启示

他山之石，可以攻玉。山东大学哲学社会科学的成功经验对中西部高校有较强的启示和借鉴意义。结合西藏大学哲学社会科学发展的现状和问题，笔者认为，当前西藏大学需要在以下方面做出努力：

第一，继续加大学科建设的步伐，努力建设高水平特色学科。

西藏拥有悠久的历史文化，各种文化资源（宗教、历史、藏族文学、藏族艺术等）都是西藏特有的文化瑰宝，也是西藏大学哲学社会科学发展可以倚重的资源。因此，藏大在哲学社会科学发展过程中，可以在挖掘西藏独有的历史文化遗产上多下工夫，及早建设一批有西藏特色的学科，并通过论文、专著、其他非物质文化遗产的形式展现其成果，以此为基础，带动哲学社会科学各学科的发展。

第二，创新科研模式，引进高质量人才。虽然目前西藏大学哲学社会科学在人才工作上面临诸多困难，但是为了哲学社会科学的发展，引进高水平人才，建设一支高质量的教研队伍是当务之急。可以在提高物质待遇、改善科研环境，提高工作效率等方面多做工作，切实做好人才引进与交流工作。

第三，积极开展学术交流，力争获得更多资源和支持。当前西藏大学哲学社会科学学术交流工作已经开展开来并且取得了一定的成绩，但是相对于内地高校来说，其水平和程度还远远不够。在引进高水平学者尚有困难的背景下，较多地进行学术交流，学习内地其他高校的先进经验，对于提高西藏大学哲学社会科学科研水平无疑具有重要的意义，当然内地高校也应该尽可能在师资力量培养、学术研究、学科建设等方面给予藏大哲学社会科研力所能及的帮助，以期尽快提高西藏大学哲学社会科学的实力和水平。

山东大学的成功经验并非放之四海而皆准。因此西藏大学在借鉴成功经验的同时，也要切实考虑到自身的优势和不足，扬长避短。学科建设、师资力量队伍充实和提高、学术成果涌现不是一朝一夕就能完成的事情，要想做大做强西藏大学哲学社会科学，还有很长的一段路要走。

2013年中西部高校哲学社会科学研究发展报告*

黄华伟**

一、引　言

《中西部高等教育振兴计划（2012—2020年）》指出：中西部高等教育是我国高等教育的重要组成部分，承担着为国家特别是中西部地区经济社会发展提供人才支持和智力支撑的重要使命①。

进入新世纪以来，中西部高等教育规模快速发展，为我国实现高等教育大众化作出了重要贡献；经费投入大幅增长，办学条件日益改善，教育教学改革逐步深化，办学水平稳步提高。但是，当前中西部高等教育仍然存在着诸多薄弱环节和突出问题，如国家高水平大学和重点学科数量相对偏少，学科专业设置和师资队伍结构不尽合理，服务区域经济社会发展能力不强等。

为充分把握中西部高校社科发展现状，本文以社科研究有关统计数据为研究对象，重点分析中西部高校分布情况、社科人员分布情况、社科成果及成果奖分布情况、文科国家重点学科和人文社科

---

* 本文受到湖南省社科基金项目（13YBA314）资助。

** 黄华伟，湘潭大学发展规划与学科建设处副处长。

① 根据国家区域划分，目前中部地区有8个省：山西、吉林、黑龙江、安徽、江西、河南、湖北、湖南；西部地区有12个省级行政区：四川、重庆、贵州、云南、西藏、陕西、甘肃、青海、宁夏、新疆、广西、内蒙古；东部地区11个省市：北京、天津、河北、辽宁、上海、江苏、浙江、福建、山东、广东和海南。

重点研究基地分布情况、国家和教育部人文社科项目分布情况，定量研究中西部高校社科发展现状，旨在为科研管理部门项目规划和管理提供数据支持，同时提出合理建议。

二、中西部高校社科发展情况

1. 全国普通高校情况

根据2013年6月教育部统计数据，全国共有普通高校2198所，其中普通本科院校共877所；普通高职（专科）院校共1321所（不含独立学院287所，军事院校和港澳台地区高校）。

表1为普通高校分布情况。在2198所高校中，东部有950所（43.22%），中西部有1248所（56.78%）。其中专科层次1321所高校中，东部547所（41.41%），中西部774所（58.59%）；877所本科高校中，东部403所（45.95%），中西部474所（54.05%）。73所教育部直属高校中，东部48所（65.75%），中西部25所（34.25%）；109所211工程高校中（不含3所军事院校），东部62所（56.88%），中西部45所（43.12%），38所985工程高校中（不含国防科技大学），东部24所（63.16%），中西部14所（36.84%）。

东部本科与专科层次高校比接近42：58；中西部本科与专科层次高校比接近38：62，中西部高校本科层次比例比东部高校低4个百分点。教育部直属高校，东部比中西部多25所，比中西部多一倍；中部的山西和江西2省没有直属高校，西部只有陕西、四川、重庆、甘肃4省市有直属高校。“211工程”高校，经过四批建设，目前全国所有省级行政区都有至少一所211工程的大学；其中东部比中西部多17所，占比高13.8个百分点。“985工程”高校，东部比中西部多10所，比重高26.3个百分点，东部只有河北和海南2省没有“985工程”高校；中西部只有湖北、湖南、黑龙江、吉林、安徽、陕西、四川、重庆、甘肃这9个省市有“985工程”高校，另外11个省区没有“985工程”高校。

从以上数据可见，中西部高校数量上比东部高校多，但是学校层次，特别是国家重点大学和高水平大学偏少。中西部的国家高水平大学也主要集中在湖北、陕西、四川等几个省市。

表 1　　　　　　　　**普通高校分布情况统计**

所在区域	东部	中部	西部	总计
普通高校数	950	707	541	2198
占高校数比	43.22%	32.17%	24.61%	100%
其中专科	547	446	328	1321
占专科比	41.41%	33.76%	24.83%	100%
其中本科	403	261	213	877
占本科比	45.95%	29.76%	24.29%	100%
其中教育部直属	50	13	12	75
占教育部直属比	66.67%	17.33%	16.00%	100%
其中 211 高校	62	23	24	109
占 211 高校比	56.88%	21.10%	22.02%	100%
其中 985 高校	24	7	7	38
占 985 高校比	63.16%	18.42%	18.42%	100%

数据来源：教育部网站全国普通高等学校名单（截至 2013 年 6 月 21 日）。

2. 高校社科研究人员情况

社科实力的竞争，归根到底是社科研究人才的竞争。一个区域高校社科人员特别是高级职称的数量，代表着这个区域高校的社科实力。

表 2 为 2012 年全国高校社科活动人员情况统计。全国 48.2 万高校社科活动人员中，东部有近 22.6 万（占 46.81%），中西部有 25.6 万（占 53.19%），中西部比东部多 3 万余人（高 6.4 个百分点）。在全国高校 18.3 万多的高级职称人员中，东部有 9.1 万余人（占 49.8%），中西部有 9.2 万余人（占 50.2%），东部比中西部少 0.1 万人（低 0.4 个百分点）。

表 2　　**2012 年全国高校社科活动人员情况统计**

所在区域	合计	占比	省均	其中高级职称	占比	省均
东部	225655	46.81%	20514	91380	49.80%	8307
中部	142685	29.60%	17835	51070	27.83%	6384
西部	113710	23.59%	9476	41032	22.36%	3419
总计	482050	100%		183482	100%	

数据来源：2012 年全国高校社科统计资料汇编。

从所在区域省均看，社科活动人员数，东部比中部多 2678 人，东部比西部多 11038 人，是西部的 2.16 倍；高级职称人员数，东部比中部 1923 人，东部比西部多 4888 人，是西部的 2.43 倍。

分省情况，社科活动人员人数前十名的省市区中（2 万人以上），有 6 个在东部，分别是江苏（35280 人）、北京（32239 人）、山东（27460 人）、广东（25584 人）、浙江（22227 人）、辽宁（21643 人）。中部有 4 个，分别是河南（24040 人）、湖北（23117 人）、安徽（22134 人）、湖南（21336 人）。西部人数最多的 5 省是四川（第 11 位，19562 人）、陕西（16622 人）、重庆（14508 人）、云南（14202 人）、广西（11240 人）。社科研究人员人数最少的 4 个省是，东部的海南（4709 人），西部的宁夏（2746 人）、青海（1692 人）、西藏（1042 人）。

由此可见，在东部高校社科人员数量和高级职称人员数上，从总量看与中西部高校相差不远，从省均看远远超过中西部高校。

3. 高校社科成果情况

学术论文、著作和研究报告是社科研究的三种主要产出形式，其数量和质量是高校科研实力和产出绩效的主要指标之一。

表 3 是 2012 年高校社科成果统计情况。统计显示，东部高校在著作（15697 部，占 58.79%）、论文（162424 篇，占 50.66%）和研究报告（5299 篇，占 59.69%）上都超过了中西部高校的总和，其中著作和研究报告超过了 9 个百分点。综合考虑社科人员数东部占 46.81%，高级职称人员中东部占 49.8%，可以看出，东部

高校以较少的人员产出了更多的成果。

表 3 **2012 年高校社科研究成果统计**

所在区域	著作	占比	论文	占比	研究报告	占比
东部	15697	58.79%	162424	50.66%	5299	59.69%
中部	6369	23.85%	86506	26.98%	1575	17.74%
西部	4634	17.36%	71708	22.36%	2004	22.57%
总计	26700	100%	320638	100%	8878	100%

数据来源：2012 年全国高校社科统计资料汇编。

成果获奖可以从一个方面评价成果的质量。获奖数一定程度上反映了各地区高校的社科研究综合实力。教育部设立的“中国高校人文社会科学研究优秀成果奖”是高校系统人文社会科学的最高奖项，自 1995 年以来至今已经评选 6 次，覆盖了改革开放以来全国高校的优秀社科成果。

以第六届高校科学研究优秀成果奖（人文社会科学）为例，这次评审的是 2008～2010 年三年间的著作、论文数和研究报告。根据 2013 年成果奖公布结果显示（详见表 4），31 个省市区都有成果获奖，但分布相对不均衡，东部 11 省获奖 570 项（68.67%）；中部 8 省获奖 163 项（19.64%）；西部 12 省获奖 97 项（12.29%）。广西 2 项、内蒙古 2 项、西藏、青海、宁夏 5 个西部省区只有 1～2 项获奖。中部 8 省（不含湖北 88 项）和西部 13 省获奖数总和（172 项）比北京（210 项）一市还少。东部获奖级别高，如获一等奖 34 项（75.56%），占约四分之三；有 19 个省市区无一等奖，其中西部地区就有 10 个省市区未获奖。普及奖中有 15 项在东部地区，占 88.23%，中西部地区各 1 项。排名前 10 的有 7 个为东部省份，1 个中部省份（湖北）、2 个西部省份（陕西、四川）。192 所获奖高校中，排名前五的都是东部省市：北京（26 所）、江苏（19 所）、浙江（15 所）、上海（14 所）、广东（13 所）。

表 4　　第六届高校社科成果奖统计

所在区域	获奖数	占比	其中一等奖	占比	获奖高校数	占比	上届获奖数	占比
东部	570	68.67%	34	75.56%	119	61.98%	463	71.45%
中部	163	19.64%	9	20.00%	36	18.75%	115	17.75%
西部	97	11.69%	2	4.44%	37	19.27%	70	10.80%
总计	830	100%	45	100%	192	100%	648	100%

数据来源：第六届高校社科成果奖数据整理。

4. 高校文科国家重点学科和重点研究基地情况

重点学科特别是国家和省部级重点学科数量，是衡量一所高校办学水平的重要指标。一直以来，各高校都非常重视重点学科建设，围绕重点学科加强队伍建设，凝练研究方向，提升科研水平。

表 5 是文科国家重点学科情况统计。一级学科、二级学科、二级学科（培育）国家重点学科数，东部分别为 41 个（82%）、122 个（62.24%）和 36 个（69.23%）；中西部分别为 7 个（14%）、66 个（33.68%）和 16 个（30.77%），东部文科类的国家重点学科在数量和比重上都远远高于中西部，特别是在显示实力的一级学科国家重点学科上更是如此。

具体分析重点学科及所在学校，文科一级学科国家重点学科，中部有：武汉大学（理论经济学、图书情报档案），哈尔滨工业大学、合肥工业大学、中南大学的管理科学与工程；西部有：西安交通大学（管理科学与工程、工商管理）、四川大学（中国语言文学），上述学校都是“985 工程”大学，综合实力强。文科二级学科国家重点学科，中部有 13 所高校 40 个学科，其中武汉大学（10 个）、华中师范大学（6 个）、吉林大学（6 个）排名前三；西部有 13 所高校 26 个学科，其中西南财经大学（4 个）、四川大学（4 个）、陕西师范大学（3 个）排名前三。文科二级学科（培育）国家重点学科，中部有 9 所高校 12 个学科（武汉大学最多，4 个），西部有 3 所高校 4 个学科。

表 5　　文科国家重点学科（一、二级学科）统计

所在区域	一级学科	占比	二级学科	占比	二级学科培育	占比
东部	41	82%	122	62.24%	36	69.23%
中部	5	10%	40	20.41%	12	23.08%
西部	2	4%	26	13.27%	4	7.69%
其他	1	2%	8	4.08%		
总计	50	100%	196	100%	52	100%

备注：其他主要指军队院校和中央党校。

数据来源：根据 2007 年国家重点学科名单整理。

人文社科重点研究基地是高校人才培养、科学研究、社会服务、文化传承创新的重要载体。目前没有国家级人文社会科学重点研究基地，教育部人文社会科学重点研究基地是最高级别的社科重点研究基地。自 1999 年以来，教育部在全国 66 所高校相继设立的 151 个人文社科重点研究基地（其中省部共建基地 16 个），详见表 6。

中西部共有基地 45 个，占总数的 29.8%，不到三分之一，与东部的 106 个差距较大。基地所在高校数，中西部只覆盖了 27 所高校。

表 6　　教育部人文社科重点研究基地统计

所在区域	汇总	占比	基地高校数
东部	106	70.20%	39
中部	29	19.20%	15
西部	16	10.60%	12
总计	151	100.00%	66

数据来源：教育部社科司教育部人文社科重点研究基地整理。

5. 高校获国家和教育部人文社科基金项目情况

承担高级别社科研究课题的多少无疑是表明一个单位或地区研究实力强弱和科研水平高低的重要指标。国家社科基金项目和教育部人文社科研究一般项目是高校中认可度最高的国家级和部级的社科研究项目，覆盖了社科所有学科，立项项目数量和产出成果质量是显示高校社科水平和实力的重要标志。

表 7 为高校获 2013 年国家社科基金项目数。年度项目（含重点项目、一般项目、青年项目）中西部高校共获 1629 项（占 49. 75%），不到 50%。加上西部项目数，中西部高校共获 2005 项（占 54. 83%），比东部地区高近 9 个百分点。西部地区获西部项目 358 项，数量超过其年度项目的一半，西部项目已经成为西部地区研究经费的重要来源。

表 7　**高校获 2013 年国家社科基金项目数**

所在区域	年度项目	占比	西部项目	两项总计	占比
东部	1645	50. 24%	7	1652	45. 17%
中部	927	28. 31%	18	945	25. 84%
西部	702	21. 44%	358	1060	28. 99%
总计	3274		383	3657	

备注：西部项目将东部海南，中部的湖南、湖北、吉林三省的部分少数民族地区纳入。

数据来源：国家社科规划办网站。

表 8 为 2013 年高校获教育部人文社会科学研究一般项目情况。教育部人文社科一般项目主要包含规划基金项目和青年基金项目，为支持西部地区，教育部设置西部和边疆地区项目和新疆项目、西藏项目，扶持西部地区高校。统计显示，中西部立项规划和青年基金项目 1323 个（占 40. 93%），加上为西部单独设置的 3 类项目，中西部共立项 1452 个（占 43. 20%），但比重仍然比东部低 13. 6 个百分点。结合表 7 可见，中西部高校立项教育部人文社科一般项

目比重也低于其在国家社科基金比重（低 11. 63 个百分点）。

表 8　高校获 2013 年度教育部人文社会科学研究一般项目统计

所在区域	规划基金	青年基金	小计	占比	西部边疆	总计	占比
东部	795	1114	1909	59. 07%		1909	56. 80%
中部	300	475	776	24. 01%		776	23. 09%
西部	188	359	547	16. 92%	129	676	20. 11%
总计	1283	1948	3232	100%	129	3361	100%

注：中部有 1 项为自筹经费项目；西部和边疆项目 129 项，包括了新疆项目（20 项）和西藏项目（4 项）。

数据来源：高校人文社科网，2013 年度教育部人文社会科学研究一般项目立项通知。

三、建议

第一、国家和中西部地方政府应尽快落实中西部高校振兴计划。必须把振兴中西部高等教育作为推动高等教育改革发展的战略重点，抓住机遇，加快解决突出问题，促进中西部高校在新的历史起点上实现内涵式发展的新跨越。要采取强有力措施，尽快实现社科高层次人才培养和引进取得明显成效，社科教师队伍素质整体提升；文科重点学科专业建设更加适应经济社会发展需要；文化传承创新能力显著增强；科学研究、社科成果转化对社会发展的支撑度、贡献度大幅提升。国家社科规划办和教育部在社科项目中，要继续加大对中西部高校的支持力度，并将中部广大地区纳入到西部项目的资助范围。

第二、国家、中西部地方政府和高校要积极落实高校哲学社会科学繁荣计划（2011—2020 年），通过中央财政专项，设立支持地方高校基金。各地区、各部门、各高校在中央财政资金支持的基础上，结合自身特点，积极筹措经费支持“繁荣计划”的实施。加大中西部高校哲学社科人才培养、国家重点学科建设和科学研究项目经费的力度有关。充分发挥中西部高校优势，紧密围绕中部崛起、西部大开发、东北振兴等国家战略发展需要，积极建言献策，打造一批具有中西部特色的新型高校智库。

第三、中西部高校社科工作者，要充分利用中西部高校振兴计划和高校哲学社会科学繁荣计划契机，抢抓机遇，顺势而为，趁势而上。建议中西部高校社科工作者要潜心研究，努力推进学科体系、学术观点、科研方法创新，着力推出代表国家水平、具有世界影响、经得起实践和历史检验的优秀成果，为建设具有中国特色、中国气派的社科队伍，为繁荣发展哲学社会科学做出新的贡献。

把握重要历史机遇，促进高校文科发展

段　鹏*

一、中国传媒大学文科科研发展历程

新中国成立以来的60多年，是我国高校文科蓬勃发展的60多年。特别是改革开放以来，高校文科在学科建设、科研发展、人才培养、服务社会等方面取得了长足进步，基本上适应了我国经济社会的发展要求。新时期，文科发展又迎来了一次前所未有的历史机遇，我国高校应对如何，取得了哪些成绩，在全面深化改革的时代背景下将怎样谋划进一步的发展？本文将以中国传媒大学为例阐述新时期高校文科发展的一些做法。

中国传媒大学建校60年来，一直致力于为我国信息传播领域的科学研究贡献自己的力量，积累了大量的优秀科研成果，在新闻传播学、戏剧与影视学、艺术学等领域具有明显的学术影响力。在2012年教育部组织的全国学科评估中，中国传媒大学新闻传播学、戏剧影视学两个学科排名第一。目前中国传媒大学文科科研和艺术创作力量主要来自3个学部（新闻传播学部、艺术学部、文法学部），1个中心（协同创新中心）和5个直属学院（播音主持艺术学院、广告学院、经济与管理学院、外国语学院、MBA学院），拥有新闻学、广播电视艺术学2个国家重点学科，传播学1个国家重点培育学科，新闻传播学、艺术学理论、戏剧与影视学3个一级学

* 段鹏，中国传媒大学文科科研处处长，中华新闻工作者协会特邀理事，教育部信息化工作委员会理事，亚洲传媒研究中心运营长。

科北京市重点学科，语言学及应用语言学、动画学 2 个二级学科北京市重点学科。

中国传媒大学还设有教育部人文社会科学重点研究基地广播电视研究中心、国家语言资源监测与研究中心有声语言分中心、国家动画教学研究基地、文化部国家文化贸易理论研究基地、北京市哲学社会科学研究基地（首都传媒经济研究基地）、广电总局高校人文社科研究基地（新闻学与传播学研究基地、广播电视艺术学研究基地、语言学及应用语言学研究基地）等十余个国家级、省部级教学研究中心。拥有教育部“名刊工程”期刊《现代传播》，且正在整合相关领域国际知名学者力量，筹办英文学术期刊 *The International Journal of Communication, Art and China*，力争将其打造为具有国际影响力的传播与艺术核心期刊。

中国传媒大学集聚了当前我国新闻传播与艺术领域的众多知名学者，文科科研队伍的整体学术实力不断增强。近些年来，中国传媒大学文科有 2 人入选“长江学者”特聘教授，2 人入选“长江学者”讲座教授，3 人入选“新世纪百千万人才工程”国家级人选，25 人入选教育部“新（跨）世纪优秀人才支持计划”，2 人次荣获国家级教学名师奖，2 人次荣获全国优秀教师荣誉称号，11 人次荣获北京市级教学名师奖，30 余人次获北京市优秀教师等荣誉称号。更有一批中青年学术骨干脱颖而出，使中国传媒大学文科科研队伍的整体学术实力不断增强。

近年来，中国传媒大学文科教师承担的科研项目也取得了较大突破：国家社科重大招标项目、国家出版基金项目、国家社科基金项目和大型横向课题等捷报频传，硕果累累。自 2007 年以来，中国传媒大学教师共发表论文 1 万余篇，其中核心期刊发表论文近 3000 篇，成绩显著。另外，科研成果与艺术创作作品的获奖量也有所增长。近几年，中国传媒大学教师获得了教育部高等学校科学研究优秀成果奖、北京市哲学社会科学优秀成果奖，以及“飞天奖”、“星光奖”等一大批含金量高的奖项，成果质量得到社会认可。不仅在国内，中国传媒大学文科科研在国际上也拥有数十个科研合作伙伴，论文成果被全球 50 余个国家或地区的近 500 家科研机构引用，在全球学术界崭露头角。

二、中国传媒大学文科科研处构建哲学社会科学创新体系

水，準也。準，平也。天下莫平于水。这是中国传媒大学文科科研处多年来所秉持的坚定信仰，在科研项目评审、管理及科研成果组织评奖等过程中始终坚持公平、公正、公开的原则。科研项目申请瞄准国家级重大项目，实现了国家社科重大招标项目和国家出版基金的新进展，科研成果力求学术领域高标准，成果奖项在国际和国家层面取得突破。

2013 年 6 月以来，结合中国传媒大学学科发展的实际需求，文科科研处对科研工作进行了全新的规划，并初步取得实效。包括制定《艺术创作与获奖评价体系》、重点学科指标评测体系、《中国传媒大学文科科研手册》，建设完成文科科研成果库等，通过系列措施推动中国传媒大学文科的发展。

艺术学作为中国传媒大学的优势学术领域，涵盖了该门类下的 5 个一级学科，硕博士点俱全。文科科研处为配合艺术学创作的顺利开展，专门制定了一套《艺术创作与获奖评价体系》，这在国内高校之中还属首创。在体系建立之初，中国传媒大学主管文科科研的廖祥忠副校长（同时兼任艺术学部长）指出："一流大学要做到以教学为核心，创作、科研两不误，指标体系的建立和完善对寻找与国际一流大学的差距具有重要的意义；教师通过创作积累的实践经验可以更好地反馈到教学领域，通过完善艺术创作成果评价标准，找到平衡点，积极鼓励教师创作；具体评价标准的制定要把握'既鼓励创作，又追求公平公正'的原则。"因此，新体系本着积小奖为大奖、鼓励创作、繁荣艺术创作的理念，针对戏剧与影视学、音乐与舞蹈学、美术学一级学科，分别制定可直接认定的评分奖励与需要提交专家委员会评定认定的评分奖励。经过 27 次会议反复研讨，不同范围、层次的专家论证和反复推敲、修改、公讨，将国内、国际的 350 余项重要奖项、比赛列入评价标准。同时，该系统又是一套开放式的评价系统，今后将按照学校教师获得的新的科研成果不断充实成果奖项，不在系统之内的奖项还会由专家组予

以评定计分，彰显人性化、专业化的成果评定理念，我们希望该套评价体系能够在国内高校艺术创作方面起到推动和促进作用。

2013年底，为保持和巩固中国传媒大学在全国学科评估中排名第一的新闻传播学、戏剧与影视学的学术优势，提升中国传媒大学其他专业学科的学术水平，文科科研处联合国内外5所知名高校制定了重点学科的指标评测体系。从国内外公认的排名体系和相关权威数据库入手给出专业的指标体系说明，涵盖一级指标5项，包括教学质量、科研情况、创新性水平、国际性、学科领域等；二级指标21项，包括教师情况、代表性科研项目情况、艺术作品出品情况等；三级指标62项，包括毕业生质量、国家重点实验室、承办艺术活动等。在此基础上，制定出7份中英双语专业调查问卷进行问卷调查，为中国传媒大学学科建设提供了重要的理论保障。

2014年3月，中国传媒大学的文科科研成果库也已经建设完成，该成果库设在新图书馆七层，共收藏论文15500余篇，著作3258册，研究报告730余篇，形成了中国传媒大学自建校以来最为完整的科研成果文献体系。

2014年4月，随着交叉型学术研究的增多，复合型人才培养也迫在眉睫，中国传媒大学“文科科研特区”的设立正是用以适应不断丰富的交叉学科发展需要。本着“高标准、精投入”的原则，集中一批优秀科研人才，营造一个互相激励的良好学术环境，促进更多高水平科研成果的产生，中国传媒大学文科科研处为“科研特区”制定了相应的规划方案及实施细则，引导教师们特别是青年教师围绕全媒体、大数据等热点领域开展科研工作。

2014年6月，文科科研处制定了《中国传媒大学文科科研手册》。这是中国传媒大学第一本科研手册，尽可能完备而精练地介绍了与全校各教师学术研究、科研考核等相关事项，包括科研项目、科研经费、科研成果、科研评奖、科研业绩预算奖励等，也包括最新出台的针对中国传媒大学学科特色的“艺术创作类评价办法”和“文科科研特区政策”。这些事项都与各位教师的切身利益紧密相关，希望能让广大文科教师“一册在手，了解全局”。

2014年9月，文科科研处将同其他相关单位一道共同组织

“定福庄论坛”，邀请移动互联网、虚拟社会、数字媒体、新媒体、大数据挖掘、舆情分析、金融、文化创意、动漫、广告、会展、设计、文化产业园运营等相关行业代表，和各级政府相关部门的管理者共同参与讨论，为“文化定福庄”发展建言献策。“定福庄论坛”除了主论坛之外，还将开展一系列的分论坛和活动。系列分论坛一：“中外媒体领导高峰论坛”，主要研究国内外媒体行业发展、以我校为核心的传媒中心区建设，就移动互联网内容、数字传媒科技、动漫产业、文化创意产业、中华文化传播等，从行业、学术、文化角度对定福庄的发展规划提出建设性意见。系列分论坛二：“中国最优秀的电视剧创作与评价论坛”，以灵性的学术，引领电视剧艺术实践，努力做成学界业界信赖的学院派中国电视剧评价品牌，以期占领该领域至高点。系列分论坛三：“中外新闻传播高影响力学术期刊主编论坛暨《现代传播》刊庆 35 周年纪念活动”，从战略的高度，探讨新闻传播未来的发展方向，加强中外新闻传播学术期刊之间学术资源的交流，取长补短，合作共赢，为国内外新闻传播学术刊物发展提出更多具有较强针对性和操作性的对策建议，促进国内学术刊物的长足进步，并尝试建立国际新闻传播学术期刊的有效沟通机制，逐步实现国内与国际新闻传播学术刊物的对接，此举必将受到国际新闻传播学界的瞩目。系列活动一：首批“文科科研特区”揭牌成立仪式，本着“高标准”、“高投入”和“特事特办”的原则，集中一批优秀科研人才，营造一个互相激励的良好学术环境。系列活动二：《全球与中国——传播与传媒艺术季刊》英文期刊首发仪式暨编委会第一次全体会议，文科科研处将与传媒教育国际联盟总部学院一起邀请教育部相关领导、学校领导与期刊编辑委员会成员、国外相关专家学者参加创刊仪式，并组织数场学术研讨会及论坛与国外专家对话，采访相关学者，讨论期刊的国际化发展、如何增加本刊的学术影响力、如何与我校优势学科相结合形成资源共享，如何获得更多国际学者的投稿等重大问题，为学校打造核心英文刊物打下坚实的基础。

三、中国传媒大学文科科研处的服务理念

中国传媒大学文科科研处是为全校科研服务的单位，我们清楚自己的定位，坚持自己的服务理念。概括起来有如下几个方面：

第一，以人为本。简化全校老师科研经费的报销流程，免去经费报销审批环节，在项目建立伊始就详细规定好报销的科目和金额，老师可以按照经费报销科目标准到财务处直接报销，节省他们的时间和精力。

第二，热诚为先。文科科研处准备开展学术服务计划，将以往单纯以管理形式出现的部门职能转型为管理兼具服务功能的部门职能，联合图书馆信息咨询部及相关学科馆员开展科研学术服务，为老师提供相关学术领域的国内外学术动态、现有的科研成果、可参考的图书及论文文献、全面的数据库提纯资源、网络信息提纯资源等，为其提供极有必要的学术文献信息资源保证。

第三，管理为辅。文科科研处在 2014 年 4 月开通微信公众账号、微博平台、短信推送平台、官方门户 WEB、手机 WEB 等自动化管理平台，引导老师们自主查询项目信息、经费情况、科研动态、项目成果通知，改变了以往机关强制推送的工作模式，引导老师们形成独立的科研工作习惯，加快中国传媒大学整体科研工作进入良性的发展轨道。

第四，奖励为手段。科研奖励一直是文科科研处工作的重点，依据中国传媒大学的学科情况，制定了中国传媒大学认定的 12 种权威核心刊物，给予重点的科研经费奖励支持。2014 年，特别将《教育部简报（大学智库）》专刊列入其中，希望资深的教授们组成团队为国家献言建策，提升中国传媒大学的学术、科研成果影响力。

第五，宣传为途径。文科科研处相关人员组成宣讲小组深入到基层学部和直属学院进行文科科研相关成果汇报、政策解读、规划发展等内容的宣讲工作，同老师一起交流科研经验、心得，为文科科研处的工作指明方向，也让老师进一步了解了中国传媒大学的文科科研政策导向，取得了良好的效果。同时，文科科研处正在制作

新的门户网站，用中英双语介绍知名学者及其相关重点科研项目，国际学术大环境，全面提升中国传媒大学的科研学术水平和国际知名度。

第六，育人为长远规划。青年教师培养一直是中国传媒大学长期以来最为重视的工作，为了响应学校的政策，文科科研处加大了青年教师预研项目的科研经费投入，并且鼓励青年教师进行交叉学科项目的科研。设立“科研特区”，拓宽中国传媒大学专业方向与学科领域乃至填补中国传媒大学相关学科专业空白，集中一批优秀科研人才，营造一个互相激励的良好学术环境，按照“钻研、精研、深研”和“严谨、扎实”的方针，早出成果，多出成果，出高水平的科研成果。

综上所述，在当前文化大繁荣的历史时期中，我们还将不断探索科研管理服务的新方法、新举措，以适应高等教育政革的需要。

中国高校社会科学领域科研工作的问题和改革思路

黄　佶*

根据对中国大学里的社会科学领域科研工作的了解，笔者认为制约中国社会科学研究的两大问题是：学者之间缺乏频繁而深入的交流，错误的社科研究管理机制误导了学者们的努力方向。如果不解决这两个问题，中国大学的社会科学科研工作是不可能搞好的。

一、学者之间缺乏频繁而深入的交流

目前中国学者之间的交流形式主要是学术会议和学术刊物。学术会议规模小、成本高、时间紧，会上各位学者只有短短的十几、二十分钟发言时间，难以深入详细地介绍自己的工作。学术会议的日程都排得很紧，加上多数发言者会超时，于是大多数学术会议被迫取消互动环节，有些会议即使有互动环节，也非常短暂，难以深入交流。很多学术会议的听众只有两类人：即将发言的学者和被强行叫来听讲的本科生或研究生，很多学生还专业不对口。这样的学术会议的效果可想而知。

通过学术刊物交流的缺点是：由于通常思想必须比较成熟才能写成论文，而且格式要求很严格，不适合早期未成熟思想的交流，而这正是最需要进行交流的阶段。另一方面，由于刊物版面有限，而需要发文章的人很多，因此发表论文非常困难，周期很长，很多文章根本无法发表。在好的刊物上发表文章尤其困难，但在差的刊

* 黄佶，华东师范大学传播学院副教授。

物上发表文章读者又少，还会影响他人对论文质量的评价。这导致读者和作者之间的交流实际上非常少或非常慢。

由于缺乏前期交流，作者的一些错误难以被发现，如果审稿人也没有发现这些错误，论文一旦在学术期刊上发表后，错误就会白纸黑字地被固化下来，永久无法抹去（图1）。

图1 中国社会科学研究工作现状

笔者发现即使像《中国社会科学》这样顶级的学术期刊发表的文章也会存在严重的错误。交通大学教授葛岩等在《Dragon 能否表示龙——对民族象征物跨文化传播的试验性研究》一文中说："由于采用小规模、同质和便利被试为测试对象，本研究属试验性质。其外部有效性自有其局限，尚待较大规模、跨群体和跨多国的研究来检验。如果更大规模的测试支持上述发现，则本研究表明，尽管国人和西人（至少是美国人）对龙与 dragon 的特征认知不尽相同，在常态下，他们对两种神话动物持有的态度无显著区别。因此，使用 dragon 表示龙不至令中国形象蒙受误解。"①

其中所谓"较大规模、跨群体和跨多国的研究来检验"实际上根本没有进行，所谓"更大规模的测试支持上述发现"仅仅是作者的假设（"如果"），但作者居然会据此作出一系列的结论：

① 葛岩，秦裕林. Dragon 能否表示龙——对民族象征物跨文化传播的试验性研究［J］. 中国社会科学，2008（1）：163-176.

"尽管国人和西人（至少是美国人）对龙与 dragon 的特征认知不尽相同，在常态下，他们对两种神话动物持有的态度无显著区别。因此，使用 dragon 表示龙不至令中国形象蒙受误解。"

依据这一根本没有进行过的"更大规模的测试"得出的毫无依据的结论，也的确误导了至少一位读者，使江苏技术师范学院外国语学院副教授李贵升认为这是一项已经完成的"实证研究"，并相信和接受了这一"实证研究"得出的结论。他在论文中描述了自己的观察之后，引用了葛教授等人的"结论"，以作为对自己的观察结果的支持。他写道："实证研究结果表明，'尽管国人和西人（至少是美国人）对龙与 dragon 的特征认知不尽相同，在常态下，他们对两种神话动物持有的态度无显著区别。因此，使用 dragon 表示龙不至令中国形象蒙受误解。'（葛岩，秦裕林 2008：176）……参考文献：［2］葛岩，秦裕林 . Dragon 能否表示龙——对民族象征物跨文化传播的试验性研究［J］. 中国社会科学，2008，(1) ."①

二、应该充分利用互联网加强学术交流

学术研究不是挖土方，不是埋头苦干就能干好的。学术研究需要互动，需要学者之间交流思想，观点碰撞，相互启发，这样才会有新的思想，才可能有创新和突破。学校各级领导尤其是管理社会科学研究的部门如社科处等应该积极组织、协助或鼓励教师进行各种有效的学术交流活动。

人类已经进入网络时代，我们应该充分利用互联网来推动科研工作，利用网络空间大、速度快、成本低的特点，加强学术交流，尤其是加强早期不成熟思想的交流。各大学、各院系和各专业（教研组）、各种学术机构、各个专业方向的学术团体，都应该在互联网上建立各种论坛（BBS）或讨论组，或利用 QQ 或微信等即时通信工具，建立各种专业学术聊天群，供学者们提出问题、发表自己的看法，交流、讨论、辩论，鼓励学者把初步的观点写成短文

① 李贵升 . 译名评论：方法与标准［J］. 上海翻译，2011 (4) .

放在网上，做进一步的交流。在进行了比较系统的研究之后，可以写成长文进行交流。待完全成熟之后，再向学术期刊（包括数字化学术期刊）正式投稿，或撰写学术著作（包括电子书）（图2）。

图2　中国社会科学研究工作的改进方向

笔者长期借助互联网进行学术研究，获益良多。笔者贴出自己的初步观点之后，常常会受到读者激烈的批评。我首先反思自己有没有错误。如果自己没有错，就反思自己的阐述方法是不是不够清晰有效。这促使笔者不断完善阐述方式，例如使用更精练准确的语言，更有说服力的例子，更通俗易懂的比喻，或者借助示意图等工具。如果读者仍然持不同意见，这会促使我去思考为什么他们会有这些错误观点，为什么他们在无法辩解时仍然坚持错误立场。读者提出的新问题或提供的新证据、新资料都会使我的思考不断深入，研究范围不断扩大，不仅短文很自然地发展成长文，而且发现有必要撰写多篇长文，从各个不同的角度对问题进行分析，这些文章最后就构成了一本学术著作的各个章节。笔者的学术专著《资本异论——关于商品交换和利润来源的思考》和《译龙风云——关于龙等中国特有事物名称翻译的争议和研究》都是这样完成的。

三、学术刊物应该数字化，并实行“先发后评”制度

笔者认为，学术期刊应该顺应数字化这一时代潮流，应该充分利用互联网空间无限的特点，应该改“先审后发”为“先发后评”。

学术论文专家审稿制度只能体现一两个专家的审阅意见，有可能因没有发现问题而使有问题的论文被刊登出去，或者因不能理解作者的研究而扼杀了有价值的论文。而且现在很多专家教授并不亲自审稿，而是交给自己的学生审，这使审稿的意义名存实亡。

在网络时代，完全可以让作者直接把论文发布在数字化学术刊物或学术网站上，然后由读者点评。在这种情况下，论文中的错误被发现的几率大幅度提高，观点特立独行的论文也不会被埋没。

网上学术期刊可以设置这样一种功能：读者可以给论文打分，实名同行专家打的分具有较大的权重或另行单列。由于同行评价必须公开实名，因此减少了学术腐败的可能性。学术单位在考核学者时，可以参考实名同行专家对学者已经发表的论文的评价，或另行邀请专家对论文进行评估，因此这种新的学术论文发表制度不会降低而只会加强学术评价的科学性和准确性。

数字化学术刊物或学术网站的编辑可以根据论文得分或根据自己的判断，把优秀论文排在目录的前列，向读者推荐，而得分很低的劣质论文将无人问津。因此，学者直接自由发布论文不仅不会造成论文泛滥，反而会使炮制劣质论文失去意义。

由于发表论文不再困难，论文得到发表本身并不能说明作者的水平，无法成为评聘职称的依据，这使为发表论文而撰写论文失去意义，这将大幅度减少学术垃圾，围绕发表论文而产生的学术腐败也将销声匿迹。纸质学术期刊反而能腾出宝贵的版面用于发表真正高质量的论文。

习近平同志在 2014 年国际工程科技大会上演讲时说：“信息技术成为率先渗透到经济社会生活各领域的先导技术，将促进以物质生产、物质服务为主的经济发展模式向以信息生产、信息服务为主的经济发展模式转变，世界正在进入以信息产业为主导的新经济发

展时期。”① 学术研究和学术论文发表也应该顺应这一历史潮流，充分利用人类科学技术的进步成果，积极转变落后观念，不再固守纸质媒介。实际上即便只从环保角度考虑也应该大力推进学术网络化。在互联网出现之前，纸质书刊是最合适的学术传播载体，但现在已经进入网络时代二十多年，各个高校的图书馆仍然堆满了纸书纸刊，但使用率却很低，这种巨大的浪费和对生态环境的巨大破坏应该尽可能避免。

习近平同志在2014年国际工程科技大会上演讲时还说：“我们将加强工程科技信息交流，同世界各国和国际性组织共同建立大型工程科技数据库、网络系统和虚拟研究中心等，促进实现信息共享、技术共享、资源共享。”② 虽然他说的是工程科技方面信息的交流，但这一指示精神对社会科学研究也是非常重要的。学术成果数字化和网络化是加强学术信息交流、建立学术数据库和虚拟研究中心、实现学术信息和资源共享的基本前提。为了落实习近平同志的指示精神，社科学术界应该立即大力推动学术数字化和网络化。目前纸质学术期刊的内容基本上已经全部上网，但把作者们提交的电子稿件先印在纸上、再数字化也许是多此一举，可以考虑略去纸质学术期刊这一浪费巨大的多余环节，把电子稿直接在网上发布。

四、错误的社科研究管理机制误导了学者们的努力方向

大学领导往往迷信“科研能够带动教学”这一观点，但是只要很粗略地了解一下教师们的科研和教学情况，就能够很清楚地看到：科研成果和教学质量之间没有正相关关系，很多科研不好或不搞科研的老师，授课却很在行（如上海交通大学讲师晏才宏）③，而很多科研很好的老师，授课质量有时却不理想。即使不考虑其他

① 习近平在2014年国际工程科技大会上的主旨演讲（全文），新华网，2014-6-3.

② 习近平在2014年国际工程科技大会上的主旨演讲（全文），新华网，2014-6-3.

③ 李柯勇，刘丹．在人生价值的天平上——大学讲师之死的思考［N］．2005-4-4.

因素，仅从人的精力有限这个角度，就知道科研教学双优不是一件容易做到的事情。

大学不应该强迫教师去搞科研，尤其不应该惩罚不搞科研的教师，而应该奖励搞科研的教师，重奖获得重要成果的教师。只有当科研成为一件快乐的事情，科研才会成为教师们的自觉行为。很多科研项目的确需要集中力量去攻关，但攻关并非科研的唯一方法。很多科研成果是“有心栽花花不开，无心插柳柳成荫”出来的。

大学的社科研究管理机构不应只号召或逼迫教师去做科研、去申报各种奖项。教师们为了完成任务、为了避免受到惩罚或为了名利而进行的科研活动，往往会选择一些他们觉得比较容易进行、能够在短期内完成的课题，又由于只有作为第一作者撰写的论文才得到重视，教师们往往会选择比较简单的课题，以便自己独自或只依靠自己的学生参与就能够完成课题，而不会去攻坚啃硬骨头，因为一旦失败，不仅数年数十年工夫白费，而且会因为长期没有科研成果而遭受巨大的经济损失，甚至连饭碗都保不住。因此，中国现在的社会科学科研活动最后往往徒有论文数量，而对国家、社会或人类的贡献较小。“强扭的瓜不甜”这个规律在学术研究中同样存在。

笔者所在学院有一次和某校政治学系进行学术交流。笔者因为业余研究政治体制改革问题，就积极参加了这次活动。但是交流之后很失望，该政治学系的学者们并不研究这一中国当下最迫切需要研究的问题。老教授也出于关爱，提醒年轻教师远离现实政治类课题。该系一位教授研究的课题居然是“广告中的宠物文化”。

中国学术界现在把学术论文能够发表视为学术研究获得成功的标志，同样荒诞的是把能够申请到科研经费视为学者的重要成就。更为荒诞的是：不问学者的研究成果价值如何，但只要没有使用政府的科研经费，那就什么都不是。而社会科学领域很多重要问题的研究并不需要钱，学者只需温饱即可自行研究，申请到了科研经费反而使学者烦恼如何去使用和报销，无端耗费大量精力；各种时间节点又使学者无法静心研究，被迫匆忙成文、找关系发表论文或出版专著，以接受结项审查，中国人千百年来津津乐道的“十年磨一剑”早已成为不可能。

还有学校规定：横向课题经费必须进学校财务处的账，否则社科处不将其计入学者的科研成果。这也是不合理的规章。

五、错误的评价机制影响了学者们的科研积极性

对学者的考核和职称评定等的标准，应该从“以科研成果为主要依据”改为“以学术共同体自身的需要”为主要依据，把僵化、机械的评价机制，变为按照工作需要由院系学术共同体自己去考核和评聘学者。

具体做法是：学校把各个院系或专业的教授群体视为一个“学术共同体”，由他们自己对该共同体在学术上的进步或退步负责。因此，招聘谁或评聘谁做教授完全由这个学术共同体自己（教授委员会）决定，评聘标准也由他们自己制定。这就避免了评价工作对机械的、僵硬的量化标准的依赖，也彻底挖掉了学术腐败的根基。

学校仅在宏观层面对各个学术共同体进行调控：学校认为某学术共同体工作做得好，对学校总体水平的提高有贡献，或希望它进一步发展，扩大规模，就增加该共同体的编制或教授名额总数，并相应地增加相关的拨款；反之则减少。这可以迫使各个学术共同体不因私情或贿赂而引进或提拔学术水平不够的学者。

院系或校党委可以拥有对学术共同体做出决定的一票否决权，或拥有较大的投票权，或其他制约机制，以在政治上对新聘人员把关。这一做法是为了尊重现实、降低改革难度。

“学术共同体自治”的本质是：把院系发展命运交给院系自己的教授们。换句话说就是“学术共同体在学术上自负盈亏”。

中国人常说“隔行如隔山”。即使同在人文学院中，历史系的教授未必懂文学，中文系的教授也未必懂历史。而现行评聘机制常有理工科教授评文科教授、历史系教授评电影学教授的情况。外行参与职称评定，只能机械地、僵化地根据某些定量指标（例如在核心期刊上发表的论文数量）进行评价，此时不如用电脑软件来进行评价，或者找个会做加减法的中学生来；在评聘教授时，很多

外专业教授只是根据自己的一知半解、主观好恶对申报者进行评价。学术共同体自治则可以彻底消除“教授评教授”这种看似合理、实则是“外行评内行”的荒诞做法，这种做法毫无科学性可言，严重地阻碍了院系的建设和发展。

根据发表的论文数量来评判一个学者的学术水平，实际上是把评判权让渡给了学术期刊的编辑人员。中国现在的学术期刊多数没有同行审稿制度。据笔者所知，即使有审稿制度的学术期刊，实际审稿人也往往是名义审稿人的研究生，因为区区几十元审稿费根本不足以使很多大学者置几十万、几百万科研项目于不顾而去耐心审阅一篇陌生人的稿件。更多的普通学术期刊基本上已经市场化，只要肯交版面费，就能发表文章。因此，根据论文数量对学术水平进行评价，实际上可能是在根据作者花费的金钱数量进行评价。

实行学术共同体自治之后，学者们将不再追求科研成果数量，而会追求学术成果的质量。因为此时数量的意义已经不大，而质量却很重要。高质量的成果如果能被同行认可，将为学术共同体带来声望，提高学术共同体在专业圈子里的排名，自己在学术圈和共同体内的地位也更高、更稳固。为了督促学者们搞好科研，可以在学术共同体内部定期举行交流会，各位学者介绍自己科研工作的进展情况和后继计划，而不必以一定期限内必须发表一定数量的论文为唯一考核形式。

我们现在都羡慕老北大等中国老牌大学在学术上和人才培养方面的辉煌成就，但更应该注意到其辉煌的原因之一是它们在选拔人才时不拘一格。北大校长蔡元培仅凭胡适在《新青年》杂志上发表的一篇文章，就认定他“旧学邃密，新知深沉”，将时为在读博士研究生、27 岁的胡适聘为教授，这在中国高校现今的评聘机制中是不可想象的。

学术共同体自治还使高校的管理工作大大地简化了。我们可以假设一种最坏的情况：现有教授都是不学无术者，都是靠制造学术垃圾获得教授职称的。他们新聘的教授更加不学无术，他的加入使该院系的学术水平进一步下降，或教学质量进一步恶化、学生更加不满。

此时学校不必费心调查和判断该院系新聘教授的标准是否合理、过程是否有猫腻，只要简单地减少该院系教授职称总额一个，或惩罚性地减少两个，并相应地减少拨付给教授岗位的经费，迫使现有的教授们解聘一个或两个教授。

因此，即使现有教授的水平都很低，他们也不敢或不愿意在新聘教授时任人唯亲或唯利是图、聘用比现有平均水平更低的人，而希望能够聘请到合适的新人，使自己的院系至少不发生退步。

如果减少一两个教授名额后还不能解决问题，校方可以重复这一过程，直至这一学术共同体自行消亡。

什么样的制度才是好制度？不需要管理者事无巨细都来操心，就能使坏人主动地去做好事的制度，就是好制度。如果在最糟糕的情况下，也有简单轻松的办法使事情不变得更糟，那么这个制度设计就是值得一试的。

要使治理学校到达“治大国如烹小鲜”的轻松程度，就必须抓住被管理者视为最要命的地方，使他们主动地按照管理者需要的方式去做事情。如果不抓住关键，却去管学校不该管、也管不好的细枝末节（一篇得奖小说应该折算成几篇核心期刊论文等等），只会使校方疲于奔命，焦头烂额，却事倍功半。

在评聘教授时，对于教授委员会的评定结果，院系中必然会出现某些教师不服的情况。如果出现争议情况，学校可以要求教授委员会重新投票，如果教授委员会以绝对多数（四分之三以上）投票维持原表决结果，那么这就是学术共同体的最终裁定结果，学校支持教授委员会的决定。总之，解决纠纷的方法可以很多，例如学校还可以要求院系举行教授委员会扩大会议（邀请本院系副教授或其他老师甚至学生代表参加）对原评聘结果进行投票表决，等等。如果争议对象在更大的评判范围内仍然能够得到认可，那就证明教授委员会的认定是合理的，这也多半能使异议者口服心服。

实际上，即使在现有评聘机制中，也存在大量纠纷。因此不能因为学术共同体自治可能出现纠纷就加以否定。

有人会说：“学术共同体的评审标准不明确，会导致评审结果有一定的模糊性和不确定性，会在教师之间制造矛盾，即使教师不投诉上访，心里也会不满，因而影响工作。”

我们应该清楚：现行的评审方法虽然有严格的量化标准，落选者无话可说，但这不等于他们心里没有不满情绪。坚持慢工出细活的学者会不满花钱买版面的人受到重用，敢于挑战艰巨课题的学者会不满只研究一些不痛不痒的小课题、能快速发表大量论文的人，这些不满轻则影响科研工作，重则导致人才流失。

学术共同体自治会不会导致“论资排辈”的现象回潮？笔者认为这两者之间没有必然关系。如果资深者因知识老化等原因不能给学术共同体带来利益，或临近退休，能够为学术共同体做贡献的时间有限，再加上高级职称名额有限、教授委员会实行匿名投票等因素，资深教师是难以仅仅因为资深而战胜较年轻的优秀竞争者的。

当然，学术共同体自治也可能背离设计时的初衷，走向反面。毕竟中国是一个人情社会，现在还是金钱至上的时代，学术水平高低也没有绝对的衡量标准，学术平庸者混入学术共同体后造成的伤害未必很直观，学术共同体发生退步时也难以把原因清晰地归于具体某个人身上。因此，学术共同体自治仍然会存在很多问题。但是它有助于解决学术评价困难这一问题，而这一问题已经成为妨碍中国高校健康发展、乃至影响整个中国高等教育和科研事业的瓶颈。

而且由于学校作为监控者，对本校各个学术共同体实行宏观控制，因此即使出现问题，也不会使情况变得更糟。很多学校已经把副教授的评聘权力下放给院系，这就可以对实践情况加以总结，以便完善学术共同体自治的制度设计。

六、综合性大学应该开展跨专业的学术研究交流与合作

习近平同志在中国科学院第十七次院士大会、中国工程院第十二次院士大会开幕会上说：“要着力加强科技创新统筹协调，努力克服各领域、各部门、各方面科技创新活动中存在的分散封闭、交叉重复等碎片化现象，避免创新中的‘孤岛’现象，加快建立健全各主体、各方面、各环节有机互动、协同高效的国家创

新体系。”① 习近平同志的指示精神对社会科学研究是非常重要的。

笔者发现，很多专业的学者在研究问题时，往往只从自己的专业角度去看问题，但社会科学领域的很多问题必须综合考虑政治、经济、文化和历史等多种因素，否则就会得出荒诞的结论。

例如一些经济学者提倡：只要是家长或儿童本人自愿，就应该允许童工现象存在。他们显然只考虑了经济学的概念和理论，却忽视了社会、文化、道德和情感等诸多因素；很多政治学者在研究政治问题时，往往只考虑政治目标，却不考虑其他方面的代价。例如一些政治学者对于激进的变革可能造成的社会动荡和国家分裂持不以为然的态度，他们常常很轻松地回答质疑者一句：“合久必分，分久必合”，却不考虑最基本的历史事实：即便真的“必合”，也需要几十年甚至更久的艰巨努力，甚至还可能爆发战争，破坏人民生活和经济发展。

因此，不同专业的学者共同研究同一社会科学课题，是非常必要的，可以使学者们兼听则明，更全面地去思考问题。综合性大学的社科处在这方面肩负着重要的枢纽和组织责任。

大学的社科处可以选择一些国家急需有人研究的重大课题，邀请校内对同一课题有兴趣、但不同院系或专业的教师一起讨论，分别从不同的专业角度进行探讨，相互启迪，然后合作或各自分头撰写论文，其间还可进行多次交流，定稿后结集出版，或者作为内部参考材料向政府有关部门提交。这样可以充分发挥综合性大学的优势，得到的成果可能会优于各专业教师孤军奋战的成果。

线上线下各种形式的学术交流活动都可以允许学生参加，这也是在向他们示范学术思想是怎样形成的，其收获肯定大于或不亚于他们只听课、只听老师或导师一言堂、只阅读科研过程的最终产品——学术论文和著作。

学术交流活动还应该允许和欢迎社会上的业余研究者参加。根

---

① 习近平．在中国科学院第十七次院士大会、中国工程院第十二次院士大会上的讲话，新华网，2014-6-9.

据笔者的经验，他们中的很多人缺乏系统的学术训练，但这些人较少思维定势，常有独特的新观点，能够给其他学者带来很多启发。即使他们有错误观点也不要紧，研究这些错误观点本身也可能是有价值的学术研究。

总之，“如何搞好大学的社会科学研究”本身就是一个很重要也很有价值的研究课题。社科处的干部自己也都有高学历，至少在读研时搞过学术研究，完全可以结合自己当下的工作，根据自己掌握的第一手材料，亲自或与其他人合作，深入地研究这个课题。

宏观制度与微观机制相耦合视角下的高校文科科研管理研究

浦徐进　彭长华　邓　理 *

一、相关研究现状

（一）前言

党的十八大报告中明确提出“繁荣发展哲学社会科学”、“建设哲学社会科学创新体系”，刘延东副总理在“繁荣发展高校哲学社会科学 推动中国特色新型智库建设”座谈会上强调：“要深入贯彻落实党的十八大精神和中央领导同志有关要求，充分发挥高校学科齐全、人才密集的优势，繁荣发展高校哲学社会科学，为建设中国特色新型智库作出贡献。”我国高校聚集了哲学社会科学研究的中坚力量，且数量日益增多、人才队伍庞大、科研产出丰厚。但其中仍存在诸多问题：如科研团队协作不够、队伍分散；科研行为功利性凸显；科研管理成本高、方式僵化；高质量科研成果缺乏、科研成果服务社会能力不强；科研评价、人才激励机制不完善等。因此，如何更好地贯彻落实党的指导精神，深化社科领域综合改革？如何加快推进高校哲学社会科学研究管理体系的优化？如何在更广范围和更高层次上促进我国哲学社会科学的创新发展？对于这一系列问题进行分析和研究就显得尤为重要。

---

* 浦徐进，江南大学社会科学处副处长；彭长华，江南大学社会科学处项目科科长；邓理，江南大学社会科学处项目科硕士。

（二）研究现状

根据文献资料搜索情况来看，高校科研管理是目前的一个研究热点，而针对哲学社会科学研究管理领域的论文相对较少，多为地方教育主管部门年鉴文献，如赵玉蓉对当年江苏省教育厅哲学社会科学研究管理工作的全面总结①。近年来有些学者开始关注哲学社会科学管理工作，如刘曼玉对学校在“十五”期间的哲学社会科学管理工作进行总结，并对以后的工作提出了展望及建议②。张志栋针对青岛市哲学社会科学事业发展存在的不足和问题，提出了改革和创新建议，建立管理工作的新体制和新机制，以促进青岛市哲学社会科学事业的加快发展③。邓理探讨了通过内部组织协同创新高校哲学社会科学研究管理模式④。近年来，江南大学既重宏观制度建设又抓微观机制落实的管理理念，形成了两者相耦合的文科科研管理体系，使学校文科科研管理工作得到了稳步全面的提升。因此，本文针对这一部分研究空白，以江南大学文科科研管理为例，对创新高校文科科研管理体系的可行路径展开研究。

二、宏观制度与微观机制相耦合的科研管理方式

面对新的机遇和挑战，作为教育部直属的行业特色型高校，江南大学始终以人才培养、科学研究、社会服务、文化传承创新为己任，坚持三大发展原则，实施三大提升行动，推进三大建设工程，初步形成了特色鲜明、结构合理的哲学社会科学繁荣创新体系，具备了工科与文科相互支持发展的学科生态系统，实现了文科科研发展的历史性跨越。

---

① 赵玉蓉．哲学社会科学研究管理工作［J］．江苏年鉴，2004.

② 刘曼玉．地方师范大学哲学社会科学管理工作探讨与展望［J］．科技咨询导报，2007（18）．

③ 张志栋．哲学社会科学管理工作创新研究［J］．青岛职业技术学院学报，2003（4）．

④ 邓理．优化高校哲学社会科学研究管理模式的思考［J］．江南论坛，2013（7）．

（一）整体性设计宏观制度

1. 明确发展方向

哲学社会科学的繁荣发展，既关系到“培养什么人”、“怎样培养人”这一战略主题，也是学校科学发展、快速发展的内在要求。江南大学将坚持三大发展原则作为推进文科科研发展的总体思路。

一是坚持育人为本、德育为先原则。学校于 2003 年和 2005 年先后两次召开社科发展大会，2012 年又召开了党委常委（扩大）会议，专题研讨文科科研发展，倡导把社会主义核心价值体系融入教育教学全过程，推进马克思主义学科建设，完善科学研究与人才培养的良性互动机制，推动科研成果及时向教育教学转化。

二是坚持融合交叉，有序推进原则。精心遴选了一批有特色、有优势的学科领域予以重点支持，坚持学科交叉、文理交融，依托优势工科重点发展交叉学科，2008 年至今，学校先后获批建设“江苏省食品安全重点研究基地”、“江苏党风廉政建设研究基地”等 4 个省级科研基地，逐步形成了重点突破、以点带面、全面推进的哲学社会科学体系。

三是坚持改革创新，活力发展原则。在中央推动社会主义文化大繁荣大发展、国家实施区域发展总体战略以及大力推进教育改革发展的时代背景下，学校与时俱进，提出了坚持“深化改革、协同创新、特色发展”的新理念。2012 年 6 月，学校出台并启动由一个主文件和五个配套文件组成的《江南大学哲学社会科学繁荣计划（2011—2020）》，作为完善工科特色高校的哲学社会科学创新体系的指导性文件。

2. 注重顶层设计

利用已有的学科资源优势，注重文科与理工科的交叉融合，发挥理工科对文科的支撑作用，着力发展经济社会发展急需的应用型文科，这样才能扬长避短，取得良好成效。按照这一思路，学校立足我国经济社会发展的前沿问题，对文科科研的发展进行了科学合理的顶层设计。

例如，结合学校优势学科和现有研究基础，构建了富有特色的研究基地建设体系，以研究食品安全这一重大现实问题为主攻方向，融合食品科学与技术、经济学、管理学、法学等学科力量组建的“江苏省食品安全重点研究基地”于2008年获省规划办立项；面向创意设计这一新兴产业的发展趋势，融合艺术学、文学、计算机科学与技术等学科力量组建的“产品文化创意与文化研究中心”于2009年获省教育厅立项；发挥无锡作为中国物联网发展中心这一优势，融合物联网技术、经济学、管理学等学科力量组建的“中国物联网发展战略研究基地”于2011年获省社科联立项。

3. 加强内涵建设

轻工是江南大学50多年独立办学的特色和优势。学校意识到文科科研应依“轻”而取得突破性进展，有针对性地实施了三大提升行动来加强文科科研的内涵建设。

一是推动协同创新，增强社会服务能力。学校结合优势学科和现有研究基础，自觉对接国家发展战略，围绕重大现实问题开展研究，通过“学科协同”，搭建高层次科研基地。同时，主动服务地方发展需求，采取“校地协同”，先后与无锡市共建了党的建设研究中心等25个研究中心和江南大学开放创新设计研究院，积极构建以服务需求和提高创新能力为导向的社会服务体系，成为地方政府和行业企业的思想库、智囊团。

二是推进项目建设，优化学科生长环境。学校实施学科优势提升行动，依托轻工优势在学科交叉点上寻找生长点，加强学科交叉研究，带动人文社科发展上水平。有针对性地实施“突破计划”，强化倾向性资源配置，加大研究基地、研究项目、精品著作等扶持培育力度，出版了包括《中国食品科技发展报告》、《中国食品科技发展规划》等在内的诸多精品著作。

三是加强队伍建设，形成人才聚集效应。学校实施高端人才汇聚行动，坚持引育并举，建设结构合理的文科科研人才队伍体系。通过实施带头人工程，打造学术大家、学术大师；实施名师培育工程，培育科研过硬、教有特长的教学名师；搭建“卓越讲坛”、“至善讲坛”等平台，培养青年后备骨干力量。

4. 创新管理机制

繁荣发展高校哲学社会科学的关键是制度创新、管理创新。因此，学校提出通过推进三大建设工程来作为文科科研发展的根本保证。

一是健全管理机制，推进社科创新工程。学校注重发挥文科学术委员会作用，推动科研决策的民主化；充分利用《科研信息参考》、“每月月报表”等，提高管理工作效能；进一步健全学术机构建设、学术道德建设、科研评价、项目申报、协同攻关、成果奖励、经费管理等制度，加强科研组织管理创新，形成了有效整合资源、促进充分竞争、有利于出成果、出人才的科研管理机制。

二是建设网络平台，推进数字人文工程。学校推进“e 江南”网络信息平台建设，拓展网络人文教育新阵地；加快图书馆人文社科文献中心建设，扩大外文图书期刊入藏数量，提供研究文献保障；优化建设《江南大学学报》（人文社科版）、《创业与设计》等学术期刊，推进学术期刊数字化、精品化。

三是扩大交流合作，推进“走出去”工程。学校加大了与国外高水平研究机构的学术合作，加大了人文社科师生海外交流学习工作力度。同时，发起和建立了具有国际影响力的论坛、研讨会和文明对话机制，在广泛的国际学术和文化交流活动中寻找生长点。以设计学院为例，经过多年的国际学术交流合作，师生在国际设计舞台上的创新能力大幅提升，截至目前，已夺得德国红点奖、德国 IF 奖和美国 IDEA 奖等 50 余项，有力提升了学校人文社会科学研究的国际影响力。

5. 强化制度保障

学校在尊重科研内在规律和基本原则的基础上，秉承制度创新引领科研发展的理念、2012 年新出台了包括《江南大学关于国家科技计划专项经费中间接经费管理办法的补充规定》、《江南大学国防科研项目过程管理保密专项制度》、《江南大学哲学社会科学繁荣计划（2011—2020）》等在内的系列政策，同时有针对性地修订了包括《江南大学科研教学优秀成果奖励办法》、《江南大学学术交流管理条例》、《江南大学学术专著出版基金管理办法》等在内的诸多文件，科学地构建了以动力激励为核心的资源配置机制、以多元交叉为核心的成果产出机制、以质量提升为核心的绩效评价机制等组成的科研保障制度体系；有力推动了学校基础研究和应用研究的协调发展、科学研究和社会服务的统筹发展、科研产出和人才汇聚的融合发展；着力打造开放、集成、高效的新型科研组织模式，初步形成了具有学校特色的科研发展内生驱动力。

（二）精细化构建微观机制

1. 推行闭环全生命周期的项目管理模式

江南大学通过对传统科研管理模式中存在的问题进行深入分析，设计了闭环全生命周期的科研项目管理模式（如图 1 所示）。该模式以各层级管理部门和全体科研人员参与为基础，以科研项目管理水平提升为中心，对科研项目的前期培育、申报立项、项目执行、鉴定结项以及应用反馈阶段等各项环节进行过程控制。

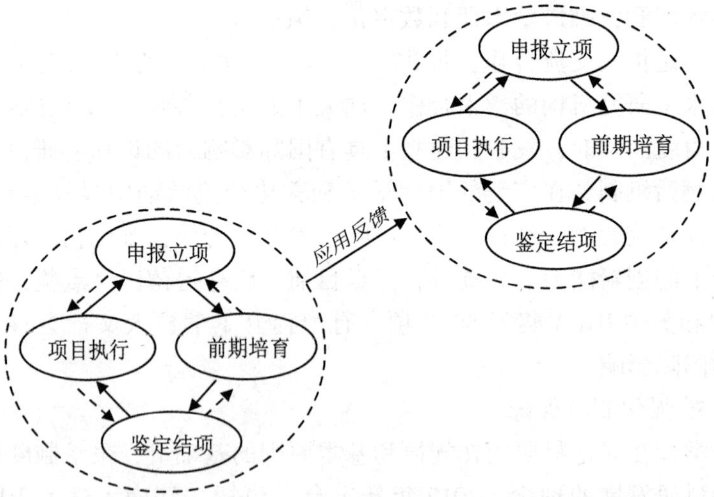

图 1　闭环全生命周期的科研项目管理模式

学校在闭环全生命周期的科研项目管理模式的推行过程中，重点应用关键控制点评价模型和生命终端的反馈再生模型，对科研项目进行科学管理。一方面，树立控制点前移的思想，重点对项目进度进行关键点控制，从而使项目在进度、质量等各方面均得到保障；另一方面，项目结项时形成的研究成果和管理经验要向科研管理部门进行及时反馈，在此基础上构建了项目成果数据库，这既有利于研究成果的应用和推广，又有利于科研管理部门及时修正管理政策，更好地推进新一轮的闭环全生命周期科研项目管理。

2. 构筑立体式的经费管理信息系统

面对逐年增长的科研经费总量，为使学校科研管理工作水平上一个新的台阶，江南大学及时提出了“科研项目管理精细化”的理念，依托科研经费管理信息系统，把精细管理全面落实到不同研究层次、不同研究单元，并贯穿于管理、研究工作的全过程。经过10年时间的不断升级和完善，目前学校已经构筑了一套以复旦天翼财务管理系统4.0版本为基础，全面涵盖科研项目管理各要素(项目、人员、经费等)、实时更新的科研数据中心和科研管理平台，实现了科研管理信息化和无现金结算。

科研管理信息系统的建立夯实了教师、学院和科研管理部门间的“立体关联”，其中，教师可以方便地查询所承担的科研项目、预算执行情况等信息；科研管理部门以及各院系可以通过信息系统全面了解学校、院系所承担科研课题情况，进行网上审批工作，从而达到了科研信息的共享和动态监管，大大提高了科研项目管理效率。

3. 设立综合化功能的教师科研卓越中心

为进一步有效整合和组织学校科研资源，发挥学校科研资源更大的效能，江南大学于2012年9月设立了教师科研卓越中心。中心成员主要分为工作人员和兼职指导老师两类，其中工作人员由校领导及相关行政管理部门人员兼任，兼职指导老师由一批具有较高学术水平的多年从事科学研究、社会服务的校内专家组成。

在微观层面上，卓越中心通过科研业务知识、科研项目管理、科研成果申报等方面的咨询和培训，促进了学校科研人才早出成果，使科技人才资源得到合理使用和充分挖掘，积累和培育了学校的科研原始创新能力；在宏观层面上，卓越中心站在全校的高度上对各类科研项目进行组织遴选、统筹整合和全过程管理，优化了科研人力资源组合，提高了科研战略规划和组织策划能力。

三、进一步完善体制机制的建议

党的十八大和十八届三中全会均提出对哲学社会科学改革创新的新要求、新纲领，高校作为资源重镇，更应深化综合改革，创新体制机制，释放改革红利，激发科研潜能。因此，建议进一步做好以下三个方面的工作，健全高校文科科研管理体制机制。

（一）强化科研经费精细化科学管理

首先要做好分类管理。自然科学与社会科学研究使用经费的侧重点不同，建议对于不同类别的科研项目，经费管理实行分类管理制度。其次，需结合实际推行项目预算评审制度。建立预算评审制度有利于帮助项目申请人更科学合理地编制预算，提高资金使用效益，但是也应该视项目的实际情况加以推行。再次，应科学处理结余经费。在现实中，高校科技人员心理上对未来继续获得经费支持存在不确定性，因此，在科研项目经费开支上非常谨小慎微、在项目结题时往往会留有一部分结余经费。如果按照国家规定"一刀切"，全部收回结余经费，对科研人员而言是一种负面刺激，弊大于利。因此，允许结题时留存说明合理用途的经费，可以更好地激发科技人员的科研积极性。

（二）提供国家重大问题智库支撑

以深入实施"2011 计划"和"哲学社会科学繁荣发展计划"为契机，以教育部《中国特色新型高校智库建设推进计划》和重点研究基地建设为抓手，紧紧围绕全面建成小康社会和发展中国特色社会主义的新要求，建立以服务国家为导向，立足社会实践，综合运用多学科知识，整合学校优质资源，凝练主攻方向，在学校优势和国家需求间找准结合点，建设新型智库机构，努力培育和打造高校智库团队，形成核心人才库，为党和政府科学决策提供长期稳定的高水平智力支撑。

（三）加大项目成果资助介入力度

适当加大社科基金激励力度。进一步扩大基金资助覆盖面，适当增大项目经费支持力度；如对重大项目入围的申报人员，按时完成研究任务且成果鉴定等级为"优秀"的项目负责人，学校追加奖励资助经费。适当扩大择机立项基金数量。围绕国家或地方经济社会发展中的现实问题和政府领导关注的重大问题，通过委托和课题确认进行择机立项，同时增强成果推介意识和宣传意识，努力推动项目成果服务于经济、政治、文化、社会建设和党的建设。

西部哲学社会科学繁荣发展的几点思考

宋建丽*

中西部高等教育是我国高等教育的重要组成部分，承担着为国家特别是中西部地区经济社会发展提供人才支持和智力支撑的重要使命。改革开放以来，党中央、国务院高度重视中西部地区经济社会发展，深入实施了一系列相关区域经济社会发展规划，为加快发展中西部高等教育提供了难得的历史机遇，中西部高等教育呈现出新的发展态势。然而，受地理区位、历史原因、经济社会发展条件等影响，当前中西部高等教育特别是哲学社会科学的建设与发展仍然存在着诸多薄弱环节和突出问题，主要表现在：服务国家和区域经济社会文化发展的能力不强，解决重大理论和现实问题的能力尚待提升，建设西部强省的社会服务作用及思想库、智囊团的功能没有充分发挥；具有国际影响、国内领先的学科偏少，学科优势和特色急需进一步巩固和凝练。针对以上西部哲学社会科学存在的突出问题，繁荣发展西部哲学社会科学需要总体规划，有所为有所不为，走内涵式发展道路；以问题和项目为导向，大力培育交叉学科，提升多学科综合创新能力；以服务地方、面向全国、走向世界三位一体的战略眼光建立与西部大开发总体战略相称、与增强国家综合实力和国际竞争力相称的哲学社会科学创新体系。

一、加强总体规划 走内涵式发展道路

西部高校是推进高校哲学社会科学繁荣发展的重要力量，也是服务国家和区域战略的天然智库，然而，从全国地级以上城市高校

* 宋建丽，厦门大学马克思主义学院副教授。

和高职院校的相关数据来看，我国城市的高校和高职专科院校数量、优质高等学校和高校规模分布均呈现出地域上的不均衡，整体上东强西弱，极大限制了西部高等教育服务于社会的能力，因此，努力促进我国高等教育区域布局结构的进一步优化以及学科布局的进一步优化就成为实现西部哲学社会科学繁荣的首要前提。然而，在我国高等教育盲目扩张所带来的种种负面后果已经为我们所清醒认识的今天，西部高校建设不应再盲目重复旧路，而应实现从注重规模到提升内涵的转变。所谓提升内涵，倡导的是一种高等教育数量与质量共同提高的发展模式，这种模式追求的不是高等教育规模扩张所带来的表面繁荣，它所关注的是在数量增长的同时高等教育质量的内在提升。其核心在于倡导职能分工与相互合作，强调院校自主自治与系统协调，以此兼顾社会对高等教育的规模化和多样化需求。在此，美国加州高等教育的总体发展规划为我们提供了有益的借鉴。

加州高等教育总体规划，是在当时加州高等教育大发展，高教机构膨胀带来了开支剧增、效率低下、结构混乱等问题的背景下出台的。根据 1960 年制定的《加利福尼亚州高等教育总体规划(The Master Plan for Higher Education in California)(1960—1975)》确定了一个重要的原则，即“功能分类、层次内竞争、层次间合作”，在这一原则指导下，既有以科学研究和高层次人才培养为主要职能的加州大学系统，又有承担普及高等教育、造就社会所需各领域实用人才的加州州立大学系统和加州社区学院系统。这些不同类型的公立高等教育机构保持着各尽其职、相互合作、有序发展的良性结构，各类高等院校各得其所、各展其长，有所为有所不为，避免了高等教育机构间的定位不明、无序竞争、盲目扩张所造成的重复建设、资源浪费等现象，大大提升了该州高等教育的整体实力，满足了加州人民和加州社会对高等教育的不同需求。加州是美国西部高等教育原本并不发达的州，到今天其高等教育在世界上的地位已令人瞩目。①

① 范文曜，刘承波．大学制度建设：加拿大、美国高教考察与启示［J］．理工高教研究，2007（6）．（《新华文摘》2008 年第 8 期转载）

此外，实现文理学科的平衡，推广博雅教育的大学发展理念，也为加州大学的发展乃至加州经济腾飞奠定了不竭的文化动力。建州之初，与政治、经济和社会发展已有良好基础的东部甚至中部各州相比，加利福尼亚地区还只是一片相对落后的土地，几乎没有任何经济基础，文化、宗教以及教育事业也没有得到相应发展，更谈不上有稳定的文化和价值共识，再加上政府管理和法律监督的缺失，使得加州地区的社会状况混乱不堪，“秩序被打破了，这片新的疆土陷入了个性贪婪和机会主义的骚动泥沼而无法自拔。”①而通过采取包括教育在内的一系列措施塑造加州社会的探索与努力，这种混乱局面得到有效控制和改观，其中加州大学平衡文理科的职能定位不仅使它本身的发展获得长久的动力，而且也给整个加州地区经济的持续发展提供了不竭的文化动力。加州大学于 1868 年创办，《1868 年组织法案》通过之时，加州议会曾强调，未来的加州大学应重视农矿机械等领域应用学科的教学，重视实用性人才的培养，同时，在加州大学第一任校长杜兰特等人的坚持下，议会也同意加州大学不应排斥基础学科的教学，应该为博雅教育保留一席之地，加州大学的职能定位被明确为“应是一所在开展实用教育的同时兼顾博雅教育的州立大学”。1872 年 11 月 7 日，在校长就职典礼上，吉尔曼指出，“大学是一个含义最为广泛的术语，她应该提供知识发展与传播的基础——这是一个为了促进各门类文理学科发展而被组织起来的团体，她要将年轻人培养成学者，以满足生活对智慧的所有需求。”根据吉尔曼的大学理念，未来的加州大学应该是一所注重文理平衡的新式大学，自然科学和社会科学都应成为大学教育的组成部分，他还特别指出，“在这样一个实用学科被确认为对人们有所裨益的社会中，强调博雅学科的重要性是很有必要的。”② 在此基本教育理念之下，吉尔曼在实现实用学科与博雅学

① David Lavender. *California*: *A Bicentennial History* [M], W. W. Norton & Company, Inc., 1976: 49.

② John Aubrey Douglass. *The California Idea and American Higher Education*, 1850-1960 *Master Plan* [*M*]. Stanford University Press, 2000: 53.

科之间的平衡方面做出了不懈的努力。在吉尔曼的领导下，加州大学初步显现出综合性大学的雏形，较好地实现了文理学科的平衡，博雅教育得到了学校师生的普遍认可，同时在机械、农业等学科领域也获得了一定声誉。①

反观我国西部哲学社会科学现状，可以看出，其未来的繁荣发展必然与西部大开发的整体发展战略以及西部高等教育整体发展规划紧密相连，然而目前，西部高等教育规模整体落后已经极大地限制了哲学社会科学繁荣发展的空间。另一方面，在我国高校盲目扩张带来的种种负面后果警示之下，我们也不能走盲目扩张西部高等教育规模的老路，而是要根据国家和地方经济社会发展需要，对西部高等教育整体规划进行顶层设计，以服务西部为立足点，以提升质量为核心，以内涵式发展为方向，而繁荣哲学社会科学正是促进高校内涵式发展的重要途径。高校繁荣发展哲学社会科学就是要将社科研究、人文熏陶贯穿于人才培养、社会服务、文化传承创新全过程，全面提升哲学社会科学的创新能力和服务水平，充分发挥哲学社会科学在塑造人格、提升人文素养、奠定文化精神、提供经济发展持久动力等方面的重要作用，为国家战略和地方经济发展服务。

二、以问题为导向 突出西部特色 搭建交叉学科创新平台

《中共中央关于深化文化体制改革 推动社会主义文化大发展大繁荣若干重大问题的决定》要求，“坚持以重大现实问题为主攻方向，加强对全局性、战略性、前瞻性问题研究，加快哲学社会科学成果转化，更好地服务经济社会发展”。西部经济发展长期落后，西部大开发过程中，必然面临众多关系国计民生的现实难题，哲学社会科学工作者不应回避来自现实生活的挑战，不应回避理论

① 更多相关资料参见河北大学教育学院何振海的教育部课题结项报告：《美国加州公立高等教育系统化发展研究》（课题号：EAA080255，结项时间：2009年9月）。

难题，而是要以积极的态度关注现实，展开对现实问题的研究，积极为政府决策提供智力支持。

作为经济社会发展的加速器，哲学社会科学担负着“认识世界、传承文明、创新理论、资政育人、服务社会”的重要使命，站在服务西部、共筑中国梦的战略高度，西部哲学社会科学创新应着眼于国家和区域重大战略需求，聚焦西部政治、经济、文化、社会以及生态文明等建设中的重大问题，扶持关乎西部“科学发展、富民强省”社会经济主题的应用研究，立足西部地区特有的政治、文化、宗教、民族等优势，加强对西部地区的国家安全、周边国家关系、民族和宗教关系、经济欠发达地区的发展、生态环境保护、社会保障等领域的研究，从西部问题、中国问题入手，突出西部文化特色，形成理论与实践相结合、科学研究与咨询服务相对接的学术服务社会的长效机制，加快哲学社会科学研究优秀成果的转化运用，积极参与“中国西部智库”、“国家智库”建设，为政府决策提供强有力的智力支持，有效发挥其理论先导的作用。

在当代学术研究中，交叉学科研究的必要性正不断凸显。为此，《国家中长期科学和技术发展规划纲要（2006—2020）》提出，要“加强基础科学和前沿技术研究，特别是交叉学科的研究”；《中共中央关于进一步繁荣发展哲学社会科学的意见》提出，“要积极扶持新兴学科、交叉学科，使之成为哲学社会科学新的生长点”。中国西部地区经济发展长期落后，拥有多学科背景的复合型人才更是严重缺乏，这无疑极大制约了西部哲学社会科学交叉学科的建设。此外，受传统单一学科培养制度的制约，目前学科间的结合也非常有限，因此，打破学科壁垒、项目壁垒，培养交叉学科人才，为交叉学科搭建科研平台，当成为西部哲学社会科学创新发展的关键。

交叉学科人才队伍首先来自于交叉科学教育。首先，我国高等学校中的交叉科学教育整体比较薄弱，西部地区交叉科学教育更为薄弱，这就需要设立面向所有本科生、研究生的交叉科学教育，引导学生树立交叉科学意识，主动构建具有交叉性特点的知识结构，为开辟交叉性的学术研究方向或研究领域打下坚实基础。其次，交叉学科人才的培养还可从整合教育和科技资源入手，并尽可能在成果产出和课题申请方面为交叉学科增加政策方面的支持。最后，突破现有的学科组织结构模式，围绕哲学社会科学领域若干重大前沿问题，聘请校内外相关领域专家，开展多方位、多角度的合作研究，以“国际视野、中国话语”为基点，实现西部哲学社会科学交叉学科的创新和发展。

总之，西部哲学社会科学的繁荣发展与西部大开发总体战略布局密不可分，一方面，哲学社会科学只有定位于服务西部经济开发，服务于西部经济增长的战略目标，才能真正繁荣；另一方面，哲学社会科学作为上层建筑，又始终应该保持其独立的品格和特性，引领西部经济开发向健康、可持续发展的方向前进。西部高校既承担着服务于西部开发，服务于经济发展的特殊职能，也承载着为西部经济大开发提供不竭的文化动力的重任，作为西部地区高校，应切实肩负起服务区域经济协调发展的历史责任，提高哲学社会科学社会服务水平。因此，积极加强与外界的沟通和协作，搭建有效的“产学研用”相结合的运行平台，科学地回答国家战略和区域发展的重大问题，在服务中寻求发展机遇，形成学科优势，应当成为西部高校繁荣发展哲学社会科学的动力和奋斗方向所在。

三、深入贯彻落实“走出去”与“请进来”的文化发展战略

综观国际、国内背景，伴随经济全球化的深入发展，世界格局正发生着重大而崭新的变化，围绕综合国力、国际秩序、国际市场、地缘政治、发展模式、价值观念而展开的全方位竞争日趋激烈。中国作为发展中大国，一方面正处在实现全面建成小康社会、建成富强民主文明和谐的社会主义现代化国家，实现中华民族伟大复兴的重要历史时刻，另一方面亦处在世界历史的全球化进程之中。《高等学校哲学社会科学繁荣计划（2011—2020年）》明确指出：有选择、有步骤、有层次地推进高等学校哲学社会科学走向世界，推动中华文化“走出去”，“增强我国国际话语权”，这就为高等学校走国际化发展道路指明了方向。

西部高校有着得天独厚的地理区位和民族文化资源，对于西部高校来说，哲学社会科学的创新发展应定位于立足西部，面向全国，走向世界，充分发挥西部高校的地缘优势和民族文化传统优势，广泛开展多渠道、多层次、全方位的国际合作与交流，推进高校哲学社会科学优秀成果和优秀人才走向世界，推进哲学社会科学的繁荣发展。在此，特别要处理好国际化和中国化的关系。

首先，“请进来”主要是指吸引国外优秀专家学者和境外优质资源为提升学校综合实力服务，而不是盲目照搬国外发展模式，繁荣发展哲学社会科学一定要坚持走自己的路。自美国高盛公司高级顾问乔舒亚·库珀·雷默于2004年5月11日在英国外交政策研究中心发表题为《北京共识：提供新模式》的研究报告面世以来，西方学者对“中国道路”一直存在广泛争论。“中国威胁论者”认为，中国道路与西方国家普遍看重的价值观、发展道路、生活方式等具有不可调和的根本性冲突，有的学者则期望中国能够形成一种“与现下的殖民现代性为内核的欧美中心现代性对抗”的新替代方案。2005年以来，国内学者也加强了关于中国道路研究的交流探讨。学者们从政治、经济、文化等不同角度，从不同层面对中国发展道路进行了广泛而深入的探索。然而，由于“中国道路”是个内涵高度抽象、外延包罗万象的整体性概念，如何在涵盖中国不同部门领域（经济发展道路、政治发展道路、文化发展道路）和不同地域（经济特区发展道路、中部崛起道路、西部大开发道路、东北老工业基地振兴道路）发展道路研究成果的基础上，考证中国道路的历史层面、制度层面、策略层面、现实层面以及各个层面之间的内在关联，抽象提炼出整体意义上的代表社会主义中国形象的“中国道路”，并澄清“中国道路”的理念、内涵、实质、多层架构、内在逻辑和基本矛盾等重要问题，仍是哲学社会科学工作者面临的重要任务。

其次，“走出去”主要指通过学者交流、共同研究，举办国际学术会议、联合培养等途径搭建国际交流平台，以项目带动合作发展，打造新型国际化人才。在此过程中，一方面是有形的收获，即自身优秀成果的产出以及对哲学社会科学优秀成果的推介；另一方面是无形的资产，即在对外交往的过程中，我们对外来文明精华的吸取，更重要的是对我国文明、民主、开放、进步形象的推介。

具体到西部哲学社会科学的繁荣发展，深入贯彻落实“走出去”与“请进来”的文化发展战略，就是要推动哲学社会科学“从西部走出去”。西部高校有其自身的文化资源特色和研究优势，有其自身丰富的民族文化元素，通过“走出去、请进来”，西部高校可以有步骤有计划地建立起跨国跨校的专题研究机构，加强与西部边疆和相邻相近国家之间共同关注的文化事业的交流，让他们更深层次地了解中华民族的原生文明，共同探讨文化传承创新的新途径和社会经济发展的动力源，让民族文化的精髓和世界接轨，在西部形成特色鲜明、有重大国际影响的学科优势高地，建设可以为国家重大发展战略发挥“智库”作用的高水平研究团队，进一步创新哲学社会科学研究方法，扩大中国学术的国际影响力，妥善回应外部关切，增进国际社会对我国基本国情、价值观念、发展道路、内外政策的了解和认识，展现我国文明、民主、开放、进步的形象，增强我国的国际话语权，从而真正实现“让中华文明走向世界”的宏大目标。

中国的哲学社会科学一直沿着“学科建设”的思路进行理论创新，理论研究往往滞后于重大现实问题，无法有效地实现其理论先导的作用。当今世界正处于大发展大调整时期，面对复杂的国际形势和国内环境，迫切需要哲学社会科学主动应对全球特别是西方发达国家强势意识形态的挑战，聚焦中国特色社会主义建设中的重大问题，以创新的思维和视角，认真研究、正确阐释、广泛宣传中国发展道路和发展理念，统一思想、凝聚共识，提升国家话语权和舆论主导权，为党和国家应对国际挑战和风险，全面建成小康社会提供及时有效的理论先导，为实现中国梦提供强大的精神动力。为此，西部哲学社会科学领域的国际化，应该是以“中学为本、西学为用”，即中国化为本、国际化为用，一方面广泛吸收、了解国外哲学社会科学领域的最新进展，另一方面注重以西部问题、中国问题为根本，形成中国特色、中国风格、中国气派，并使之成为具有国际性的学问、思想和理论。

国家“十二五”发展规划纲要明确提出，要“大力推进哲学社会科学创新体系建设，实施哲学社会科学创新工程，繁荣发展哲学社会科学”，这标志着“哲学社会科学创新工程”已经成为国家规划。全面提出并大力推进中国哲学社会科学创新体系和创新能力建设，是中国进入“十二五”时期应对一系列新挑战，实施创新发展、科学发展、和谐发展的必然要求。2013 年 3 月，习总书记在第十二届全国人大会议上讲道：“实现全面建成小康社会、建成富强民主文明和谐的社会主义现代化国家的奋斗目标，实现中华民族伟大复兴的中国梦，就是要实现国家富强、民族振兴、人民幸福。”引起了全社会的广泛共鸣。研究阐释中国梦离不开哲学社会科学创新，建设哲学社会科学创新体系，既是在新的历史起点上坚持和发展中国特色社会主义的必然要求，也是增强国家软实力、提高国际竞争力、争夺国际话语权的必然要求，更是在新的历史条件下实现中华民族伟大复兴的必然要求。从共筑中国梦、促进西部大开发的战略高度出发，西部哲学社会科学综合创新需要在实现中国梦和促进西方大开发的双重背景下展开，以西部开发过程中面临的迫切现实问题为突破口，打破单一“学科建设”的思路，推动哲学社会科学进入西部，并融入世界的“格局”，改变哲学社会科学理论研究滞后于重大现实问题的状况，有效发挥其理论先导的作用，建立起与西部大开发整体发展战略相称、能够为增强国家综合实力和国际竞争力提供有力支撑的哲学社会科学创新体系。

上海交通大学发展文理交叉跨学科研究的实践与探索

凌宏发　刘津芳*

一、研究背景

20 世纪以来，随着许多自然科学研究方法的引入，人文社会科学的多个研究领域得到极大发展，在我国，由于参照苏联模式的大学学科设置，人文社会科学与自然科学、工程技术之间是单学科发展，跨学科研究开展需要跨越的壁垒较大，制约了从高校教师到各个管理部门进行文理交叉跨学科研究的自觉意识与体制机制的建立。

在国内，对于跨学科的关注与研究始于改革开放以后，重点领域是理工各个学科边缘或学科间的前沿交叉。在国家科技政策层面重点关注与推动跨学科发展，是在 21 世纪初，《国家中长期科学和技术发展规划纲要（2006—2020）》提出："基础学科之间、基础学科与应用学科、科学与技术、自然科学与人文社会科学的交叉与融合，往往导致重大科学发现和新兴学科的产生，是科学研究中最活跃的部分之一，要给予高度关注和重点部署。"

在人文社会科学领域内，教育部 2011 年制定的"高等学校哲学社会科学繁荣计划（2011—2020 年）"对推动文理交叉研究做出了重要部署，在这一重要文件中，明确提出高校要"充分发挥

* 凌宏发，上海交通大学文科建设处学科与基地办主任；刘津芳，上海交通大学文科建设处项目办主任。

高等学校学科齐全的优势，着力推进跨学科研究，促进哲学社会科学不同学科之间，哲学社会科学与自然科学、工程技术之间的交叉融合，培育新的学术领域和学科增长点”，要“重点支持跨学科研究、综合研究和战略预测研究，构建团队协同攻关与个人自由探索并重的研究项目体系”。

党的“十八大”以来，习近平总书记多次强调要“实施创新驱动发展战略，建设创新型国家”，高校要加强自主创新能力，在“中国科学院第十七次院士大会、中国工程院第十二次院士大会开幕会上的讲话”中，习总书记提出要“推动科技和经济社会发展深度融合，打通从科技强到产业强、经济强、国家强的通道，以改革释放创新活力，加快建立健全国家创新体系”，这具体落实到人文社科领域，就是要求人文社科与科学技术“软”与“硬”的交叉结合，面向未来，用跨学科的综合研究解决当前国家面临的重大现实问题。

在实际工作层面上，教育部于 2011 年初在一些相关高校进行了人文社会科学领域的跨学科研究开展情况的调研，搜集了正在进行跨学科研究的专家信息。而全国哲学社会科学规划办公室于 2011 年底首次发布了“文理交叉类”国家社科基金重大攻关课题申报指南，在全国范围内进行课题招标，每年资助立项 50 个左右重大攻关课题，通过课题立项的组织方式推动跨学科研究，培育跨学科人才。

不同于以前单一学科背景下的、由各级政府部门主导的以项目申报——立项进行合同约束与推动的纵向课题与研究，文理交叉跨学科研究由于先天不足，特别是近些年来自然科学与科技在中国的迟滞发展与多年来的学科壁垒阻隔，在当前这类研究还只能是处于政府倡导、小范围推动的局面，因为缺少人才储备与前期积累，像当前其他课题一样大规模推进条件的还不太成熟。

二、上海交大文理交叉研究开展情况

上海交通大学是工科见长的重点高校，人文社会科学的发展相对处于弱势。在 2004 年，学校提出了“综合性、研究型、国际化”一流大学发展目标，文科的发展出现重大机遇，十年来，一批具有多学科背景的人文社会科学的教师人才逐渐集聚，而交大理、工、医、农等学科优势，为这批人才进行人文社会科学与自然科学交叉融合研究，提供了良好的基础。

（一）学科/学院寄居与兴趣主导

在学校管理层面全面布局设计文理交叉研究之前，在管理学、经济学、传播学、语言学一些学科领域/组织内部，一些有相关学术背景与学术兴趣的教师，已经在各自研究领域利用自然科学的研究方法，开展学科前沿研究。比如由本校教师发表的《中国社会科学》（2008）上的传播学论文《Dragon能否表示龙？对民族象征物跨文化传播的实验性研究》，通过心理测试与实验方法，研究跨文化传播中象征符号的传播情境、传播效果关系问题。这是一种由兴趣与学术背景主导的、以教师个体为组织单位的跨学科研究，由于文理学科之间联系与互动较少，这些跨学科研究更多的是自然科学的研究方法渗透到人文社科研究之中，由此带来全新的研究视角、论证过程甚至是研究结论。因为《中国社会科学》刊物的学术影响力，该论文与著者开始辐射作用于校内几个青年教师，逐步有团队集聚，同时学校科研管理部门也重点关注。

（二）基金设立与项目主导

2010年，在学校科研管理部门组织下，文理交叉专项基金项目启动，设立该基金的目的是依托交大理、工、医、管等强势学科，拉动交大人文社会学科的建设，培育新兴成长性学科，推动文科跨越发展。在基金设立之初，科研管理部门即明确以下宗旨：（1）在研究方法上，该基金旨在开拓单一性学科内领域的研究向文理综合交叉和跨学科的研究转变，推动新的研究范式和研究方法的创新，在开辟新的交叉研究领域的同时自觉地将质化研究和量化研究相结合；（2）在资助方向上，该基金坚持择优和重点支持的原则，对具有明确的研究目标、能产生较大的交叉性成果、可望取得国家重大项目的预研项目提供资助，在发展相关理论和方法的同时，鼓励为国家宏观决策实践提供咨询、支持和参考；（3）鼓励、引导、组织文理学科间的交叉融合和学科交叉运行机制的探索，在此基础上，形成一批志同道合、具有共同学术兴趣的跨学科研究团队，尤其注重发现和培育跨学科的青年学者研究群，培育新的科研生力军。

（三）粗放经营与全学科覆盖

自2010年设立本基金项目开始，本项目共进行了4次申报，共受理申报138项，申报人覆盖文科各个相关院系与学科，申报人中45岁以下青年学者107项。经过评审，4年共立项新项目近80项。与其他公开申报的纵向项目相比，本基金项目立项率比较高，但考虑到本项目设立时的培育性质，故而在评审立项时更多的是在考虑各个申报项目的成长性，对于有可能产出文理交叉重要成果的项目给予了关注与投入。

从具体立项数据看，45岁以下青年学者立项46项，占全部立项数的60%以上；从主导学科/人文社科布局看，经济与管理学13项，法学12项，公共管理11项，新闻传播学6项，体育学5项，设计艺术学2项，图书馆学3项，历史学2项，语言学3项，认知科学8项，基本覆盖学校文科在建各重点发展学科。从大学科门类看，社会科学60多项，人文科学较少。从研究类型看，基础研究相对比较少，且集中在人文学科与认知科学，大多为问题导向的应用研究。从合作交叉的学科看，也基本覆盖了上海交通大学理、工、医、农四大门类，在具体的合作单位与合作学科上，主要是集中在电子信息与医学两大重要学科领域。

（四）集约效应与研究方向凝练

在科研项目产出方面，本基金资助的项目在立项后，在项目研究已有成果的基础上，申请到更高级别的课题。如“突发公共事件网络传播及其引导策略与机制研究”相关研究获得了国家社科基金重大项目文理交叉类立项，还有一些项目获得国家社科基金文理交叉类重点项目立项，获得国家社科基金一般项目与国家自科基金面上项目立项资助的则更多。在代表性科研成果产出方面：重要的如《中国社会科学》2012年第8期刊发的“善行的边界：社会与市场规范冲突中的公益选择——基于上海交通大学学生的研究”，便是文理交叉基金资助的项目的研究成果，该研究用仿真实验的方法探讨社会规范与选择成本的关系与影响，是国内相关研究领域有开创意义的文理交叉研究。

更为重要的是，通过四年的项目培育与项目组织，在研究领域方向与跨学科研究人才两个方面，实现了聚集。在课题组织与项目组织过程中，原文科院系相关领域教师之间逐步有了更为紧密的学术联系与交流，文科教师与理工科教师也逐步通过课题合作建立起较为密切的学术合作与交流。不同于单学科纵向课题的子课题或课题组形式的合作方式，文理交叉项目课题组与团队组合方式有的是前期就形成自发性的交叉研究，有的是在第一次文理交叉项目立项合作过程中衍生出的新的相关领域的研究，在后续申报中得到立项，这是一种由自发兴趣主导合作——经过文理交叉项目固化，再衍生出新项目——的团队聚合模式，团队黏合度相对较高。

在研究方向的凝练上，四年的立项课题中，与认知行为科学相关的课题有 12 项，与网络舆情及管理相关的课题有 9 项，与城市科学相关的课题 5 项。这三个研究方向中认知与行为科学属于基础研究，网络舆情管理与城市科学属于应用研究，都是典型的需要文理交叉多学科研究以解决问题的，其中认知与行为科学关涉到新闻传播学、法学、设计学、语言学与生命科学、遗传学、生物医学、精神病学之间的交叉融合，网络舆情关涉到新闻传播学、管理学、电子信息学的交叉合作，城市学涉及管理学、经济学、交通运输、城市规划、风景园林学等学科的交叉融合。通过四年培育，目前这三个领域的研究在校内已形成一定规模，相关成果也有一定积累与影响力，成为学校未来重点投入发展的高峰学科领域。

（五）专项培育与单独建制

在 2013 年的文理交叉项目申报中，项目管理部门特别设立了“认知与行为科学”专项，用原来年度立项经费的一半用于资助该领域的课题研究与合作组织。在这一年，学校开始筹建“社会认知与行为科学研究院”这一文理交叉跨学科研究平台。该平台首先承担了管理部门授权的组织、发布和评审“社会认知与行为科学”跨学科交叉专项研究课题的职责，该专项课题特别强调并提出：课题开展过程必须要设计和使用科学实验的方法，探讨学术前沿问题，获取原创性成果。2013 年经过评审，立项专项课题 7 项（3 项一般、4 项重点）。

该平台自成立以来，已组织 6 次专业性跨学科学术沙龙和一次以实验法学为主题的国际学术会议。沙龙保持每月举行一次，团队核心成员基本固定，承办单位根据每次沙龙的讨论议题改变。每次沙龙上，由平台和有关学院共同邀请 3~4 位人文学科、自然学科的校内外专家同台演讲和互动交流。

在项目培育、跨学科交叉团队组建和独立平台建制的基础上，社会认知与行为科学研究的规模效应逐步凸显。体现在硬件如实验室建设上，该平台积极协助推动人文社会科学相关学院，建立了外国语学院神经语言认知实验室、经管学院群体行为和实验经济学研究中心、法学院实验法学研究中心、媒体与设计学院视觉与传播效果实验室。同时，借助学校理工和生命科学的研究中心和实验室，比如精神卫生中心的眼动脑电影像测试分析研究中心、BIO—X 研究院的复杂性基因研究中心和超级大脑研究室、计算机系的智能计算与智能系统教育部—微软重点实验室、生物医学工程研究院的神经工程实验室等。由此开辟社会认知与行为科学研究院的行为实验公共平台，使研究人员能分享、利用各个实验室的实验设备和研究方法，为跨学科团队、交叉项目的深度合作、协同攻关提供丰富的实验条件和资源。由该团队合作研究的论文“认知流畅度对司法裁判的影响”刊发在《中国社会科学》2014 年第 5 期上，这是该刊首次刊发实验法学领域的研究论文，对法学领域及其他相关领域的研究会带来重要的研究方法上的冲击与影响。

三、作为科研管理部门的决策与探索

（一）全过程管理条例化

（1）在本基金设立之初，制定文理交叉基金项目的申报细则和管理条例。明确重点要求，如：申报项目必须是以问题为导向的属于文理跨学科交叉性质的真问题，强调以人文社会科学问题导入的跨学科研究特点，申报人必须是跨学科的双主持，研究方法必须突出文理研究方法的双重性和互补性。（2）评审由校内人文社科与理、工、医类交叉学科领域的专家组成评审小组完成，重点项目评审采取会议答辩方式，一般项目评审直接审阅申报材料，择优立项。(3) 项目承担人均需与文科处签订书面“立项协议书”，明确项目管理办法与承担本基金项目应承担的研究与管理责任，配合各级管理部门的项目执行情况检查与项目年度进展情况综合评估。(4) 关注立项项目的研究进展与成果产出情况，对于有重大研究进展与有重要成果产生的项目，积极培育，在更多层面给予支持与配合，将交叉项目引导为重大项目与重大研究领域。

(二) 项目类别分级分类管理

项目设立运行四年来，分别设立一般项目、重点项目、滚动资助项目与认知专项四类项目，其中滚动资助项目始于 2011 年，是针对 2010 年度立项项目开展较好、已取得重要成果的项目予以再次投入，重点培育。2011 年滚动资助的两个文理交叉项目分别是认知与行为科学、新媒体网络舆情与危机管理两个重要方向，经过评估，2012 年对这两个项目予以第三次滚动资助，推动有重要成果产出与重大研究前景的课题进行深入持续的研究。目前，前者已于 2013 年成立独立的“社会认知与行为科学研究院”，通过设立认知专项予以特殊资助与长期投入，后者也成长为学校内另一个重要的文科实验室。对于这四类不同项目，管理条例与协议书设置了不同级别的研究任务要求，进行分类管理。

(三) 文理之间、团队与管理部门之间良性互动

在文理之间，研究与项目的开展始终强调是由人文社会科学主导的跨理、工、医、农学科的研究，跨学科的研究方法如仿真实验、数据模型、大数据抓取等必须回归到人文基础理论、回归到重大现实问题上来。在研究个体、团队与管理部门之间，在基金设立的前三年，项目是联系纽带，但在管理者的管理心态上，是允许“广种薄收”的，在实际工作中，是通过“抓大放小”，重点关注与培育成长性良好的研究。

(四) 始于自发与兴趣，归于自觉与自主

文理交叉项目与研究在校内文科的起始完全是几位学者各自的自发兴趣，其最初的代表性成果不是其所属的院系单位的所属一级

学科的方向，其开展跨学科研究的基础是学者自身的多学科背景。文理交叉基金项目的设立只是促发与引导这些学者将研究的深度与广度推进，有目的性地完成一些课题，申报一些更高级别的项目，发表更高级别的论文或其他成果。但是，文理交叉系列项目的设置还有更重要的目的，即通过课题组织，引导文科教师特别是众多青年教师拓展研究视野，打破固有学科的囿限，在人文与社科之间、文理之间实现方法的互补交叉，同时，在课题合作交流的过程中，营造适宜的研究氛围与环境。在此基础上，形成研究方法、研究范式与研究领域集聚的规模效应，在学术领域与学术圈内外形成学派特色与影响力。

为此，在2014年正在进行的文理交叉项目申报中，科研管理部门另辟项目——发布关于文科“创新论坛”的申报及要求。创新论坛的申报领域限定在“金融、海洋、文化、城市、认知科学、绿色和健康”几大方面，要求主申请人（正高职称）与副申请人（一般为青年教师）联合申报，并优先资助45岁以下的申请者。两位申请者的职责是组织创新论坛，包括：确定会议讨论的中心议题或基本内容，组织专题报告和专题发言，推荐和邀请与会人员，引导会议进行富有创造性的自由讨论，形成研讨会综述及课题建议选题等。论坛的规模要求一般在20人以上，参会人员必须跨院系或者跨学校，鼓励邀请本领域知名学者及国家相关部委负责人。通过设置该创新论坛，希望可以凝聚研究领域，培育科研创新团队，鼓励创新，促进合作，营造自由的学术研讨环境，形成促进学科交叉和融合策划的平台。将交叉、合作与创新的理念由少数学者的自发转化成最大多数学者的自觉意识与自主要求。

四、值得探讨的几个问题

（一）文理交叉研究经费投入

文理交叉研究对于未来人文社会学科建设、新兴成长性学科的培育以及研究范式和方法的创新有重要意义，而当前文理交叉研究的开展，尚处于起步探索阶段，许多有特色的与学术前沿的研究还需要很长一段时间的研究人力与物力投入。

（二）文理交叉跨学科研究组织方式

就本校文理交叉基金的实施情况看，在申报立项过程中，明确要求合作者必须是本校理工科的相关研究者，但实际立项后，研究过程中真正开展跨学科合作与探索的还是不够多，有一些课题的推进还是以导师—研究生团队为主，真正有跨学科团队成员参与融入的研究比例还不够高。在已组建成跨学科团队的课题组中，团队的生长方式也往往是自发性的、由学术兴趣与方向驱动的，有目的性地研究与研究方法统一的研究还是开展得不够。在这一点上，相关科研管理部门的助力推动作用及其有效性还需要进一步研究与探讨。

（三）文理交叉研究的引导和评价

因为其跨学科特点，其项目开展方式与跟踪管理、管理方式以及项目评价与验收，是与其他一般项目一致还是有所区别，目前进行的偏粗放型的管理模式是与设立本基金的培育与实验的考虑相关。因为跨学科研究领域的开拓性，许多研究的推进与研究成果的产出不像传统项目那样有一定的预见性，所以当前采用的管理与评价模式有它的适应性与合理性。在对文理交叉研究的引导方面，各级管理部门可以参考国家社科基金重大项目设置文理交叉课题专项，在更大更多层面上征集选题，发布交叉类课题，以项目的形式引导研究者通过跨学科交叉研究，以解决重大基础理论与现实难点问题，在人文社科领域实现理论与实践的两个创新。

论西南边疆地方高校哲社研究可持续发展的几个基础点

郑升　张春霞　程斌*

一、本文写作的背景与出发点

第一，当前在振兴哲学社会科学、落实中西部高等教育振兴计划、加速推进“桥头堡”国家战略的背景下，以云、贵、川、桂为核心的西南地区在国家对外开放总体格局中的前沿性、重要性日益凸显，西南地区数量众多的地方高校哲学社会科学的发展前景、质量事关区域内乃至国家总体哲学社会科学发展的平衡与丰富，事关区域文化、教育、社会发展的进步与丰富。西南地方高校哲社发展的境遇、问题、出路应当受到关注与重视。

第二，自党的十八大、十八届三中全会以来，尤其是习近平总书记近期先后在北京大学师生座谈会上的讲话、在北京市海淀区民族小学主持召开座谈会时的讲话、在国际工程科技大会上的主旨演讲、在中国科学院第十七次院士大会讲话、在中国工程院第十二次院士大会开幕会上讲话等一系列关于核心价值观、青年、教育、科技、体制、人才、成果应用转化与自主创新诸问题的阐述，对西南地方高校的哲社改革与发展提出了新的要求与启示，需要我们深思与落实。

第三，谈及西南地方高校哲社的改革与发展，可以有多种设

* 郑升，玉溪师范学院中文系系主任；张春霞，玉溪师范学院学科发展规划处处长；程斌，玉溪师范学院学科发展规划处副处长。

计，但顾及可持续发展是共同的前提与宗旨之一，而可持续发展又依赖于“打牢基础”。由于种种原因，空洞性、功利性、投机性等“浊流”严重侵蚀、干扰、冲击了地方高校哲社可持续发展的“基础”，加之地方高校哲社研究的“原有基础”普遍薄弱、哲社管理与评价机制严重脱节和滞后的弊端也严重制约着地方高校哲社可持续发展。比如哲社研究与发展的核心价值观，哲社研究与发展的生态环境，哲社研究与发展的青年队伍保障与评价机制等。换言之，“道”层面的问题不解决、完善和提升，再高明的“技”层面的探讨都会在具体的实践中迷失方向，失去应有的追求、担当与坚守。

二、西南边疆地方高校哲社研究可持续发展的几个基础点

第一，改善地方高校哲社研究与发展的生态环境。全面振兴哲学社会科学、落实中西部高等教育振兴计划，进一步发挥地方高校服务于地方经济社会发展的优势与作用，离不开数量众多的地方高校的参与。浙江树人大学科学计量学研究中心教授汤建民曾撰文指出：“高校系统是我国人文社会科学研究的主要力量。统计结果表明：2012 年度 593 所老牌高校的课题立项占了全国所有高校立项总数的 95%左右，而剩下的 550 多所本科高校（包括新建本科高校、民办本科高校、独立学院）和 1281 所专科高校合计起来只占 5%左右。这说明各层次/类型高校间科研实力和水平差距悬殊。课题立项分布的不均衡性一方面固然说明了不同高校间存在着实力和水平上的客观差距，但另一方面，我们也要看到，这种不均衡性也许还预示着我们对政策进行适当调整的必要性。”① 就云南来看，同样存在上述问题，2012 年、2013 年云南高校国家社科、教育部哲社课题立项数的 90%主要集中在云南大学、云南民大、云南师大、昆明学院、曲靖师院等在昆或临昆高校，玉溪师院、大理学院、红河学院、楚雄师院等地方高校虽各自较前有提高，但总体数

① 汤建民．我国高校人文社科研究力量分布不平衡［N］．中国社会科学报，2014-04-25.

量偏少且学科分布不均，缺乏互补、支撑与可持续性。

川、贵、桂地方高校的课题立项数大致也如此。上述现象从一个侧面反映了西南地方高校哲社研究与发展在水平、资源、信息、门槛、体制等方面的弱势地位和处境。这一方面说明我们在顶层设计方面还要进一步调整、细化与完善政策，改善地方高校哲社发展的环境，比如进一步明确责、权、利，进一步打破壁垒、门槛与垄断体制，进一步建立透明、公平、公正、合理的竞争机制，进一步优化东、中、西、发达地区、欠发达区高校哲社研究与发展的布局、衔接以及效率公平兼顾、分与合兼顾等；另一方面也说明西南地方高校自身也要加强内涵建设，立足地方，凝炼方向，整合资源，打造特色，以敢为先敢为新、后出转精、后来居上的眼界、追求与担当有所为有所不为，做出应有的努力与贡献，无愧于时代、社会的潮流、趋势与人民的愿望。

美国威斯康辛大学作为地方高校同样在教学、科研与服务地方方面做出杰出贡献，成为世界名校就是典范和榜样。1904 年威斯康辛大学范海斯校长提出："州的边界就是大学的边界，威斯康辛大学要在一个农业大州生存和发展，教授的皮靴上不能不带有牛粪。"① 的办学理念，这一理念使得威斯康辛大学具有了两项特色鲜明的功能：帮助州政府在全州开展农业技术推广和函授教育，把大学推广到校门之外、办到大众当中，其畜牧、生物和细菌科学等学科迅速取得全美领先地位，成为一所优秀的州立大学。在这一点上，地方高校首先要有习总书记说的"三个自信"，找到自己的优势与位置，特别是立足于地方发展所需，科学谋划，积极实践，勇于革新，不断完善，避免同质化竞争，就一定能有所为有所不为，并在"改革应该改革的与坚守应该坚守的"过程中实现可持续发展。

第二，构建地方高校哲学社会科学研究与发展的核心价值观。国家与社会领域内要构建具有强大感召力的核心价值观，我们哲社

① 李锦斌．高等教育与地方经济发展［J］．现代教育科学，2005（4）．

研究与发展工作何尝不是如此？哲社研究领域内大力提倡与营造"核心价值观"是一项长期而又重要的基础性工作，事关哲社研究发展的动力、方向、宗旨与质量，比如"重德守品、求真向善、科学民主、文明进步、开拓创新、经世致用以及尊重科学、尊重劳动、尊重知识、热爱人民、热爱生活"的价值观。正如习总书记在《北京大学师生座谈会上的讲话》中提到的：

"全国高等院校要走在教育改革前列，紧紧围绕立德树人的根本任务，加快构建充满活力、富有效率、更加开放、有利于学校科学发展的体制机制，当好教育改革排头兵。……教师承担着最庄严、最神圣的使命。梅贻琦先生说：'所谓大学者，非谓有大楼之谓也，有大师之谓也。'我体会，这样的大师，既是学问之师，又是品行之师。教师要时刻铭记教书育人的使命，甘当人梯，甘当铺路石，以人格魅力引导学生心灵，以学术造诣开启学生的智慧之门。"① 他还在多个场合提出："能否构建具有强大感召力的核心价值观，关系社会和谐稳定，关系国家长治久安。世界各国都十分重视培育和弘扬核心价值观，西方国家把他们那套价值观念推崇为'普世价值'，不仅在国内不遗余力对民众进行灌输，还在世界范围进行推销。我们要大力培育和弘扬社会主义核心价值体系和核心价值观，加快构建充分反映中国特色、民族特性、时代特征的价值体系，努力抢占价值体系的制高点。"实际上，国家与社会领域内要构建具有强大感召力的核心价值观，我们哲社研究与发展工作何尝不是如此？哲社研究领域内大力提倡与营造"核心价值观"是一项长期而又重要的基础性工作，事关哲社研究发展的动力、方向、宗旨与质量。比如"重德守品、求真向善、科学民主、文明进步、开拓创新、经世致用以及尊重科学、尊重劳动、尊重知识、热爱人民、热爱生活"的价值观。

在这一点上，既要突出"自律"，也要加强"他律"，比如相应的宣传、监督机制与奖惩机制就显得尤为关键。习总书记在"省部级主要领导干部学习贯彻十八届三中全会精神全面深化改革

① 习近平．北京大学师生座谈会上的讲话，中新网，2014-5-4.

专题研讨班开班式上讲话”中所提出的思想同样值得我们深思和落实，他说：“核心价值观是文化软实力的灵魂、文化软实力建设的重点。这是决定文化性质和方向的最深层次要素……培育和弘扬社会主义核心价值观必须立足中华优秀传统文化。牢固的核心价值观，都有其固有的根本。抛弃传统、丢掉根本，就等于割断了自己的精神命脉。博大精深的中华优秀传统文化是我们在世界文化激荡中站稳脚跟的根基……中华传统美德是中华文化精髓，蕴含着丰富的思想道德资源。不忘本来才能开辟未来，善于继承才能更好创新。对历史文化特别是先人传承下来的价值理念和道德规范，要坚持古为今用、推陈出新，有鉴别地加以对待，有扬弃地予以继承，努力用中华民族创造的一切精神财富来以文化人、以文育人……要认真汲取中华优秀传统文化的思想精华和道德精髓，大力弘扬以爱国主义为核心的民族精神和以改革创新为核心的时代精神，深入挖掘和阐发中华优秀传统文化讲仁爱、重民本、守诚信、崇正义、尚和合、求大同的时代价值，使中华优秀传统文化成为涵养社会主义核心价值观的重要源泉。要处理好继承和创造性发展的关系，重点做好创造性转化和创新性发展。”

我们在本科教育阶段意识到“通识教育与人文教育”的重要性并在实际中加以落实，实则也是构建“核心价值观”的一种方式。哲社研究与发展领域内同样要如此，要“使核心价值观的影响像空气一样无所不在、无时不有……各种社会管理要承担起倡导社会主义核心价值观的责任，注重在日常管理中体现价值导向，使符合核心价值观的行为得到鼓励、违背核心价值观的行为受到制约。”①

第三，重视哲社研究青年队伍的建设以及考评机制的改革。任何事业的前进与发展都离不开人才，尤其是青年人才的发现、培养与保护。青年是基础，是未来，是希望，今天我们探讨“中西部高校哲学社会科学发展”的问题，应当进一步重视哲社研究青年

① 习近平．中共中央政治局第十三次集体学习讲话，中新网，2014-2-24.

队伍建设这一基础性工作，既要有顶层设计层面的统一部署和持续跟进，也要有各高校的具体落实与监督核查，并考虑是否纳入地方政府的业绩考核之中。在人才培养、人才引进以及相应政策的配套、资金的支持等方面政府不能再“缺位和欠账”，各教育主管部门也不能再“缺位和欠账”，各高校相关职能部门同样如此。

此外，地方高校在青年科研人才的培养与考核机制上愈演愈烈的“量化与排名”制度，表面上是重视人才，实则是严重违背了哲社学科研究自有的规律，严重损害了青年科研人才成长应有的环境与路径，应当引起决策者们的关注和反思。以笔者所在学校为例，近五年对青年教师在职称、科研、专业成长等方面的考核在质量上以核心期刊为要为上为尊；在数量上逐年加大，五年前评讲师不需要文章或者只要一两篇，评副高要五六篇，核心期刊论文一两篇即可，现在评讲师要五六篇论文，副高要 20 篇左右论文，其中核心期刊论文至少要四五篇，这还不包括年度考核、教学方面、社会工作、承担课题、出版专著等方面的量化与要求，以至于许多评委都感叹现在评副高比以前评正高都要难、门槛都要高。更有甚者，青年教师评副高及正高要有核心论文，而发表核心论文又有一个不成文的规定，即欢迎副高以上职称者或者具有博士学历者。假如青年鲁迅、胡适、朱自清、陈寅恪、钱钟书等身处当世，面对此考评机制不知要做何感想又做何为？

这种之前不重数量质量考核、现在又特别强调数量与质量考核的极端体制都是有问题的，正如北京大学陈平原教授所指出的：“当下中国许多大学对年轻教师学者的标准和要求‘太苛刻’，使得他们全都手忙脚乱，心气浮躁，根本没有时间想问题或从容读书。……再好的苗子，也得用心栽培，休养生息，才能长成参天大树。若都急功近利，会出大问题的。……由于排名的刺激，中国各大学都在争抢“大师”或“明星学者”，而对于刚出道的青年教师，则不甚关心，当廉价劳动力使用，且提出不近情理的考核标准。如某名校历史系规定，博士生必须在《历史研究》上发表论文，才能给博士学位。照此要求，《历史研究》一年发表的文章全被该校包揽了。即便是训练有素、颇具创见的教授，一年能写一两篇好论文也就不错了。……转型期的中国学界，以项目制为中心、以数量化为标志的评价体系，最受伤的是“慢工出细活”的人文学科。从长远看，最深受其害的是从事人文研究的年轻学人；40岁以下的副教授或刚刚入职的青年教师，一方面有朝气，还想往上走，不愿意就此停下来，另一方面，学校压给他们的任务比较重，因而心力交瘁。因此，我再三向北大校方建议：善待四十岁以下的年轻学者……眼下中国各大学明码标价、真金实银地奖励老师们在“顶级学刊”发论文，其实是不自信的表现，这明显扭曲了大学的职责和精神……中国的大学要了解自身的整体实力，明白自己的真实位置，理解现有的教师队伍以及制度，设计合理的工作目标，脚踏实地地去做，而不是拔苗助长，追求‘大跃进’的效果。”[①]陈平原先生的这番话鞭辟入里，如何改进评价机制？如何尊重和善待原创以及知识分子？如何为哲学人文社科研究者“减负和松绑”？如何为哲社研究创造公平公正的机会与平台等问题值得顶层决策者、地方高校以及各级主管部门深思。

三、余论

以上更多的是在宏观层面探讨，具体到操作层面，就“深化科研领域综合改革、促进中西部高校哲学社会科学发展”而言，笔者经调研以为，类似于玉溪师院、楚雄师院、红河学院这样为本地区人才培养、科学研究做出重要贡献但又办学历史较短、人才队伍建设周期长、学科专业建设不均衡的地方院校，需从“整合、应用”两个维度，以后出转精、后来居上的思路、勇气、智慧和追求来推动哲学社科研究的可持续发展。

第一，整合。包括校内人才资源、科研方向、科研团队的整合，做到“既分又合”；校外的校友会、省校省院合作、区域高校联盟以及地方各级社科院、社科联、文史委、宣传部、文联、文化局、申遗办等外部资源与机构的交流或整合。

以玉溪师院为例，近几年我们遵循现代人文社科研究“既要分工又要合作，既要坚守学科本位又要跨学科综合”的思路，积极而又适度发挥制度设计的协调作用，学科建设规律的杠杆作用，以项目和团队的形式，引导、促使我校民研所、哲研所、文学院、传习馆、艺术学院之间优势互补，强强联合，资源共享，方法共享，打破利益垄断，初步建立了一种“打通文史哲、语言文学艺术相济相成”的合作机制以及“理论研究为先导和提升，应用研究为基础和深化”的研究格局。目前，这一机制和平台已初见成效：以文学院的“滇中文化保护与研究中心”为省级研究中心；民研所的“云南濒危语言记录与研究”团队为云南省哲学社会科学创新团队；艺术学院的“美术学”专业是国家级特色专业；传习馆的“湄公河次区域民族民间文化传习实验中心”是云南省高等学校本科实验教学示范中心，2011年被中国艺术人类学学会授予中国艺术人类学学会第一个“非物质文化遗产传承与保护工作站”称号，等等。

这种整合“项目+团队”的机制，不仅增强了我校哲学社科研究的问题意识、应用意识、服务地方的意识，也促进了我校哲学社科研究水平的提升，而且发现、培养了一批有潜力的青年教科研骨干，使人才、科研、学科都得到发展，为哲学人文社科研究的可持续奠定了坚实的基础。至于外部资源的整合，既要注意与同类高校的交流、合作，也要加强与“异质”高校的交流、合作，避免同质化竞争，走差异化发展道路。

第二，应用。相对而言，数量众多的地方高校“坐拥素材，占尽地利”，本是优势与特色，本可以更好地服务于地方文化建设、社会建设与经济建设，但受信息、方法、视野、体制、门槛、待遇、学术垄断等限制，哲社研究的总体水平偏低，且理论对理论、书斋式研究、投机取巧式研究不在少数，具有扎实调研基础、鲜明问题意识、深刻思想力度、浓厚经世致用情怀并且比较具体、深入、真实的研究日趋减少。为此，突出问题意识，将“修身齐家与治国平天下”结合起来，是事关地方高校哲社研究可持续发展的又一个关键点。

当前，地方高校的哲社研究在巩固理论研究的同时，要突出“应用研究”，密切关注本地区经济、社会、政治、文化、教育等方面的焦点、热点、难点问题，学以致用，经世致用。哲学人文社科研究只有在发现问题、研究问题、解决问题的过程中，兼顾普及与提高，兼顾引领与服务，才能激活和体现自己的生命力，才能不断充实、完善和提升自己，从而实现可持续发展。

以云南为主的西南边疆地区少数民族众多，宗教类型丰富，与内地与境外的跨文化交流源远流长，语言、文学、历史、民俗、民族、音乐、舞蹈、宗教以及“地上地下”的遗产多种多样，数量可观，并且许多文化遗产就存在于地方高校所在的地域内，可谓近水楼台、得天独厚。这些当是西南边疆地方高校开展哲学社会科学研究无尽的宝藏与独特的优势，盘点现状，梳理历史，关注发展就成为一项长久的工作。目前，西南边疆地方高校的哲社研究在这一方面尚有许多未开掘的地方甚至空白点。

而开掘、完善的关键之一在于研究方法的更新、研究人才的培养与引进，正如戴庆厦先生所感叹的：“我国民族语文研究队伍的现状还不能满足民族地区发展和语言学科发展的需要。有些语种还没有人研究，多数语种的研究人员偏少，高水平的少数民族语言研究人才数量严重不足。特别是理论研究，还缺少能够解释少数民族语言事实的创新理论。因此，急切需要有一批熟悉民族语文实际、对民族语文的现状和历史有辩证洞察力、善于务实求新并有较高理论水平的人才加入民族语文研究队伍。”① 此论同样适用于其他人文学科的建设与发展。

四、结语

云南等西南地区位于中国面向南亚经济圈、文化圈的前沿，地域风貌独特，民族宗教类型多样，自然人文遗产丰富，跨境文化交流频繁，以哲学社会科学研究为重点的文化软实力建设意义重大。西南边疆地方高校及其哲学社会科学研究是该地域文化建设与传播“前沿中的主体”，其生存境遇、发展前景需要我们思考、关注和支持，本文仅为抛砖。

---

① 郝日虹．民族语文研究成为人文社科研究热点［N］．中国社会科学报，2013-9-27.

习近平总书记在“中国科学院第十七次院士大会、中国工程院第十二次院士大会上的讲话”中曾满怀深情地说：“要高度重视原始性专业基础理论突破，加强科学基础设施建设，保证基础性、系统性、前沿性技术研究和技术研发持续推进，强化自主创新成果的源头供给。要积极主动整合和利用好全球创新资源，从我国现实需求、发展需求出发，有选择、有重点地参加国际大科学装置和科研基地及其中心建设和利用。……马克思说：‘科学绝不是一种自私自利的享乐，有幸能够致力于科学研究的人，首先应该拿自己的学识为人类服务。’这是一种很高的精神境界……今天，我们培育和践行社会主义核心价值观，需要两院院士发挥作用。希望广大院士善养浩然之气，发扬我国科技界爱国奉献、淡泊名利的优良传统，以身作则，严格自律，在攻坚克难、崇德向善中做到学为人师……希望同志们锐意进取、锐意创新，努力创造出无愧于时代的业绩，为实现中华民族伟大复兴作出新的更大的贡献!”① 知名学者张岂之先生也曾满怀深情地说：“如果说自然科学是参天大树，人文科学就是绿草，不起眼，却不可缺少……一个学者如果不为民说真话、说实话，不了解现实情况，那是不好的。胸中要有全局，做学问才能有时代感……从次要问题中走出来，不要烦琐哲学，不要材料的堆积，需要的是对问题最本质、最主要的说明……在人文科学方面真有成就的人，必定是‘我不入地狱谁入地狱’的人，直搞得遍体鳞伤，庶几有成。这一‘苦课’对一生都会有用。”②

以上当是之谓也，和大家共勉，以期共同为中西部高校哲社研究的深化与可持续发展尽心尽力，以实际行动无愧于自己的本职、无愧于时代和后世的期许。

① 习近平．在中国科学院第十七次院士大会、中国工程院第十二次院士大会上的讲话，中新网，2014-6-9.

② 王斯敏．张岂之：人文“春草”绿芳洲［N］．光明日报，2014-4-10.

深化科研改革，促进哲学社会科学繁荣发展

——以曲阜师范大学为例

胡钦晓　蔡佳辰*

为深入贯彻党的十八大和十八届三中全会精神，落实《教育部关于深入推进高等学校哲学社会科学繁荣发展的意见》文件精神，结合当前我校哲学社会科学理论与实践创新活动实际开展状况，我校认真贯彻落实创新驱动发展战略，加强自身建设，积极促进我校内涵式发展，不断开展哲学社会科学理论研究与创新，切实提高服务国家和区域经济社会发展的能力和水平，现将我校有关情况报告如下：

一、党的十八大以来我校哲学社会科学事业发展和哲学社会科学工作开展现状

党的十八大以来，我校各项事业全面发展，科研工作取得了长足进步。学校的科研创新能力、科研平台建设、人才队伍建设、科研服务地方经济建设等方面都取得了显著成绩，为学校实现可持续发展奠定了良好的基础。

（一）队伍建设基本情况

1. 学校聘请诺贝尔奖获得者丁肇中先生为名誉校长，双聘院士 2 人；现有教职工 2235 人，其中专任教师 1186 人，教授 202

---

* 胡钦晓，曲阜师范大学社会科学处处长；蔡佳辰，曲阜师范大学社会科学处成果与平台管理科科长。

人，副教授 383 人；拥有山东省科研创新团队 2 个，国家和山东省有突出贡献中青年专家 12 人，入选教育部“新世纪优秀人才支持计划”3 人，山东省高校中青年学术骨干学科带头人培养对象 40 人，泰山学者特聘教授 4 人（含泰山学者海外特聘专家 1 人），享受政府特殊津贴 28 人，全国模范教师 4 人，全国优秀教师 5 人，凝聚了一支高层次的人才队伍。

2. 学校目前设有文科科研院所 28 个，建有省级协同创新中心 1 个，省级重点学科 18 个，其中省级特色重点学科 7 个，省级重点实验室 5 个（强化 3 个），人文社会科学研究基地 2 个（强化）；建成 6 个国家级特色专业，教育部、国家体育总局、山东省政府在我校设有 7 个省部级研究基地，构筑了充满活力的学术平台。哲学社会科学规划项目立项 39 项，总经费 102000 元，其中党建专项 8 项，辅导员专项 6 项，经费共计 36000 元。截至 2013 年底，我校已取得国家级科研立项 16 项，教育部人文社科项目 16 项，其他省部级科研立项 63 项，纵向经费计划数约 640 万元。人文社科类共签订文化服务类横向课题 13 项，合同金额 361.5 万元。文科各项科研经费累计突破 1000 万元大关，位列省属院校首位。

（二）取得的成绩

我校积极开展哲学社会科学科研创新，利用山东省社科论坛、社科普及周等优势资源并加以整合，结合我校哲学社会科学发展的实际，社科处于 2013 年先后推出“青年学术文丛”、“学术沙龙”和“项目申报交流会”等活动。鼓励广大青年教师积极参与协同创新团队活动内容，使社科科研工作更具有针对性、实践性和操作性。同时开展了一系列“国学大讲堂”和“明德讲堂”等活动。具体表现如下：

1. 青年学术文丛和中华学术外译项目获得突破

2013 年我校首批青年学术文丛在作者与出版社的共同努力下，近日由山东人民出版社出版。文丛共九部，涵盖历史、中文、教育、政治、体育、外语等六大学科。2014 年青年学术文丛也已经完成初稿审校，将在近期与广大读者见面。此外，在 2013 年 11 月 25 日全国哲学社会科学规划办公室公布的国家社科基金 2013 中华学术外译项目（第二批）立项名单中，我校宋晓凯副教授所承担的《中国农村发展道路》获准立项，资助经费为50万元。

2. 协同创新中心申报成功

2013年8月，山东省教育厅、山东省科技厅、山东省财政厅联合发文，公布山东省高等学校协同创新中心立项名单，我校申报的孔子与山东文化强省协同创新中心（这也是我省唯一一个人文社科类协同创新中心）成功获批。这是我校科研水平发展提升的重要标志，以协同创新促进学校整体发展已经成为学校着力发展的方向。协同创新发展战略的成功实施，标志着我校科研事业再上新的台阶。

3. 国家社科重大招标实现零的突破

2013年11月25日，全国哲学社会科学规划办公室公布2013年度国家社科基金重大项目（第二批）立项名单，我校实现国家社科基金重大招标项目零的突破。由我校校长兼孔子研究所所长傅永聚教授担任首席专家的国家社科基金重大招标项目“历代孔府档案文献集成与研究及全文数据库建设”获准立项（编号：13&ZD108），资助经费80万元，成为山东省本批次重大招标项目中获批的唯一项目。

4. 《两汉〈尚书〉学研究》入选国家社科文库

经专家层层评审、社会公示和全国哲学社会科学领导小组批准，我校孔子研究所马士远教授完成的国家社科基金研究成果《两汉〈尚书〉学研究》成功入选2013年度“国家哲学社会科学成果文库”。入选成果主要集中于国内重点科研单位和重点高校，山东省仅山东大学和我校各有1项研究成果入选。

5. 《经学大辞典》入选国家辞书编纂出版规划

2013年11月7日，国家新闻出版广电总局发布“关于印发《2013—2025年国家辞书编纂出版规划》的通知”（新出政发［2013］9号），由我校校长兼孔子研究所所长傅永聚教授和黄开国教授（特聘）及上海辞书出版社联合申报的《经学大辞典》正式入选。《2013—2025年国家辞书编纂出版规划》是国家重点支持具有原创性、科学性、权威性和实用性的辞书项目。

二、我校哲学社会科学事业发展和哲学社会科学工作开展的有效经验和存在的不足

（一）经验做法

1. 采取有效措施，建立健全制度机制保障。按照我校党委和上级主管部门的部署要求，我校社科处结合工作实际，研究制订了《曲阜师范大学科研奖励管理办法》、《曲阜师范大学核心期刊目录》、《社会科学处服务承诺》、《社会科学处岗位职责》等制度。认真落实课题和研究成果奖励机制，在实现理论学习常态化、制度化、规范化的同时确保目标执行到位，激发科研人员的学习与创造热情，在全校范围内掀起人文社会科学研究学习、调研、创新的新热潮。

2. 构建平台，打牢基础。我校社科处紧紧围绕国家急需、省内一流的目标要求，强化人文基地等建设培育，实现了教育部人文社科重点研究基地等高层次学术平台的新突破。处领导及成员定期深入两校区文科各科研院所调研，同时不定期邀请专家学者针对青年教师群体来校就项目和成果申报等有关内容举办讲座，答疑解惑，为我校哲学社会科学科研工作奠定了坚实基础。同时，加大对青年教师从事科研的支持力度，充分调动青年教师参与科研的积极性，完善了我校各级协同创新的评估、建设工作，建立了长效发展机制，产出了优秀成果。

3. 发挥本校人文社科优势，积极推动哲学社会科学建设新突破。实践证明必须一切从实际出发，统筹规划，有所为、有所不为，抓住重点，协调发展，合理配置科研资源，优化科学研究方向；必须以科研发展促进学科建设，以学科建设带动科研创新能力提高，形成良性循环。为此，我校充分发挥人文社科特色优势，主动承担重大项目工作，积极努力推动具有重大学术价值的成果的诞生，加强了在国家社科青年项目、后资助项目、中华学术外译项目等申报工作上的指导，促进了人文社科研究在多方位的新进展；加大了扶助优秀青年科研工作者的力度。

4. 实施人才强校战略，科研队伍不断壮大。学术发展必须依

靠人才，依靠专家。科研创新，关键在人才。人才是科研发展的主体，是强校之本。优秀学术带头人和学术骨干是学校科研事业发展的决定性因素，青年科研人员是学校发展的可靠后盾和未来希望。只有充分依靠优秀学术带头人，发挥学科骨干和各类人才的聪明才智，为青年教师创造良好成长环境，才能将科研事业做大做强。几年来，学校坚持以人为本，推出了“161”、“1361”等人才建设工程，形成了人才竞争上岗的良好机制；结合国家、省重大科研项目，不断凝练研究方向，加强高层次人才的稳定、引进和培养；注意发挥学科带头人的带头作用，加强人才梯队的培养力度。

5. 必须解放思想，抢抓机遇。当前，国家对高校科研工作不断提出重实效、重协作、重质量的新要求，高校科研水平成为学校发展水平的重要标志，以协同创新促进学校整体发展已成为高校着力发展的焦点，谁先解放思想，加大改革力度，谁就拥有更广阔的发展前景，就能抢抓机遇，实施协同创新，实现科研事业的进一步发展。学校成功申报两个协同创新中心：一是孔子与山东文化强省协同创新中心申报并成功获批，这是我省唯一一个人文社科类协同创新中心；二是山东湿地保护与生物资源开发协同创新中心（还在培育中）。

（二）存在的问题

1. 协同创新力度仍然不够。由于原先以学科、专业方面的科研划分思路，以及体制上的人为分割，使我校有限的科技资源难以实现优化配置，同其他单位资源优化和深层次联合程度不够，难以形成合理优势，实现人才、学科、科研的融合发展，不利于提升我校科研创新能力和教育质量。

2. 重大科研成果仍然偏少。主要表现为：一是我们还没有国家级和部属科研机构，省重点科研机构数量还比较少，尚未在科研平台建设实现突破；二是主持承担的国家重点科研项目数量不多，产出有重大影响的原创成果较少，成果总体水平不高，高层次科研获奖相对较少等。

3. 科研结构存在不平衡性。由于历史及现实的诸多原因，造成了我校科学研究在结构上存在一些不平衡，如基础理论研究比较强，应用开发能力相对较弱；传统学科的整体科研实力较强，交叉学科和新兴学科的科研实力较弱；原先的科研中心、研究所的科研创新活力无法激发。

4. 科研队伍建设尚需加强。整体来看，我校科研领军人物和优秀拔尖人才相对偏少，另外，通过我校近几年来获国家级项目人员与其他兄弟院校相比较可看出，我校青年科研人员的立项相对偏少，青年教师的学历提升、梯队建设等人才培养工作刻不容缓。

5. 机制体制建设水平与服务意识还有差距。近年来我校职能部门的管理水平和服务意识有了较大幅度的提高，但是政策不配套、部门协调不够的现象还时有发生，科研考核评价机制还需要进一步完善，管理效率还有待进一步提高。

三、我校关于哲学社会科学繁荣发展的规划和未来展望

进一步解放思想，增强责任感与使命感。针对当前以及今后一个时期我校哲学社会科学所面临的形势和发展的任务，思想上要有新认识，行动上要有新举措，要在以下几个方面提高认识：

第一，围绕国家急需、省内一流的目标要求，强化人文基地等建设培育，抓好 2 个省级、3 个校级协同创新中心建设，力争实现教育部人文社科重点研究基地等高层次学术平台的新突破。一是做好 2014 年协同创新的评估、建设工作。根据《山东省高等学校协同创新中心绩效考评办法》（鲁财教〔2013〕81 号）及我校《关于加强院所建设的实施意见》的文件要求，将会同科技处做好 2013 年度我校省级、校级协同创新中心的绩效评估、建设工作。督促我校各级协同创新中心能围绕国家和山东省文化发展战略，建立长效发展机制，产出优秀成果。二是继续做好教育部人文社科重点研究基地申报的准备工作。督促、指导各责任单位在软硬件建设、梯队组建、材料完善等各个环节做好充分准备；继续加强同上级部门的沟通、联系工作，了解评选指导思想和上级工作进度，做好信息收集和服务指导工作，力争实现突破。

第二，完善人文社会科学发展规划，围绕传承创新优秀文化，开展重大理论实践问题研究和成果培育，巩固提升人文社会科学特

色优势。一是要做好各类重点科研项目规划工作。围绕我校优势学科，在我校人文社科特色优势基础上，做好我校承担的重大项目的进程指导服务工作，推动具有重大学术价值的成果的诞生；继续加强在国家社科青年项目、后资助项目、中华学术外译项目等申报工作的指导，培育人文社科研究在多方位的新进展；继续加大扶助优秀青年科研工作者力度，做好“青年学术文丛”出版工作，与知名出版单位合作，出版和推介我校学术精品。二是要做好优秀成果推荐工作。围绕第二十八届山东省社科奖评选等工作，完善我校推荐机制，选拔一流学术成果，做好会议评审相关服务工作，保证我校延续在山东省优秀成果评选的优势地位。

第三，发挥我校人文社会科学学术和人才优势，建立政府咨询“专家库”，提升我校社科研究和智库建设水平。主动参与我省文化强省建设和地方文化特区及精神文明建设，组织开展优秀传统文化社会普及、宣讲和“走出去”活动。建立咨政核心专家数据库，一是在社科处要建立的“曲阜师范大学人文社科研究专家信息库”的基础上，继续完善信息内容，根据我校人文社科学术优势，围绕文化强省建设和地方文化发展战略，重点支持一批核心专家开展相应学科的咨政研究工作，充分发挥专家学者的咨政服务功能。二是继续开展和支持我校智库论坛。以承办“2014 年山东社科论坛”为契机，打造高校智库成果宣传转化平台，围绕提升区域产业竞争力议题，开展政府咨询、成果转化的推介工作，提升政策服务水平。三是推进学校文化服务社会项目。以社科类横向课题为主要措施，落实政策，继续动员科研人员转化研究成果，推进我校文化服务地方工作，发挥理论性学科的智库作用，以及应用性学科的社会服务功能，实现学校与地方的双赢局面。

第四，强化科研强校理念，大力加强队伍建设。人才队伍建设是发展科研事业的关键，拥有一定数量的学术领军人物和中青年学术骨干则是实现我校科研事业快速发展的根本保证。因此，要继续实施“161”、“1361” 人才工程，进一步完善人才引进、稳定和培养机制，特别注重引进学术带头人和学术骨干，对我校科研实现快速发展至关重要。首先，充分发挥学术带头人的作用。要充分发挥学术带头人在学术队伍的汇聚、研究方向的凝练等方面的作用。要以优秀学术带头人为核心，依托上级各级人才培养计划、重点实验室和研究基地，积极推进科研队伍建设，努力打造德才兼备、素质一流、善于创新的优势学术群体。其次，加大高层次人才引进的力度。各科研单位要把引进、稳定和培养人才放在工作的首要位置，把人才队伍建设作为单位工作的重要组成部分。要努力为人才创造良好的工作、生活环境，形成有利于优秀人才脱颖而出的良好机制，最大限度地激发他们的科研积极性、主动性、创造性。再者，加强对青年教师的培养，不断充实科研后备力量。青年教师关乎科研发展的未来，要制定青年教师培养规划，加强对青年教师的科研能力培养，协调吸收他们加入到相关科研平台和项目团队中来，鼓励他们与外校及原导师的科研合作，勇于承担科研重任，使之早日脱颖而出。

第五，构建高层次科研平台，优化配置科研资源。要充分发挥学校的主导作用，优化配置科研资源，构建高层次科研平台，调动各方面的积极性，进一步形成科研创新合力。加强科研平台建设，努力夯实科研发展基础。科研平台是支撑学术发展、支撑队伍建设、支撑科学研究、支撑成果转化的重要基石。在科研平台建设中，必须统筹规划，重点突破，梯次推进。强化现有中心和基地的建设，为冲击部级创造条件，要建设一批院级研究所，使之成为争取横向课题，服务社会的中坚力量。另外，优化科研资源配置，强化对科研平台的重点支持。在科研项目申报、设备配套、科研用房等条件配置方面，对科研平台给予适当倾斜，强化科研资源配置与科研平台研究方向、科研团队的结合，集中力量形成若干优势学科领域、研究基地，不断增强科研平台对科研创新的支撑能力。

第六，强抓各类资源，加快创新能力发展速度。资源占有量是衡量科研创新能力的一个重要指标。争取更多的科研资源，必须以培育项目为基础，以争取外部资源为主渠道。因此，要加强项目培育，广开渠道，尽可能多地获得各级各类计划的支持，多争取科研经费。学校下一步将实行科研管理目标责任制，根据各单位占有科研资源情况，分配合理的科研经费任务，并将任务完成情况作为单位工作考核的一项重要内容。一要强化各级各类科研项目的培育，重点加强对国家社科基金等国家项目的申报力度，扩大申报数量，增强申报质量，提高申报成功率。加强对应用类课题的支持和培育，争取在省重大创新项目中有所突破。二要努力争取各种科研资源。密切保持和国家、省相关部门的联系，把握科研发展趋势；要积极参与地方政府和企业的重大调研活动，加强横向合作；争取机会与国外研究单位合作，申报国家级和国际合作项目。

第七，提高管理水平，创新管理机制。要在全校不断强化机制创新，提高管理水平，追求管理效益。树立程序规范、部门联动、协调服务的管理理念，共同创造和谐向上的科研环境。首先，强化规范管理，确保部门协调。学校各管理部门要进一步强化服务意识，充分尊重科研人员的主体地位和创造精神，努力提高服务能力和水平。科研管理是一项综合性工作，科研、人事、财务、设备、后勤等部门要加强协作与协调，为科研发展创造一个良好的政策环境和服务环境。其次，加强科研管理队伍建设，确保高效科学管理。学校各科研单位要根据科研管理的特点和科研创新的要求，加强管理队伍建设，不断提高科研管理人员政治素质和业务素质，全面提升科研管理水平。

第八，积极参与地方公共文化服务体系创建，加快曲阜“文化经济特区”建设，提高服务区域经济、文化、社会发展的能力。未来我校应在服务曲阜“文化经济特区”方面开展合作，同时共同做好地区非物质文化遗产的保护，协同区市整合孔、孟、颜、曾等名家文化、地方民俗文化等资源；紧紧围绕建设文化经济融合发展创新示范区的目标，加快推进文化经济融合发展，大力实施文化建设“突破曲阜”战略，使曲阜乃至济宁地区成为“厚德载物、开放包容、彬彬有礼、文明诚信”的思想道德高地，进而加快文化产业发展、加快文化经济特区的建设。

第九，通过校企交流的方式，多渠道地开展形式多样的合作，加快文化产业带、产业区的建设，通过支持有条件的文化企业跨行业兼并重组来培育发展一批传媒、演艺、出版、旅游等大型文化企业集团，引进一批战略投资者，推动地区文化产业集聚集群发展。以服务社会为使命，围绕区域经济建设转型升级，充分发挥好政府“智囊团”、社会“思想库”和经济“助推器”的作用。

第三部分　协同创新

面向文化传承类协同创新中心组织
——制度建设的实践经验与对策研究

刘　坤*

2011年4月，胡锦涛同志在清华大学百年校庆的讲话中指出，高校在“积极提升原始创新、集成创新和引进消化吸收再创新能力”的同时，“要积极推动协同创新，通过体制机制创新和政策项目引导，鼓励高校同科研机构、企业开展深度合作，建立协同创新的战略联盟，促进资源共享，联合开展重大科研项目攻关，在关键领域取得实质性成果”，而且“必须大力推进文化传承创新”，“推动社会主义先进文化建设”①，提出了高等教育“协同创新”的理念。可以说，这一论断体现了党和政府对于目前高等教育发展阶段，以及知识创新领域与当代中国发展关系的重新认识，深刻改变了近年及未来中国高等教育的发展方向。2012年3月，教育部、财政部发布了《关于实施高等学校创新能力提升计划的意见》（教技［2012］6号）和《“高等学校创新能力提升计划”实施方案》（教技［2012］7号），继“211工程”、“985工程”后，正式启动了加快高等学校创新能力提升计划（“2011计划”）并于2013年完成了首批国家级14所“2011协同创新中心”的认定，截至2014年3月，全国已认定省级“2011协同创新中心”300余个，校级

---

* 刘坤，吉林大学社会科学处机构与重大项目管理科副科长。

① 胡锦涛．在庆祝清华大学建校100周年大会上的讲话［N］．人民日报，2011-4-25.

“2011 协同创新中心”300 多个①，初步建立了国家、地方、学校三级的协同创新中心建设机制。

“2011 协同创新中心”作为“2011 计划”的载体，“以人才、学科、科研三位一体的创新能力提升为核心”②，是体现国家意志的新型学术组织。从首批认定至今不过一年，其建设和组织模式仍处于探索阶段，有限的纲领性文件并不能覆盖日常管理的方方面面，首批认定的 14 个国家级 2011 协同创新中心同时也担负着为中国教育综合改革先行先试、“摸着石头过河”的责任。而在 14 所国家级“2011 协同创新中心”中，以哲学社会科学研究领域为主的文化传承类（B 类）中心仅有 2 所，是认定数最少也是投标认定率最低的中心类别③。因此，面向文化传承类协同创新中心的组织、建设和运行情况既是分析当代中国高校协同创新情况的“缩影”和“剖面”，也是当代中国哲学社会科学研究生态环境的折射，总结其有益经验，探讨其面临的机遇与挑战，将对“2011 计划”的实施推进以及改善我国高校当前科研、教育环境，推进教育领域综合改革，提供有益尝试。

本文意图通过以司法文明协同创新中心为切入点，总结面向文化传承类协同创新中心在组织、制度建设的有益经验，尝试对目前我国面向文化传承类协同创新中心所面临的机遇与挑战进行分析，并提出对策建议及解决思路。

---

① 28 省份启动省级“2011 计划 200 高校成立 300 余校级协同创新中心”，2014-3-28.

② 教育部、财政部：《关于实施高等学校创新能力提升计划的意见》（教技［2012］6 号）。

③ 参见 2011 计划领导小组办公室：《2011 计划简报（2012 年第 10 期）》。

根据截至 2012 年 10 月 15 日总体推荐情况，并对比 2013 年 5 月最终认定情况，可知四类中心投标认定率——面向科学前沿类（A 类）：13. 79%；面向文化传承类（B 类）：7. 14%；面向行业产业类（C 类）：7. 27%；面向区域发展类（D 类）：7. 27%。

一、面向文化传承类协同创新中心组织—制度建设的有益经验——以司法文明中心为切入点①

作为国家首批建设的面向文化传承类协同创新中心之一，司法文明协同创新中心由中国政法大学、吉林大学和武汉大学三所高校牵头参与组建，在设立之初即已整合了包含最高人民法院、最高人民检察院、中国法学会和中华全国律师协会在内的37个中央到地方各级司法机关和法律行业组织及16个国外协同单位②，通过共同建设西北、华东、西南、南方等片区基地③的形式，完成对国内相关区域的辐射和有关高校的协同。自2012年司法文明协同创新中心组建至今，完成了理事会、学术委员会、主任联席会议、轮值主任、联合秘书处等制度建设，同时出台了关于科研组织与协同研究，人事聘任、评价与考核，人才培养，资源整合与共享，专项资金管理，出席国际学术会议资助，科研立项和成果奖励等管理办法，为中心的顺利运转提供了制度保障。同时中心筹备了包括司法文明数据库、《司法文明百科全书》、法庭科学博物馆、《司法文明之路》大型文献纪录片和“司法文明系列文库”在内的“司法文

① 首批国家认定的面向文化传承类协同创新中心分别是中国南海研究协同创新中心和司法文明协同创新中心，其中中国南海研究协同创新中心因为涉及国家对战略利益与地理环境资源等问题，相关资料涉密较多且研究范围文理并重，因此对于以哲学社会科学研究为主的面向文化传承类协同创新中心的相关经验探讨，司法文明协同创新中心的资料更为公开和详实，对于面向文化传承类协同创新中心的建设运行也更具有代表意义，因此本部分以该中心为切入点进行总结分析。

② 张文显，张保生，王树义，柳经纬．突破机制体制壁垒 组建培育司法文明协同创新中心［J］．中国高等教育，2013（9）．

③ 参见司法文明协同创新中心联合秘书处:《“2011计划”·司法文明协同创新中心 工作简报》第10期、第11期中关于“南方基地”、“华东基地”、“西南基地”、“西北基地”、“兰州基地”等签约仪式的报道。

明协同创新数字化平台"①，以多种形式传承、发扬司法文明，为面向文化传承类协同创新中心的建设积累了大量成功和有益的经验。

第一，司法文明协同创新中心建立了相对先进的科研组织模式，在主要协同高校内部基本保障了校内资源的协同。

司法文明协同创新中心建立了较为先进的学术组织机制，在基层学术组织构建上，跳脱了旧有科研体制下"系所合一"②的科研组织形式，借鉴西方先进研究机构建设经验，按照司法文明研究领域的重要问题组织了十个创新团队，建立了以问题为主导，首席专家负责，协同单位各方参与的"矩阵式"的组织模式。这种新型科研组织模式的优点在于问题意识突出、组织形式灵活，"适应性和弹性较强，能够根据工作的需要，集中各种专业的知识和技能，短期内完成任务，不必受行政体制及组织上的困扰。"③各协同单位不同领域专家被按照问题类别进行拆分，分散到各创新团队中，以问题为中心进行重新组合，可以最高效地整合现有资源、集中解决相关问题，其基本科研组织模式情况如图1所示。

同时，三所主要协同高校分别出台了相应实施文件，司法文明协同创新中心也建立了一系列较为完善的管理规章制度，涉及章程、学术委员会制度、科研组织、人事、财务、资源整合与共享、科研评价、人才培养、学术交流等各个方面（如表1所示），明确了协同创新中心的"特区"地位，设有专职人员的编制，给予相应的政策及物质支持，也搭建了较为稳定、全面的运行构架，基本保障了校内资源的协同。

第二，司法文明协同创新中心的主要协同单位均为高校，协同

---

① 教育部高等学校创新能力提升计划（2011计划）专栏：司法文明协同创新中心建设发展介绍，http：//www. dost. moe. edu. cn/dostplan/jyjl/20130816155015。

② 许放，王文宏．研究型大学创建研究院新体制的思考［J］．北京科技大学学报（社会科学版），2007（4）．

③ 邹晓东，段丹．现代大学学科组织结构创新［J］．教育发展研究，2004（5）．

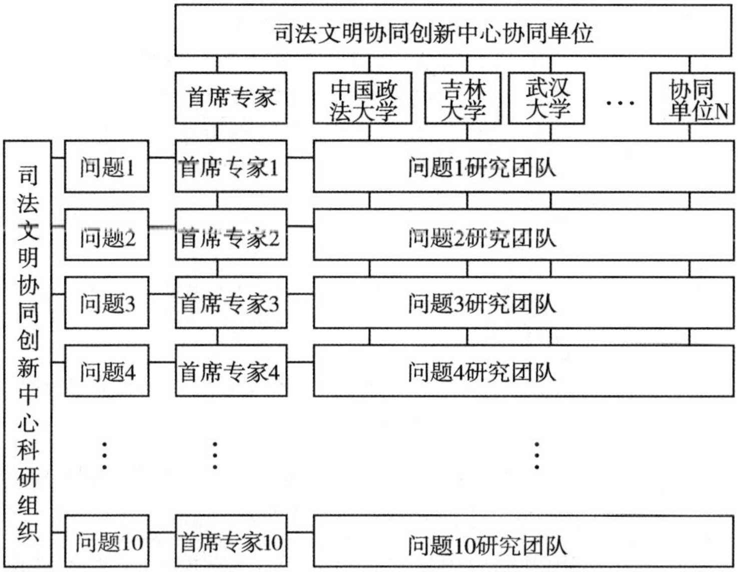

图 1　司法文明协同创新中心“矩阵式”科研组织模式示意图

效率较高，同时淡化了“牵头高校”的概念，建立了平等互信的体制机制。

“2011 计划”以支撑国家创新体系建设为总体目标①，旨在通过协同的方式，打破高校学术研究发展的壁垒，建立多层次、跨组织的学术研究共同体，借以提升高等学校的创新能力。创新能力并非凭空而来，也非创新资源的简单堆砌，其背后起决定性作用的往往是有效率的创新组织，借用经济学奖获得者道格拉斯·诺斯关于经济组织创新能力的阐述，“（创新等）并不是经济增长的原因，他们乃是增长……除非现行的经济组织是有效率的，否则经济增长不会简单地发生”。②

① 教育部、财政部：《关于实施高等学校创新能力提升计划的意见》（教技［2012］6 号）。

② ［美］道格拉斯·诺斯，罗伯斯·托马斯．西方世界的兴起［M］．北京：华夏出版社 2009 年．

表 1　　**司法文明协同创新中心部分管理文件列表**

制度类别	序号	文件名称
主要协同高校“2011 计划”实施文件	1	《中国政法大学关于贯彻实施“高等教育创新能力提升计划”（2011 计划）的意见》（法大发［2012］36 号）
	2	《吉林大学关于推动协同创新中心落实高等学校创新能力提升计划的意见》（校发［2012］228 号）
	3	武汉大学《关于进一步推进体制机制创新，加快创新平台与基地建设的意见》（武大发字［2012］8 号）
司法文明协同创新中心管理制度	1	《中国政法大学、吉林大学、武汉大学共建司法文明协同创新中心章程》
	2	《中国政法大学、吉林大学、武汉大学共建司法文明协同创新中心学术委员会章程》
	3	《中国政法大学、吉林大学、武汉大学共建司法文明协同创新中心科研组织与协同研究管理办法》
	4	《中国政法大学、吉林大学、武汉大学共建司法文明协同创新中心人事聘任、评价、考核管理办法》
	5	《中国政法大学、吉林大学、武汉大学共建司法文明协同创新中心人才培养管理办法》
	6	《中国政法大学、吉林大学、武汉大学共建司法文明协同创新中心资源整合与共享管理办法》
	7	《中国政法大学、吉林大学、武汉大学共建司法文明协同创新中心专项资金管理办法》
	8	《中国政法大学、吉林大学、武汉大学司法文明协同创新中心教师出席国际学术会议资助办法》
	9	《中国政法大学、吉林大学、武汉大学司法文明协同创新中心科研立项和成果奖励办法（试行）》

按照相关学者的研究，创新系统大体可以分为“科技型组织”（大学/科研院所）和“经济型组织”（企业）①，两者占有的资源

① 何郁冰．产学研协同创新的理论模式［J］．科学学研究，2012（2）．

禀赋不同、利益要求各异、行为逻辑相悖，故而从“经济人”的假设出发，即便是在合作对双方都有利时，保持合作也是相当困难的①，不同类型的组织合作很容易出现“激励不相容”的情况。“协同创新涉及多个利益实体，权益分配问题如果不能妥善解决，则会在很大程度上影响和阻碍协同创新的健康发展”②。司法文明协同创新中心作为面向文化传承创新的协同创新中心，因承担的任务不同，其提出申报的主要协同单位即可以“科技型组织”为主，规避了两类组织沟通融合过程中可能产生的矛盾，降低了协同过程中的成本。而在“科技型组织”内部，由于“2011 计划”是教育部推进的旨在提升我国高等学校创新能力的行动计划，因此突出强调了高校的主体作用③，高校与科研院所的权利义务并不相同。司法文明协同创新中心的三个主要协同单位均为高校，其面临处境、所受激励和行为逻辑都高度一致，有机会实现合作目标与根本利益的一致，大大提高了协同效率。

更为重要的是，司法文明协同创新中心在筹划阶段便淡化了“牵头高校”的概念，并在组织、运行时予以贯彻执行，在三个主要协同单位内部建立起了平等互信、利益均沾的体制机制。参考司法文明协同创新中心的各类管理文件、合作协议，仅在 2012 年 7 月 11 日中国政法大学、吉林大学和武汉大学签订的“框架协议”中提到了中国政法大学的牵头高校的地位④，而同年 9 月出台的包含司法文明协同创新中心章程、学术委员会章程等近十个支撑中心运行管理的文件中，便没有了“牵头高校”的概念，统一以“协同单位”称呼。在中心章程中还强调“协同高校的权利和地位平

---

① ［美］N. 格里高利·曼昆. 经济学原理（第 5 版）：微观经济学分册［M］. 北京：北京大学出版社 2009 年.

② 薛传会. 论高等学校的协同创新战略［J］. 当代教育科学，2012（7）.

③ 参见 教育部、财政部：《关于实施高等学校创新能力提升计划的意见》（教技［2012］6 号）。

④ 参见《中国政法大学、吉林大学、武汉大学共建司法文明协同创新中心框架协议》。

等，中心在协同高校分别挂牌，分设办公室，负责中心的日常运行”①，共享包括人才培养、科学研究、师资队伍等在内的资源，主要协同高校三方并举，每个主要协同单位都可以“以中心的名义独立对外建立协同创新机制”并“在不损害相对方利益的情况下有权利用相对方与其他协同单位建立的协同机制”，可以说，协同创新中心的三个主要协同高校都可以对外代表中心完成协同任务。协同创新中心的学术资源、学术权力通过这样的机制在三个主要协同高校之间充分的循环和共享，最大限度避免了传统合作利益分配不均的问题，树立了正确的利益分配指导思想和分配原则②，建立了平等互信的体制机制，形成了坚实的“利益共同体”。

第三，司法文明协同创新中心的协同单位以同行业单位为主体，容易形成统一的组织文化，也可以最大程度地发挥高校和专家在中心运行过程中的影响力。

面向文化传承类协同创新中心想要完成文化创新传承的功能，离不开相关领域协同单位的共同努力。建设传承司法文明、培育中国法治文化，也一定离不开以当代中国法官、检察官、律师和以法学学者为主的“法律职业共同体”发挥的重要作用。司法文明协同创新中心的协同单位是以法律从业单位为主体，而这一主体的从业者——法律职业共同体“由于具有一致的法律知识背景、职业训练方法、思维习惯以及职业利益，从而使得群体成员在思想上结合起来，形成其特有的职业思维模式、推理方式及辨析技术，通过共同的法律话语（进而形成法律文化）使他们彼此间得以沟通，通过共享共同体的意义和规范，成员间在职业伦理准则上达成共识。”③ 可以说，“法律职业共同体”是一个具有一致的价值理念、经过相似的学术训练，甚至使用统一的职业语言的群体，虽然从事

---

① 中国政法大学，吉林大学，武汉大学：《中国政法大学、吉林大学、武汉大学共建司法文明协同创新中心章程》第五条第（一）款。

② 雷永．产学研联盟利益分配机制研究［D］．上海：上海交通大学硕士学位论文．2008：22.

③ 张文显，卢学英．法律职业共同体引论［J］．法制与社会发展，2002（6）．

的具体工作有所差异，但从协同的角度来看，其成员是天然协同的。因此，虽然法律职业共同体的从业单位横跨政府机关、事业单位、企业法人和社会团体等单位类型，但这不同的单位类型又因从业人员的共同文化而产生了很好的协同基础和很强的协同动力，容易形成统一的组织文化，产生组织合力。从“交易成本”的角度来说，司法文明协同创新中心的外部协同过程中与协同单位在沟通上将更为顺畅，推行相关管理制度的“交易成本”很低，协同过程中的组织协调效率也会很高。

另一方面，如何在协同创新、产学研相结合的过程中发挥高校的核心地位，主导协同创新中心的建设和运行，将高校专家的学术影响力贯彻到不同类型的协同单位中，是高校对外共建合作平台面临的一个难题。而司法文明协同创新中心则最大限度地避免了这一难题的困扰，中心理事长张文显教授、学术委员会主席陈光中教授、三位联席主任和十个创新团队的首席科学家在法学研究领域具有非常重大的学术影响力，又因为协同单位的从业者——法律职业共同体相似的教育背景和学术训练，使得几位重要的高校专家在各协同单位中依旧具有很高的声望，保证了日常运行机构“中心主任联席会议”和学术决策机构“学术委员会”的权威和公信力，更维护了在协同创新过程中高校和高校专家的主导地位。

根据上文分析，大体上司法文明协同创新中心的协同概况为图2所示。

二、面向文化传承类协同创新中心组织建设和运行过程中面临的机遇与挑战

以司法文明协同创新中心和中国南海研究协同创新中心为代表的面向文化传承类协同创新中心在可资借鉴的经验明显不足的情况下，或从科研组织模式、利益分配机制和组织文化这三个方面推行了卓有成效的改革措施，或以文理—军地—校所—校校协同为路径①，建立涉及政治、经济、军事、外交、科技、文化的多方平

① 中国南海研究协同创新中心网站：中心概况，http://nanhai.nju.edu.cn/#。

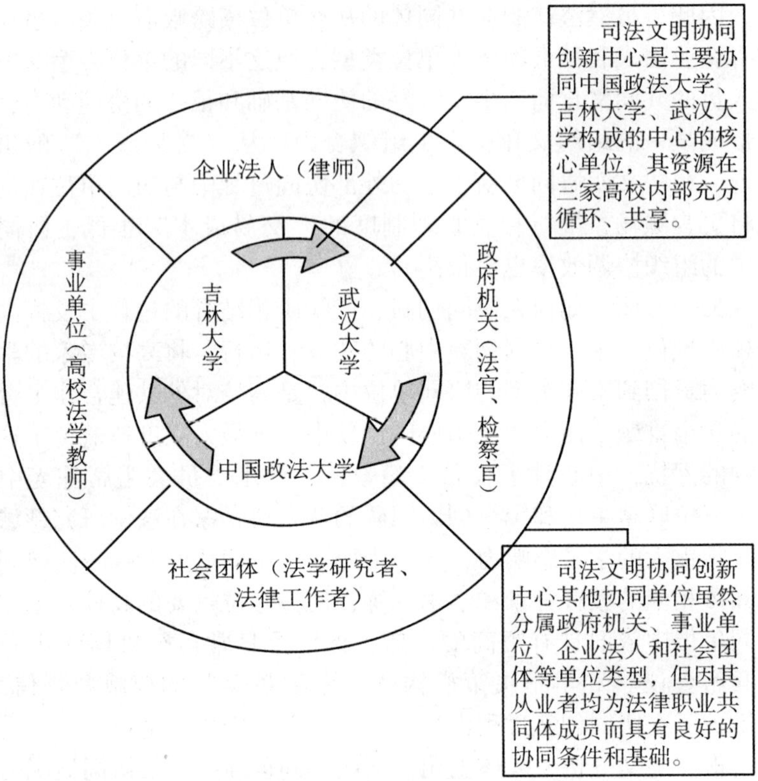

图 2　司法文明协同创新中心协同概况示意图

台，积累了相当多的有益经验。另一方面，在我国承袭于前苏联“条块分割”① 的管理模式下的高等教育管理体制中，旧有的资源分配方式、政策理念与传统学术组织相配套，依然根深蒂固，因此新型学术组织——协同创新中心与旧有制度之间则必然出现不匹配、甚至冲突矛盾的情况。制度冲突既是改革的背景和动力，同时也是创新的内容、难点和突破口，以文化传承为主要任务、以哲学社会科学为主要研究领域的面向文化传承类协同创新中心的组织、

① 李桂红．西方国家政府与高校关系对我国的启示［J］．临沂师范学院学报，2006（1）．

建设和运行的过程中也必然面临着机遇与挑战并存的局面。

第一，外部政策对于面向文化传承类协同创新中心的成长有较强的激励和引领作用，面向文化传承类协同创新中心跨组织（尤其是政府决策部门）的长效协同机制尚有建设的空间。

在我国现行的高等教育管理体制下，国家长久以来一直是高等教育发展的主导者。一方面，“政府通过分配手中的公共资源”或大型的教育建设项目投入引领和规划高等教育发展，使其“充分反映国家、民族与社会的意志”①。“2011 计划”作为国家主导的“211 工程”、“985 工程”的发展和延续②，是国家对于我国高等教育目前发展阶段的认识和规划的最新体现。因此，协同创新将成为我国高校未来一段时间的重要发展模式，协同创新中心的建设无疑会成为各高校建设的重中之重，具有很强的引领作用。另一方面，我国教育经费长时间投入不足，在 2012 年教育经费刚刚达到全国 GDP 的 4%，甚至低于欠发达国家的平均水平③，而哲学社会科学研究又面临着自然科学研究的强势竞争，研究经费更显拮据，哲学社会科学研究的创新动力在相当程度上是被较低的科研投入经费所抑制。因此“协同创新中心”建设每年数千万的投入，对于以哲学社会科学研究为主的面向文化传承类协同创新中心有着很大的吸引和激励作用，而相应研究也面临着难得的发展机遇。

同时，协同创新中心以重大需求为导向，研究重大理论现实问题，而“从学术发展和现实之间关系的互动来看……越是基础性问题越是具有整体性；越是重大问题越是具有综合性；越是关键问

① 何伟全，桂皎．30 年来中国高校与政府关系研究的考察与思考［J］．云南师范大学学报（哲学社会科学版），2011（6）．

② 教育部高等学校创新能力提升计划（2011 计划）专栏：教育部有关负责人就《高等学校创新能力提升计划》答记者问，http：//www.dost.moe.edu.cn/dostplan/zcjd/20120602103444。

③ 南方周末网站：教育经费占到 4% 为何那么难，http：//www.infzm.com/content/41954。

题越是具有集成性。"① 面向文化传承类协同创新中心区别于其他类别，有责任"探索建立文化传承创新的新模式，加强文化对外表达和传播能力建设，发挥智囊团和思想库作用，"② 作为我国智库建设的一部分，对于跨组织（尤其是政府决策部门）的协同攻关机制仍有建设成长的空间。目前我国哲学社会科学研究者发挥服务社会、咨政建言作用方式仍较为单一，多为偶发性的临时需求，往往只针对一人一事，尚未建立研究者和政府决策部门之间协同联动的长效机制，也未形成解决涉及多学科、多领域复杂综合性问题的对策研究模式。政府决策部门在面临复杂多变的国内外发展形势时常常处于被动回应的地位，难免顾此失彼、进退失据，更无法发挥哲学社会科学研究者在相关领域的智力引领作用。

因此，不论是国家政策、资源的导向，还是目前哲学社会科学研究服务社会的模式，都说明了目前面向文化传承类协同创新中心外部需求所驱动的发展动力和服务社会长效机制欠缺的挑战，其跨组织协同联动研究能力的成长也因国家的政策推动形成了很大的成长空间和发展可能。

第二，面向文化传承类协同创新中心经费筹集渠道还有进一步拓宽的可能，其外向发展能力受现行经费管理制度影响较大，尚有部分创新潜力等待激发。

在"2011 计划"建设的四类协同创新中心中，面向行业产业类和面向区域发展类的协同创新中心在建设时就已明确要求需与企业或地方产业合作③，因此这两类中心的经费来源较为广泛，在国家资金支持之前都将获得企业、地方政府的支持作为获得认定的先决条件；另外面向科学前沿类和面向文化传承类协同创新中心，则是以高校、研究机构为主体，因此中心的经费来源相对较为有限，

---

① 罗卫东．跨学科社会科学研究：理论创新的新路径［J］．浙江社会科学，2007（2）．

② 教育部、财政部：《关于实施高等学校创新能力提升计划的意见》（教技［2012］6号）。

③ 教育部、财政部：《关于印发〈高等学校创新能力提升计划实施方案〉的通知》（教技［2012］7号）。

多以国家资助为主，而科学前沿类协同创新中心以自然科学研究为研究重点，研究经费相较哲学社会科学研究为多，向外争取资金的能力更强。因此在这四类协同创新中心中，面向文化传承类协同创新中心的运行、组织对国家拨款的依赖程度最高，受现行经费管理制度影响最大。

同时，面向文化传承类协同创新中心想要最大限度地参与到社会中，保持与重大现实问题的“血肉联系”，就有必要吸引各界资源参与其中，拓展横向联系，建立新型、独立的非营利性科研机构经费资助体制，以便接受、利用社会各领域资源为中心建设和相关问题研究服务。目前面向文化传承类协同创新中心已经可以搭建较为先进的科研组织模式（司法文明协同创新中心、中国南海研究协同创新中心），以体制机制改革为本质要求的协同创新中心建设也应该是一个变革我国科研机构经费筹措与使用机制的契机，国家科研经费管理政策如能有所松动，对协同创新中心的经费进行分类管理、管控结合，协同创新中心则必将释放出更大的创新活力。

第三，国家对于“2011 计划”的顶层设计尚待完善，协同创新中心的体制机制改革存在现实的难度。

“2011 计划”实施涉及的体制改革是一个系统工程，也是一个自上而下的综合性改革，这就涉及我国高等教育管理中的财务制度、人事制度等结构性问题。“2011 计划”所建设的“协同创新中心”是以体制机制改革为核心任务的新型学术组织，其运行过程中就必然会出现与现行体制机制的冲突，此时就需要国家对相关制度、政策给予细化和明确，调节改革带来的冲突。

但是令人遗憾的是，截至目前，国家对于“2011 计划”仅在 2012 年出台了《关于实施高等学校创新能力提升计划的意见》（教技［2012］6 号）和《高等学校创新能力提升计划实施方案》（教技［2012］7 号）两项纲领性文件，并于 2014 年首批协同创新中心认定一年后发布《2011 协同创新中心建设发展规划》、《2011 协同创新中心政策支持意见》、《2011 协同创新中心认定暂行办法》（教技［2014］2 号）等三份文件，其余则是不同场合有关领导的讲话，主要涉及对于“2011 计划”的解读和构想，而“实施方案”中提到需要陆续出台的协同创新中心“运行管理办法”、“资金管理办法”和“绩效评价办法”目前都没有正式出台。这使得相关的政策和制度解释都存在模糊的中间地带，肩负综合改革任务的协同创新中心在改革的方向上难以廓清，力度上不好把握。

在实践过程中，协同创新中心虽然有了校内政策的保障，但基层的财务、人事管理部门在日常管理中仍要面临校内政策与现行体制冲突时的两难选择，当两者要求相矛盾时，校内具体政策的执行效力就容易受到质疑，使得协同创新中心的制度设立易，但执行难度偏大。同样的，目前我国初步建立了国家、地方、学校三级的协同创新中心建设机制，但对于各级协同创新中心如何建设、如何管理也缺乏明确的制度。中央和地方扶植机制并不匹配，没有明确的要求，使得各省政策的随意性较大，也无法保证政策的稳定性和连贯性。在我国现行的总的财务、人事管理体制下，各省、各高校出台的政策的可信度和持续性都难以保证，同时国家并没有根据协同创新中心建设需要配套出台变革旧制度的具体政策，协同创新中心的综合改革无章可循、无法可依，“增量改革”相对容易推行，而“存量改革”实施过程中则很容易受到旧有政策的掣肘，存在现实的难度和挑战。

三、面向文化传承类协同创新中心管理的改革建议及解决思路

上文从科研组织模式、利益共享机制和交易成本三个方面总结了我国面向文化传承类协同创新中心在组织—制度建设过程中的有益经验，也从长效协同机制、经费来源和顶层设计三个方面考察了面向文化传承类协同创新中心在建设过程中所面临的机遇和挑战。习近平总书记指出：“改革是由问题倒逼而产生，又在不断解决问题中而深化”。机遇和挑战的现实一方面是因为协同创新中心是中国高等教育事业发展道路上的新鲜事物，尚有进一步探索和完善的空间；另一方面仍然是财务、人事等困扰我国高等教育发展多年的旧有制度造成的，并非是全新的问题，仍然可以归咎于旧有体制与新兴组织的不匹配。根据上文分析，本文拟从以下三个方面提出改

革建议及解决思路：

第一，建立面向文化传承类协同创新中心参与政府决策程序的长效机制，跨学科、跨组织吸收研究专家，完善协同创新中心（智库）人才汇聚、成长、输送的功能。

面向文化传承类协同创新中心以我国当代重大问题为导向，通过哲学社会科学领域的协同创新，需要“充分体现社会主义核心价值体系建设和提升国家文化软实力、增强中华文化国际影响力、推动人类文明进步的根本需求”。① 因此，面向文化传承类协同创新中心作为国家重点建设的智库，具有很强的资政议政功能，需要为党和政府科学决策提供高水平的智力支持②。目前，我国政策决策程序并没有将现有的智力资源发挥到最大，哲学社会科学研究者仍然处于一个较为被动的地位，缺乏稳定的体制机制保障类似面向文化传承类协同创新中心这样的智库在相关研究领域政策制定过程中发挥作用，也就无法改变目前协同创新中心与政府决策部门相对“单向引领”的关系，更不能激发协同创新中心内部的成长动力。

据此，我们可以参考西方国家的经验，在和国家面向文化传承类协同创新中心所相关的研究领域的重大政策制定过程中，规定须有协同创新中心的咨询意见，并向公众公开。“德国在《联邦行政程序法》中明确规定政府公共决策中的一切公开项目都必须公之于众，以招标形式委托咨询机构进行预测和评估，咨询的结果在由政府部门组成的专家顾问委员会审核通过后方能实施。该法还设专节对咨询委员会做了相应的规定，从法律上为决策咨询提供了制度保障。”③ 这样在制度上将协同创新中心的作用嵌入到行政决策程序中，建立了长效的协同创新中心的智力发挥机制，也保障了国家

① 教育部、财政部：《关于印发〈高等学校创新能力提升计划实施方案〉的通知》（教技［2012］7号）。

② 张东刚．深入推进高校哲学社会科学创新体系建设［N］．《中国教育报》，2013-12-30.

③ 朱瑞博，刘芸．智库影响力的国际经验与我国智库运行机制［J］．重庆社会科学，2012（3）．

面向文化传承类协同创新中心作为新型智库①的成长空间，在政府和智库之间形成“双向互动”，最大程度地激发两者的创新活力。

而建立咨询公示制度的前提，应当是面向文化传承类协同创新中心研究质量。为了保证协同创新中心的研究围绕重大现实问题而展开，切实解决涉及众多领域的复杂问题，将学术理论转化为可实践的措施完成咨政建言的功能，协同创新中心在吸收汇聚高校、政府、企事业单位和社会团体等协同单位的资源的同时，更应当注意吸收具有不同学科背景、不同性质组织工作经历的优秀人才，尤其是政府决策部门的理论、实践专家参与重大问题的研究。据此，可以参考美国智库运行过程中的“旋转门”机制②（如图3所示），发挥面向文化传承类协同创新中心的平台作用，建立符合我国国情的与政府决策部门资源、人才协同联动的机制。一方面吸收各个领域的专家，使得创新力量在协同创新中心汇聚融合，促成跨学科、跨组织的研究，政府实务部门的专家的参与，也保证了研究有的放矢、落在实处，更打通了学术组织与决策机构的沟通渠道；另一方面，协同创新中心也发挥了学习型组织的作用，各领域专家在协同创新中心里“发现”、“发明”、“执行”、“推广”、“反馈”，形成知识和人才的“水库”③，各领域专家也通过组织内部的相互学习，了解同一问题其他领域的研究成果，快速成长为“复合型专家”。政府决策部门则可以在协同创新中心的“人才水库”中选拔人才进入其中，真正实现学术组织与政府的联动，有望提高政府的决策管理水平。

第二，拓展面向文化传承类协同创新中心的经费来源渠道，建立分类管理的经费监管、使用模式，引导协同创新中心向相对独立的“社会团体法人”转变。

---

① 参见 教育部：《关于印发〈中国特色新型高校智库建设推进计划〉的通知》（教社科［2014］1号）。

② 王莉丽．美国智库的“旋转门”机制［J］．国际问题研究，2010（2）．

③ 陈国权．学习型组织的过程模型、本质特征和设计原则［J］．中国管理科学，2002（4）．

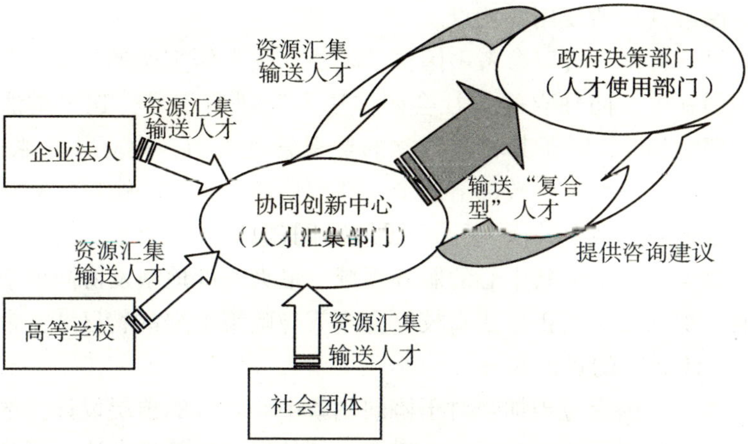

图 3　协同创新中心与政府决策部门资源、人才协同联动示意图

面向文化传承类协同创新中心作为官方智库，其经费主要来源于财政拨款，而近年来随着滥用科研经费、学术腐败事件的频出，我国对于科研经费的使用监管愈加严格。2012 年教育部、财政部发布了《关于加强中央部门所属高校科研经费管理的意见》（教财［2012］7 号），2014 年国务院发布了《关于改进加强中央财政科研项目和资金管理的若干意见》（国发［2014］11 号），强化了科研经费的组织管理。但是，文化传承类的协同创新中心在学术研究的同时，还肩负着传承中华文化、增强中华文化国际影响力等任务，因此经费的使用必须灵活，体现相关工作的价值；同时协同创新中心又广泛对外合作，并不是传统封闭式的学术组织，其经费来源必然应当多元，再以旧的经费管理制度统一集中管理将产生很多矛盾，一定程度上也将束缚协同创新中心的内外协同工作。因此，可以建立协同创新中心经费的分类监管、使用模式，协同创新中心经费的使用区分经费来源，根据经费是否属于财政拨款进行分类使用，教育部则作为协同创新中心的主管部门，邀请独立第三方对于中心科研经费进行分类监管。对于财政拨款经费可以按照国家、教育部关于科研经费使用的有关规定进行监管；而对于外部协同的非

财政资金，可以按照国家对于民间科研机构的相关规定依法进行管理，保持其灵活使用的特点。

另一方面，可以参考中国科学院独立法人研究所的经验①，将协同创新中心向独立的“社会团体法人”进行引导，建立类法人的治理结构②，赋予其相对独立的经费管理能力，设立独立账户，国家资助经费可由财政部下拨牵头高校后转拨入中心账户，同时吸引社会捐赠或校外资源进入，缓解协同创新中心的资金压力的同时，也丰富协同创新中心的服务领域，最大程度地激发协同创新中心的组织活力，真正形成高校综合改革与政策汇聚的特区③，带动“2011 计划”的贯彻实施。

第三，国家应当加强对于协同创新中心政策的顶层设计，尽早推出关于协同创新中心运行、资金、绩效等具体管理办法，明确权力的边界，在“后认定时代”及时调整对于学术组织的管理、引导模式，实现国家教育政策的“协同创新”。

协同、创新的达成，首要应当是国家教育政策的“协同”和管理思路的“创新”，而关于政策的顶层设计，既应是改革的“消极的边界”，更应是改革的“积极的边界”。明确“2011 计划”相关政策的顶层设计，搭建大的制度框架，可以最大限度地降低各协同创新中心改革的成本，有效避免不必要的资源浪费。解放旧的体制对于学术组织的束缚，最大程度激发学术组织的创新活力。强化顶层设计后，协同创新中心在探索改革路径过程中，顶层设计明确改革的领域和措施，中心可以有所为有所不为，降低改革的“试错成本”；在日常运行过程中，顶层设计明确政策的效力和层级顺序，解决新、旧管理制度适用的两难境地，也可以降低中心与外部

---

① 史红兵，夏文莉，钱秀红，邵鼎．研究型大学科研组织的发展思考［J］．中国高教研究，2011（2）．

② 施雨丹．日本国立大学法人化改革：背景、内容及启示［J］．清华大学教育研究，2007（1）．

③ 教育部高等学校创新能力提升计划（2011 计划）专栏：教育部有关负责人就《高等学校创新能力提升计划》答记者问，http：//www. dost. moe. edu. cn/dostplan/zcjd/20120602103444。

沟通时的“交易成本”；而在缺乏顶层设计的情况下，中心建设进展缓慢，错过了发展时机，则无形中又增加了中心改革的“机会成本”。

值得注意的是，协同创新中心坚持动态、多元、融合、持续的运行机制，建立由协同创新体以及其他方面代表组成的中心理事会或管埋委员会，负责中心重大事项的决策①。因此，理论上，国家在协同创新中心获得认定之前，尚可以使用外部资源对中心的发展方向、改革路径、资源分配等重大事项等进行激励和引导，发挥教育政策的规划引领作用。但在协同创新中心获得认定之后，对于协同创新中心发展的引导和监管，则缺乏与以期建立的新型学术组织运行模式相对应的政策。目前的“实施方案”中仅提到了年度报告和四年一个周期的评估措施，这很难保证中心运行的日常监管以及国家政策理念的贯彻执行，而缺乏后续引领和监管机制的保障，很容易造成协同创新中心“重认定、轻监管”的局面。但是，如果对于中心的管理仍然沿用旧有行政指令控制的老路，或者财务、人事因此不能放开限制，则必然使得理事会、学术委员会等着力建设的新型学术组织制度形同虚设。那么，在协同创新中心的“后认定时代”，如何确保国家教育资源的使用效率，贯彻国家相关教育政策，同时兼顾协同创新中心的自主创新和发展方向，及时解决随时可能出现的问题，将是未来“2011 计划”实施所面临的重要课题。

为解决类似问题，国家应当及时调整对协同创新中心为例的新型学术组织的管理和引导方式。协同创新中心有必要自主设立“监事会”，负责中心日常运行的监管，将监事会的内部监管与国家或第三方的外部监管相结合。同时，国家对于新型学术组织的建设实践活动应当持宽容、开放的态度，“创新”管理思路，主动改变旧有的行政命令式的管理模式，积极适应新的体制机制，力图融入其中，成为我国教育领域综合改革的“实践者”。国家可结合

① 教育部，财政部：《关于印发〈高等学校创新能力提升计划实施方案〉的通知》（教技［2012］7 号）。

"旋转门"机制，选任政府官员、教育专家或社会知名人士成为协同创新中心理事会或监事会中的一员，与其他成员行使同样的权力、履行同样的义务，并形成动态的长效机制。国家以新型学术组织的方式参与协同创新中心的日常监管和决策，既保证了协同创新中心的理事会或监事会决策的独立性、自主性，表明了国家深化教育领域综合改革的决心；也可以在新型学术组织的框架下对协同创新中心的发展过程中及时实施良性影响，真正实现协同创新中心的发展与国家重大需求动态、持续的融合，也完成了我国高等教育现实发展与管理方式的"协同创新"。

面向国家战略需求，建设阿拉伯问题研究协同创新中心

——宁夏大学建设协同创新中心的思路和举措

张前进*

加强中阿战略合作是构筑国家全方位对外开放格局的重大战略，关乎到西部大开发，共建丝绸之路经济带的可持续发展，关乎到我国的能源安全、国际地缘战略、对外经贸、文化安全等重大战略选择。阿拉伯地区因其重要性和复杂性，长期成为美欧俄等大国争夺的对象，其对阿拉伯地区影响力的背后均有强大的研究智库支撑，而我国却严重不足，面临严峻挑战。为了维护国家向西开放安全通道，东中西协调发展、重构现代丝绸之路新优势，亟待系统地开展该领域问题的综合研究，急需构建独具特色的协同创新体，为我国向西开放战略政策的制定和实施提供智力支持。2012 年，在宁夏地方政府的大力支持下，发挥比较优势，由宁夏大学牵头，协同中国社科院西亚非洲研究所、中国现代国际关系研究院、兰州大学、苏丹爱资哈尔大学等单位，共同组建省级“阿拉伯世界与中国内陆向西开放”协同创新中心。如何从我国内陆向西开放战略角度，努力构建“国家急需、世界一流、贡献突出、制度先进”的中阿合作战略研究协同创新体，已成为对接国家和地方发展战略需求亟待解决的重点课题之一。

---

* 张前进，教育部国别和区域研究培育基地宁夏大学阿拉伯研究中心副主任。

一、中国内陆向西开放与阿拉伯问题研究的重要意义

我国总体位于亚洲大陆东部，属于东亚国家，但我国西部地区又与中亚、南亚紧密相连，与西亚、北非地区遥相呼应。阿拉伯国家覆盖西亚北非1400多万平方公里土地，扼守连接亚、非、欧三洲的交通要道，位居陆上丝绸之路和海上丝绸之路交汇的关键节点。中阿携手共建丝绸之路经济带，符合中东地区“向东看”战略，也符合我国西向发展、向西开放的战略。

（一）加强向西开放研究是我国巩固和拓展外交空间的必然要求

2009年以来，美国战略重心东移“重返亚太”，将是未来较长时间内美国的对外战略选择，对我国在东亚周边的地缘政治、战略安全压力不断增大。党的十八大明确指出：“适应经济全球化新形势，必须实行更加积极主动的开放战略，完善互利共赢、多元平衡、安全高效的开放型经济体系。”加快我国向西开放步伐有利于“跳出”美国为亚太预设的战略框架，以“西进东拓”推动中国外交大战略的制定与形成。从大周边的角度来看，中亚、西亚、北非等广大阿拉伯国家及穆斯林地区将是巩固周边外交的重要一环。2010年中阿双方于“中国—阿拉伯国家合作论坛”第四届部长级会议所签署的《关于中阿双方建立战略合作关系的宣言》，标志着中阿战略合作关系确立，向西开放尤其是深化中阿合作水平对维护我国主权、安全、发展利益意义重大。

（二）加强向西开放研究是我国能源安全战略的迫切需要

自1993年我国成为石油净进口国以来，保证能源供给对我国发展战略的重要性日益凸显，而油气资源储量丰富的西亚地区对我国的能源安全直接攸关。2000年以来，我国从中东国家进口商品的75%左右均为石油，预计到2020年，我国将成为世界上最大的石油消费国，2030年我国从中东进口的石油将占总量的55%。同时，我国已经成为中亚地区天然气领域的重要投资者，中亚天然气

管道扩容项目顺利实施后，输送量每年将达 600～650 亿立方米。为此，提升向西开放研究水平，对推动向西开放广度和深度、全面保障我国能源安全尤为迫切。

（三）加强向西开放研究是拓展新兴市场的迫切需求

2012 年 9 月时任国务院副总理李克强在第三届中阿经贸论坛开幕式上的演讲中指出："要在提升沿海开放、向东开放水平的同时，进一步扩大实施向西开放，开拓阿拉伯国家及穆斯林地区新兴市场。" 2013 年 9 月出席首届中阿博览会的全国政协主席俞正声指出："中阿贸易额从 2010 年的 1454 亿美元跃升为 2012 年的 2224 亿美元，年均增速超过 20%，中国已经成为阿拉伯国家的第二大贸易伙伴。" 加强中阿合作研究，对我国开拓新兴市场提供可持续发展动力具有战略意义。

（四）加强向西开放研究是我国民族地区稳定与安全的迫切需要

我国穆斯林人口约 2300 万人，西部民族地区在地理、历史、文化、语言、宗教等方面与西亚、中亚等伊斯兰国家关联较为密切。历史证明，伊斯兰文明圈传导性强，西亚、中亚任何风波都会波及我国西部地区。如 20 世纪初，西亚中亚的"泛突厥主义""泛伊斯兰主义"思潮传入我国新疆，最终形成打着"双泛"旗帜的民族分裂运动。加强向西开放及阿拉伯问题研究不但有助于我国与西亚、中亚等国建立安全关系，在人员保护、情报共享、危机管理、预警机制等方面推动合作，增强对我国海外利益的保护力度，而且有利于我国全面了解暴恐势力根源地带的政情、国情、社情，掌握对我国安全威胁的根源情况，从源头上提升风险防范水平。

（五）促进西部大开发与打造国家战略纵深的客观要求

西部地区占国土面积的 71%，人口 3.26 亿，经济总量仅为全国的 19.8%，外贸总额仅为全国的 4.3%，发展潜力巨大。《中共中央、国务院关于深入实施西部大开发战略的若干意见》和十八届三中全会将"发展内陆开放型经济"上升为国家战略，重点是面向西亚、中亚和阿拉伯国家、穆斯林地区。为此，加强内陆向西开放研究，对全面深化改革，夯实我国战略纵深区域基础，打造中国经济“后发增长极”，对国家长期永续发展提供坚实动力具有重要意义。

二、我国内陆向西开放与阿拉伯问题的复杂性和迫切性

（一）阿拉伯问题研究的复杂性

我国西部地区毗邻的中亚、西亚地区是历史上欧洲文明、中东文明和亚洲文明的交汇区、“丝绸之路”的主要通道，更是当代大国博弈、伊斯兰教与基督教等宗教文明冲突的主要区域，且已成为新的世界政治矛盾的核心地区。美国、俄罗斯、欧盟等主要政治势力一直将其视为各自利益至关重要的战略地带。大国间的博弈影响，中亚、西亚地区民族、宗教和部落关系纷繁无序，对我国向西开放战略的实施构成许多实际挑战。

“阿拉伯之春”导致地区国家间关系变幻莫测。2011 年来，西亚北非多国政局剧烈动荡，变局迅速波及埃及、叙利亚等中东多国，其来势之猛、影响之深、范围之广前所未有。此次中东大变局为中东各国内部政局带来的冲击极其巨大、深远。阿拉伯世界内部的共和制国家、君主制国家将长期磨合、调整关系，不确定性将在相当长时期内成为西亚国际政治主题词。此情势不仅对我国向西开放过程中的外交政策制定构成严峻挑战，也对我国对向西开放问题研究提出了更高的要求。

（二）阿拉伯问题研究的迫切性

基础研究亟待夯实。改革开放以来，我国在中亚、西亚的全方位利益急剧增长，中亚、西亚对我国的依赖程度也日益提高。我国在该领域的研究与西方国家相比，在资料收集、人才培养、学科建设、实证研究、分析方法、研究思路、语言等基础研究方面仍处于极其薄弱的阶段，迫切要求我们加速夯实研究基础，提升研究质量和水平，将“研究根基不牢”这一瓶颈问题尽快解决。

决策咨询严重不足。除基础研究亟待有效夯实外，我国内陆向西开放研究的系统性、创新性、前瞻性更加缺乏。当前，党中央在

周边工作会议及十八届三中全会《决定》中都已明确提出向西开放的战略部署，加快丝绸之路经济带和“海上丝绸”之路建设上升为国家战略，此外新成立的国家安全委员会则从机制上加强了对外战略顶层设计。但与党和国家奋发有为的对外开放新姿态相比，我国国内研究机构关于向西开放问题兼具宏观战略指导与具体政策实践的开拓性研究少之又少，缺乏扎实经验和系统研究的重要支撑，远远无法满足国家向西开放总体战略部署的要求，亟需我们破除体制机制局限，整合资源，协同创新。

三、中国内陆向西开放与阿拉伯问题研究亟需协同创新

（一）学术要求

内陆向西开放与阿拉伯问题具有高度复杂性和系统性，涉及政治、能源、经济、地理、国际法、国际关系、国家安全等众多学科和领域。单一学科的研究既不符合开展该问题研究的客观需求，也无法在基础研究和开拓创新等方面提升研究能力，不同学科“各说各话、各自为政”既加重了决策难度，又延缓了我国向西开放总体战略的规划与部署，不利于整体上深入细致全面研究该问题。亟需整合资源、聚集力量，开展多学科联合攻关，产出更有分量的成果，满足该领域的需要。

（二）机制要求

向西开放研究绝非单一一家研究单位可以胜任，在实际操作领域需要搭建各类研究平台。目前我国单独任何一家研究单位均存在人力、财力、物力上的局限，只有统筹国内外优势资源，建立“政产学研用”协同机制，才能形成资源集聚、智力聚焦的研究优势。充分发挥集团作战优势，提升整体学术研究和政策分析水平。

（三）管理需求

向西开放研究需要创新科研组织管理模式，亟需在科研管理上采用具有互补性、协调性、交互性和配套性的网状运行管理模式。探索开展高效、便捷学术合作的管理机制是开展协同创新研究的重要途径，有利于打破不同学科、机构、地域间的壁垒，加强学术交流沟通，提升整体研究的效率与执行力，营造浓郁的学术研究氛

围。协同中心通过确定“路线图”和“时间表”，将整体研究工作细致化、制度化，对于完成既定研究任务将产生明显的推动作用。

四、协同创新中心发展目标与重点任务及组建方式

（一）建设使命

协同创新中心建设使命：面向我国内陆向西开放与中西亚、北非阿拉伯国家及穆斯林地区战略合作，推进我国向西开放战略纵深发展，更好地服务于中国外交大战略，促进中阿新型经贸合作关系、丝绸之路经济带建设，成为我国内陆开放型经济、民族地区稳定与安全等国家重大需求的研究学术高地。

（二）发展目标

协同创新中心建设的发展目标：以国家内陆向西开放重大战略需求为导向，以阿拉伯世界和丝绸之路经济带建设研究为重点，以“政产学研用”协同为路径，以体制机制改革和创新为保障，在国家外交部、国家发改委、宁夏回族自治区等的支持下，凭借宁夏大学的优势学科，协同中国社会科学院西亚非洲研究所、中国现代国际关系研究院、兰州大学等相关研究单位的研究力量，通过基础和应用研究，多学科协同攻关，构建中国内陆向西开放理论体系，建设阿拉伯世界研究综合信息系统、阿拉伯和丝绸之路经济带研究特色创新平台、阿拉伯研究高层次人才培养基地，成为具有国际重大影响的内陆向西开放战略决策高端智库。

（三）重点任务

中心围绕发展目标，以国家社科基金、外交部、国家民委、宁夏自治区政府等重点研究课题来源为基础，以内陆向西开放、中阿战略合作、丝绸之路经济带为重点研究方向，通过构建“内陆开放型经济试验区建设”、“中国与阿拉伯国家对外关系”、“阿拉伯国家政治制度”、“阿拉伯国家史地与文化”、“中国与阿拉伯国家经贸和能源合作”、“丝绸之路经济带建设”、“民族地区社会治理”七个研究平台组建项目群，加强协同攻关，完成内陆向西开放模式与路径研究、深化中阿战略合作、丝绸之路经济带互联互通、中阿人文互鉴与文明对话及国际化复合型人才培养、民族地区社会治

理、阿拉伯问题研究综合数据库建设六大任务。

（四）组建方式

协同创新体按照“一个理事会、两个委员会、七个平台、四个办公室”的构架建设，即中心理事会、学术委员会和主任委员会与七个研究平台、四个协同单位分设管理办公室。理事会是中心重大发展事项的决策机构，学术委员会是中心最高学术决策机构，主任委员会负责统筹中心的学科布局和协同创新工作及行政管理、财务管理等，四个管理办公室主要负责中心的人力资源管理、教学与科研管理等日常工作事务。

（五）团队建设

中心团队建设情况。在构建“内陆开放型经济试验区建设”、“中国与阿拉伯国家对外关系”、“阿拉伯国家政治制度”、“阿拉伯国家史地与文化”、“中国与阿拉伯国家经贸和能源合作”、“丝绸之路经济带建设”、“民族地区社会治理”等研究平台之下，组建了（1）阿拉伯国家法律制度；（2）阿拉伯国家文化与宗教；（3）阿拉伯地区资源与环境；（4）中阿外交战略模式与机制；（5）中国内陆向西开放模式与路径；（6）中阿经贸合作与丝绸之路经济带建设；（7）中阿能源合作机制；（8）中国企业在阿拉伯国家投资风险预警；（9）丝绸之路经济带沿线省区战略定位与互联互通；（10）丝绸之路经济带经贸合作的非传统风险防范及收益评估；（11）中阿合作高素质复合型人才培养模式及机制；（12）西部民族地区社会治理；（13）中阿博览会暨会展经济；（14）中阿清真产业发展模式与机制；（15）阿拉伯问题研究综合数据库建设等15个团队。

五、协同创新中心机制体制及人事制度改革

（一）整体思路

紧紧围绕我国向西开放战略和内陆开放型经济试验区建设的重大现实需求和前沿性学术问题，健全和完善协同创新中心理事会、主任委员会、学术委员会和七个创新平台职责，通过重大创新项目带动，深化科研组织模式、人事管理制度、质量评价机制、奖励激

励、资源共享机制等改革，聚集区域创新资源和要素，广泛吸引和聚集国内外多学科优秀人才，构建了面向区域需求的协同育人模式、科研创新机制，促进了高校与科研院所、行业企业间的人员互动，形成多元、融合、开放、流动的运行机制，努力成为满足区域创新发展的重要协同创新平台。

（二）制度保障

在人员聘任与业绩考核程序、人才培养模式、资源配置及管理机制等方面深化改革，出台了《阿拉伯世界与中国内陆向西开放研究协同创新中心理事会章程》《阿拉伯世界与中国内陆向西开放研究协同创新中心人员薪酬分配办法（试行）》等10个管理办法（条例），为协同创新中心有效运行和科学管理，提供了制度保障。

（三）人事聘用

中心人员实行全员聘任制，建立以岗位任务为牵引、以市场为导向、以绩效（或者“贡献率”）为核心、物质性与非物质性薪酬相结合、对外具有竞争力以及对内具有保障性的人事聘用及薪酬制度。中心坚持“学术优异、结构合理、按需设岗、动态调整”的聘用方针，按“协同、创新”的原则遴选中心的协同创新人员；人事管理实行“合同管理、合理流动”的原则。中心制定了《岗位设置及人员聘任办法》，聘任的固定岗位分为首席专家、中心主任、平台首席专家、骨干研究人员、一般技术人员与管理人员，聘期为四年，按照在中心工作的时间分为专职和兼职两类。中心根据协同创新科研任务需要灵活设置各类人员的数量。

（四）薪酬制度

中心按照《薪酬分配办法》分配薪酬，取得了初步的效果。按照课题到位经费、成果应用转化效益、咨询报告、规划设计、人才培养、技术标准制定、获奖情况、成果应用等若干绩效指标对应相应的基点折算后向聘任的首席专家支付当期分配的绩效工资，并且在非物质性薪酬部分向首席专家提供了在中心及相关岗位上的工作机会，平台首席专家也按照上述办法分配薪酬。

创新型国家视域中的我国高校协同创新机制探索*

常文磊**

当今世界正处在大发展、大变革、大调整时期。创新成为经济社会发展的主要驱动力，知识创新成为国家竞争力的核心要素。各国为掌握国际竞争的主动地位，纷纷把深度开发人力资源、实现创新驱动发展作为战略选择。

美国国家创新体系起源于“二战”时期，联邦政府、研究型大学和产业界围绕军事科技展开密切合作，“二战”后形成了技术创新的国防副产品模式；20 世纪 70 年代以来为了提高产业竞争力，联邦政府、大学和产业界围绕民用技术创新密切合作，引发了国家创新体系的变迁；冷战结束以后美国国家创新体系的民用导向更加明显，大学在知识生产和转移方面的作用更为重要①。英国为了建设创新型国家，不断改革研究管理体制，对科研评估系统不断进行改革创新，引入了科研成果影响力这一评价指标，使国家的学术生产力与综合国力始终保持在世界领先地位。

创新能力不足既是我国教育、科技与世界发达国家的主要差距，也是制约我国经济社会发展的薄弱环节。美、英两国建设创新

---

* 基金项目：对外经济贸易大学科研管理专项高校协同创新机制研究（KY13-06）；教育部人文社会科学研究青年基金项目英国科研评估体制下研究型大学学科发展机制研究（11YJC880003）。

** 常文磊，对外经济贸易大学学科建设办公室助理研究员。

① 赵可．研究型大学与国家创新体系：美国模式的形成与变迁［D］．北京：清华大学博士学位论文．2007：124.

型国家的经验对我国建设创新型国家、实施“协同创新战略”（“2011 计划”）具有深远的借鉴意义。

一、协同创新与创新驱动发展战略

高等学校创新能力提升计划也称“2011 计划”，是继“985 工程”、“211 工程”之后，中国高等教育系统启动的第三项国家工程，针对新时期中国高校已进入内涵式发展的新形势的又一项体现国家意志的重大战略举措。该名称源自 2011 年 4 月，胡锦涛同志在清华大学百年校庆上的讲话。该战略工程于 2012 年 5 月 7 日正式启动。2013 年 4 月 11 日，首批 14 家通过“2011 计划”认定的国家协同创新中心名单出炉。“2011 计划”办公室在《“2011 协同创新中心”建设发展规划（征求意见稿）》中计划在 2013 年至 2017 年，选择国际科学前沿和国家经济社会发展中最为迫切的领域，择优、择重认定和建设约 80 个国家级协同创新中心。

有舆论称“2011 计划”是“产学研一体化”的 2.0 版。作为高校新一轮发展的引擎，“2011 计划”针对以前科研资源分散重复、效率低下，科研力量各自为政、合作模式停留于表面等问题，重在协同创新，鼓励高校积极联合国内外创新力量，有效整合创新资源，构建协同创新的新模式与新机制，因此也被广泛地称为“协同创新”。“2011 计划”的总体思路是：面向需求、推动改革、探索模式、提升能力，以“国家急需、世界一流”为根本出发点，以人才、学科、科研三位一体创新能力提升为核心任务。

协同创新的提出，是对我国自主创新内涵的丰富和深化，体现了科技体制改革最新趋势的要求。协同创新的本质是“通过国家意志的引导和机制安排，促进企业、大学、研究机构发挥各自的能力优势、整合互补性资源，实现各方的优势互补，加速技术推广应用和产业化，协作开展产业技术创新和科技成果产业化的活动，是当前科技创新的新范式”①。

党的十八大报告在论述加快完善社会主义市场经济体制和加快

① 陈劲．协同创新［M］．杭州：浙江大学出版社，2012：39.

转变经济发展方式时明确提出，要实施创新驱动发展战略："科技创新是提高社会生产力和综合国力的战略支撑，必须摆在国家发展全局的核心位置"；"深化科技体制改革，推动科技和经济紧密结合，加快建设国家创新体系，着力构建以企业为主体、市场为导向、产学研相结合的技术创新体系。"

党的十八届三中全会通过的《中共中央关于全面深化改革若干重大问题的决定》在论述"深化科技体制改革"时，提出"建立产学研协同创新机制，"并再次重申"建设国家创新体系"。

2014年6月9日，习近平总书记在两院院士大会开幕会上的讲话中指出："实施创新驱动发展战略是一个系统工程。科技成果只有同国家需要、人民要求、市场需求相结合，完成从科学研究、实验开发、推广应用的三级跳，才能真正实现创新价值、实现创新驱动发展。"①

由此可见，我国从顶层设计上开始"实施创新驱动发展战略"，并将"构建以企业为主体、市场为导向、产学研相结合的技术创新体系"作为实现国家经济与科技持续进步的根本战略，着力"建设国家创新体系"。高校拥有天然的多学科优势、丰富的人才资源以及多功能特性，依托自身的优势学科群，与科研院所、行业企业、地方政府以及国际社会等建立深度合作，形成协同创新的有机整体，解决国家重大需求和重大科学问题，是提升国家创新能力的有效途径，也是为国内外诸多协同创新实践所证明的。

二、国家创新体系中的美国大学

在知识经济时代，为了增强经济竞争力，世界上许多国家普遍采用的方法是支持产学研间的协作。产学研协作已经成为多数国家创新体系的重要组成部分②，创新系统中的信息、技术、资金和人

---

① 习近平总书记在中国科学院第十七次院士大会、中国工程院第十二次院士大会上的讲话[EB/OL]. http://news.xinhuanet.com/mrdx/2014-06/10/c_133395287.htm,2014-6-10.

② Jensen M R, Johnson B, Lorenz E, et al. *Forms of Knowledge and Modes of Innovation* [J], Research Policy, 2007, (36): 680-693.

才等知识在大学、科研机构和企业间流动，使得知识的创新价值不断增值，不同创新主体则通过基于价值增值的知识流动联系在一起。产学研各个创新主体自身的活力和效率，并不能在整体上增强创新体系的功能和效率，必须通过广泛有效的相互联系和作用，协同推进①。

（一）出台系列法案推动大学的技术转移

20世纪90年代中期，美国大学与研究机构愈来愈多地参与商业研究，其中，这种在法律（例如贝尔—多尔（Bayh-Dole）法案、中小企业专利过程法案等）范围内形成的趋势促进了大学社会服务的活动。这些活动与大学教学和科研的传统职能具有同等的重要性。② 美国联邦政府积极推动修订法律制度（见表1），目的在于促进技术转移并最终增强企业技术创新能力，成功地实现了科学技术从大学、联邦实验室和非营利机构向产业界的流动。正是这些长时期的探索与尝试，使冷战后的美国政府形成了清晰的技术政策，转向了民用技术优先发展的道路，同时确定国家关键技术领域，联邦政府予以一定程度的资助，形成政府、产业界、大学多方参与的局面，大学成为产业技术创新的主要知识来源。③

表1　**20世纪80、90年代以来美国促进创新的法案④**

时间	中文名称	英文名称
1980年	技术创新法	*Technology Innovation Act*
1980年	大学与小企业专利法	*University and Small Business Patent Act*

① 徐冠华．关于建设创新型国家的几个重要问题［J］．中国软科学，2006（10）：1-14.

② 菅利荣．国际典型的产学研协同创新机制研究［J］．高校教育管理，2012（9）：7-11.

③ 赵可．研究型大学与国家创新体系：美国模式的形成与变迁［D］．北京：清华大学博士学位论文．2007：124、81.

④ 赵可．研究型大学与国家创新体系：美国模式的形成与变迁［D］．北京：清华大学博士学位论文．2007：79.

续表

时间	中文名称	英文名称
1981 年	经济复兴减税法案	*Economic Recovery Tax Act*
1982 年	小企业创新发展法	*Small Business Innovation Development Act*
1984 年	合作研究法	*National Cooperative Research Act, NCRA*
1986 年	联邦技术转移法	*Federal Technology Transfer Act*
1988 年	综合贸易与竞争力法	*Omnibus Trade and Competitiveness Act*
1989 年	国家竞争力技术转移法	*National competitiveness Technology Transfer Act*
1991 年	美国技术卓越法	*American Technology Preeminence Act*
1992 年	小企业技术转移法	*Small Business Technology Transfer Act*
1993 年	国家合作研究和生产法	*National Cooperative Research and Production Act*
1995 年	国家技术转让促进法	*National Technology Transfer and Advancement Act*
2000 年	技术转让商业化法	*Technology Transfer Commercialization Act*
2000 年	小企业研发加强法	*Small Business Research and Development Enhancement Act*

大学与产业界围绕技术转移而兴起的联系方式多种多样，可以简单归结如表 2 所示。

表 2　**大学-产业界技术转移方式①**

性质	具体类别
人员流动	教师咨询活动；毕业生流动
知识流动	产学论文合署；专利引文
技术联络	产业联络项目；技术援助项目；科研联盟
孵化器	科技园
专利延伸	专利许可办公室；专利授权；依托专利的新创公司
科研实体	产业资助科研项目；产学合作研究中心

① 赵可．研究型大学与国家创新体系：美国模式的形成与变迁［D］．北京：清华大学博士学位论文．2007：91.

在民用导向模式中，大学的知识不再流向联邦政府，而是直接进入到产业界。随着国家创新体系的成功转型和成熟，美国的研究型大学群体也在其中校准了自身的坐标，不但为科学技术的转移和创新做出了独特的贡献，也逐渐发展和壮大了自身的实力。大学在美国国家创新体系形成过程中发挥了关键作用。①

（二）大学内部出现了科研组织独立化趋势

技术转移对美国大学内部的科研组织产生了巨大的影响，出现了科研组织独立化趋势。传统的按照学科分类而设立的院系体制，并不能很好地满足进行跨学科研究的技术转移的需求。20 世纪 80 年代以来美国大学的研究中心发展迅速，是最普遍的适应于产学合作的组织结构。研究中心通常位于学术院系结构之外，在大学的组织中具有独立的位置，但与院系保持着广泛的联系，能够方便地吸引不同学科的教师和学生广泛参与其中。中心的工作主要集中于科学研究，同时也有人才培养的职责，学生是开展科研活动的重要参与者。中心模式是大学传统的“组织化科研单位”的进一步发展，将科学研究、人才培养和技术转移的目标结合在一起，是科研活动的新的组织方式②。

国家创新体系的美国模式，其精髓就是依托本国科学基础实现自主创新，大学是科学基础的载体，也是这种模式的重要标志。③联邦政府一方面推动修订法律制度促进技术创新，一方面积极鼓励大学与产业界的合作实现技术转移。这些措施逐渐收到了效果，美国经济在 20 世纪 80 年代以后率先实现了以知识为基础的增长方式。技术转移使得美国大学内部的科研组织出现了独立化趋势，在联邦科研资助机构的引导下、大学整合内部资源并吸引外部资金、面向特定问题领域成立的研究中心的发展模式对我国正在大力推动

---

① 赵可．研究型大学与国家创新体系：美国模式的形成与变迁［D］．北京：清华大学博士学位论文．2007：84.

② 赵可．研究型大学与国家创新体系：美国模式的形成与变迁［D］．北京：清华大学博士学位论文．2007：122.

③ 赵可．研究型大学与国家创新体系：美国模式的形成与变迁［D］．北京：清华大学博士学位论文．2007：123.

建设的协同创新中心具有极大的借鉴意义。

三、注重应用导向的英国卓越研究框架

在历史上英国大学与政府之间的联系很少，这一局面在进入20世纪之后逐渐发生了变化。英国政府逐步建立了高等教育的拨款机构，及至“二战”后至20世纪70年代初，英国政府更逐渐加强了对大学的控制。从1965年开始实行双重科研拨款制度（Dual Support System，DSS）。为了提高研究项目质量，并作为分配研究资金的重要依据，英国高等教育拨款委员会在1986—2008年间实施了科研评估活动（Research Assessment Exercise，RAE）。但是推行了20多年的科研评估活动存在着一些不容忽视的缺陷，主要表现为耗资巨大、指标落后、妨碍创新。为解决此问题，在2008年评估结束后，英国高等教育基金委员会（The Higher Education Funding Council for England，HEFCE）决定对科研评估进行改革。2014年之后实行在科研评估活动（RAE）基础上创新而来的卓越研究框架（Research Excellence Framework，REF）①，最为重要的变革是引入了科研成果影响力这一评价指标，这反映了英国推动科研成果转移速度、建设创新型国家的战略和决心②。

（一）英国科研评估制度对创新与卓越的永恒追求

随着形势的变化及体制自身弊端的逐渐暴露，英国科研拨款机构从无到有，科研评估制度历经科研评估活动、卓越研究框架，不断进行探索、修正与完善，创新的脚步从未停止。近年来，在以“卓越”为核心价值取向的学术研究发展战略的实施下，英国已成为国际一流研究基地和国际卓越知识网络中心。英国学术研究卓越主要表现为：论文被引频次和高引论文量居世界前列，研究人员平均研究论文数量、被引频次、高引论文数量以及单位研究经费产出

① 英国将对大学科研评价制度进行重要调整［EB/OL］. http://www.most.gov.cn/gnwkjdt/201103/t20110322_85547.htm，2011-03-23.

② 姜亚洲. 英国国家创新战略中的高校科研评估制度改革［J］. 全球教育展望，2012（8）：51-55.

率均位居世界首位。大学卓越研究、多元可持续性的融资渠道、卓越取向的科研评估体制以及国际科研合作多维逻辑因素的螺旋式融合共同促生了英国学术研究卓越①。因此，从某种意义上可以说对创新与卓越的永恒追求是英国科研评估制度的典型特质。该制度变的是形式，不变的是对卓越与创新的永恒追求。这成为英国创新型国家建设体系的重要组成部分。

(二) 英国卓越研究框架对研究应用的重视

卓越研究框架（Research Excellence Framework，REF）是英国高等教育基金委员会（The Higher Education Funding Council for England，HEFCE）正在开展的用于评价其高等院校的科学研究项目质量的新行动计划，将取代之前开展的研究评估活动（Research Assessment Exercise，RAE）。

REF 的目标在于使英国高等院校的研究成果以动态的、具有国际竞争力的水准持续发展，并为经济的持续繁荣、国民福利、知识的增加与传播作出贡献。具体的目标有：提升高等教育研究数据库和各种研究项目的质量；支持和鼓励创新，包括新方法、新领域和交叉学科的工作；进行奖励和鼓励，如为有效地分享、传播和应用各项研究项目的成果，高等教育机构、商业组织和第三方组织之间交流有关观点和研究成员，对将卓越研究的价值传递给经济和社会的高等教育机构进行奖励；便于更好地管理研究数据库，并促使其可持续发展等。②

相对于科研评估活动（RAE），卓越研究框架（REF）的主要改革之处在于以下 4 个方面：（1）缩减评估单元。为了解决跨学科的评估问题以及节约评估成本，将评估单元由原来的 67 个缩减为 36 个；（2）更新评估指标。REF 评估将从成果（output）、影响力（impact）和环境（environment）三个方面对各高等教育机构的

---

① 武学超. 英国学术研究卓越的生成逻辑与启示［J］. 中国高教研究，2012（6）：22-26.

② 田锋. 英国科学研究卓越框架研究［J］. 高教发展与评估，2012（6）：17-20.

科研成果进行评估，所占权重分别为65%、20%、15%；（3）改变评估对象。在REF评估体系中，参评科研人员缩减为A和C类两类，之前RAE评估体系中的B和D类两类科研人员不再纳入评估范围。所谓A类科研人员指的是与高等教育机构签订正式雇佣合同的科研人员，在整个评价周期内都在该高等教育机构工作，C类人员指的是在高等教育机构之外但名义上属于该机构的从事科研工作的人员，如受其他科研组织、慈善机构或其他组织资助从事科学研究工作的人员；（4）转变评估方式。REF评估在专家评估（expert review）的基础上，增加了量化评估的方式，并增加量化评估即文献计量法（bibliometrics）的比重。①

在卓越研究框架的改革方面，尤其值得重视的是影响力指标（impact）取代了以往学术价值（esteem）指标，主要指非学术领域的影响力。其含义指研究成果在经济、社会、文化各个领域所产生的影响，不包括对高等教育内部的学术发展以及知识增长所产生的影响，也不包括对高等教育教学的改善和学生素质的提高等方面②。

在REF中引入科研成果影响力的指标，意在促进高等教育机构和工商业界的相互合作。对科研成果影响力的评估采用案例评估的方式，即在提交的评估材料中，根据要求需要递交一个完整的说明，并附上该科研成果对其他社会领域所产生具体影响的案例。③

在各发达国家谋求建设国家创新系统的大背景下，为了追求创新与卓越，推动科研成果的迅速转移，体现创新战略的实际效果，英国卓越研究框架首次将研究成果的影响力和社会应用作为新的评

---

① REF2014. Assessment Framework and Guidance on Submissions [EB/OL], 2011-07-02, http://www.ref.ac.uk/pubs/2011-02/.

② 姜亚洲．英国国家创新战略中的高校科研评估制度改革［J］．全球教育展望，2012（8）：51-55.

③ 姜亚洲．英国国家创新战略中的高校科研评估制度改革［J］．全球教育展望，2012（8）：51-55.

估指标予以高度重视①。其目的是通过国家意志来促进产学研合作，加快建设创新型国家的步伐。

四、对我国高校协同创新机制探索的启示

近些年来我国高校在创新能力建设方面取得了重要的成果，并且成为了推动我国协同创新发展的重要力量。但是同样面临在人才培养、科学研究与经济社会发展方面创新能力不足的问题，从而影响了协同创新绩效的提升。② 要真正推动科学研究、人才培养和产业技术创新的深度融合，以此充分发挥高校在提升协同创新能力方面的作用，必须吸收借鉴国外发达国家建设国家创新体系的成功经验，并结合我国“2011 协同创新中心”的建设实践，通过一系列的机制体制改革与制度安排，“突破制约高校创新能力提升的内部机制障碍、打破高校与其他创新主体间的体制壁垒”，充分释放人才、资本、信息、技术等创新要素活力，探索出一条我国高校与科研院所、企事业单位的协同发展之路，为建设我国的创新型国家做出应有的贡献。

（一）强化政府作用，加强技术转移的建章立制工作

20 世纪 80、90 年代以来，美国联邦政府积极推动修订法律制度，促进技术转移并最终增强企业技术创新能力，成功地实现了科学技术从大学、联邦实验室和非营利机构向产业界的流动，使大学成为产业技术创新的主要知识来源。

尽管我国近 30 多年来出台了一系列促进产学研合作的政策，仅 1990—2010 年间，由中央政府出台的此类政策就达 169 项③，产学研合作呈现出内容不断丰富、组织形式不断创新、结合层次不断提高等一系列新特点。但是随着产学研各方的利益及对合作的预

① 姜亚洲．英国国家创新战略中的高校科研评估制度改革［J］．全球教育展望，2012（8）：51-55.

② 项杨雪．基于知识三角的高校协同创新过程机理研究［D］．杭州：浙江大学博士学位论文．2013：12、89、86、195.

③ 李世超，蔺楠．我国产学研合作政策的变迁分析与思考［J］．科学学与科学技术管理．2011（11）：21-26.

期不断发生变化，尤其是在协同创新的新形势下，我国现行政策仍然存在着制约政产学研密切合作的诸多因素，突出表现在法律、政策方面。例如，我国尚没有针对产学研合作方面的专门立法，缺乏规范产学研三方行为的相关法律法规，产学研合作中对政府的定位政策模糊，促进产学研三方合作的体制机制上缺乏有效的推进与保障政策，多渠道筹集产学研合作资金方面的政策力度还不够等①。

产学研合作是一个典型的复杂的系统工程，协同创新更需要参与各方突破体制机制障碍，形成一股强大的合力。作为协同创新政策的制定者，政府应明确职责，强化职能。加强协同创新的顶层设计，从政策层面提供协同创新的资源保障。除了解决相关立法与政策的组织机构和协调机制外，还应出台专门的确定协同创新合作各方职能、地位、责任、权利、合作机制等的法律法规，并制定相关的政策，例如《关于产学研合作法》、《知识产权保护法》、《关于产学研合作项目风险投资的法律法规》，《产学研合作计划实施办法与实施细则》、《合作项目资助管理办法》、《科学技术研究发展成果归属及使用办法》等。

（二）完善知识产权管理，强化知识共享、转移的激励机制

从美国大学技术转移的发展历程中可以看出，健全、完善的知识产权政策是保障大学、科研机构、企业之间建立良性互动关系不可或缺的制度性保障。为了充分激励高校和产业之间进行积极有效的知识转移，协同创新中心要以创新知识产权管理模式为核心，建立协同创新的成果共享机制，保障依托协同创新中心开展研究所取得的成果，按照科研人员和单位的实际贡献排列署名，并在协同体系内实现共享。以此从内部激发高校科研人员对知识应用的探索动机，从而推动高校知识转移来促进产业技术创新②。

---

① 张希胜，曾令奇．产学研合作政策与立法的制约瓶颈及对策建议［J］．中国西部科技，2006（36）：94.

② 项杨雪．基于知识三角的高校协同创新过程机理研究［D］．杭州：浙江大学博士学位论文．2013：12、89、86、195.

在这方面，首批获得国家认定的14个协同创新中心之一的中国政法大学司法文明协同创新中心和哈工大——奇瑞机器人联合开发中心的做法值得借鉴。"司法文明协同创新中心"根据教授互聘的需要，对于以司法文明协同创新中心署名但以其他协同高校为第一署名单位、本校为第二署名单位发表的研究成果，计入本校科研考核工作量；根据学生互换的需要，被选聘到协同高校执行交流讲学任务的教师，在合作单位发生的教学工作量，计入校内教学工作量。

从2007年起，奇瑞汽车股份有限公司与哈尔滨工业大学在机器人领域开展合作并成立了哈工大——奇瑞机器人联合开发中心。哈工大机器人研究所和奇瑞公司之间的知识转移进行得很顺畅，取得了显著的合作成果。2008年，奇瑞公司自主研发了第二台焊接机器人样机、双方共同成功申报了863焊接机器人项目，并获得国家资助①。

（三）创新科研管理机制，逐步建立以产业创新为导向的科研评价体系

英国为了建设创新型国家，不断改革研究管理体制，对科研评估系统不断进行改革创新，在科研评估活动（RAE）基础上创新而来的卓越研究框架最为重要的变革是引入了科研成果影响力这一评价指标，这反映了英国推动科研成果转移速度、建设创新型国家的战略和决心。其目的是通过国家意志来促进产学研合作，加快建设创新型国家的步伐。

为贯彻落实党的十七届六中全会、党的十八大和十八届三中全会精神，贯彻落实《中共中央办公厅、国务院办公厅转发〈教育部关于深入推进高等学校哲学社会科学繁荣发展的意见〉的通知》（中办发［2011］31号）、《中共中央国务院关于深化科技体制改革加快国家创新体系建设的意见》、《国家中长期教育改革和发展规划纲要（2010—2020年）》精神，进一步改进哲学社会科学研

① 邹波．面向企业技术创新的校企知识转移研究［D］．哈尔滨：哈尔滨工业大学博士学位论文．2009：58.

究评价，促进高等学校哲学社会科学健康发展，加快落实深化高校科技评价改革，教育部发布了《教育部关于进一步改进高等学校哲学社会科学研究评价的意见》（教社科［2011］4号］）、《教育部关于深化高等学校科技改革评价的意见》（教技［2013］3号）。上述密集出台的一系列文件指出：开展科学有效的科研评价，是推动科研管理创新，优化研究资源配置，构建现代科研管理制度的重要内容；倡导实施科学的分类评价，建立健全符合各学科特点的分类评价标准体系，对主要从事技术转移、科技服务和科学普及的科技活动人员实行经济社会效益和实际贡献为重点的评价，对从事技术支撑和服务的科技活动人员实行以服务质量与实际效果为重点的评价；推进高等学校科学成果的转化应用，构建社会服务体系，全面提升社会服务水平。

国家近年来出台的政策文件为强化我国高校科学研究成果的社会应用与技术转移提供了政策依据，并指明了前进的方向。我国高校在协同创新中心建设过程中，要通过资源共享平台和科研协同合作，实现科学研究进度与成果的互通，加快产业创新的进程，逐步形成以产业创新导向的科研评价体系。① 我国高校高度重视“协同创新评价体系”的建设问题，突出以创新质量和贡献为导向的评价机制，改变单纯以论文、获奖为主的考核评价方式，注重原始创新和解决国家重大需求的实效，建立综合评价机制。②

“2011计划”办公室近日出台的《“2011协同创新中心”认定暂行办法》（征求意见稿）强调：“2011协同创新中心”的认定突出协同创新和机制体制改革的核心要求，突出重大协同创新任务的牵引，以协同创新中心的实际运行和培育成效作为认定的主要内容，确保质量，择优遴选。具体来说，“2011协同创新中心”的认定需符合以下4个条件：（1）准确的协同需求；（2）雄厚的协同

① 项杨雪．基于知识三角的高校协同创新过程机理研究［D］．杭州：浙江大学博士学位论文．2013：12、89、86、195.

② 项杨雪．基于知识三角的高校协同创新过程机理研究［D］．杭州：浙江大学博士学位论文．2013：12、89、86、195.

基础；（3）有效的协同机制；（4）明显的协同增效。

根据教育部科学技术司发布的《关于组织第二批“2011 协同创新中心”认定申报工作的通知》，第二批“2011 协同创新中心”认定申报工作于 2014 年 4 月份申报，5~6 月份评审。但是，作为继“985 工程”、“211 工程”之后，中国高等教育系统启动的第三项国家工程，协同创新中心的工作重点不在于申报材料的充分、详实与否，而重在选择具有重大协同创新意义和深远社会影响的研究方向，组建合理的协同创新体，开展系统的机制体制改革，有效地推动高等学校人才、学科、科研“三位一体”创新能力的提升，取得显著的经济和社会效益。同时，在执行“2011 计划”时，要避免研究方向选择的学科化倾向及协同单位同质化现象①，更不能简单地将协同创新中心建设视为新一轮的“敛财圈地盖大楼”运动。

① 唐阳．推动协同创新，高校还需走出认识误区．中国高校人文社会科学网［EB/OL］．http：//www.sinoss.net/2014/0121/49159.html，2014-1-21.

颠覆性创新视野下中西部高校哲学社会科学体制机制创新

张倩苇*

一、颠覆性创新理论概述

颠覆性创新（Disruptive Innovation）也译为“破坏性创新”、“裂变性创新”，哈佛大学商学院教授克里斯滕森（Clayton M·Christensen，1997）在《创新者的困境》一书中首次对此进行比较系统研究。他将对现有主流市场上产品性能或服务不断改进的创新称之为维持性创新，但是与维持性创新相比，还有一类技术创新，立足于非主流的低端市场或新市场，其目标是提供更便捷、更便宜、更个性化的产品给非主流客户①。随着技术的不断改进，产品性能不断提高，最终逐渐取代主流市场。由于这种创新的破坏性大，改变现有主流市场传统的竞争机制和商业模式，因此克里斯滕森称之为颠覆性创新。

发端于非主流的低端市场或新市场，经过不断发展，最终削弱主流市场产品竞争力的创新，即为颠覆性创新。其基本过程就是基于新概念或技术的新应用，以新产品或新服务替代传统产品或服务，并在相关领域产生革命性变革，从而带来新的领域性增长。Thomond，Herzberg 和 Lettice（2003）等人认为颠覆性创新是被成

---

* 张倩苇，华南师范大学教育信息技术学院教授。

① Christensen, M. C. *The innovator's dilemma: When new technologies cause great firms to fail*[M]. Boston: Harvard Business School Press, 1997.

功开发出的过程、技术、产品、服务或商业模式，它们能够使组织显著改变传统竞争规则，并改变现有市场需求①。过去只能由专家解决的问题现在由颠覆性创新所形成的新产品性能得到解决，新方法能使更多顾客以更方便的方式消费产品和服务。

尽管对颠覆性创新没有统一的定义，且侧重点各有不同，但基本上是围绕技术、产品性能和商业模式三大要素。颠覆性创新包含以下主要内容：第一，颠覆性创新是一种破坏性技术，变革传统的市场标准，实现非连续性创新的技术；第二，颠覆性创新的产品以方便简单、价格低廉赢取市场份额，满足不同层次客户的需求；第三，颠覆性创新改变了传统商业运行模式和市场竞争机制，使现有企业难以短时间内调整战略方针而被新兴企业所取代。

以往的维持性创新是在不断地解决问题，而颠覆性创新是不把已有问题视为问题，它往往是从侧翼包抄，改变现行的标准，建立新的标准。

二、中西部高校哲学社会科学研究的重大使命与发展机遇

党的十八大报告提出了“坚持科学决策、民主决策、依法决策，健全决策机制和程序，发挥思想库作用”的新要求。党的十八届三中全会的《中共中央关于全面深化改革若干重大问题的决定》旗帜鲜明地坚持以改革为主线，特别强调体制机制创新的重大保障作用。习近平总书记在2014年在中国科学院第十七次院士大会、中国工程院第十二次院士大会上的讲话时指出“科技是国家强盛之基，创新是民族进步之魂”，“必须坚定不移贯彻科教兴国战略和创新驱动发展战略，坚定不移走科技强国之路”，“实施创新驱动发展战略，最根本的是要增强自主创新能力，最紧迫的是要破除体制机制障碍，最大限度解放和激发科技作为第一生产力所

---

① Thomond, P., Herzberg, T. & Lettice, F. *Disruptive innovation: Removing the innovators' dilemma* [C]. British Academy of Management 2003 Conference Proceedings.

蕴藏的巨大潜能”。中共中央办公厅、国务院办公厅转发的《教育部关于深入推进高等学校哲学社会科学繁荣发展的意见》明确提出：“创新高等学校哲学社会科学科研体制机制，完善以创新和质量为导向的科研评价机制”，并将其作为繁荣发展哲学社会科学的五大任务之一。

西部大开发战略的实施，中西部高校哲学社会科学研究将面临新的发展机遇。特别是《中西部高等教育振兴计划（2012—2020年）》（下文中简称为《计划》）确定了中西部高等教育总体发展目标：“到2020年中西部高等教育结构更加合理，特色更加鲜明，办学质量显著提升，建成一批有特色、高水平的高等学校，为整体提升我国高等教育发展水平、建设高等教育强国奠定坚实基础”。《计划》指出，要鼓励东部地区高等教育率先发展，支持中西部地区高等教育加快发展。针对中西部高等教育改革发展的重要领域和薄弱环节，要重点加强优势特色学科专业建设、人才队伍建设、深化教育教学改革、提升科研创新水平、增强社会服务能力、促进优质资源共享、加强交流与合作、健全投入机制等方面的主要任务。

2013年5月30日，中共中央政治局委员、国务院副总理刘延东在教育部“繁荣发展高校哲学社会科学 推动中国特色新型智库建设”座谈会上强调，要深入贯彻落实党的十八大精神和中央领导同志有关要求，充分发挥高校学科齐全、人才密集的优势，繁荣发展高校哲学社会科学，为建设中国特色新型智库作出贡献。要创新体制机制，加强平台建设，强化协同创新，增强内生动力，推动形成特色鲜明、结构合理、形式多样的智库发展新格局。制度创新将是各领域改革的关键，会有效地激发创新动力和发展活力。党中央明确提出建设中国特色新型智库的任务，这为中西部高校哲学社会科学界创新体制机制，发挥服务决策、咨政育人作用，迎来新的发展机遇。

三、中西部高校哲学社会科学研究面临的问题

站在全国的角度来看，中西部高校哲学社会科学尽管已在研究

队伍、研究基地、研究项目、研究成果等方面有了长足的发展，但与东部高校相比依然存在较大差距，所在省份经济社会文化发展实现后发赶超和高校哲学社会科学学科建设发展等目标和要求相去甚远。其哲学社会科学研究面临的问题主要表现以下方面：

（一）学科带头人和中坚力量缺乏

中西部高校哲学社会科学教学和科研队伍中高级职称和领军人物偏少，尤其缺少在国内具有较大影响力的学术大家，比如，省属高校中的“长江学者”人数。一些有潜力的中青年骨干难以留住，“孔雀东南飞”的人才流失现象严重。由于缺乏有影响的学科、学术带头人，无法形成社科研究的合力和学科群体①，导致科学研究的离散化，形成不了“人无我有”、“人有我优”的科研特色。有些研究人员从事社科研究不是为了个人兴趣与追求，只是为了满足职称评审的条件和完成工作量，带有明显的功利性、实用性，加上有些科研人员缺乏对研究方法和经验的积累，不太关注学校和区域的长远发展，不能形成相对稳定的科研方向。另外，由于科研手段落后、科研条件不完善、体制僵化等缘故，高校社会科学研究者跨学科、复合型人才较少，因而知识结构和研究思维较为单一，导致整体学术地位和水平不高。

正是缺乏高水平、学术造诣深、有影响的学术带头人，难以形成社科研究的合力和基础，导致中西部高校难以争取承担高层次科研项目②。所承担的国家级课题相对较少，特别是国家重大攻关项目的立项较少。研究成果中决策咨询、对策研究等社科成果转化率不高，特别是具有重大社会影响、富有时代特征和地方特色的精品力作不多，社科研究影响力不高。研究成果与中西部民族文化资源大省的地位相比也不相匹配。缺乏学科带头人，导致哲学社会科学中国家级重点学科的数量还不够，整体水平在国内外处于领先地位

---

① 朱虹．突出重点，协同创新，推动我省高校哲学社会科学繁荣发展［J］．江西教育 2013（4A）．

② 庾光蓉．关于发展繁荣四川地方高校社会科学研究的理性思考：以四川师范大学为重点［J］．四川师范大学学报（社会科学版），2007（6）．

的学科则更少，学科整体建设水平需要进一步提高。

（二）科研立项和管理过分重视传统单学科研究而忽视跨学科研究

在科研立项时不注重通过申报指南来引导申报者开展跨校、跨系统的跨学科研究，导致一些课题研究难以产生一定的社会和经济效益。

在申报各级各类课题时，负责人习惯于自立门户、单兵作战，缺乏跨院、跨校、跨系统的团队意识。有时负责人为了中标或是能评上课题项目，拉来一些外系、外校的教师，只是为了装点门面，科研合作并不深入，缺乏长期、有效的合作机制。在开展科研的过程中，不善于利用网络技术开展合作研究，许多学者不善于利用其他单位的先进设备和条件进行研究，也不善于利用在研究过程中根据需要补充力量。

（三）科研经费短缺，投入不足，研究条件缺乏

尽管哲学社会科学发展关系到一种国家战略发展，但由于它是一种隐形的生产力，看不见、摸不着，导致长期以来哲学社会科学投入严重不足。科研经费的短缺严重影响着高校哲学社会科学研究的开展。地方高校由于财政紧缺，社科研究经费不足已经是多年来困扰社科研究工作者的瓶颈问题，这给社科工作者进行调查研究、参加学术会议、学术著作的出版等带来困难。由于研究经费的短缺，许多社科研究者无法走出去，只能在图书堆里做文章，最终导致研究成果或水平不高，或重复研究，没有创新，成果也无法推广。加之在科研经费的使用方面对科研人员所付出劳动的费用分配较少，缺乏必要的激励机制，导致科研人员的积极性不高。

由于经费的问题，哲学社会科学研究缺乏足够的硬件设施和条件，比如必要的设备和图书资料、实验室、研究基地等，图书资料普遍匮乏、陈旧，专业数据库不能更新，导致研究人员无法开展相关研究。与此同时，研究者难以围绕学科整体建设制定长期目标，难以形成整体领域或某一研究方向的特色和强项。

（四）高质量的学术成果不多

中西部高校承担的国家级课题相对较少，特别是国家重大攻关

项目的立项较少。尽管一般的研究成果很多，但决策咨询、对策研究等社科成果转化率不高，特别是具有重大社会影响、富有时代特征和地方特色的精品力作不多，社科研究影响力不高。研究成果与中西部民族文化资源大省的地位相比也不相匹配。

现行的高校哲学社会科学研究管理体制要求项目承担者在规定时间内完成科研项目，急功近利，违背了科学研究的基本规律，使得高水平的原创性科研成果少，低水平的、凑数的所谓“科研成果”多，真正能够引起国际社会关注的尖端性的科研成果更是微乎其微。科学研究沾染上浓厚的功利主义、实用主义色彩。

根据《中国统计年鉴》、《中国科技统计年鉴》和《中文社会科学引文索引》，中西部省份高校人文社会科学学术研究总体上在全国各省、直辖市和自治区中排位、研究人员和研究经费投入方面、论文产出和被引数、研究人员人均和研究经费万元均论文产出和被引数以及论文篇均被引数的影响方面排位不高，反映出中西部省份哲学社会科学研究的产出和影响在全国是相对滞后的。

（五）哲学社会科学学术交流不够活跃

受经费等因素的影响，中西部高校社科研究人员参加国内外学术会议的机会少，内部学术探讨和交流活动也较少，也很难邀请到著名学者来校讲学，更少有机会开展国际间学术交流，研究人员无法“走出去”、“请进来”，未能与国外高水平大学和科研机构建立稳定的合作关系，更谈不上拓宽学术视野。

四、推进中西部高校哲学社会科学体制机制创新的举措

在信息技术进步和社会急剧变革的时代，中西部高校应充分重视国家西部大开发和中部崛起战略、推进中西部高校哲学社会科学研究繁荣以及颠覆性创新带来的机遇和挑战，选择正确的发展战略，锐意革新，创新高校哲学社会科学体制机制。

（一）运用信息技术搭建学科交流合作研究平台

信息技术的运用在某种程度上把个体同集体及组织机构的活动联系在一起。在集体活动中，信息技术改革要在不同层面（研究者个体、研究者群体、研究者组织机构等）以不同方式实践出来，

也在不同层面持续地创造出新的理解和认识的可能性。这就要求中西部高校在哲学社会科学研究中，通过横向合作与发展，从以前处于边缘地位走向中心，有自己的话语权和学术影响力。

1. 筑巢引智。大量的社科研究力量在高校，而大量的优秀社科人才又集中在东部。要通过这种人才优势，借助学科创新平台，吸引东部高校的优秀人才为中西部哲学社会科学研究提供智力支持。通过广泛的学术交流和深入合作，为开展战略研究和政策研究提供广阔的学术视野和网络。

2. 建立哲学社会科学研究基金会。形成与政府在信息资源、研究力量、课题方面协同、共享，政府、企业、民间在知识市场、科研市场上资源的合理配置的总体机制。打破行政机制的束缚，使人才、信息、课题、消费资源的合理配置机制到位。招募来自不同高校的哲学社会科学研究人员，形成组织杂交体，指引研究者创新做研究的方式。研究人员的合同可长期或短期，人才的流动机制灵活，不必长期占用某个编制，完全按卓越和效用来评价。允许民间机构成立研究基金会，多渠道筹措研究资金①，加大对科研的投入，进一步繁荣我国哲学社会科学研究。

3. 制度性设计高校人事聘用和考核评价体系。改变单一“单位人”身份制度，确立“多重人”身份制度，以激励不同学科、不同行业科技人员从事跨学科和跨行业的科研协同创新工作。形成人员“公开竞聘”和“公平退出”机制，建立竞争流动的创新岗位，构建与绩效挂钩的激励机制，建立能进能出、能上能下、竞争淘汰的选人用人机制。通过内部组织结构调整，建立灵活、创新的组织体系，为适应颠覆性创新和抓住高校科研变革的机遇，强化发展的组织保障，充分发挥人力资源的优势。

4. 加强哲学社会科学研究信息资源的共建共享。运用信息技术和网络平台，重点建设一批高等学校社会调查、统计分析、基础文献、案例集成等专题数据库，加强与现有信息服务机构的衔接，

① Benner, M. & Sörlin, S. Shaping strategic research: Power, resources, and interests in Swedish research policy. *Minerva*, 2007 (1): 31-48.

鼓励与政府、行业等相关部门共同分享数据资料，推动哲学社会科学研究信息资源的共建共享，为科研提供资料积累、信息储备和文献保障。

（二）改革高校哲学社会科学研究项目立项评审

过去，我们往往是在课题结束之后才开始评价，即使有中期检查，也主要关注成果的形式而非质量。为此，在课题立项审批之初发挥科研的评价功能，特别是其导向功能，其意义尤为重要。

1. 注重科研项目立项审批中的导向功能。一是关注策略研究。项目立项评审中，强调科研项目为国家和地方的经济建设和社会发展服务，注重社会效益和经济效益，围绕国家和地方急需解决的重大问题进行选题，引导研究者根据需求有针对性地开展项目申报，注重研究的目的和研究的效益，避免盲目性和随意性，加大策略研究的力度。二是要充分利用已有学术资源，引入招标竞争机制，鼓励社会各界积极参与。所有的研究项目都要向社会公布，避免重复立项和重复劳动，使研究效益最大化。三是关注跨学科研究。随着社会和科学技术的发展，许多新出现的、复杂的问题急需多学科专家合作开展跨学科研究，因而在项目立项审批中要引导研究者开展跨学科研究。通过多学科交叉融合，促进新的学科生长点的产生和发展。四是通过建立大的学术研究中心开展课题研究。吸引来自东部高校优势学科的人才与中西部高校的研究人员合作开展课题研究，改善学科、学院、大学间的合作。这样既有利于高水平、高质量学术成果的出现，也有利于提高中西部高校研究人员的研究素质和研究水平，促进人才流动。五是强调团队协作开展重大问题的研究。通过团队协作研究，培育新的学科和新的学科生长点。

2. 强调学术研究的创新性。从科研项目招标立项评审一开始就要倡导学术研究的创新，关注学术成果的创新性，重视本土化、民族化的研究。严把质量关，宁可少立项，也不追求数量。在研究方法、研究成果方面重视与国际接轨，有助于学术创新，抵制无效劳动、重复劳动，避免无意义、低质量的学术次品和废品的产生。

3. 为博士研究生设立研究项目。应重视哲学社会科学博士研究生的培养。在哲学社会科学研究领域，博士生是开展研究的生力军。他们充满朝气，思维活跃，富有创新的活力和动力，处于最容易出成果的时期。在科研项目的立项中，研究平台为博士生导师设立研究项目让他们招收博士生开展相关的课题研究，或者专门为博士研究生设立研究项目，鼓励博士研究生结合博士论文的研究开展课题研究，培育创新成果，提高学术研究的竞争力，这样也为中西部高校培养了哲学社会科学研究人才。

4. 发挥科研资助的激励机制。哲学社会科学研究的主要成本是学者的智力劳动投入。根据哲学社会科学的自身特点，建立科学合理的科研资助和激励方式，在科研经费的使用方面对科研人员所付出劳动的费用分配占一定比例，既合法合规使用科研经费，又能够改善科研人员的生活条件，提供了较为充足的经费保障，使他们集中精力于科研而不必考虑创收，从而能够潜心研究，多出创新成果。

（三）转变研究方式，服务国家和区域发展战略和重大决策

1. 坚持以问题为中心。坚持问题导向的研究，突出问题意识，强化问题驱动。选题应紧紧围绕国家改革和发展进程中的重大理论和现实问题，坚持以解决问题为目的开展研究，服务国家战略，深入开展应用对策研究，积极建言献策，以增强国家软实力，提高党和国家科学决策水平。

2. 加强基于数据支撑的研究。不断创新研究方法和研究手段，加强实证研究和量化研究，突出数据意识，强化大型调查。重视数据积累、数据分析和数据库建设，不断创新数据采集机制，并注重调查指标开发、数据多维使用、数据降维、数据深度挖掘和数据可视化处理，用数据说话，使提交的咨询报告有可靠、完整的数据支撑，为政府决策提供科学参考依据，不断提高研究的科学性、可靠性。

3. 突出理论意识，强化学科交叉。以研究中国本土的理论为前提，搭建多学科的学术碰撞与讨论平台，促进自主理论的生成，使新时代热点问题成为多学科研究关注的焦点。在团队建设上，打破学科壁垒，凝聚各方智慧，注重多学科交叉，并逐步形成了相对

稳定的研究团队。

4. 多学科、多部门、多行业的协同合作，构建高校不同学科间、高校与政府部门间、高校与行业间的协同创新体制机制。打破部门和单位的壁垒，鼓励多学科交叉融合，整合优势研究力量，形成合力，联合进行大项目协同攻关，重组或建立一批有学术优势的重点研究机构，形成稳定、长期的研究方向。促进各高校之间以及高校与地方政府的深度合作，特别需要确立高校与行业的职能定位、责任分担和利益分享机制，汇聚高校和社会多方资源，推进高校与国内外高校以及高校与地方政府、行业的深度合作，促成科学研究、学科建设、人才培养、科技开发的一体化。

（四）改革高校哲学社会科学研究的评价体制机制

科学研究的重要特征在于创新。社会科学研究评价是对某项科研活动对人类社会发展、经济发展以及人类生存环境的改善等方面所产生的意义和价值作出的判断，它具有导向、调控和干预等功能。

1. 以质量和创新为标准，创新科研评价体系。利用科研评价的政策导向作用，将高校学者的兴趣和目标聚焦到国家和区域的经济社会发展的重大现实需求和对学术发展的实质性贡献上。开展分类评价，对高校中的基础研究、应用研究、科学普及等不同类型科研活动同等重视，破除一味追求“科研 GDP”的简单做法。在基础研究上要注重思想高度和学术原创性，要能够做到思想创新、传承文明和推动学科建设；在应用研究上应能够解决重大现实问题，做党和各级政府的“思想库”和“智囊团”，建言献策，为国家和区域的发展提供前瞻性的战略研究成果，及时为党和政府决策提供良好的决策基础、研究资料和宏观政策解决方案，把撰写政策咨询报告作为成果考核的重要指标之一。

2. 发挥评价的调控功能。为保证实现预期的目标，需要对科研的各环节有目的、有计划地搜集信息、分析利用信息，即掌握一定时期内科研活动的变化和发展趋势，提高科研管理水平。评估者对被评者的科研目标和过程进行调控，反馈信息，适当调整目标。被评者通过评估，了解自己的长短、功过，明确自己的努力方向及改进措施，以实现自我调节。管理部门可通过增加资金的支持和奖优惩劣等手段进行调控，以学术为本，追求卓越。

3. 发挥评价的激励机制。根据哲学社会科学的自身特点，建立科学合理的科研资助和激励方式，既合法合规使用科研经费，又能够改善科研人员的生活条件，使他们集中精力于科研而无后顾之忧，调动科研人员利用经费开展研究的积极性，不断追求突破和创新。

4. 建立与协同创新相适应的开放规范的社会评价机制。打破小部门、小单位的限制，在更大的范围中去评价创新活动价值，引入更大范围的利益相关方（包括同行专家、实务部门专家、利益相关者代表等）来评价创新活动的价值。通过体制机制改革进一步释放创新潜力，催生重大成果产出，更好地服务社会经济发展。

生态视域下中西部高校哲学社会科学管理体系创新研究

李　华　贾毅华　张日鹏*

“橘生于南则为橘，生于北则为枳”，自然界生态环境中的万物生长也要遵循气候、湿度和地域等特点和规律，现在通过人工的手段建造温室和大棚进行反季节的养殖也是遵循自然规律之后的创造性工作。要对一个事物进行管理，首先应该深入对它的了解，只有熟悉其特点和规律，遵循其规律制定管理体系，才能使其发挥它应有的作用。

对于中西部高校哲学社会科学的管理体系创新，首先要了解其特点和规律，找准其核心的影响因素，进而探索和建立能够有效推动其繁荣发展的管理体系。

一、生态视域下的哲学社会科学管理体系创新原理

生态学的一般规律大致可从种群、群落、生态系统和人与环境的关系四个方面说明，其中生态系统是生态学领域最高层次的研究。高校的哲学社会科学管理体系也由科研人员种群、高校群落、科研生态系统以及成果与社会的关系四个方面可以概括。

（一）生态系统的基本规律①

参照已有的研究生态系统基本规律的文献，总结归纳协同化原

* 李华，西安交通大学科研院人文社科处文员；贾毅华，西安交通大学科研院副院长；张日鹏，西安交通大学科研院人文社科处主管

① 韩国文，王浩权．论金融生态的研究意义与金融生态学的研究内容［J］．西北师范大学学报（社会科学版），2008（1）．

理、开放和非平衡原理、普遍依存与制约规律等可以普遍适用的基本规律，将整体观、系统观、平衡观、动态观作为研究哲学社会科学创新体系的理论基础。

1. 协同化原理

竞争与协同是生态系统演化的基本规律。竞争与协同是对立统一的，两者不可或缺。如果只有竞争没有协同，则竞争引起的内耗与外耗，必然削弱生态的功能；反之，如果只有协同没有竞争，则机构间的行为缺乏激励机制，容易诱发惰性。所以，协同是高校之间科研竞争基础上的协同，竞争是高校之间科研协同基础上的竞争才是科研生态系统发展的动力与源泉。

2. 开放和非平衡原理

一个生态系统，只有在开放的条件下才能够进行自组织、自优化的演化过程，开放是生态系统演化的根本。科研系统只有开放，不断与外界环境进行物质、能量和信息的交换才能获得足够的“负熵”，并且使之处于非平衡态才能使系统向熵减方向（即有序方向）演化，从而形成新的自组织结构平衡。

3. 普遍依存与制约规律

生态所包含的各种关系如同生态系统内的各个种群之间、群体之间以及构成食物链的个体之间一样，表现为一种依存与制约的关系，一个要素因子离开了其他因子不可能持续存在或继续生存下去，缺乏其中任何一种机制的系统都是没有生命力的系统。在哲学社会科学体系中，政府、企业、高校之间就存在这样的依存与制约关系，因此，政产学研如何平衡相互之间的依存与制约关系是创新中西部高校哲学社会科学体系的重要议题。

4. 双向反馈及自然演替原理

生态系统自组织的实现很大程度上依赖于系统的反馈机制，只有依靠反馈机制，系统才能不断地进行自我创造、维持和更新，以达到自然演替的效果。系统出现新的结构、模式、形态等，在开始时总是弱小的，需要靠系统的自我激励机制才能生长、壮大，这就是正反馈机制，是一种自我放大的作用力。科研体系从国家、社会的需求出发，再凭借政策、科研成果及社会服务的激励机制逐步成长和创新。

二、中西部高校哲学社会科学的特点以及创新的重点与难点分析

（一）哲学社会科学自身的规律和特点

1. 哲学社会科学的研究对象因为有了人类活动的存在而具有动态性，研究者与被研究者之间还可以有相互交流、相互影响和融合。

2. 哲学社会科学的研究方法主要在于投入人类的思想和智力资本，更加耗神费力。

3. 哲学社会科学的成果与自然科学不同，往往是间接地、通过观念的引领、制度的革新、方法的改革等方式进行，很难产生立竿见影的效果；哲学社会科学研究是在不断学习和积累前人成果的基础上进行的，其创新性和原创性程度不会很高，而且完全创新的研究成果容易引起争议，很难得到广泛的认可。

（二）中西部高校哲学社会科学研究的特点

中西部高校与东部高校一样，担负着文化传承、人才培养、科学研究与社会服务的职能，中西部高校哲学社会科学研究不仅具备高校的基本职能，还因为地理位置、经济文化的不同，存在有别于东部高校以及其他科研机构的独特之处。这些相同与不同的特点主要有以下几个方面：①

1. 超脱性。高校的科学研究不但要服务于当前，还要引领国家的未来，服务于当前就是服务于政府和社会当前的需求，引领国家的未来则是在人才培养和文化传承中研究出新的理论基础，回答国家以及人类未来发展中的更根本的问题。

2. 教学与科研的兼顾性。人才培养是高校的核心功能，对于一些教学型院校（如语言类、师范类院校）来说，哲学社会科学研究往往是其“副产品”而非“主业”，科学研究的动力来自于人

---

① 刘新跃．地方高校哲学社会科学科研管理创新研究［D］．合肥工业大学博士学位论文．2010.

才培养的目标、教学的需求以及知识的更新。研究型大学的专家教授也同样承担着培养硕士、博士研究生的任务。通过教学相长进行科研，学生是科研成果的受益者，学生的反馈又会给老师新的科研启发，良性循环促进科研成果涌现。人才培养的过程促使教师进行深入的科学研究和总结，反过来，科研又能够促进教学革新提高教学质量。这是高校科研的独特优势特征，是其他科研机构所没有的。

3. 学科性。高校哲学社会科学研究是以学科的形式组织的，学科是研究的背景依托，以学科建设为龙头的理念，以科研促进学科建设。通过从事哲学社会科学研究而产生具有前瞻性的科研成果，并最终成为高校学科建设的原动力。科研有利于改造传统学科、提升现有学科的优势和竞争力。

4. 地域性。中西部高校地处内陆地区，与发达的东部沿海地区高校相比，经济上欠发达，无论是科研投入、资助还是人才培养、引进上都不占优势。尤其是人才培养与引进方面与东部高校难以形成对等的竞争，中西部高校的优秀教师和科研人员向东部高校的流动现象已经屡见不鲜，中西部高校一方面缺乏资金培养人才，另一方面还要防范克服层层困难培养出来的人才向东部高校流失。但中西部高校也有东部高校不具备的地域优势，中西部地区从古至今都是国家政治、经济、文化的战略要地，国家一些大的战略决策，如西部大开发、关天经济带建设、丝绸之路经济带建设等无一不是和中西部地域有着密切的联系；而且中国古代的政治经济中心也有很多都位于中西部城市，例如西安就是十三个朝代的都城所在地，其地上地下遗留和埋藏的古代宝藏蔚为壮观，以这些古代的政治、文明、考古、文化为中心开展的哲学社会科学研究，中西部高校的哲学社会科学相关学科无疑占有绝对的地域优势。中西部城市的生活节奏和压力都小于东部城市，一些从中西部地区走出去的人才往往有故乡情结，更愿意留在自己的家乡。

（三）中西部高校哲学社会科学创新体系的重点与难点分析

1. 基于哲学社会科学超脱性的特点，不能仅仅用实用主义的标准来衡量高校的哲学社会科学研究成果，要坚持历史的评价与道德的评价相结合，在政策上鼓励一批专家教授，给他们更宽松和自由的科研环境，使得学者能够潜心研究，真正拿出无愧于历史的成果。

2. 教学与科研整体设计，分类管理。中西部高校哲学社会科学研究管理创新必须做到教学与科研兼顾，相互促进相互影响。例如，西安交通大学将自然科学和人文社科的教师考核分类管理，探索制定符合哲学社会科学特点的考核体系，在哲学社会科学评价体系中又将教授、副教授划分为科研型、教学型与科研教学兼顾型三类，分别用不同侧重点的管理评价指标进行考核和管理。

3. 学科建设是科学研究的背景和依托，又是科学研究的成果和动力，提升学科的优势和竞争力应该作为哲学社会科学学术成果的评价指标之一。

4. 中西部高校应采取感情留人、环境留人的方式（见图 1），构筑稳定、宽松的学术氛围，加强高校的服务体系建设，创新科研管理方式为高层次人才提供定制服务，帮助其更快更高地发挥学术价值实现科研抱负。

5. 在哲学社会科学管理创新中，注重搭建中西部高校人才、成果与地方政府各部门之间的桥梁，创新管理服务方式，加强社会、政府的决策咨询服务，为哲学社会科学研究成果的转化拓宽渠道。

除了以上几点之外，中西部高校还存在管理思路缺乏整体性和系统性，观念闭塞管理方式僵化；信用体系不健全，政策导向不明确；急需统筹资源配置，人力、财力、物力统筹规划不足，流通与使用效率低；经济欠发达，资金不足资源短缺等创新体系过程中将会遇到的难点问题。这些问题都是一环扣一环的，观念闭塞使得不能有效地争取资金和资源，资金和资源不足导致人才流失难以吸引高端人才。因此，要从根本上改变中西部高校的哲学社会科学发展现状，推进其发展必须首先从管理理念和管理体制上进行创新。

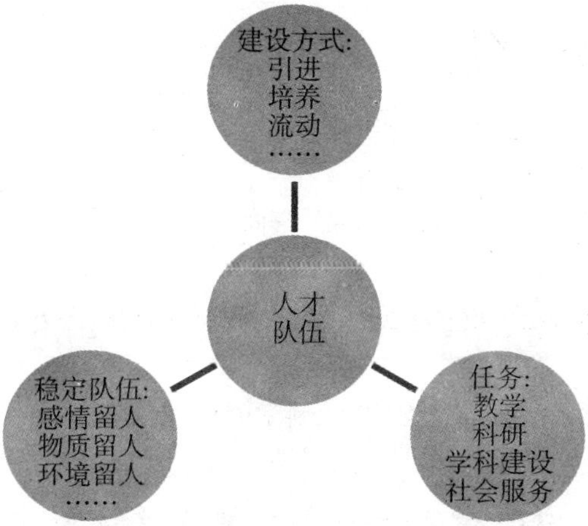

图1　人才队伍建设、稳定及任务结构

三、创新中西部高校哲学社会科学管理体系的对策建议

深入推进高校哲学社会科学创新，应当坚持队伍建设为先，强化学风建设，增进方法自觉，着力培育战略科学家；坚持学术环境建设为重，优化政策和舆论环境，营造自由宽松的学术环境和聚焦质量与创新的评价环境；在遵循学术发展规律的基础上深化科研管理创新。①

中西部高校哲学社会科学的发展，除了需要高校自身努力改进和创新外，离不开国家政策的导向和扶持。因此，本节将以整体观、系统观、平衡观、动态观为原则，从国家、地方和高校自身三个方面提出如下创新中西部高校哲学社会科学管理体系的对策建议，期望通过政府、社会以及高校的影响使得“原生态”哲学社会科学体系向动态、平衡、可控度高的哲学社会科学创新体系演化（见图2）。

① 沈壮海，张发林等．当前中国高校的哲学社会科学创新：观念与路径——基于全国50所高校的调查［J］．中国社会科学，2012（8）．

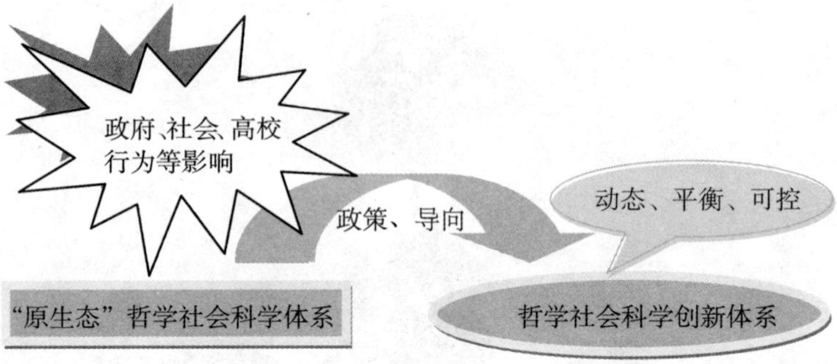

图 2　高校哲学社会科学创新体系演化路径

（一）以中国特色新型高校智库建设为重点，推进科研体制机制的综合改革

中西部高校应立足中西部地域特色，建立健全决策咨询制度，并将智库服务纳入合理的科研评价体系之中。中西部高校应发挥其地处中西部近水楼台的优势，深入研究具有地域特色的全国性战略问题，如丝绸之路经济带建设、西域文化建筑考古等。中西部高校应紧密围绕国家需求，积极建言献策，将优秀的学者和研究成果积极转化为政府、社会的智囊和决策政策支持。以中国特色新型高校智库建设为契机，推进科研体制机制的综合改革，构筑自由宽松的学术环境、多样化的学科组织形式、不拘一格的人才队伍培养与综合创新的科研评价体系。①

近年来，西安交大积极创造条件在高校与社会、政府之间搭建起桥梁，探索需求对接的新模式，主动带领专家团队与陕西省科技厅、陕西省工信厅、陕西省发改委、西安社科规划办、西安国际港务区等地方政府紧密联系，多次围绕地方经济社会发展急需的问题召开座谈交流会，为政府和学校专家搭起信息沟通的桥梁，先后就“关中—天水经济区”建设、“西部大开发”规划、统筹科技资源

① 张东刚．推进高校哲学社会科学创新体系建设［N］．中国教育报，2013-12-30.

改革等国家性战略规划问题达成了研究合作。西安交大专家学者围绕地方经济社会和科技改革发展问题承担多项国家及省部级研究课题、提交研究报告和咨询建议百余篇，多名教授学者担任政府咨询专家，为地方落实和实施国家性战略的具体政策提供智力支持和政策建议，并在管理中密切关注、全程跟踪，形成全程参与的服务决策管理机制。

（二）整合高校优质资源，凝练主攻方向，创新体制机制

地方应以“2011 协同创新中心”和重点研究基地建设为抓手，整合中西部高校的优质资源，凝练主攻方向，创新科研管理的体制机制，打造一批具有中西部特色的国家智库，为社会服务以及党和政府科学决策提供高水平的智力支持。以贡献求支持，中西部地方政府通过整合地方高校的优势资源，用“2011 协同创新中心”和重点研究基地的契机，对社会、政府关注的重大重点问题开展研究，通过国家社科规划《成果要报》及教育部《大学智库专刊》（原专家建议）向上提交研究成果，推进研究成果向政府决策政策转化。在科研评价制度和人才流动和激励机制上健全和创新管理，地方政府应鼓励智库型的科研成果形式和以提供政府、社会决策咨询服务为重点工作的高校及专家，优先进行“2011 协同创新”和重点研究基地的支持，在地方政府及教育主管部门的角度上，积极探索高校的科研成果向教育教学、决策咨询、社会公众、文化产品转化的有效机制和路径，提升高校服务社会水平。

以西安交通大学张思锋教授团队为例，该团队近年来一直积极向陕西省和国家社科基金规划办公室以《成果要报》的形式提交“榆林煤矿开采的生态补偿”及“农村社会养老体系”等社会关注密切、党和国家高度重视领域的研究成果，通过学校和陕西省的配合推荐，《加快新型农村社会养老保险制度建设的约束条件及相关对策》、《迫切需要提高新农保养老金待遇》两个成果分别被全国哲学社会科学规划办公室《成果要报》采用，并受到中央领导同志和国家有关部门的重视与批示。2013 年年底，经全国哲学社会科学规划领导小组批准，该研究团队被确立为“国家社科基金决

策咨询点”。近年来，陕西省地方政府和西安交通大学高度重视人文社会科学的发展，出台了人文社会科学的繁荣计划，制定了一系列保障措施，设立了一批省级的“2011 协同创新中心”和重点研究基地，人文社会科学得到快速发展，中西部高校承担国家重大科研任务和高水平研究成果产出的能力不断增强，服务社会、服务党和政府决策的能力明显提升。

（三）国家层面出台优化中西部高校哲学社会科学创新体系建设环境的政策措施

一是建立健全信用机制，简化项目申报和过程管理。目前的申报审查及过程管理机制中，是以不诚信为假设前提的，每个申报人都要提供相应的证明材料佐证自己的材料真实有效，虽然管理起来程序简便但造成极大的社会成本和信任危机，而对于不守信用的惩罚又过低。因此，建立健全信用管理机制，增加不守信的成本与惩罚，减少诚实守信的大多数申报人繁冗的证明成本，从而减少管理的内耗。二是在综合改革评价体系，加强项目的成果管理和成果推广。统筹管理项目申报和成果推广，增加单项资助经费，规范发布项目的机构，使科研人员在一段时期内将精力集中在有限的项目中，减少项目申报程序、过程管理带来的内耗。三是引导政产学研联盟的政策，提高中西部高校科研成果的转化率。科研成果、企业、市场和社会的脱节，是现今经济发展中的突出难题。由国家、政府部门牵头，给予政策、资金支持建立政产学研联盟，加强政产学研联合，是解决问题的有效途径。政府、企业提出需求，提供研发资金；高校出人才，组建稳定的研发团队，紧密围绕政府与企业需求，调动政产学研各方面的积极性，对制约社会、行业企业发展的重大难题进行联合攻关和政策咨询，提升中西部高校哲学社会科学研究的实践性和成果转化率。当然，还需要形成有效的风险共担、利益共享机制，完善对人才、高校科研团队的激励和评价机制。

（四）健全坚持正确舆论导向的体制机制

无论是国家、地方还是中西部高校的层面都要坚持正确的舆论导向，构建科研成果的质量监督检查体系，创建一支政治强、业务精、作风正的导向管理和质量管理专家队伍。完善高校科研成果的质量评价标准，实施质量通报制度，依托高校科研成果质量监督检查中心定期发布质量检测报告，充分调动高校抓以质量为中心的科研管理积极性、主动性、创造性，拓展高校哲学社会科学成果发布的话语权和影响力。

（五）中西部高校的哲学社会科学创新体系建设应该强调管理创新

无论是学术队伍的建设，还是发展环境的优化，都既是哲学社会科学管理的重要任务和内容，同时又都受制于哲学社会科学管理的整体思路和水平。管理的创新就是要坚持将队伍建设为先、环境建设为重的理念和要求贯穿于各项科研管理的举措之中，使得一切科研管理的展开都能够有助于学者创新素质的提升，有利于学者学术创造活力的充分发挥，有利于良好学术发展环境的形成，有利于科学研究生产力的解放和发展。科研管理创新还应当注重一些行之有效的管理与建设举措的坚持、完善和强化，加快推进全国哲学社会科学资源统筹共享平台的建设、推动科研管理更加切合学术发展的规律、更加符合服务社会的要求。

科研政策改革与高校科研管理模式创新
——基于发达国家研究型大学的视角*

王报平　张　瑞**

党的十八大做出了实施创新驱动发展战略的重大部署，强调科技创新是提高社会生产力和综合国力的战略支撑，必须摆在国家发展全局的核心位置。习近平同志 6 月 9 日在中国科学院第十七次院士大会、中国工程院第十二次院士大会开幕会上的讲话中指出，实施创新驱动发展战略，最根本的是要增强自主创新能力，最紧迫的是要破除体制机制障碍，最大限度解放和激发科技作为第一生产力所蕴藏的巨大潜能。

科学研究作为现代大学，尤其是研究型大学的重要职能之一，对于促进科技进步与创新，推动经济及社会发展具有重要作用。以美、日、英三国为代表的发达国家通过一系列政策措施，逐步突出了研究型大学在科研方面的重要作用。研究型大学内部的科研管理则根据国家相关政策和规定制订相对完善的管理制度，确定明确的管理目标，使研究型大学成为“不仅是科研组织，更是成就学术大师、培养尖端科学人才的组织”，为保证国家在科技、国防以及经济等领域的领先地位提供了充足的智力资源。

因此，有效的科研管理已成为当代大学管理的关键性内容。借

* 基金项目：全国教育科学“十一五”规划教育部青年专项（EIA090412），北京市社科规划一般项目（11JGB066），对外经济贸易大学 2014 年党建研究课题（84071404）资助。

** 王报平，对外经济贸易大学学科办助理研究员；张瑞，对外经济贸易大学科研处副处长。

鉴美、日、英三国一些主要研究型大学科研管理方面的先进做法和经验，对于解决当前我国高校科研管理方面存在的一些主要问题，推进我国高校科研工作的发展、科研管理模式的创新以及科技创新，具有积极的实践意义。

一、美国的科研政策及研究型大学的科研管理

（一）一以贯之的科研政策及其对大学科研的影响

美国是当今世界科技最发达的国家之一，拥有世界上最庞大的科学家和工程师队伍。在整个20世纪，仅在自然科学领域美国就有206人获诺贝尔奖，在世界公认的四大科技文献检索系统中（EI，SCI，ISTP，ISR），美国发表的论文数占到了总数的近40%。① 美国同时也是世界上拥有专利最多的国家。追溯美国科研发展历史，可以看到大学尤其是研究型大学在美国科研发展中的作用举足轻重，而研究型大学这一地位的确立离不开国家一以贯之的科研政策。

1876年霍普金斯大学创建，标志着美国现代研究型大学的发轫。霍普金斯大学强调学术研究、强调教学与科研相结合，强调通过研究来发展科学。1900年，美国大学联合会成立并宣布真正的大学必须满足“高深学问、研究生教育和通过研究促进知识增长”的需求，同时也第一次明确提出“研究型大学”。20世纪30年代的大萧条和40年代的世界大战使美国人意识到科技进步的重要性，科技事业由此迎来了它的辉煌时期。

“二战”后，在国家科学研究与开发局负责人万尼瓦尔·布什的建议下，美国实施了以两个文件——1945年的《科学——无尽的边疆》和1947年《科学与公共政策》为基础的科研政策，大学由此产生了重大变化：联邦政府投入到大学的研究资金急剧增

① 王林．美国的科技成果转移政策［J］．全球科技经济瞭望，2001（2）．

加①，使科学研究在大学的地位得以大幅度提升，大学逐渐占据了美国科研体系的中心位置；对于大学进行科学研究和开展科学工程教育给予大力支持，关注科学家与工程师的供给与需求情况，鼓励大学教师进行研究并为大学教师开展研究创造有利条件，美国院校根深蒂固的重术轻学的传统得以扭转②。20 世纪末期，美国又出台了两个重要科技政策文件：《国家利益中的科学》、《开启我们的未来》。这两份文件延续了半个世纪前两个文件的主旨，强调继续将大学视为美国整个研究事业的中心，强调研究与人才培养密切结合。时至今日，“美国的大学科研是科技力量的一个重要组成部分，其研究与开发经费占全国的 14%，占全美国基础研究的 54%”③。

由此可见，美国的科技政策虽然随着国内外形态的变化而不断调整，但其科技政策的基础和基本理念却一直稳定、明确。

（二）规范明晰的研究型大学科研项目管理

美国研究型大学的科研管理非常规范。首先是在管理体系上，对科研项目的管理多是按照校、院系两级体系实施管理，并都设立了相应的管理机构负责对相关业务进行管理。校级科研管理机构一般是由学校主管科研的副校长或是主管科研、财务的两名副校长负责。同时设置了类似“资助项目管理办公室”的机构来负责项目管理。机构中人员构成一般分为两部分：科研项目管理人员，主要就项目申请书的编写及申请立项、项目合同具体条款的谈判与最后的审查，科研进展情况以及项目的验收等环节中出现的问题，依照不同项目类别的相关法律及规定进行管理；此外还有一部分是财务人员，则主要是依据各类项目经费管理的法律法规帮助教授们完成项目经费预算书的填报，立项后收支情况的监督与审计以及对经费

① 李明达，曾英武．美国大学科研的历史［J］．中国高校科技与产业化，2007（2）．

② 赵慧．比较视野中的大学科研［J］．高教与经济，2002（4）．

③ 郭德侠．中美英三国政府资助大学科研方式的比较［J］．清华大学教育研究，2010（3）．

使用情况向上进行财务月报、年报和决算等。①

对于项目申报，因为教授申报项目一般通过两种方式进行：一种是自行申报联邦政府各部门，包括国防部、卫生部、教育部，以及国家健康研究所（NIH，National Institute of Health）等资助的项目；另外一种是通过加入大学组织的研究团队参与申报重大项目。所以，科研管理部门根据教授们不同的项目申报形式，采用不同的规则对其进行管理。

其次在管理制度方面，研究型大学在管理科研项目及项目经费时恪守联邦政府的相关制度和通告。对于大学科研项目管理，联邦政府有整套的基于成本的核算制度。联邦预算和管理办公室（Office of Management and Budget，OMB）是美国专门的负责科研经费管理的机构。该机构发布的系列通告，其中 A-21（Circular A-21）通告，主要是对政府研究项目的预算进行管理。此公告自 1958 年颁布，已经过 20 余次的修订，最近的一次修订是于 2004 年进行的。此外，A-110（Circular A-110）通告则规定了联邦政府与高等教育机构、医院和其他非营利组织设立项目和签订协约时必须包括的条款和注意事项。这样，联邦政府各部门，无论是国防部、卫生部、教育部，还是国家健康研究所（NIH，National Institute of Health），在资助大学的科研项目时，都要遵从 A-21 通告和 A-110 通告的规定，实施一致的、明确的、统一的、规范的管理模式②。如斯坦福大学申请科研项目时只有按照 A—21 通告的规定编制预算，才能够被联邦政府的项目资助机构所认可③。需要指出的是，在经费管理方面，美国最大的一个特色是，通过划分直接成本与间接成本对大学由于科研产生的各种消耗进行补偿，以支持大学的综合发展。

① 秦竹，何立芳．美国大学科研管理的模式及其启示［J］．中国高等教育，2008（3）．

② 秦竹，何立芳．美国大学科研管理的模式及其启示［J］．中国高等教育，2008（3）．

③ 曾晓东．从科研项目财务管理看大学内部治理——以斯坦福大学为例［J］．比较教育研究，2004（3）．

美国研究型大学获得的科研资助中，来自联邦政府的份额一直居于主导的地位。虽然近年来由于经济下滑等原因导致政府压缩了对大学经费的总投入，同时由于市场竞争的加剧，企业和其他非政府机构投入到大学的科研经费越来越多，使得美国大学的科研项目经费来源渠道呈现多元化态势，但是联邦政府对高校，尤其是对研究型大学的科研投入总体上还是处于不断上升的趋势（如表1所示）。

表1　**2003—2012年高等教育R&D经费来源情况**

（单位：十亿）

财政年	资金来源		
	R&D总数	联邦政府资助	非政府资助
2003	43.9	26.8	17.1
2004	46.3	29.2	17.1
2005	47.5	30.0	17.6
2006	48.0	29.9	18.1
2007	48.5	29.3	19.1
2008	49.7	29.5	20.2
2009	51.9	30.3	21.6
2010	55.0	33.6	21.3
2011	57.4	35.8	21.5
2012	56.8	34.6	22.1

资料来源：http：//www.nsf.gov/statistics/infbrief/nsf14303/fig1.gif，2013-12-20.

二、英国和日本的科研政策及研究型大学的科研管理

（一）英国科研的政府资助体系及研究型大学的科研管理

1. 英国的科研总体实力在世界上处于领先地位，政府对科研

项目的资金投入，科研成果获得的各种世界级奖项数等都位居国际前列。英国大学科研经费的来源主要包括政府、私人机构（包括慈善机构）以及包括来自国外的其他资源渠道，其中绝大部分科研经费是由英国政府提供的。如 2008 年，英国政府将 GDP 的 0.5%用于支持高等教育机构的 R&D 活动，占大学 R&D 活动总经费的 69%，其中 35%的经费来自英国科研委员会，34%来自各地区高等教育基金委员会①。

英国政府资助大学科研的管理机构主要是研究委员会（Research Councils）和高等教育基金委员会（Higher Education Funding Councils），分别由（主管英格兰和威尔士地区高等教育的）商业、创新与技能部（Department for Business, Innovation and Skills）和（主管苏格兰地区高等教育的）就业与学习部（Department for Employment and Learning）管辖。科研委员会每年要对经议会批准由商业、创新与技能部下拨的近 30 亿英镑科研经费进行分配，这笔科研经费主要是通过同行评议的方式，分配给具有一定科研水平和实力的研究机构进行某一项目的研究，因此这项拨款也被称为“与项目相关的科研经费”（project-related research funding）。高等教育基金委员会则是按照各学校的科研规模和水平，以总额形式进行的整体性补贴（block grant），由各学校自主安排使用。因为各个学校的科研实力不同所得的经费数量迥异，因此此项拨款又被称为“与质量相关的科研经费”（quality-related research funding），这项拨款属于经常性拨款。此外，由高等教育基金委员会负责的海外研究生资助计划（Overseas Research Students Awards Scheme, ORSAS）和科学研究投资基金（Science Research Investment Fund, SRIF，主要用于指定项目的科研固定资

① 李函颖．英国大学科研创新力及其原因探究［J］．高等教育研究，2013（5）．

产投资，例如国家层面的科研基础设施建设投资等）则属于专项拨款①。

图1显示了2006—2008年，英国不同地区获得的科学研究投资基金情况。可以看出，在高等教育资源相对发达的英格兰地区，科学研究投资基金投入比例高达84%。图2则显示了同一时期英国不同地区，SRIF对研究集群的总体资金投入情况。

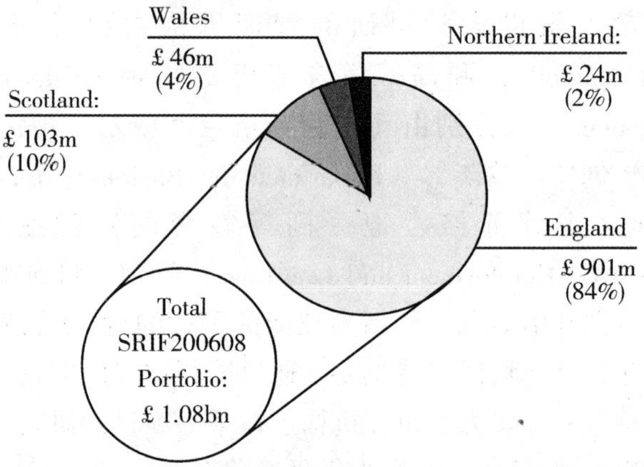

图1 2006—2008年英国不同地区科学研究投资基金分配比例

资料来源：Evaluation of research capital funding（SRIF2006-2008）to higher education institutions 2006-2008 [EB/OL]. http://www.hefce.ac.uk/pubs/rereports/year/2012/researchcapital/p7.

英国政府对大学科研的资助体系以其完善的“双元支撑体系”（Dual Support System）和精确的以科研质量评估为基础的量化拨款模式而著称。英国政府通过“双元支撑体系”实现对大学的绝大部分科研条件拨款以及60%以上的科研项目拨款（指政府资金资

① 美国、英国大学科研资助情况研究[EB/OL].[2008-7-30]. http://jkw.mof.gov.cn/ zhengwuxinxi/ tashanzhishi/ 200807/t20080731_60011.html, 2013-12-20.

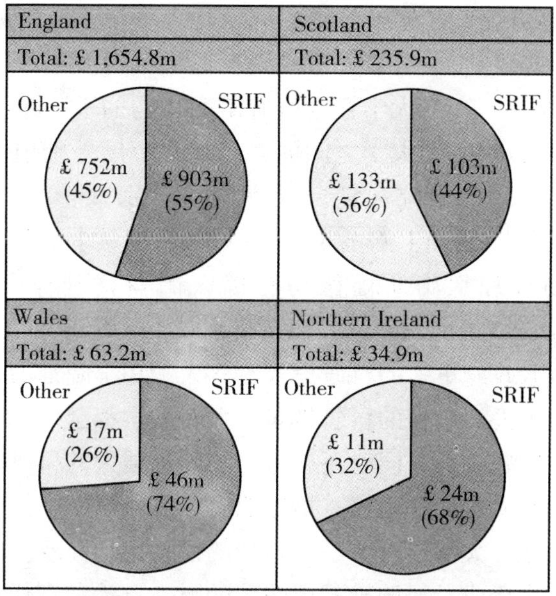

图 2 2006—2008 年科学研究投资基金对研究集群的总投入情况

(Total SRIF2006-2008 supported investments by research intensity cluster)

资料来源：Evaluation of research capital funding（SRIF2006-2008）to higher education institutions 2006—2008［EB/OL］. http://www.hefce.ac.uk/pubs/rereports/year/2012/researchcapital/p10.

助的科研项目）。①

2. 英国科研评估制度（Research Assessment Exercise，RAE）的实施，使政府分配的研究经费越来越集中于少量“研究密集型大学”。这在某种程度上“促进了高等教育系统内部高校区分度的扩大”。科研实力对大学来说举足轻重。英国削减 2011—2012 年度高等教育经费预算，对包括牛津大学和剑桥大学在内的英国多所研

① 美国、英国大学科研资助情况研究［EB/OL］.［2008-7-30］. http://jkw.mof.gov.cn/ zhengwuxinxi/ tashanzhishi/ 200807/t20080731 _ 60011.html，2013-12-20.

究密集型大学产生的影响并不大。英国各大学在2011—2012学年的预算总额将达到65亿（英镑）——比上一学术年削减了6.5%：其中，用于科研的15亿多英镑减少了近3%，用于教学的43亿英镑下降了8%多。包括大学在内所有研究机构的下一年经费总体平均下降3.7%，但各个大学之间的经费变化幅度差别很大：虽然剑桥大学、帝国理工学院和伦敦大学学院分别减少0.6%、0.1%、1%，但牛津大学反而上涨1.4%。一些较小型教学型大学受影响最大，如在剑桥和切姆斯福德均有校区的安格利亚鲁斯金大学(Anglia Ruskin University)，其经费将削减10%①。

为了争取政府更多的科研投入，各大学和学院都加强了对科研的管理。为了提高学校的科研排名，很多大学都至少有一位专门负责科研事务的副校长，同时还设有一个师资强大的科研办公室负责为学者和研究人员提供建议，指导他们开展科研。② 为实行更为快速有效的管理，大学还采取了一系列的措施精兵简政：减少管理层次，缩减委员会成员，明确基层院系的财务自治和责任；……聘用专业管理人员，帮助院系开发有价值的研究成果和专利；科研管理逐步趋向精确的、企业化的成本核算和财产增值管理。

（二）日本大学的科研及国立研究型大学的科研经费

1. 日本的大学科学研究在整个国家科研体系中占据着重要地位，在为日本社会做出重大贡献的同时，也促进了大学自身的迅速发展：战后的五十多年日本有数所大学跻身世界一流行列，自然科学领域涌现了十多名诺贝尔奖获得者，并培养了大量创新型人才。

日本的大学开展科学研究比西欧国家都晚，1886年公布的《帝国大学令》从法律上确立了大学教学和科研的职能。1958年《科学技术白皮书》的出台，显示出日本政府决定自主发展的重大决心。1960年日本在制订“所得倍增计划”的同时，还颁布了与

① 英国顶尖研究型大学免遭经费削减影响．[EB/OL]．http:// news. sciencenet. cn /html news/ 2011/3/ 245115. Shtm,2013-12-19.

② 马尔科姆·泰特．英国科研评估及其对高等教育的影响［J］．北京大学教育评论，2012（7）．

此目标相呼应的“振兴科学技术的综合基本政策”：提高科研经费的投入，使科研经费占国民收入的比例不断增加。尽管受到世界经济结构调整和石油危机等因素的影响，到 1975 年，日本的科研经费总额达到 2.62 万亿日元，占国民收入的 2.11%，超过了法、英两国的科研经费总额。日本从此步入科技大国的行列①。据日本总务省 2008 年公布的统计数据，2006 年日本科研经费占 GDP 的 3.62%，美国占 2.59%（2004 年），英国占 1.78%（2005 年），德国占 2.48%（2005 年），法国占 2.13%（2005）②。

2. 日本对于国家科技预算有一套完整而严谨的程序。文部科学省是科技政策的宏观管理部门，其掌管的科研经费全国的大学、公共研究机构、企业中小科研机构都可以申请资助。为使用和管理好这些经费，文部科学省将经费划分为多种类别，资助不同研究领域的研究项目，并制定了“竞争性资金制度”，用申报、审批、评估等手段保证这些资金的使用效率。

根据日本著名高等教育学家天野郁夫对日本高等教育机构进行分类的研究成果，日本研究型大学共有 24 所，占大学总数的 5.4%，其中国立 15 所、公立 4 所、私立 5 所。可见，日本研究型大学的主体是国立大学。不同种类大学的办学经费来源是不同的，国立大学的办学经费主要来自中央财政拨款，公立大学由地方政府负担，私立大学由学校法人承担，国家和地方政府给予一定的资助。

日本国立大学科研经费的来源，主要包括三个组成部分：一是国家财政制度供给，其中以“教官积算校费”为核心，二是国家独立预算的、主要由日本学术振兴会以及少量的由文部科学省管辖的以竞争性方式分配的“科学研究费补助金”（简称“科研费”）；三是“外部资金”，指大学与除了文部科学省以外的政府机构、民间

① 何培忠．日本科研经费的投入与科研资助体制［J］．国外社会科学，2009（5）．

② 丁建洋，洪林．论日本大学科研定位的“巴斯德象限”取向［J］．复旦教育论坛，2010（5）．

机构等以受托研究、共同研究等方式开展合作研究所获得的科研经费。相比较而言，外部资金变动幅度比较大而且在2004年国立大学法人化改革前占据份额有限。教官积算校费和科研费相对稳定，就增速而言科研费增速较快，虽然“科研费”数值是指面向大学等所有研究机构和研究者分配的，针对国立大学的数额相对低一点，但“科研费”对促进日本国立大学科学创新能力的提升发挥了巨大作用①。

三、启示与借鉴

通过对美、英、日等国以及研究型大学科研管理的研究，可以看到，三个国家都通过改革确立明确的科研政策，不断强调大学尤其是研究型大学在国家科研体系中的重要作用，鼓励研究型大学强强联合，共同攻关；对于科研项目及经费管理制定详尽的管理制度，由专门的科研管理机构以及专业人员按制度进行管理；在经费分配方面通过不同的拨款方式，支持有一定研究实力的高校或高校集群承担重大科研项目的研究，并通过专项拨款推动其他高校科研条件的改善，在促进大学科研实力增长的同时注意通过开展科研促进大学的综合发展。

习近平同志在6月9日的讲话中强调，要深化科技体制改革，破除一切制约科技创新的思想障碍和制度藩篱……要把人才资源开发放在科技创新最优先的位置……知识就是力量，人才就是未来。② 美国的经验证明，促进科技创新发展，国家层面要有始终如一、不断完善的科研政策，在科研管理方面，国家和学校都应制定目标明确、责任明晰的科研管理制度，重视发挥“人”的主体作用，实施人本管理。充分发挥教师和科研人员的积极性，重视他们

---

① 丁建洋，洪林．论日本大学科研定位的“巴斯德象限”取向［J］．复旦教育论坛，2010（5）．

② 习近平出席中国科学院第十七次院士大会、中国工程院第十二次院士大会开幕会并发表重要讲话．［EB/OL］．http://news.xinhuanet.com/politics/2014-06/09/c_126597413.htm,2014-7-5.

作为学术职业人员的重要作用，将其置于科研工作的核心地位。通过优质高效的科研管理活动提高学术职业人员的科研能力和水平，进而促进学校科研实力的不断提升。

胡锦涛同志在清华大学“一百周年校庆”大会上提出：“高校应通过建立协同创新的战略联盟，促进资源共享，联合开展重大科研项目攻关，在关键领域取得实质性成果，努力为建设创新型国家做出积极贡献”。这一讲话为高校科研改革创新以及高校的科研管理模式创新指明了方向。英国科研实力雄厚的研究集群获得的SRIF比例明显高于其他机构也说明了，应鼓励通过学科之间、高校之间、高校和科研院所之间的有效协同，构建多学科交叉研究平台，推动建立和发展能逐步引领和主导国际科学研究与合作的学术中心，同时构建利益与风险共享同担的机制，引导科研人员关注社会需求和学科前沿①。积极利用协同创新方式促进科研组织管理模式的改变。

此外，在研究型大学更多地承担起决策咨询和促进经济、社会发展使命的时代背景下，应注重科研管理模式向更开放和多模式融合的态势发展，促进科研资源配置更加市场化；管理组织力求扁平化以适应信息资源高度发达，知识社会发展瞬息万变的现实需求。

总之，建立创新质量、科学规范、开放合作和高效运行的现代科研管理体制和模式，是我国大学需要不断探索和实践的课题。

---

①　牛振喜．研究型大学科研管理水平提升维度与对策［J］．科技进步与对策，2013（4）．

香港大学科研管理策略对内地大学科研创新的启示

刘志铭　吴世勇*

习近平在中国科学院第十七次院士大会、中国工程院第十二次院士大会开幕会上发表重要讲话，强调我国科技的发展方向是创新创新再创新。高校作为创新能力和因素相对集中的创新机构，承担着建设创新型国家的历史重任。无论是引进创新，还是自主创新，中国高校要完成借鉴到超越的宏大目标，仍需从自身历史发展中寻找创新资源，从国外高校学习先进经验。而作为与大陆相邻的香港地区高校，无论是在地缘上还是文化上，都存在着许多相同点，而其先进的科研创新管理经验，无疑能对内地大学开展创新性研究和深化科研领域综合改革提供有力的借鉴。

一、香港大学的基本情况及其发展策略的调整

香港大学是一所成立于 1911 年的百年老校，是香港第一所大学，其创校学院医学院的前身为 1887 年成立的香港西医书院。香港大学是一所拥有十大学院的综合型研究大学，十个学院为建筑学院、文学院、经济及工商管理学院、牙医学院、教育学院、工程学院、法律学院、李嘉诚医学院、理学院、社会科学学院。其中以医学院规模最大及历史最悠久。其他教学单位包括研究学院、香港大学专业进修学院，及其他不属于任何学院的教研单位。在法律、心

---

* 刘志铭，华南师范大学社科处处长；吴世勇，华南师范大学社科处助理研究。

理学、生物医学等学术研究及行业领域声誉崇高。2012/2013 年度香港大学注册本科生 15548 人，研究生（研究式及修课式）11543 人，教研人员超过 3000 人（包括 1000 名教授级人员）。香港大学在世界上具有极高的知名度，2012 年 QS① 世界大学排名为第 23 位（亚洲综合排名第 1 位，亚洲最佳大学排名第 3 位），泰晤士报高等教育世界排名第 34 位。

根据港大提供的资料，香港大学的使命是：第一，提供全面的教育，充分发展学生的才智与潜能，并为社会人士开拓终身学习的机会；第二，培育优秀的毕业生，既好学不倦，又具个人操守和专业精神，而且触觉敏锐，能在所属行业担任领袖和联系人；第三，群策群力，灵活变通，研精学术，共相勉助，藉此培育优秀学者，吸聚中外人才，使他们安心留在港大，在启发创意、鼓励学习以及思想自由、探究和表达的文化氛围中各占所长；提供安全、健康并可持续发展的工作环境，以促进教研；第四，推动崭新、影响深远和开先河的学科内和跨学科研究；第五，有效管理来自政府及民间的资源，与社会携手合作，拓展知识，并加以传扬和应用；第六，使港大成为香港、中国大陆及亚洲的学术活动中心，加强才智交流，并致力于促进与世界其他地区的学术联系。围绕这一使命，港大秉承以往的卓越传统与优势，不断拓宽学术领域，在科研上取得举世瞩目的成绩。2012 年，111 名港大教授人员，以其著作获引用之次数计算，被 ISI 评为世界前 1%顶级科学家。由 1995 年至今共 11 名成员当选院士，当选人数为香港院校中最多者。自 1989 年至今，全港 3 个所列国家级别奖得奖科学家总数 61 名中，17 位为港大成员共获颁 19 个奖项，其中一位成员为首位香港科学家获颁国家自然科学奖一等奖。

根据港大的《2003—2008 发展策略》，港大专注发展四个策略范畴，即：提升学术水平，力求卓越；提升国际地位与形象；与社会携手并进，服务社群；发展及维系“大学大家庭”的构思。借此实现其核心价值，进一步争取国际声望，跻身世界优秀大学之

① QS 为英国高等教育调查公司（Quacquarelli Symonds）。

列。目前，《2003—2008 发展策略》勾勒的四大范畴及其目标已成功实现。2009 年以来，港大认识到全球对高等教育的需求、科技发展的方向与步伐、人才国际流向及意念落实等无疑将会不断改变，知识的创造、传播及应用将会更需要创意和革新。对大学而言，这不单涉及教与学及研究等核心活动，亦关系到能否加强知识交流的影响力。最重要的是：大学须担当更广泛、更富创见的角色。高等教育一直受两大主要因素影响：一是大众化问题，即需要扩大教学规模及面向更多文化及社会背景各异的学生；另外是全球化问题。高等教育大众化带来的压力，主要在于须为更大量来自不同背景的学生提供优质教育，以及要求研究型院校在研究方面同时实现质和量的提升。高等教育全球化则与意念、人才、技术及财务资源的流动性相关。同时，港大也认识到，区域内及本地高等教育环境也发生很大变化，亚太地区在高等教育方面已成为一个相当重要的地区，对香港地区及其顶级大学而言，问题不再是应否与世界各地衔接，而是如何参与国际化并从中获益。香港特区政府已就未来发展提出六大产业，其中教育位居前列，香港有意增设新的私立高等院校，并将香港发展为区内高等教育枢纽。因此必须审慎处理此类本港新增大学的角色以及相互之间的关系。随着香港地区与中国内地进一步融合，尤其在迅速扩展的珠江三角洲地区，将会涌现更多合作及拓展活动的机会。香港大学正好担当一个独特的角色，而其贡献绝不限于香港特区。受惠于其地理位置及文化背景，加上其长久以来作为亚洲一所以英语授课的世界级高等学府，港大处于极佳位置，将东西方文化融合，并可成为中国内地及区内与世界其他地方之间的桥梁。凭借其地位及声誉，港大可发挥策略作用，对中国及区内的经济、科学、基建、教育、社会及文化发展等方面作出贡献①。

针对新的全球和区域经济社会背景的变化，港大于 2007 年起在大学众多利益相关者之中对其未来发展策略展开了大讨论，包括校务委员会及大学管理层、院长及学系主任，以及教职员、学生及

① 此部分内容主要参见《香港大学发展策略 2009—2014》。

校友等，进行咨询和集思会。此后，港大领导层审时度势、与时俱进，在第十四任校长、著名分子遗传学家徐立之校长的领导下，于2009年制定了新的发展策略，包括：其一，扩展学生的学习经历（Enhancing the Student Learning Experience）；其二，推进研究，积极创新（Advancing Research and Innovation）；其三，推动知识交流，彰显领导地位（Promoting Knowledge Exchange and Demonstrating Leadership in Communities across the Region）。其中第一条主要针对人才培养，第二、三条涉及学术和科研发展。这里择其要者，简要介绍港大在人才培养策略上的重要方面，学术和科研策略和经验则在第二部分介绍。

在人才培养方面，港大的目标是成为世界级顶尖学府，能提供一个启发思维的学习环境。这要求教职员不仅学术成就突出，同时亦能通过教学激发学生的求知欲以及对学习的热忱，将教导、学习与研究环环紧扣。港大于2012年开始实施四年制学士学位，通过拟订有关学术架构，进行课程改革。港大利用这个机会，检讨和严肃地反思传统的课程设置；提供一种以学生为中心的卓越学习经历，并延续港大的承诺，致力提供与全球共融且具国际视野的大学教育。为了扩展学生的学习经历，港大采取了以下主要策略：

一是加强力度吸纳英才，致力拓展生源。通过大规模的招生活动以及奖学金计划，用以提高各级别和各学科的新生质素，吸引来自世界各地的顶尖学子，建立一个更加多元化的生源结构，并期望能达至非本地生占25%的目标，以及平衡学士学位课程、修课式与研究式的研究生课程等学生人数及比例。

二是投放资源，改革课程。2012年起全面实施新课程改革，新课程架构将赋予学生更灵活、多样化且多层面的选择，从而汲取知识。新课程架构除有助学生建立强大的本科及跨学科知识基础外，更着重培训学生的批判性思考与独立思想能力，并协助他们掌握有效的沟通技巧，成为出色的团队成员，最终成为想象力与创造力兼备的领袖。新课程方案确定英语为教学语言，加强使用英语作为港大校园的通用语，同时提升港大学生的双语及多种语言的能力；通过不断革新课程，确保港大课程能紧贴全球化趋势以及瞬息万变的世界，并会加强培育学生的通识能力，以提升港大毕业生的终身学习能力；通过各学术单位的合作与参与，推行全新的“核心课程”作为港大独有的学习体验，并设计方便学生作出选择的机制，从而提高课程的灵活性；通过提倡以研究为基础的教学，以及加强统整学习成果、内容、教学法与评估，并确保向本科生及研究生清楚传达学习目标和标准，对教学的重要性给予充分的重视。

三是丰富教学环境，加强对学生的支持。大幅提升支持学生的基建设施，为学生营造更丰富多彩的学习环境；通过与本地及海外合作伙伴达成协议，加强实习元素，并通过交流计划及海外实习等机会，增加学生在海外及中国内地的学习体验，并确保提供相关的财政资助。此外，通过港大与政府部门、非政府组织及商界企业的伙伴合作关系，学生将可获取更多实习机会。

二、香港大学科研管理策略之先进经验

作为一所定位为研究型院校的大学，港大一直以探究基本问题及促进知识运用为目标。在推进研究和创新方面，港大主要采取了以下策略：

（一）重点发展战略性研究①，专注发展跨学科的科研合作

为能专注发展强项领域，港大根据大学的使命认定了多个战略性科研主题，并提供种子拨款及研究生学额，支持该等研究工作的发展。每个主题均会设置平台，汇聚不同单位的研究人员，善用跨学科的协同效应，培养及推动研究达到卓越水平。定期检验有关研究领域及主题，以确保研究紧贴大学及现实世界的发展。

经过广泛咨询，港大于2004年制定出第一套8个策略性研究领域及21个策略性科研主题，其后经过检视，2008年再将之修订及发展为5个战略性研究领域和其下19个科研主题。

I 前沿技术领域：基因组学；药物；纳米生物科技；计算科

① 香港大学习惯将Strategic称为策略型，此文因循内地的一般习惯，将之称为战略性。

学；信息科技

II 环境：洁净能源；可持续的环境；分子材料

III 中国：中国与西方研究；当代中国研究；中国商业与经济

IV 生物医学：传染病与免疫学；发育与生殖；老年健康；癌症；生物医学工程

V 社区：公共卫生；法律；政策与发展；学习的科学

除了上述19个主题，在学院层面，亦有多个科研主题正在酝酿，会于未来数年进一步发展，包括："语言沟通障碍"、"多元化研究"、"宜于人居的地球"、"干细胞与再生医学"。

（二）建立多元化、可持续的科研投入

除了政府投入的大学教育资助委员会（教资会）卓越学科领域计划和研究资助局优配研究金等科研资助外，港大非常注重获取非政府资源，扩大对科研的投入，尤其是加大力度募集捐献，增加捐赠教授席位数目；通过建立一个充满活力并提供支持的研究环境，以及颁发研究表现奖赏，持续地招揽并保留优秀的教授级人员。通过巩固研究文化，继续努力改善港大对于政府及其他校外拨款资助活动的绩效。

（三）跨学科的科研组织机制和多元化的科研网络

港大非常重视科研组织中的跨学科协作，以此获取突破性发现。正如徐立之校长所言："共同从事研究工作，不但集合了各人的专业知识领域，更提供了相互启发交流、触类旁通的机会，往往可以带来崭新的观点，以达成具有创意的新方案"。上述五大领域的十九个科研主题，实际上都是跨学科的研究领域。通过联合委任制，加强跨学科合作，并打破研究中心、学院、学系和部门之间的传统行政壁垒；在跨学科研究范畴建立临界规模，发展具有卓越水平的研究所，以汇聚核心研究人员，从而与港大内外其他研究员建立关系网络，通过营建先进的研究设施，鼓励并推动跨范畴合作，从而促进研究活动的协同效益。

（四）加强研究式高级学位教育尤其是博士学位教育，培育新一代的学者及研究人员

加强招生工作，特别在香港地区及中国大陆以外，吸纳更多和

来自不同背景的优质研究生，尤其是博士生；大幅增加港大博士生的数目，招聚更多来自不同背景、境内外最优秀的学生精英。为提供一流的研究生教育，建立一个互相砥砺、循循善诱的环境，加强研究原理的培训，以及检讨对课程习作的要求。根据研究交流经验，就双学位及联合颁授的研究式学位作出妥善和正式的安排，并将为学生提供机会作进一步的学术交流。

除了在科研领域的持续努力以外，港大还十分重视自身在社会“知识交流”中的地位和角色。作为智育、创意及社会觉醒的中心，港大通过知识交流促进区域及全球发展，同时为教职员与学生造就机会，能受惠于将专业知识应用及商业化。通过与政府、专业人士、私人机构、小区及各界市民建立可持续发展的关系，从而促进创意及社会觉醒，展示港大作为地区内社群领导的承担。港大高层认为，知识交流与研究及教学有不可分割的关系。港大通过应用研究、教学工作、知识传播、专业知识共享及小区服务等，广泛地推行知识交流活动。关于“知识交流”的策略和经验，主要包含以下几个方面：

1. 推动知识共享文化。港大在教职员间推广公众共享知识的文化，鼓励他们通过公开讲座、就职演讲、媒体访问、刊物、持续及专业教育课程、公共委员会、公司董事会、公众服务及活动成员的身份，分享其知识。另一方面，通过在课程咨询委员会委任外来成员，藉以吸纳港大以外的知识及专门技术，并为具业界背景及经验的教职员开辟合适的事业发展路径，以强化大学的专业知识体系。

2. 通过提升知识交流活动的水平、范围及影响，展示大学在区域内的领导角色。鼓励全体学术人员，将其学术与研究抱负，放眼于为本地及区域的更大福祉，并与其他高等学府的学者合作，以期发挥众志成城的功效。利用通讯、报告、讲座、会议、公开活动，和通过传媒的影响力，加强港大对内及对外的沟通及影响力。

3. 建立对知识交流的激励机制。为全面鼓励知识交流活动，将参与知识交流活动及在这方面的贡献，作为员工评估和学术单位预算的考虑元素之一；建立和采用量度指针，监察和评估知识交流活动的质与量等影响。

4. 将知识交流融入学生的学习经历。在正式及非正式课程中推广体验式学习及公民参与，让学生参与知识交流活动，从中向区域内不同社群学习及作出贡献；为学生发掘更多机会进行体验性学习和公民参与，提倡在课程中纳入知识交流的元素。

在未来几年，港大将进一步开拓知识交流活动的领域，从而对由行政长官成立的政府经济机遇委员会所提出发展的六项优势产业，即教育、医疗、检测和认证、环保、创新科技和文化及创意，充分发挥其影响力。

三、香港大学科研管理策略经验对内地高校科研创新的启示

香港大学有关于大学在社会中的角色和功能、科研管理、科研组织机制和研究生教育等问题，对中国内地高校深入推进科研领域综合改革具有十分重要的借鉴意义，在给内地高校带来冲击的同时，也会形成良性共生共进机制。这里仅就几个重要的问题简要陈述。

（一）重新思考大学的功能及其在（区域）经济社会发展中的角色

传统上一般认为，大学的主要功能是人才培养、科学研究（知识创造）、社会服务，并由此把大学定位为三中心：教学中心、科研中心、产学研一体化中心。学界一般将社会服务理解为将大学的知识产出转化为社会的生产力，特别是大学的科研成果转化为现实的技术进而为经济社会发展做出贡献。在现实中，不少大学及其领导者主要将大学的社会服务狭义地理解为技术转移或技术产业化。实际上，作为一个社会组织，大学是“嵌入”在一个社会经济体系内的，它不仅为社会带来人才、知识、技术、观念等“产出”，其自身也受到来自所在社会或区域（社区）的重大影响，这

是一个互动的进程。香港大学将“知识交流”作为其三大重要策略或使命之一，给我深刻的启发。正如港大对将知识交流定义为：“联同商界、政府或公众，就共同利益而创造、获取、应用和提供公开的知识，为物质、人类、社会、文化和环境谋取更大福祉。”很显然，这里的“知识交流”不是传统的主要限于学者圈子的“学术交流”，也不是传统意义上的“知识传播”。它不仅包括技术转移，同时涵盖所有学科，例如人文科学和社会科学等，是一所大学与社会间的双向交流。在社会经济体系中，大学虽然相对独立和超然，但是它必须在深刻洞悉社会经济变迁的基础上与所在国家(或区域）建立起多方面的紧密联系，一方面在现代知识型社会中担当更重要的角色，对社会、文化、经济及技术发展以至国际竞争力均做出贡献；另一方面由此来自政府、非正式组织和社区等的资金、知识、观念和人才等资源，例如，在人才培养和科学研究中，可以吸纳更多来自更多社区（企业）的力量。

（二）大学在发展中必须确定自己的重点研究领域并相应配置资源

我国的大学，在学科、专业和研究上大多追求“大而全”，追求全面的发展。近年来，随着重点学科建设和评估工作的加强，我国大学对于学科和科研发展都根据各自的基础和优势有所侧重发展，但是仔细检视我国的重点学科和科研平台的建设，仍然有“撒胡椒面”的现象。实际上，即使是世界一流的大学，其学科和科研都有其自身的优势和重点建设领域。例如香港大学，经过几年的大范围酝酿和讨论，在2008年确定了5个战略性研究领域和其下19个科研主题，并且围绕这些领域和研究主题配置资源，包括研究经费和研究生学额，都是有重点地进行倾斜配置。正如在《香港大学发展策略2009—2014》中所言，“我们致力拓展崭新的研究优势及开发不同领域的研究工作，惟鉴于人类的知识范畴过于博大精深，我们必须优先选取合适的策略性研究领域，方可达至卓越的研究成果。”正因为资源和认知有限，香港大学在上述重点领域中又重点发展鼻咽癌研究、对大流行流感及普通流感的控制、发育基因组学和骨骼研究、分子功能材料研究、新兴的电子学理论框架和模拟方法以及香港经济与企业策略等八大主题的研究。在我看来，这一点可以给内地高校在今后的学科和科研发展工作中以重要的启发。对于像我们这样的学校来说，一方面各类资源更为紧缺，另一方面我们的优势也更为有限，因此，要想为社会经济发展做出更大的贡献，并让学校有更突出的声誉和地位，就必须顺应社会的发展趋势，在原有基础上有重点地发展学科、平台和科研领域。从一定意义上来说，广东省近期开展的“四重”（重点学科、重点人才、重点平台、重大科研项目）建设将是内地高校对学科、科研、平台和科研队伍进行重新布局和调整的机会。

（三）科学研究中跨学科和协同创新的重要性及途径

正如前述，香港大学所确定的 5 大领域 19 个主题都是跨学科的领域。正如徐立之校长所言，“作为一所世界级的综合研究型大学，香港大学的研究活动涵盖各个学院、学系、研究中心及研究所的学科领域。我们尤其重视具发展潜力的跨学科研究项目，以取得因协作而带来的效益。”跨学科协作不仅可以有机地将相关学科的力量整合进一个领域或主题，使各个学科都在其中找到自身的位置、发挥自身的作用，而且跨学科更是激发科学研究产出全新的成果，为社会做出更大的贡献。同样，香港大学的战略性研究领域也吻合了当下我国正在进行的科研领域的协同创新，其众多研究主题都由香港大学相关学院、学科和社会相关机构共同参与。例如港大的癌病研究就汇集了港大外科学系、解剖学系、临床肿瘤学系、化学系、电机电子工程系、内科学系、妇产科学系、生物科学学院、港大深圳医院以及国内外众多大学的知名专家共同参与，并充分发挥港大专家建立的国际科研网络中国际顶级专家的作用，从而实现真正意义上的有机的“多元、融合、动态、持续”的协同创新。在这种科研创新过程中，不同学科间的交流更加顺畅，学科融合也更加频繁，推动了人才培养从单一的专业化向多样化、系统化方面发展，促进多层次、复合型创新人才的成长。

此外，港大科研投入的多元化及可持续性、科研成果转化的途径和机制（例如港大科桥公司的作用）对于当前内地高校的科研发展也具有重要的借鉴意义。

第四部分　智库建设

以协同创新为抓手推进中西部高校中国特色新型智库建设

陈　浩 *

智库，又称“思想库”或“智慧库”，英文译作“think tank”，是指由专家组成、多学科的、为决策者在处理社会、经济、科技、军事、外交等各方面问题出谋划策，提供最佳理论、策略、方法、思想等的公共研究机构，是影响政府决策和推动社会发展的一支重要力量。近几十年来，智库在西方国家内政外交政策的制定中发挥着日益重要的作用，它以精准全面的分析研判、与政界广泛深入的联系以及在社会公众中的影响力，影响着国家政治、经济、社会、军事、外交、科技等方面的重大决策，以致有学者将智库视为继立法、行政和司法之后的“第四部门”。

习近平总书记关于加强智库建设的重要批示和刘延东副总理在“繁荣发展高校哲学社会科学推动中国特色新型智库建设”座谈会上的重要讲话精神，充分说明了当前建设好中国特色新型智库，特别是高校智库的重要性。对于一直以来谋求哲学社会科学发展繁荣振兴的中西部高校而言，这既指明了新的前行方向，同时也提出了新的挑战。中西部高校应当乘势而上，以协同创新为突破口，克服弱势与缺陷，突出自身在科学研究和服务社会经济发展方面的学科优势与人才优势，建设好符合中西部高校实情，具有中西部高校特色的新型智库。

---

* 陈浩，南京大学社会科学处。

一、中西部高校智库建设面临的问题

随着对智库认识的逐步深化，我国智库在数量上已赶超西方国家，但实力和影响力仍相对弱小，国际话语权也相对缺失。究其原因是我国在智库发展上的不专业；高校哲学社会科学智库存在研究力量分散，高质量成果少，综合性不足；高端人才与创新团队匮乏；基础与应用研究之间的联系不够紧密；从研究到决策之间的机制不够畅通等不足。

（一）高校智库建设目标与国家战略需求之间存在较大差距

智库的建设目标应以国家需求为导向，但从现实情况看，在传统评价方式的制约下，高校智库的建设过多地受到机构本身研究人员知识结构和研究兴趣的制约，在对于国家和社会的现实需求的把握与参与上，问题意识不强，主动性不够，参与热情不高，与国家战略需求有较大的差距，高校丰富的智力资源不能得到有效利用。

（二）基础与应用研究之间的联系不够紧密

实现创新发展是一项系统工程。基础研究只有同国家需要、人民要求、市场需求相结合，才能真正实现创新价值、实现创新驱动发展。理论与实践结合不够，是长期制约哲学社会科学服务功能发挥的根本性问题。高校的哲学社会科学研究具有基础研究的明显优势，但过度依赖基础研究与智库本身的定位并不相符。提高高校智库的影响力，必须加强智库的专业化建设，使研究人员的研究方法和产出的研究成果与现实要求紧密联系。

（三）研究力量分散，综合性不足

高校智库拥有众多的学科资源和人才优势。但是，在现实的智库建设中，这种优势并没得到有效的发挥，反而面临着学科建设分散化、专业领域细分化、考核机制单一化、高端人才不足等问题。决策研究“散兵游勇”者居多，力量较为分散，缺乏协同攻关优势，影响了智库的国际竞争力和整体发展水平。

（四）研究到决策之间的机制不够畅通

多年来，我国一直存在着研究成果向现实生产力转化不力、不顺、不畅的痼疾，其中一个重要症结就在于协同创新链条上存在着诸多体制机制关卡，创新和转化各个环节衔接不够紧密。研究成果如何更好更快地为决策部门应用，是高校智库建设的关键问题。当前，政府部门等的决策研究具有高度的封闭性、垄断性和官僚性，导致其内部产生的政策研究机构不断膨胀、决策成本持续攀升等；同时，这种决策研究咨询体系容易使政策研究主体缺乏独立性、自主性与主动性，极易形成机构及制度的惰性，或者说路径依赖甚至路径锁定。而且，“体制内”智库占据了较多的信息资源，使其他智库不能公平拥有必要的研究资料和数据。

中西部高校在智库建设中，除了需面对上述这些共性问题以外，还面临着其他困境。

一是高等教育资源配置和学科布局不合理。西部地区的高等教育有“六少”：重点高校少、直属高校少、重点学科少、重点实验室少、研究生学位授权点少、招生名额少。例如，目前我国中西部地区的20个省（区、市、兵团）拥有人口7.2亿，占全国总人口的55.38%；拥有地方属普通高等学校1150所，占全国总数的50.81%，其中，本科院校481所，高职高专院校669所，但其中重点高校却很少。

二是投入远低于发达地区。目前，中央和地方财政拨款是高校办学经费的主要来源，政府是高等教育资源的主要分配者。由于各省市经济发展水平差距较大，导致经费投入也呈两极分化趋势。以地方属高校的生均预算内拨款为例，2008年，北京市为24380.4元、上海市为15349.2元、广东省为10622.18元、天津市为9826.92元、浙江省为8771.4元、江苏省为8156.83元；而位于中西部地区的湖北省仅为3713.46元、四川省为4000.78元、安徽省为4078.57元、河南省为4099.88元、江西省为4236.33元、湖南省为4531.27元。也就是说，中西部地区与东部或发达地区地方属高校仅生均预算内拨款的差距就达到2~6倍。

三是高层次人才队伍不足。20世纪90年代以来，各高校对高层次人才的需求加快，出现了人才大流动，“孔雀东南飞”——由中西部高校向东部流动，由普通大学向重点大学流动，进一步加剧了高层次人才的流失。外流人才中，相当一部分在原单位从事重要课题研究、技术攻关、关键岗位等工作，是掌握关键技术或拥有重要科研成果的骨干，且大多年富力强，在25岁至45岁之间，是原供职单位的佼佼者，学科带头人或重要梯队成员。

二、中西部高校新型智库建设的协同创新路径

中西部高校新型智库建设要克服上述问题，急需解放思想，开放协同创新，通过深化改革和体制机制创新，使智库建设出成效、上水平。

协同创新是指围绕创新目标，多主体、多因素共同协作、相互补充、配合协作。高校协同创新是指高校内部各学科教师之间、高校与高校教师之间以及高校教师与科研院所和企业的研究者、生产者、管理者之间，围绕国家重大战略需求、重大科技项目、解决行业关键和共性技术以及生产实际中的重大问题，投入各自的优势资源和能力，在政府、科技服务中介机构、金融机构等相关主体的协同支持下，合作攻关，从而力求在科学研究、技术开发上取得重大进展和突破的创新活动。

2011年4月在清华大学百年校庆大会上，胡锦涛总书记从建设创新型国家的战略高度出发，明确指出高校要积极推动协同创新，鼓励高校通过体制机制创新和政策项目引导，同科研机构、企业开展深度合作，建立协同创新的战略联盟，促进资源共享。《国家中长期教育改革和发展规划纲要（2010—2020年）》和《教育部关于全面提高高等教育质量的若干意见》都作出了积极推动协同创新的战略部署。

中西部高校要建设好协同创新路径，具体表现为：

第一，以问题为导向来服务国家战略需求。智库的一个本质特征是突出问题意识，以决策服务为导向，善于敏锐地发现社会热点难点、重大现实问题，开展有效的前瞻性研究。坚持问题导向、需求牵引，能够发现问题、提出问题、直面问题、研究问题、解答问题，并能够针对问题聚集起一流的专家队伍，开展全局性、战略性、前瞻性的研究，提出有效的对策建议，发出“中国声音”，这

是高水平的高校智库建设最基本的要求。问题导向是协同创新的基础，只有明确亟需解决的问题，才能制定智库发展目标，进而明确需要协同的资源、创新的机制体制等。与国家战略需求相关的重大理论和现实问题往往涉及社会科学的方方面面，不是靠某个学者、一个学科甚至一所学校的力量就能够真正解决的，需要开展多个研究机构的协同攻关，凝聚多方智慧，开展多学科的交叉研究，才能取得高水平的成果。因此，中国特色高水平智库建设必须在体制机制上有所突破，一切从问题出发，提高优质研究资源的汇聚能力和各个研究主体之间的专业分工的协同能力，建设跨学科、多主体的研究平台，实现文理之间、高校之间、校府之间的有机融合，使不同的研究主体围绕共同研究的问题开展高水平的研究。对于中西部高校来说，尤其要立足中西部地区特有的政治、文化、宗教、民族等优势，加强对中西部地区的国家安全、周边国家关系、民族和宗教关系、经济欠发达地区发展、生态环境保护、社会保障事业发展等领域的研究，形成属于独特的问题意识。

第二，以基础研究、应用研究和战略决策三位一体来摆脱“研”、“用”分离。在科学研究中，理论研究、应用研究与战略决策三者之间是相辅相成，缺一不可的，在一定的条件下，三者又是可以互相转化的。“研”是为了能“用”；而“用”又能够反向促进“研”的发展。理论创新对实践创新具有重大先导作用。国家应对国际国内重大问题的对策研究同样离不开基础理论研究的支撑。高校智库在基础研究方面具有得天独厚的优势，有利于独立公正客观地开展中长期前瞻性应用研究。坚持以基础研究和应用研究并重，瞄准国家战略决策，实现基础、应用与决策的三位一体，既可以发挥高校的优势，又可以避开政府部门政策研究机构的不足，更加强化了高校智库的科学研究与人才培养的特点。中西部高校在智库建设的协同创新中尤需注意将基础研究与应用研究、决策咨询相结合，协调发展。

第三，以团队组织创新来解决人才困境。目前高校的许多科学家都属于“作坊型”科学家，满足于带自己的小团队、在一个狭小的研究领域和封闭的人际环境里开展科研，这是一种“单点”

式的、与社会经济发展严重隔离的、过时的科研组织形式，是落后的小农耕作方式在科研上的反映。现代科学研究的多学科交叉特性和解决重大战略需求问题的复杂性决定了“单兵作战”、“作坊式”的科研模式无法满足智库建设的需求。要依托协同创新平台，构建各协作方拥有共同目标、产生内在动力、可以直接沟通的人才团队形式。一是采用“大师+梯队”的队伍组合模式，精心选择、大力引进和培育协同创新领军人物，他们或者在本研究领域取得过卓越成就，或者深谙市场和社会规律或国家、行业需求。只有这样的领军人物才能率领各方主体集团作战，才能整合跨领域、跨行业、跨地域乃至跨国界的科研资源，才能够真正以协同创新推动经济社会发展。二是采用“平等+互利”的校际交流与合作模式，推动与国内外高水平大学、科研机构等创新力量开展实质性合作，建立以任务为牵引的人员聘用方式，吸引国内外一流的专家学者参与协同创新，造就和吸引协同创新的领军人才与团队。要建立多个研究机构协同开展全方位、多维度、多层次研究的平台，既有不同机构间的横向协同，也包括基础研究、应用研究、决策支持间的纵向协同，同时还包括资源协同、队伍协同、人才培养协同等，构建有利于智库创新发展的长效机制，以此来解决中西部高校学科布局失衡，选人难、用人难、留人难的问题。要按照人才成长规律改进人才培养机制，“顺木之天，以致其性”，避免急功近利、拔苗助长。要坚持竞争激励和崇尚合作相结合，促进人才资源合理有序流动。要在西部高校积极营造鼓励勇于创新、包容创新的良好氛围，既要重视成功，更要容忍失败，完善人才评价的指挥棒作用，为人才发挥作用、施展才华提供更加广阔的天地。

第四，以加强顶层设计来提高研究成果转化效率。高校社会科学研究与实际部门联系不紧密，导致研究者不了解国家的实际需求，因此，研究的成果、提供的建议与实际需求相差甚远。中西部高校应紧盯国家需求，加强与实际部门的紧密结合，主动与其建立一种常态沟通机制，了解掌握需求。同时，随着政府职能的转变，引导高校教师关注政府公开发布的决策信息、数据等，通过建立多渠道的信息沟通渠道使高校研究人员能够及时全面地掌握信息，增强研究和建议的准确性和可信度，产出高质量的研究成果和政策建议。

第五，以评价体系改革来激发科研创新动力。一是探索协同创新的利益分配机制，按照公平、公开、公正、客观的原则，科学确定协同创新中各方利益分配情况的具体规则和分配方法，以利益分配链条紧密联接参与协同创新的各个方面。二是探索协同创新的管理机制，通过政策引导和市场的基础配置，按照规范、集成、快捷等原则，成立由多方协作主体参与的协同管理机构，明确各方职权和人员、资源、成果、知识产权等归属，负责重大事务协商与决策，实现沟通信息、群体协调、相互监督。三是探索协同创新的考核评价机制，按照全面性、针对性、实效性、适应性为原则，以创新质量、解决需求和实际贡献为导向，改变单纯以论文、获奖为主的评价方式，建立科学系统的评价体系，鼓励竞争，动态发展，激发中西部高校科研工作者投身智库研究的热情与动力。

第六，加强协同提高统筹协调效率，完善资源配置和信息分享体制机制。要着力加强科技创新统筹协调，努力克服各领域、各部门、各方面在智库建设、创新活动中存在的分散封闭、交叉重复等碎片化现象，避免创新中的“孤岛”现象，加快建立健全各主体、各方面、各环节有机互动、协同高效的智库创新体系。要着力完善智库信息与成果分享机制，加快建立健全国家智库报告制度、创新调查制度、智库管理信息系统，大幅提高科技资源开放共享水平。

三、中国南海研究协同创新中心智库建设的有益探索

由南京大学牵头组织的“中国南海研究协同创新中心”成功入选首批“2011 计划”名单，在中国特色新型智库建设与协同创新机制探索中产生和积累了一些有益的经验，对于我国高校特别是中西部高校新型智库建设或许有所裨益。

南海问题事关国家核心利益、中国和平发展和海洋强国战略，具有战略性、政策性、时效性、敏感性、复杂性等特征，亟须综合研究、综合施策。南京大学联合中国南海研究院、中国人民大学、四川大学、社科院、中科院等单位，共同组建了中国南海研究协同

创新中心（以下简称“中心”），通过机制体制创新，共同打造中国特色的高校新型智库。

（一）基于协同创新的智库建设总体思路

中国南海研究协同创新中心以国家重大战略需求为导向，以多学科协同创新中心为主体，以“文理—军地—校所—校校协同”为路径，以体制机制改革为保障，依托南京大学的优势学科，协同中国南海研究院、教育部与军队相关重点院校、中国科学院与中国社会科学院相关研究单位等研究力量组建而成。中心围绕基础研究、动态监测、战略决策等 3 大方向，构建了“南海史地与文化”、“南海资源环境与海疆权益”、“南海法律与国际关系”、“南海航行自由与安全稳定”、“南海周边国家政治经济社会”、“南海舆情监测与国际交流对话”、“南海遥感动态监测与情势推演”、“南海问题政策与战略决策支持”8 个平台，全力打造集学术创新体、高端智库、人才培养基地、国际交流对话等功能与目标于一身的中国特色高校新型智库。

（二）基于协同创新的智库运行机制

1. 组织架构与运行管理

中心坚持“管办分离”，建立了独立完整的治理结构：中心实行理事会领导，发展咨询委员会与学术委员会指导，中心主任负责，管理委员会行政执行，平台长学术执行的管理架构。中心主任统筹中心的学科布局和协同创新工作，经费支出由管理委员会统筹管理，保证中心工作的顺利开展。中心各创新平台设平台长，负责协助中心主任制定创新任务、安排平台内研究工作、协调平台运行。每个平台下设若干研究团队，由研究团队负责人负责具体科学研究与人才培养。

2. 学科协同

协同创新体系的构建有利于突破现有以学科为中心的壁垒，凸显以“问题”而非“学科”为导向的跨学科、跨专业的平台建设，促进以问题为导向的跨学科联盟的形成。南海问题具有全局性、综合性、整体性，南海研究涉及情报学、海洋学、地理学、地质学、历史学、政治学、经济学、法学、国际关系、军事学等学科，对南海问题的研究和思考不能仅仅局限于某一个、或某几个学科的视角，而是有赖于尽可能多的不同学科同时介入，相互协作，联合攻关，各单位各自为战的研究已不适应南海形势发展。开展协同创新是研究南海问题的必由之路。中心通过南海问题的研究，面向国家战略需求，通过资源整合与优化，促进面向国家战略需求的学科建设，促进边疆史地、海洋学、地理学、法学、军事学、信息科学等学科之间的相互渗透和协同；通过协同中心的信息共享，激发创新思维，促进面向交叉研究的学科建设；通过"文理协同、军地协同、校所协同、校校协同"途径，促进新的交叉学科——南海学的生成与培育，带动了一系列新的学科增长点的培育：如海洋国情监测、南海周边关系研究、南海航行自由安全、海洋意识与海疆战略、传统与现代海疆观等。

3. 队伍汇聚

中心按照构建现代学术组织的要求，健全聘用制度和岗位管理制度，对协同创新中心人员招录、聘用、管理和薪酬制度等方面进行全面改革；充分利用中心学科交叉与融合的优势，建设良好的科研条件和创新氛围，培养出一批具有深厚理论基础、开阔学术视野和对前沿科学问题有敏捷思考能力的拔尖创新人才，创建一支国际一流、优势显著的高水平、高素质南海问题研究人才队伍。中心在人事聘用和考核评价体系建设上，通过制度创新，从多单位协同的现实出发，实施跨单位认可的制度设计，以激励不同学科、不同单位人员从事跨学科和跨单位的研究工作。实行多种科研评价方式，改变以学术论文和获奖数量为主的评价方式，确立以实际贡献为导向的评价制度，鼓励进行政策研究，把撰写政策咨询报告作为成果考核的重要指标之一。

4. 有组织的科研创新中心通过多种形式的学术沙龙、学术研讨会和高端论坛，促进跨单位、跨学科、跨院系的交流与合作，形成目标导向的研究团队。在管理上，中心主任和平台长承担重要的协同科研组织工作，注重横向协调，打破职能部门和业务单元的组织边界，建立网络化的科研组织模式。中心采用矩阵研究机制，按研究领域纵向划分八大研究平台，横向方面则按照任务协同目标成立研究小组。针对不同的研究任务，从各平台中抽调研究团队或研究人员组成专项研究队伍，进行跨学科的协同研究。矩阵研究机制有利于整个智库的有效管理，同时又符合智库需要多学科专家共同协作的特点。

5. 资源整合与配置

中心依托优质学科资源和科研基地，推进多学科和机构之间的资源整合和共享。围绕中心建设形成多学科共享共用的建筑集群，构筑有利于多学科交流与合作的物理环境，拉近不同学科学者之间的物理距离，有效推动跨学科交流与合作。中心进一步统筹学校在物理空间、图书资料、仪器设备等方面具备的学术资源，建立健全合理的多方结算制度，完善大型仪器设备共享制度，推进不同研究机构之间学术资源的共享。

6. 创新文化建设

中心本着“海纳百川、和谐共生、合理竞争、宽容失败、崇尚使命、倡导奉献”等原则，以创新资源和要素的有效汇聚为保障，打破学科与单位壁垒；树立开放协同意识，努力构建尊重人才、鼓励创新、倡导贡献的学术文化氛围。通过上述协同创新机制体制改革，在运行中取得了一系列的成绩。作为开放的实体机构，中心进一步与厦门大学、浙江大学、中国海洋大学、大连海事大学、中山大学等团队高校确立了协同合作关系，吸引高之国、傅崐成、邹克渊等十余位国际知名南海研究学者兼职加盟，壮大了研究队伍，并与台湾“中央研究院”、台湾政治大学等的南海研究团队建立了合作关系，达成两岸南海问题协同交流、学生互访、档案开放等意向。中心以服务国家南海战略为志业，与国家相关决策部门建立起通畅的沟通渠道，近期完成了国家海洋局等部门交办的多项任务和研究报告，并为相关政策部门提交多份信息专报和图集等资料信息。及时召开“南海问题司法化应对”内部咨询会、“南海：《联合国海洋法公约》与国家实践”国际学术研讨会等，应对南海问题司法化困局，为决策部门提供依据。人才培养是智库发展的一项核心任务。中心新增设南海研究相关硕士研究生招生方向 11 个，博士研究生招生方向 12 个，并完成 8 位兼职博导的聘任，初步建立了较为完备的南海复合型人才培养体系。

除论文、著作、研究报告等传统成果形式外，中心极为重视舆论引导在南海维权中的重要作用。李国强在《人民日报》发表“论《马关条约》与钓鱼岛问题”，论述钓鱼岛主权归属问题，提及“琉球再议”的命题；吴士存在《光明日报》发表文章：“磋商‘南海行为准则’彰显中国大国责任”等，都是中心作为智库发声的重要体现。

高起点，接地气，打造西部高校智库品牌

——以四川大学智库建设为例

刘小娟　姚乐野*

智库（Think Tank）最早是个军事用语，目前学术界对于智库尚无明确的定义。一般来讲，国外在对智库进行定义时多强调智库的独立性，认为智库是以公共政策为研究对象，以影响政府决策和改进政策制定为目标，独立于政府和企业之外的非营利性研究机构。根据中国国情对“智库”进行定义，具有代表性的有：上海社会科学院智库研究中心在《2013 年中国智库报告》中将智库定义为：以公共政策为研究对象，以影响政府决策为研究目标，以公共利益为研究导向，以社会责任为研究准则的专业研究机构①。本文对这种定义比较赞同，认为智库最重要的是影响力，而不在于组织机构是否完全独立于政府和企业之外。

近年来，党和国家对智库建设十分重视。党的十八大提出“坚持科学决策、民主决策，健全决策机制和程序，发挥思想库作用”。十八届三中全会通过的《中共中央关于全面深化改革若干重大问题的决定》进一步强调加强中国特色新型智库建设，建立健

---

* 刘小娟，四川大学社会科学研究处讲师；姚乐野，四川大学社会科学研究处处长。

① 参见上海社会科学智库研究中心，《2013 年中国智库报告》，http://www.1think.com.cn/ViewArticle/Article_4ffa4a807c07bcf4b4ef9bfbd2a90c8b_20140305_15507.html.

全决策咨询制度。习近平总书记就加强智库建设多次作出重要批示，明确提出中国特色新型智库建设的总体目标和主要任务，为新形势下推动智库建设指明了方向、提供了强大动力。

一、高校智库建设的重要性

随着全球化的推进和公民政治权力的扩大，智库在各国政府政策制定中发挥着越来越重要的作用。智库已成为现代国家治理体系和治理能力的重要组成部分，在推进政府决策科学化和政治民主化方面发挥着重要作用。同时，智库具有的公共外交功能，使智库成为一个国家软实力和国际话语权的重要象征。

智库还是“知识和权力的桥梁”。智库连接研究与政策，智库服务于公共利益，智库促进知识积累①。2015 年 6 月，习近平总书记在两院院士大会上的讲话中提出，“两院要组织广大院士，围绕事关经济社会及科技发展的全局性问题，开展战略咨询研究，以科学咨询支撑科学决策，以科学决策引领科学发展”，进一步阐明了智库与知识生产的关系。

高校作为新知识的策源地、优秀人才的聚集地，应充分利用高校智库这一桥梁，做好科学研究与政府政策、公共需求之间的对接。2014 年 2 月，教育部印发了《中国特色新型高校智库建设推进计划》，作为高校智库建设指导性文件，指出要把加强智库建设作为推动高等教育改革发展和繁荣发展哲学社会科学的重点任务，通过高校智库品牌建设，推动高校社科领域的综合改革，提升创新能力，促进高校社科事业的创新发展和科学发展。

目前，我国高校政策研究机构虽然很多，但能称得上高水平的智库却不多，在数量上和质量上都与世界一流大学智库有较大差距。

① 唐磊．当代智库的知识生产功能［J］．中国社会科学报，2014-4-11.

二、西部高校智库的差距

西部高校智库跟世界一流大学智库相比差距就更大，即使跟我国东部高校智库比也存在不小的差距。西部高校智库不仅在国际智库排名上榜上无名，在国内智库排名中也难觅踪影。

2014年2月，美国宾夕法尼亚大学发布了《2013年全球智库报告》，其中“最佳大学智库排名”，上榜的总共有40所大学，中国仅有2所大学入选，分别是：清华大学—布鲁金斯公共政策研究中心（Brookings-Tsinghua Center for Public Policy（BTC），Tsinghua University）排名第7、北京大学国际关系学院排名第13①。在上海社会科学院智库研究中心发布的《2013年中国智库报告》中综合影响力前10名的没有西部高校智库，高校智库排名前5的分别为：北大、清华、复旦、人大、南大，也没有西部高校。在经济政策、政治建设、文化建设、社会发展、生态文明、城镇化建设、国际问题这些专业领域研究智库排名中仍然没有西部高校。报告指出中国顶级智库几乎全部集中在我国东部沿海地区，没有发现有影响力的中西部智库。

西部地区经济社会发展水平和高等教育质量较东部地区相对落后，这一定程度上制约了西部高校智库的发展。同时西部高校智库更多地关注地方事务，缺少对国家发展层面的关注，也制约了西部高校智库影响力的发挥。

三、加强高校智库建设，打造西部高校智库品牌

高校智库具有独立性强、人才资源丰富、学科领先、门类齐全、信息资料丰富、对外交流广泛深入等特点，但同时也存在着不可忽视的问题，如：虽然研究机构众多，但真正称得上“智库”的研究机构缺乏；研究成果不接地气，针对性、实效性不够；研究

---

① 参见美国宾夕法尼亚大学发布，安邦集团外文团队、东盟团队、第一智库团队摘译整理，《2013年全球智库报告》，http://www.1think.com.cn/ViewArticle/Article_4ffa4a807c07bcf4b4ef9bfbd2a90c8b_20140305_15505.html.

成果的质量和影响力有待加强；智库人才缺乏等。因此，高校智库建设要充分利用自身优势，以新的思路和理念加强智库建设。西部高校智库建设由于起步较晚，加上受地方经济社会发展水平的制约，更应该采取超常规跨越式发展，以整合资源，建设新型智库机构为智库建设的基础，明确智库定位；将智库建设与特色学科相结合，形成自身优势并专注于发展自身优势；分清智库的受众，为不同受众提供不同的策略。同时，加强智库人才队伍建设，不断提升智库的管理能力，打造西部高校智库品牌。

（一）明确智库定位

2014 年教育部发布的《中国特色新型高校智库建设推进计划》中指出，建设新型智库机构是智库建设的重点。我们西部高校在进行智库建设前，应先明确新型高校智库的定位。

首先，新型高校智库不同于高校传统的科研机构，也不等同于新成立的“2011 协同创新中心”。高校传统的科研机构一类是以科学研究为主的学术组织，另一类是以为企事业单位提供决策咨询或具体问题解决方案为主的研究机构，都不以影响公共政策为目的。“2011 协同创新中心”以人才、学科、科研三位一体创新能力提升为核心任务。新型高校智库则是以战略研究、政策建言、人才培养、舆论引导、公共外交为建设目标。以四川大学为例。目前，有中国西部边疆安全与发展协同创新中心、教育部人文社科重点研究基地 4 个、教育部区域与国别研究培育基地 3 个、四川省哲学社会科学重点研究基地 3 个，校级非实体科研机构 100 余个。我校从 2012 年开始进行科研机构改革，对发展势头好，实力强的机构，在人、财、物等方面予以扶持，帮助其完成向新型高校智库机构的转变。如，我校蔡尚伟教授组建的美丽中国研究所，是全国首家“美丽中国”研究机构，该机构从 2012 年起开始每年发布美丽中国建设报告，已成为我国“美丽中国”评价研究的先行者，美丽中国建设的重要智库。

其次，西部高校新型智库建设要定位于“国家智库”，而不是“地方智库”。西部高校新型智库虽以区域问题研究为切入点，但研究视野和资政服务不能局限于西部，要站在国家层面的高度来思考和研究区域问题。西部高校新型智库应为当地经济社会发展提供决策参考，同时更要为国家决策提供战略思路和政策建议。西部高校新型智库要立足国家急需和重大战略需要，结合西部地域情况深入分析，找出真正需要研究和解决的问题并提供解决方案。以四川大学为例，我校牵头成立的“中国西部边疆安全与发展协同创新中心”，立足西部，站在维护国家安全与稳定的高度，重点关注西部民族地区社会管理创新，西部边疆安全稳定与可持续发展等重大问题，加大对西部周边国家和区域的经济、社会、反恐、稳定、区域合作以及西南地区民族、文化、宗教、社会、经济等方面进行系统研究，向国家有关部门提供了一批高质量的研究报告和咨询报告，其中有关西藏、新疆等边疆发展的重大现实问题的决策咨询报告，多次获党和国家领导人重要批示。

最后，西部高校新型智库还应具有高起点、前瞻性、公共性的特点。高起点，即西部高校新型智库要具有国际视野，广泛汲取国内外智库建设的先进经验和做法为我所用；要有广泛的国际参与，积极与国内外一流智库开展合作交流、举办国际会议，提升智库研究水平和影响力；要采用国际标准进行建设，在马克思主义指导下，学习借鉴国外一流智库的经营管理方法，根据我国国情，按照科学规范和国际惯例进行智库运行。前瞻性，即西部高校新型智库应有敏锐的洞察力和预判力，不仅关注现在，还要关注未来；不仅做对策研究，更要为国家发展做战略研究。公共性，即西部高校新型智库要充分关注公众需求，表达公众需求，成为公众有序参与国家治理的重要途径；成为舆论宣传的引领者，积极发挥对公众的引导作用；还要主动走向国际社会，向国际社会宣传展示中国形象，影响国际社会，发挥公共外交功能。

（二）智库建设要与本校的优势学科、特色学科相结合，形成自身优势并专注于发展自身优势

产生高质量的智库成果需要深厚的学术积累和基础理论研究作为支撑，高校拥有较为完备的学科体系，在学术理论研究上具有优势。虽然西部高校整体学科发展水平低于中东部地区高校，但西部高校却有一批自己的特色学科，因此西部高校新型智库建设要将智

库产品生产与优势学科、特色学科相结合，只有这样才能产出高质量的智库成果，才能形成自己的智库特色。在特色形成后，努力将特色发展为优势，并长期专注于自己的优势领域进行研究，从而成为本领域高水平的专业智库。

以四川大学为例，我校徐玖平教授及其团队，在对地震灾害的研究中与我校系统科学、公共管理、经济学和社会学等优势学科相结合，在汶川地震、芦山地震的救援、恢复、重建等方面向党和政府提交10余份研究报告均被采纳。我校周伟教授及其团队，在对新疆、西藏社会治理重大现实问题法律政策研究中与我校法学学科相结合，运用法社会学、法人类学、法经济学等有关知识，形成以“法律—民族—宗教—人口—管理”为特点的交叉研究方法，提交的有关西藏、新疆等边疆发展的重大现实问题的决策咨询报告，多篇获党和国家领导人重要批示。在保持和发扬我校在地震及灾后研究和西部边疆问题研究方面的智库优势的基础上，我校充分利用多学科研究型综合大学的优势，与香港理工大学共同组建了全球首个“灾后重建与管理学院”，并致力于将其打造成为世界首个关于重大灾害、极端天气、重大危机应对处理的文理工医交叉的多学科研究平台和国家级智库。2013年四川芦山地震发生后，我校灾后重建与管理学院根据中央办公厅的要求，及时提供了2篇有关芦山地震应急救援、过渡安置和恢复重建模式的研究报告，报告内容受到中央办公厅的表扬。“中国西部边疆安全与发展协同创新中心”，在涉及国家安全、稳定乃至外宣的重大事件发生的第一时间，以前期的相关研究为基础，结合事件发生所表现出的新特点、新动态、新趋势，完成了一批具有一定前瞻性、全局性、预见性和时效性的对策研究报告，提出有的放矢的政策建议，在第一时间提交给国家有关部门，为党中央国务院的政策制定和战略规划建言献策。

（三）分清智库的受众，为不同受众提供不同的策略

影响力是智库构成的必备因素之一。影响力的大小，与受众的接受程度密切相关。不同的智库有着不同的受众群体，即使同一智库的受众群体也存在着不同的层次。有的智库以政策决策者为主要受众，有的以政策制定机构为主要受众，有的以普通大众为主要受

众。因此，每个智库都需要清楚地了解自己的受众群体及其特征，根据受众群体的不同提供不同的策略，以提高智库产品的针对性和智库的影响力。

西部高校新型智库，可以通过向政策制定者和决策者提交研究报告等形式发表自己的观点，为政策制定提供新视角；通过各种媒体向公众宣传研究成果普及知识，增进大众对议题和西部的理解程度；通过召开国际会议，促进国外智库和公众对中国和中国西部的了解。以四川大学为例，2013 年 5 月，由我校和香港理工大学联合主办，灾后重建与管理学院承办的“灾后振兴与国际减灾论坛——汶川灾后重建五周年与芦山地震的经验与启示”在我校召开。联合国国际减灾战略（UNISDR）、联合国重建平台（IRP）亚洲灾害防御中心（ADRC）等重要的国际与地区减灾机构及两岸三地相关的学术机构负责人、著名专家学者应邀参加了本次论坛。论坛以“汶川地震灾后重建五周年经验与启示”为主题，集中探讨国际减灾视野及高校的责任、国际减灾战略与韧性社会发展、减轻灾害风险和加强社区建设等内容，对汶川地震救援、重建工作中的经验、多方合作模式，及其在“4·20 芦山地震中”的应用等专题，进行多角度多层次的总结、研讨，将汶川地震的重建的相关经验理论化、国际化。

（四）加强智库人才队伍建设

人才是智库的第一资源和建设核心，智库研究员的素质和知名度是《2013 年全球智库报告》中智库排名的重要指标。高校承担着培养学生和学术研究双重任务，拥有大量的研究人员和本科生、研究生队伍，以及丰富的教学资源，同时高校中还聚集着大批外来的访学人员和海外留学生，这既充实了研究队伍又能带来大量的信息及新的研究视角。因此高校智库同其他智库相比具有独特的人才优势。西部高校智库在进行人才队伍建设时一方面应以课题为支撑开展团队协作，培育智库团队；通过引进高端人才、吸纳那些在西部独有的历史文化及地域环境下成长起来的特殊人才、培养优秀学术后备人才，做好老中青智库人才的梯队建设。另一方面做好智库“旋转门”机制建设，为智库人才培养和人才流动创造良好的外部环境。通过与企业、实务部门合作培养高素质人才，为政府企业输送政治精英，同时通过聘请有较高理论素养的实务部门领导干部参加智库，壮大智库人才队伍。通过推荐智库核心人才到实际部门挂职锻炼或任职，聘请卸任后的实务部门领导到智库工作等措施，推动智库人才队伍优化。

（五）加强智库管理能力建设

智库自身的管理能力是评估智库排名的指标之一。世界一流的智库都拥有一流的管理。西部高校智库加强管理能力建设首先要从改进科研评价入手，建立分类评价标准和以政府、企业、社会等用户为主的评价机制，在成果奖励、职称评定等方面对智库成果予以充分认可。其次，改革项目管理，建立完善后期资助方式。我校从2011年起，设立“四川大学决策咨询研究”项目，鼓励教师瞄准国家和社会重大需求，扎根社会实践，积极为国家和地方经济社会发展提供高水平的决策咨询服务。目前，该类项目已有17项成果被地方政府采纳或获得省部级以上领导同志批示。这类项目已从单一的申报立项发展到咨询报告被采纳后再追加项目进行研究和申报立项相结合的资助方式。在我校2013年新修订的人文社会科学科研评价中，区别对待不同类型的研究成果。对为中央和地方决策咨询提供重要贡献的成果给予一定金额的奖励。在学校职称评定、硕博士导师招生资格认定中对为中央和地方决策咨询提供重要贡献的成果给予认可。

高校智库是我国智库阵营中的一支重要力量，西部高校智库建设虽然起步晚，但只要坚持高起点，接地气，树立品牌意识，加强智库建设，就能使高校智库迅速发展壮大起来，进而以智库建设为突破口，推进西部高校综合改革，为推动西部经济社会发展、提高西部地区高等教育质量和人才培养质量作出重要贡献。

区位特色视角下广西高校新型智库扩大社会影响力的路径与对策
——以广西大学中国—东盟研究院为例

陆毅青　徐莉莉*

一、广西高校新型智库发展的现状

近五年来，随着广西经济社会获得跨越式的发展，广西高校为适应时代和社会发展的需要，在整合校内资源和充分利用人才、学科优势以及不断挖掘自身特色的基础上，加强本校新型智库建设。从已有的数据来看，广西高校新型智库主要分布在南宁、桂林两市，主要集中在广西大学、广西师范大学和广西民族大学等三所高校，据统计，上述三所高校总共有25个省部级新型智库，其中广西师范大学的“国家体育总局体育文化发展中心研究基地”和广西民族大学的“中国南方与东南亚跨境民族研究基地”，是国家体育总局和国家民委分别于2010年3月和2011年12月批准设立的基地，是目前广西高校拥有的最高级别的新型智库。近三年来，广西高校新型智库科研人员自觉践行社会主义核心价值观，紧紧围绕当前国家和广西的需要，主动应对国内外环境挑战，积极建言献策，破解发展难题，一批批优秀成果及时转化为政府的决策和政策，为地方政府提供迫切需要和强而有力的智力支持。

实践证明，高水平的地方高校智库是区域高等教育质量获得全

* 陆毅青，中级职称，广西大学社科处；徐莉莉，中级职称，广西大学社科处。

面提升的显著标志，广西大学作为广西高等教育的重要组成部分，自治区政府和学校一直重视校内智库建设。以广西大学中国——东盟研究院为例，为发挥好广西作为中国—东盟自由贸易区前沿地带和“桥头堡”作用，2005 年 1 月，经自治区党委、政府领导批示，批准广西大学联合广西国际博览局，整合全区高校和相关部门的研究力量，在原校内东南亚研究中心（1995 年成立）的基础上，成立中国—东盟研究院，以东盟经济问题为切入点，研究中国—东盟双边贸易以及 CAFTA 建设中的重大理论与政策及实践问题，辐射中国—东盟关系研究。

据统计，广西大学中国—东盟研究院成立以来，承担国家社科基金重大招投标项目 1 项，教育部哲学社会科学研究重大课题攻关项目 1 项，教育部哲学社会科学研究后期资助重大项目 1 项，国家社科基金项目 17 项，国家自然科学基金项目 8 项，国家软科学研究计划 2 项，广西省级重大项目 3 项，在《经济研究》、《管理世界》等权威期刊论文 200 余篇，出版东盟领域专著 74 册，提交综合研究报告 300 多份，获得教育部高等学校科学研究优秀成果奖 1 项、自治区社科成果奖等省级成果奖 52 项，获自治区决策咨询成果奖项 80 多项，多项研究成果入选中央对外联络部、教育部内参或成果摘报，或获得自治区领导的批示等，研究成果居国内同行的领先水平，在学术界和社会上有较大的影响力，是目前自治区党委、政府的重要智囊单位。

二、广西高校新型智库社会影响力度较小的表现及其原因

广西大学中国—东盟研究院是广西高校新型智库典型代表之一，成立时间较短，研究成果显著，发展态势良好，但跟国内其他同类型的高校智库如西北大学的“中国西部经济发展研究中心”等相比，广西高校新型智库发展相对滞后，面向地方各级党委政府服务的能力较低，其社会影响力度较小，影响范围较窄，主要表现在如下几个方面：第一，缺少高级别的人文社会科学重点研究基地；目前广西高校还没有教育部的人文社会科学重点研究基地；第

二，获得高级别的项目如国家社科基金重大招投标项目和教育部哲学社会科学研究重大课题攻关项目的项数少；第三，缺乏中央领导人批示的研究成果和获得省部级领导批示的成果或被省部级决策部门采纳的研究报告少；第四，主办、承办的国内国际大型会议次数少，涉及国家或地方的经济社会发展过进程中产生的重大理论和现实问题会议的次数少。

根据科研管理的工作实践，针对上述问题的原因，笔者认为有如下几点：第一，经费少，投入少。众所周知，哲学社会科学研究由于其本身固有的特殊性质，它不能直接产生经济效益，很难引起人们的重视，因此，哲学社会科学研究在获得经费投入上大大低于自然科学，表现如下：第一，科研项目立项经费少，国家自然科学基金一般项目立项经费最低是 38 万元，而国家社会科学基金一般项目立项经费最高是 20 万元；第二，对获得高级别项目立项的奖励力度少甚至没有，由于广西经济发展相对滞后，据了解，区内只有极少数的高校对获准高级别的科研项目立项时有配套经费和奖励，而绝大多数的高校是没有的。立项经费少、奖励额度不大，很大程度上影响了广大科研人员进行科研的积极性和主动性；同时，广西高校新型智库立项时获得的建设经费少，缺乏后续经费，科研环境差，很大程度上制约了广西高校新型智库发展的规模和研究的水平；第三，缺乏领军式的高端人才。因受固有地缘偏僻和社会经济文化发展滞后等因素的影响，广西高校新型智库对成功引进海外人才或学科领军式人才的难度较大。目前广西高校缺乏教育部人文社会科学类的“长江学者”，一些哲学社会科学类人才标志如国家学位评议学科组成员和国家社会科学基金课题评委人数很少，因为没有领军人才，因而难以产出高质量的研究成果；第四，智库科研资源分散，创新力度不大。目前有些智库学科研究单一，甚至有些专家还在做纯学术的重复研究，小作坊多，还没有形成大学科、大学院联合研究和集体攻关的氛围，还不适应时代社会发展的需要，因而无法承担高级别的大型项目，不能产出标志性的研究成果；第五，当前大多数智库的科研评价和激励机制还不适应现代智库建设发展的需要。首先表现在科研评价标准还停留在过去的以发论文的数量和级别，或以论著及获奖情况或申请高级别项目并获得立项等作为衡量科研工作量的方式和职称评聘最基本的条件，而没有将进行应用对策性研究的成果如被采用的研究报告和获得省部级领导甚至中央领导人的批示的成果等列入考核的要素；其次表现在科研激励上，目前，多数智库科研管理实行“一刀切”的激励方案，如全校含校内智库的科研绩效工资部分以实际到校的科研经费来划分，文理分开，差别很大，忽视了哲学社会科学学科的特殊性，严重挫伤了哲社社会科学人员从事科研的积极性；第六，缺乏专职的科研人员。绝大多数库内专家长期从事繁重的教学任务，从事科研的时间有限，没有过多的时间来了解广西区情和对现实问题的关注、研究。从 2010 年度广西重大课题研究中标人公示的情况来看，当年广西区党委、政府根据广西情况设立的 10 个课题中，仅有来自广西财经学院、广西经济管理干部学院、桂林电子科技大学、广西师范学院等四校共 4 位专家中标，说明广西高校哲学社会科学专家关注现实问题少，对当前自治区党委政府关于广西的重大战略、重大思路、中心工作以及各区域经济建设进程中出现的重点和难点问题，进行应用对策性研究的力度还不够大。

三、扩大广西高校新型智库社会影响力的建议

服务社会是高校基本职能之一，地方高校智库是推动区域政府决策的科学化、民主化和经济社会健康发展的重要“软实力”，为充分发挥当好政府决策部门的参谋和助手的作用，更好地服务于广西经济社会的和谐发展，当前广西高校新型智库必须采取以下六个措施来扩大自身的社会影响力。

（一）结合广西区位特色，明确发展定位，加大投入力度

一般说来，绝大多数智库都有自己的特色，“没有特色，跟在他人后面亦步亦趋，依样画葫芦，是不可能办成功的”①。广西地

① 习近平．青年要自觉实践行社会主义核心价值观——在北京大学师生座谈会上的讲话．新华网，2014-5-4.

处我国西部，是西部唯一沿海的地区，位于中国—东盟自贸区、泛北部湾经济合作区、大湄公河次区域、中越“两廊一圈”（“昆明—老街—河内—海防—广宁”、“南宁—谅山—河内—海—广宁”经济走廊和环北部湾经济圈）、泛珠三角经济区、西南六省（区、市）协作等多个区域合作交汇点，南拥北部湾，背靠大西南，东连珠三角，面向东南亚，西南与越南接壤，是中国沿海与东盟国家进行陆上交往的枢纽，也是促进中国与东盟全面合作的重要桥梁和基地。同时，广西地处祖国南疆，位置僻远，区内多民族聚居，广西经济社会发展滞后，近十年来，随着中国—东盟博览会会址永久落户南宁以及2008年国务院批准实施了《广西北部湾经济区发展规划》，使广西北部湾经济区开放开发上升为国家战略，广西经济社会获得了快速发展。但随着广西区域经济的快速发展和城镇建设进程的不断推进，带来了经济发展与生态环境、现代化与民族文化保护等多种矛盾，同时当前广西一些走私、贩毒、艾滋病、宗教、民族传统文化丢失以及非正常的跨国人口流动等社会问题比较突出，严重影响到广西经济发展和社会稳定。

根据智库的定义及其特点可知，智库进行的一切应用对策性的研究是以影响政府决策为最大目标，实现政府决策的科学化和民主化。地方高校智库一般是地方高校依据区域社会经济发展需要而创立的，具有明确的区域需求指向和主攻方向。广西高校新型智库作为广西高等教育的一个组成部分，同样肩负着建设和振兴民族经济的重任。一是各智库以打造国内一流智库为目标，根据广西特色，结合学校实际和自身优势，不断深化对当前广西经济建设的重要性和紧迫性的认识，充分发挥新型智库的思想创新、政策建言、影响舆论的作用，以“先天下之忧而忧”的意识，积极参与广西北部湾经济区、珠江—西江经济建设，进行开展实用性、实效性、对策性的研究，为地方政府提供紧急需要的和行之有效的公共政策建议，推进广西西江经济带建设又好又快发展；二是加大经费投入力度。“改善智库的生存环境和条件是做好政策咨询工作的重要环节，没有良好的外部条件和环境，要做好咨询研究工作是不可能的”①。从政府和学校的层面来说，加大科研项目立项经费的投入力度，对于获得学校、库内设立的科研项目，地方政府和学校要加大拨款力度，使立项经费增加，同时，增加立项的项数，扩大立项的面积；三是对于获准国家级、省部级重大课题研究项目的立项的，或获得国家和省级领导人批示的研究成果要给予一定力度的配套或奖励；四是高校智库还要以智库名义主动承接地方政府部门和企业的纵横向项目，不断增加资金来源渠道，在增加智库科研经费的同时不断改善科研环境。五是智库要积极争取地方政府政策上的扶持如在智库的科研项目上给予减免税收等来增加科研人员的经济收入，进一步调动科研人员的积极性。

（二）大力引进高端人才，整合库内科研资源，争取重大项目立项和产出标志性成果

高层次人才是智库的第一资源和建设核心，也是智库存在和发展的决定性因素。广西高校新型智库的当务之急是必须成功引进高端人才特别是熟悉党委政府政策制定的高端人才，积极打造高水平的创新团队，引导高端人才聚焦广西重大现实问题，深入开展应用对策性研究，不断凝练高级别的重大招投标项目和重大课题攻关项目主题，为获得大项目立项和产生标志性成果夯实基础。在引进高端人才方法上，智库可以通过分批次地直接引进或柔性引进单个高端人才或高端的研究团队的方式，并采取积极有效措施如制定一些优惠政策，从住房、配偶安置、子女入学、科研启动经费配套等方面，承诺给高端人才较优裕的生活、工作环境，既能吸引人来又留得住人，使高端人才队伍不断壮大。在外引高端人才的同时，智库还要将本库有发展潜力的科研人员送到区外的高端智库学习。另外，智库还必须创新研究方法，首先，从学校层面来说，走“高地+基地”的路子，在坚持智库主攻方向的基础上，对封闭、分散的研究资源进行优化组合，在学校范围内走大学科、大学院、大智库的建设模式，积极引导科研人员吸收借鉴自然科学的研究方法，

① 孟维晓．高校智库建设的体制和运行机制研究［J］．中共银川市委党校学报，2012（5）．

充分利用现代信息技术，进行多种学科交叉与融合的创新研究。其次，从智库科研人员方面来说，要主动适应时代和社会发展的需要，改变以往学术研究的方法，主动走出书斋，走出校园，走“问题+研究”的路子，紧紧围绕广西全局性、战略性问题、难点热点问题，如广西建设富裕文明和谐民族区域问题、广西农业科技创新体系建设问题、广西发展低碳经济问题、广西北部湾经济区现代物流体系建设问题等进行研究。在诸多问题中，科研人员“要优先支持促进经济发展方式转变、开辟新的经济增长点的科技领域，重点突破制约我国经济社会可持续发展的瓶颈问题，加强新兴前沿交叉领域部署”①。不断凝练主题和挖掘内容，形成高水平或标志性的研究成果，在此基础上，申请高等级项目并争取获得立项，产生重大成果，及时向中央和自治区党委、政府决策部门建言献策，并通过主流媒体引导社会舆论，扩大社会影响力。

（三）改革项目管理和智库成果的评价体制，建立和完善激励机制

科研项目是高校智库存在和发展的一个重要因素，项目管理的好坏关系到智库生命力和社会影响力。但是，当前广西不少高校智库还采用传统的科研管理模式，如组织申报、中期检查、结项等几个简单环节，智库科研管理人员在项目供给上存在等和靠的现象，即上级给项目就组织申报，没有就不做，管理人员存在“多一事不如少一事”的观念，没有主动联系地方政府决策部门，没有采集到及时有效的项目信息；其次，在项目信息供给方面，管理人员也没有做到公开、公平、公正，一些到库的项目信息只供给库内领导和关系人员，出现内定等不公平现象。还有，智库内设的科研项目在申报通知上没有明确说明优先立项的项目如对国家和广西经济社会发展中急需解决的重大理论和现实问题进行应用对策性研究项目，围绕广西高校人文社会科学重点研究基地的主攻方向开展研究的项目等，另外，结项要求还是采用以发论文、专著等研究成果来结项，还没有以有研究成果获得省部级以上决策部门采纳（有部

① 习近平．深化科技体制改革增强科技创新活力，新华网，2013-7-17.

门开具的采纳证明或文件）或省部级以上领导的批示等形式来结项。再次，广西高校新型智库的评价机制还不健全，存在着重基础理论、轻应用对策研究的现象，地方政府人事部门和很多高校还没有把获得政府决策部门采用的研究报告或获得国家、省部级领导批示的成果列入符合评定职称的条件，而这些成果在发表、评奖、评价等方面也受到一些限制。当前广西高校智库不科学、不合理的评价机制很大程度上影响了智库科研人员的积极性和主动性。最后，对于库内设立的科研项目，校设智库并没有采用第三方同行专家的评价机制。成果评价有失公开、公平和公正的现象。而评价过程中能否坚持公开、公平和公正等原则很大程度影响到科研人员进行研究的积极性和创造性。“要全面深化改革，营造公平公正的社会环境，促进社会流动，不断激发广大青年的活力和创造力”①。智库相应的激励机制还没有建立健全。一直以来，广西高校、广西社科联均以论文的等级和专著的好坏来作为激励的标准，而忽略了获得政府决策部门采用的研究报告或获得省部级领导批示成果这方面材料，也没有按采用该智库研究报告的政府部门的级别和给予该成果批示的领导的行政级别来激励。对于不按期结题的项目或课题负责人有违反学术道德和弄虚作假的行为，智库还没有相关的处罚措施。

（四）加强智库与政府决策部门和主流媒体的密切联系

地方高校智库的建设和发展，特别是经费投入和高端人才引进等，历来得到地方各级政府的重视和支持。而地方政府领导长期关心的本地区经济社会发展中的重大现实问题也是地方高校智库关注研究的主要问题和主攻的方向，因而地方高校智库必须主动加强和地方和上级党委、政府的密切联系与交流。加强广西高校新型智库和地方政府的联系与交流方式有，一是通过主办、承办和共同主办的方式举办相关广西现实重大问题的研讨会和学术论坛等方式来扩

① 习近平．青年要自觉践行社会主义核心价值观——在北京大学师生座谈会上的讲话．新华网，2014-5-4.

大社会影响力，例如广西大学中国—东盟研究院为让自治区党委政府领导了解目前中国和东盟国家区域合作的概况以及广西发展的机遇，2013年6月1日，该院范祚军教授在自治区党委办公厅给自治区的部分党政领导作了《中国—东盟区域合作与广西战略机遇》专题报告；二是通过实现高校智库科研人员与地方或上级政府实际部门工作人员两者之间的人才交流，对相关人员进行挂职锻炼或理论培训，或邀请地方或上级政府领导参加就广西发展形势和相关问题的会议，以宣传自己的主张形式来影响政府的政策制定，以此扩大社会影响力。在实现人才交流的同时，高校智库能够在第一时间获取相应政策的信息，并能及时把握地方党委政府一个时期内的中心工作，并针对这些中心工作进行有效战略性预测的调查研究，为取得高水平的成果打好基础。另外，“媒体在智库和公众之间扮演的角色是无可替代的，只有借助媒体的力量，智库对社会公众和整个社会的影响才能得到实现，决策组织才能更好地制定出有利于民众和有利于社会的有效决策”①。广西高校新型智库不但要以影响本地政策来扩大社会影响力，还要以加强本库与主流媒体的联系与交流，主动利用媒体宣传自己和引导公众的方式来扩大智库的社会影响力。必要时还应邀请主流媒体资深人员到智库来兼职，让媒体人员进行跨界研究。除此以外，广西高校新型智库还要通过如下几点来加强本库和主流媒体之间的联系来扩大社会影响力：一是智库专家接受主流媒体的专访，通过主流媒体推介智库研究成果和库内知名专家，“智库社会影响力的获得主要是通过对其创新成果的传播和推广来形成”②。二是智库专家积极在主流媒体上发表见解、文章，解读自己对重点议题的看法，回应社会公众的质疑；三是智库邀请主流媒体记者参加就广西经济社会发展的重大现实问题或战略问题召开的讨论会或报告会。智库通过上述形式，把智内专家的

① 孙蔚．中国智库的现状及其参与决策研究［J］．中州学刊，2011（2）．

② 朱瑞博、刘芸．智库影响力提升：传递渠道、制度障碍与体制机制创新［J］．重庆社会科学，2012（3）．

新思想、新观点、新理论和新知识等成果介绍给民众，以此扩大智库的社会影响力。

（五）加强广西高校新型智库与区外、国外相关知名智库的合作与交流

智库间的合作与交流是智库工作的重要组成部分。近两年来，广西大学中国—东盟研究院与北京外交学院、安邦咨询公司等多家单位建立了双向合作交流机制，根据该院研究工作的需要，2013年该院在北京外交学院设立了办事处，有办公和科研场所，在建设和发展模式上率先开了区内高校智库先河。但相对于国内其他高校智库来说，该院与校外相关智库的合作与交流的力度还不够大。一般来说，智库间的合作与交流的方式有三种：一是把库内科研人员送到区外一流智库进行知识、经验方面的提升；二是通过举办学术活动，加强与省内外高校、研究机构的学术交流和联系；比如近两年来广西大学中国东盟—研究院联合区外知名智库如中国社科院共同主办国际区域问题研讨会3次，逐步扩大了智库的社会影响力；三是联合区外高端智库申报高级别的科研项目，不断提高研究水平。通过与国内外知名智库建立起密切的合作、交流机制，使本库专家在开阔学术视野和增进学术友谊的同时提升自己研究能力，逐步扩大本库的社会影响力。

（六）搭建智库成果信息发布的平台和加大智库成果的报送力度

智库专家写成研究报告、对策性论文、开完研讨会后形成有价值有份量的研究成果、印成书（蓝皮书、智库要报、智库内参等）后，还必须通过信息发布平台和报送渠道把科研成果传播出去，因此，智库成果信息发布和报送工作也是智库工作的重要组成部分。笔者认为当前广西高校新型智库建设信息发布平台模式主要有如下四种：一是建设和维护好智库的中英文网站，通过网站定期发布智库研究报告或推出相关领域发展情况的蓝皮书；二是召开智库重要成果的发布会；三是创办智库内参；四是智库就某方面发展的现实问题创办区域发展论坛等，当然，除了少数因保密需要暂时不宜公

开的研究成果外，大部分的成果都应以上述形式传播给公众。另外，智库还要加大成果的报送力度：鉴于智库成果有很强的时效性，广西必须建立健全智库成果的报送机制，即制定报送工作由专人负责，《智库要报》定期报送，重要的研究成果要及时报送，定时完成信息反馈等制度，并形成稳定和有效的报送渠道。同时广西高校新型智库还要进一步增加成果送达的单位类别数，除了向中央、广西党政决策部门报送外，还要报送区内外相关智库，以此扩大智库的社会影响力。

综上所述，广西高校新型智库作为我国西部落后地区后起的政府决策研究机构，起步较晚，发展较慢，研究的层次及水平都较低，但其也是新型智库的一个组成部分，必须按照现代高端智库的建设和发展的模式和规格来要求自己，才能更好地服务地方经济社会发展，才能实现其宗旨。因此，广西高校新型智库在积极争取地方党委政府加大投入扶持的同时，鼓励和引导库内科研人员根据广西区位特色，针对党的建设和广西经济社会发展进程中亟需解决的重点、难点、热点问题，积极开展应用对策性研究，以高水平的研究成果来影响地方政府的决策，从而引导区域社会舆论，不断扩大智库的社会影响力，在推动广西科学发展、和谐发展、跨越式发展的进程中作出更大的贡献。

关于中西部高校如何推进中国新型智库建设的几点建议

饶劲　王奕　石磊*

智库即智囊机构，为决策者在处理政治、经济、文化、军事等方面问题时出谋划策的咨询研究机构。智库最早起源于“二战”时期的美国，经过长期发展演变，智库在现代国家发展中所起的作用越来越大，已经成为一个国家发展“软实力”的重要组成部分①。

在党的十八大精神和中央领导的相关要求下，繁荣高校哲学社会科学，建设中国特色新型智库成为中国高校哲学社会科学领域的重要使命。中国高校聚集了百分之八十以上的社科力量、近半数的两院院士、百分之六十的“千人计划”入选者，以及规模庞大的研究生本科生队伍，可以为智库建设提供有力的人才支撑②。受历史、地域、经济等因素的影响，中国高校普遍存在东部与中西部教育水平发展不均衡，教育管理水平差异明显，优质教育资源分布不均衡等问题。近年来，在“中西部高等教育振兴计划”等相关政策的指导下，中西部高校的教育质量大幅提升，与东部高校的差距逐步缩小，教育事业呈现又快又好的发展态势。在此背景下，了解

---

* 饶劲松，重庆大学校长办公室副主任；王奕，重庆大学社会科学研究处；石磊，重庆大学社会科学研究处项目办主任。

① 李建军，崔树义．世界各国智库研究［M］．北京：人民出版社，2010 年．

② 张东刚．大学加油，国家需要你的智慧［N］．中国教育报，2014-3-24.

高校在中国智库发展中的作用，探索适合中西部高校推进中国特色新型智库建设的路径，对中西部高校进一步提高服务国家和区域经济社会发展的能力，促进国家教育进步、经济社会发展具有重要意义。

一、高校与中国智库关系概述

（一）高校在智库发展中的角色演变

在中国古代，与智库有着相似之处的是“智囊”，多指足智多谋、专门为君主出谋划策的人，以养士、谋士、军师、幕僚等形式出现。《史记·樗里子甘茂列传》中记载：“樗里子滑稽多谋，秦人好曰‘智囊’①。”唐朝的颜师古注释道：“言其一身所有皆是智算，若囊橐之盛物也。”古代智囊（包括翰林院、国子监等教育机构中的智囊）具有浓郁的政府属性，教育机构的属性表现甚微。

新中国成立后，以1949年中国科学院成立为标志的中国现代智库诞生，1977年原中国科学院哲学社会科学学部改组为中国社会科学院，随后各省市社科院相继成立。从1979年开始，党中央先后成立了中央书记处研究室、中央农村政策研究室，国务院先后成立了4个研究中心，各部委也都相继成立了研究室、政策研究中心，开始在国家决策中发挥积极作用。这些智库的成立标志着中国现代智库的稳步发展，但几乎都属于政府行为，高校很少参与智库建设。

直到20世纪80年代末，一批民间智库开始形成，高校也随之加入智库建设行列，单一的政府行为开始逐渐转变为全社会的多方参与行为。尤其是“211工程”和“985工程”的启动实施，国内高校纷纷成立了众多政策研究和咨询机构，如北京大学的国家发展研究院、清华大学的国情研究院、中国人民大学的财政金融政策研究中心等②，高校在智库建设中的优势开始真正得到凸显。

---

① 《史记》卷七十一：樗里子甘茂列传。

② 李建军，崔树义．世界各国智库研究［M］．北京：人民出版社，2010年．

发展至今，高校已成为中国智库建设的核心主体。2010 年以来，国家相继颁布的《国家中长期教育改革和发展规划纲要（2010—2020 年）》、《中共中央关于进一步繁荣发展哲学社会科学的意见》、“高等学校创新能力提升计划（即‘2011 计划’）”、《中共中央关于全面深化改革若干重大问题的决定》和《中国特色新型高校智库建设推进计划》等一系列政策文件都分别强调了高校在中国特色新型智库建设中的重要意义。这充分表明，高校在中国特色新型智库建设中的重要作用不仅得到国家重视和认可，还成为实现“中国梦”的重要助力。

（二）高校参与智库建设的主要形式

根据高校参与智库建设的角色来看，可分为协同型和主导型两种形式。其中，协同型多指以政府主导，负责提供经费、课题或任务指派的形式进行，研究范畴和承担人的选定等又大部分由政府相关部门自己圈定，高校仅是辅助政府智库发展，根据政府需求提供被动服务①。在这种类型中，高校处于被动参与状态，为政府提供理论支持。2013 年组建的“上海市高校智库管理研究中心”即是在上海市政府的积极推动下，由复旦大学负责组建的智库，负责管理与服务上海市的其他智库。主导型多指高校结合自身学科特点、人员配备等情况自发组建的智库。一般这种机构有独立的研究团队、丰富的配备资源，多以论文、专著、研究报告等形式发布智库成果，服务社会。例如中国政法大学司法文明协同创新中心，在学校政策引导下依托优势学科和重点研究基地，开展智库团队建设，服务地方社会发展。

根据高校参与智库建设时提供的决策属性，可以分为专业决策型和战略决策型两种形式。其中，专业决策型多指以项目、课题等指定内容为研究任务，通过科研项目合作等方式参与智库建设，提供某一领域较高专业知识贡献这种类型涉及范围一般较为专业，合作时间以项目完成而结束。北京师范大学通过组织专家学者参与国

---

① 胡锐军、宝成关．创建中国特色新型智库——完善智库建设七项机制［J］．人民论坛，2013（12）．

家重大规划项目及政策建议，为《国家中长期教育改革和发展规划纲要》、《义务教育法》提供智慧贡献，通过《关于汶川地震灾后恢复重建体制及若干问题的研究报告》、《我国孤儿的现状与面临的困境》等研究成果，为国家发展提供建议。战略型多指以国家重大需求及社会发展规划等思想为指导，通过长期调查研究，形成具有前瞻性的战略建议，为国家政府规划提供宏观战略参考，这种类型涉及领域较广，对高校要求较高，合作周期也较长。清华大学国情研究院即是以跨学科、综合性、多方位的国家发展战略和重大公共政策研究为方向的中国学研究基地和决策思想库①，长期为国家制定五年规划、掌握国情发展情况提供重要参考。

二、东部高校推进智库建设的经验

为深入贯彻落实国家繁荣哲学社会科学的指示，各高校积极响应，立足校情、深化改革、创新机制，促进哲学社会科学发展。东部高校充分利用教育资源等优势，在推进中国特色智库建设中积累了一定的经验。

（一）以国家需求为导向，明确智库定位

中国特色新型智库的建设要绝对服从国家利益，在国家利益最大化中实现自身的发展追求②，因此智库定位的成功与否直接影响其发展方向和发展程度。北京大学国际战略研究中心明确以提供政策咨询为核心任务，为党和政府献言献策。该中心以世界政治、国际安全、国家战略等领域作为学术研究的目标，向有关部门提交战略性、前瞻性的研究成果。浙江大学将国家和区域重大战略需求作为研究重点，以“服务与贡献”作为智库理念，将“顶天立地”作为智库定位。南京大学建设智库时强调学科交叉和问题导向，直面国民经济和社会发展中的重大现实和理论问题，为国家和地方经

---

① 胡鞍钢．中国特色新型智库——胡鞍钢的观点［M］．北京：北京大学出版社，2014年．

② 李凯林、何少华．关于国内智库建设的几个问题——以首都智库建设为例［J］．北京行政学院学报，2013（2）．

济、文化和社会发展提供智力支持。

（二）以学科特色为优势，打造智库品牌

高校在智库发展中，学科特色是其独有的优势。如何利用自身学科特色，促进智库建设与发展，是中国各高校重点突破的关键。北京师范大学的智库建设以教育学科为优势，积极动员教师全面参与国家教育改革和重大政策制定。中国政法大学结合学科优势，牵头组建“中国司法文明协同创新中心”，在该领域打造智库品牌。清华大学国情研究院依托该校当代中国学系列学科的优势，打造“清华品牌”，通过长期的发展，该校编制的《国情报告》已经成为中央决策咨询领域的重要参考。

（三）以基地平台为依托，构建智库体系

高校拥有强大的实验室、研究中心及研究基地等各类平台，智库体系的构建离不开高校科研平台的支持。浙江大学以原有学科研究中心为基础，培育新型研究平台，从而组建各类研究院，构建“研究中心—平台—研究院”三位一体的智库网络。南京大学依托教育部人文社科重点研究基地构建起“教育部重点研究基地—省部共建重点研究基地—校级重点研究基地”为主体的“金字塔”型智库体系。北京大学、中山大学等高校建成一批高质量的哲学社会科学专题数据库，为决策部门提供基于数据科学分析平台的咨询服务。

（四）以队伍建设为抓手，保证智库水平

研究发现，东部各高校均以打造专家团队，培养智库学者为抓手建设中国特色的新型智库。天津大学明确提出将加强人才队伍建设作为智库建设的核心工作。华侨大学提出实施“华侨大学哲学社会科学青年学者成长工程项目”，大力支持团队开展科学研究，繁荣发展哲学社会科学。东部各高校在队伍建设的同时，重点强调青年人才的培育，储备智库人才。北京大学国际战略研究中心针对45岁以下的中青年教师进行重点培训，专门储备人才队伍。

（五）以国际合作为增量，扩大智库影响

实现中华民族伟大复兴的中国梦，在国际上提升智库影响力，发出“中国声音”，是高校推动智库建设的重要增量。近年来，北

京大学、清华大学、复旦大学、中国人民大学等坚持走国际化路线，积极推进与国际知名智库合作，培育建设中国特色、国际影响的新型智库①。代表性智库如卡耐基—清华全球政策中心、华东师范大学——威尔逊国际学者中心冷战研究工作室等。北京大学、复旦大学、南京大学以及中国人民大学通过创办高端论坛，吸引国际学者参与，提高智库影响力。

三、中西部高校推进智库建设的对策建议

根据东部高校的相关经验，结合中西部高校实际，分别就政府沟通、学科建设、平台搭建等方面提出七点对策思考。

（一）构建与地方政府的沟通协调机制

社会发展的日趋复杂促使各级地方政府继续需要各类智库提供智力支持和理论支撑，以保证其所制定的决策和规划科学和民主。这就需要中西部高校在推进中国特色智库建设中既顺应国家需求，统筹规划，也要服务于地方经济社会发展。高校应首先深入解读国家政策，准确把握国家需求和国家对当地制定的相关政策；其次，高校应在教育改革的同时，构建与当地政府共同参与改革的互动机制，通过加大与当地政府的沟通力度，了解政府重大需求，提供咨政服务；再次，应利用高校发展特点，积极寻求当地政府在政策规划上的支持，获取良好的政策环境。在人才培养、学科建设、课题招标、税收返还、规费减免、行政审批、资金支持、信息提供、国际交流等方面取得更多的扶持力度，充分实现智库建设与高校共同发展②。同时，高校还应和当地地方社科院建立有效的沟通渠道，形成长期合作机制。

（二）突出学科优势，为智库提供专业智慧

考虑到中西部高校存在教育水平不均衡等问题，在推进中国特

① 侯定凯．人文社会科学的知识转化机制探析—兼论优质大学智库的培育［J］．复旦教育论坛，2011（5）．

② 徐晓虎、陈圻．中国智库的基本问题研究［J］．学术论坛，2012（11）．

色新型智库建设的过程中，各高校应结合学科优势，组建该领域的专家队伍，为该领域的学科发展、行业规划等相关方面提供权威专业的咨询服务。中西部高校应注意避免形成盲目制定智库建设推动方案，不同类别的高校应有不同的智库推动思路：综合型高校可以在所在区域开展系统性合作，提供较为系统全面的智慧贡献；专业型高校可以结合某一学科领域的优势，在行业发展、学科专业方面提供智慧贡献。需要强调的是，在突出高校学科优势的同时，中西部高校应保证智慧贡献的权威性和战略性。

（三）共同搭建开放的科研平台，支撑智库建设

中国很多高校都设有各种类型的科研平台，但高校各平台间的合作却缺乏开放互动的机制。中西部高校应以各自不同类型的科研平台为基础，通过制定统一的要求、制度，共同搭建一个综合性的平台。这个平台应包含基础理论研究和应用对策研究，可以让区域高校的专家学者进行自由交流，开展自主合作，通过共享的优质校际资源、共建权威科学的各种数据库，完善中西部高校的知识体系，实现中西部高校的资源整合①。同时，应及时与当地政府相关部门沟通，与政府部门统一思想，规范数据库标准，保证科研平台的权威性。此外，科研平台及数据库应保证一定程度的对外开放，同时根据社会需求和研究进展，及时更新完善，实现资源共享、共同进步的良性动态发展②。

（四）集中建设一批高水平高校智库

东部高校智库建设的经验表明，高水平的高校智库是彰显高校品牌的有效方式，是高校作为思想库发出“中国声音”的可行途径，是区域快速发展的必需动力。中西部高校可以根据各自实际，积极寻求政府支持，配合政府制定高水平智库的建设管理办法等相关标准，集中打造一批具有中西部特征的高水平高校智库，建设具

① 王成端、王丽丽．西部高等教育优质资源共建共享研究［J］．重庆高教研究，2013（3）．

② 徐晓虎、陈圻．智库发展历程及前景展望［J］．中国科技论坛，2012（7）．

有中西部特色的“高校智库品牌”。同时通过高校智库的建设发展推动当地其他智库的协同发展，增强区域软实力①。

（五）构建动态智库专家选拔和培养机制

东部高校的经验表明，重视专家选拔和培养是高校推动中国特色新型智库建设的抓手。智库需要高素质的专家，一般要求专家除了具备较高的专业知识外，还要求他们具有法律、心理、社会、文化等方面的相关知识及职业道德②。因此，中西部高校须制定一套严格的智库专家考核聘任制度，同时通过加大与政府、企业等专家之间的人才流动③，保持智库专家的整体实力。在对青年学者的培养上，通过制定相关奖励政策，创造良好环境，防止“人才东流”④；通过提供有利于人才发展的各种机会，激励青年学者参与智库建设，为国家发展储备优质智库人才。同时，中西部高校还应继续秉承教书育人的教育思想，针对在校研究生开设智库建设相关的学习课程、合作项目等内容，进行不同程度的培养。

（六）构建智库成果评估机制

智库的主要功能是咨政启民，所以评估智库成果不同于评估一般科研项目的成果。智库研究的成果一般是指智库专家的政策建议被采纳或者受到政府批示，达到咨政目的；或者智库专家的研究以成果汇报的形式公布给社会，实现启民效果。因此，评估智库成果可以采取较为全面综合的方式，根据成果的不同效能，分别进行包含同行评价——主要是成果的被引用率；媒体的反应——即社会影

---

① 李占峰、金家厚、鲍宗豪．中国智库发展亟需理念和制度创新［J］．开放导报，2011（6）．

② 东中西部区域发展和改革研究院．中国智库发展报告［M］．北京：国家行政学院出版社，2011年．

③ 郑海峰、杨尚东．全球著名智库发展经验及其对我国的启示［J］．能源技术经济，2012（5）．

④ 杨华、蒋锋．东中西部高等教育比较探析［J］．长春工业大学学报（高教研究版），2004（12）．

响力；在实践中的价值——即对解决实际问题的指导作用①。为保证智库评估的客观性，还可以选择第三方评估机构对智库的研究成果。

（七）注重国际交流，打造“中国声音”

东部高校普遍重视智库的国际化建设，开展了不同程度的国际合作和交流项目，保证了智库建设的活力，也通过国际交流发出了具有中西部特色的“中国声音”。中西部高校要学习东部高校的有效经验，通过邀请国际专家参与学术交流及区域规划建设，或者吸纳国际专家加入智库建设工作②，让世界更好地了解中国中西部的政治、经济、社会、文化等颇具区域特色的发展情况。同时，还应鼓励更多优秀的中西部高校专家学者走出去，作为中国文化的传承者，宣传中国特色社会主义建设的相关成果，让世界更加直接全面地听到“中国声音”。此外，鼓励中西部高校的青年学者主动与国外、智库等机构交流合作，加快自身发展。

---

① 谷贤林．智库如何才能对教育实践产生影响——以卡内基教学促进基金会为例［J］．清华大学教育研究，2012（6）．

② 陈旭峰．中国特色社会主义新智库研究——美国经验对中国智库的借鉴意义［J］．西北工业大学学报（社会科学版），2010（12）．

中西部地区高校智库服务地方政府决策研究

魏　婷*

2000 年我国启动了西部大开发战略，2004 年中部崛起战略被提出并实施。此后，湖北武汉城市圈、湖南长株潭城市群获批全国“两型社会”建设综合配套改革试验区；鄱阳湖生态经济区规划获国务院批复；安徽皖江城市带获批国家承接产业转移示范区等，中西部地区面临着前所未有的发展机遇。这些发展趋势向中西部地区高校提出了政策咨询的强大需求。近年来，中西部地区高校智库承担了一大批地方产业布局、产业发展以及区域内国家级战略发展平台建设中的问题研究任务，直接服务地方政府决策或为地方政府决策提供了重要参考。

本文主要解析目前中西部地区高校智库服务地方政府决策模式，分析中西部地区高校智库服务地方政府决策的阻碍因素，并针对中西部地区高校智库服务地方政府决策能力提升提出几点建议。

一、中西部地区高校智库的建立是地方政府决策和高校发展的双向需要

第一，建立高校智库是地方政府决策更科学化、理性化的需要。

一方面，在复杂的国内外环境面前，地方政府决策需要更加客

* 魏婷，合肥工业大学科学技术研究院讲师。

观和专业的研究支持，以增强政府决策的准确性、公正性和预见性。大多数情况下，地方政府有自己的智囊团或专门的咨询团队，但这些研究人员所从事的研究多具有紧急性、短期性的特征，缺乏长期战略研究的积累。高校专家团队学术背景多样，其中许多人都长期从事某个领域的问题研究，积累了大量的数据资料，因此，在趋势分析研究方面具有明显的优势。① 一些中西部地区高校智库承担所在地区或周边区域内经济社会发展规划或专项规划的编制工作，研究成果直接为决策服务。

另一方面，地方的发展既要协调经济、社会、资源、环境、文化等各个领域的发展，又要强调区域内部各种社会主体的关系，更要注重区域之间、区域与国家之间的统一发展，地方高校能够及时汇聚多学科人才形成研究合力，克服个别专家咨询的局限性，因而地方高校具有建设地方性智库的学科基础②。

第二，建立高校智库是高校自身发展的需要。

高校承担着人才培育、科学研究、社会服务和文化传承创新四项职能，其中人才培养是根本，科学研究是基础，文化传承创新是延伸，而社会服务则是高校社会化属性的关键特征，只有积极为地方发展献言献策，才能真正体现高校科学研究的应用价值。

目前高校内部研究机构众多，缺乏清晰的定位，组织架构和管理机制上问题比较突出，资源缺乏集聚性，研究水平良莠不齐，高校对于社会发展的影响力难以充分显现；高校科研考核体系普遍以学术研究、基础研究为重，使高校服务社会的功能难以完全发挥；高校教师从事的政策研究与战略研究缺乏科学、灵活的考核机制，其思想成果和社会贡献缺乏应有的认可与重视。因此，高校智库的建立，既是对我国高校现有体制的挑战，也是我国高校发展的又一机遇。

---

① 吴运亮，郭潇雅．高校智库建设正当其时［N］．中国社会科学报，2013-12-4.

② 王莉，吴文清．地方高校智库建设的逻辑分析———基于地方政府治理模式创新的探讨［J］．清华大学教育研究，2013（6）．

二、中西部地区高校智库服务地方政府决策模式

（一）直接引导模式——中西部地区高校智库直接参与地方政府决策

直接参与地方政府决策，是中西部地区高校智库服务地方政府决策最直接、最有效的方式。中西部地区高校智库直接参与地方政府决策，可以通过与地方政府相关部门就具体问题达成战略合作协议。根据各种可能出现的不同情况以及可以预想到的可能产生的各种后果，提供出几种不同的决策方案，以供地方政府决策者进行比较，从中选择出最佳的决策方案。从这个角度说，高校智库的这种“直接引导”不是直接介入决策过程，而是直接提供政策选择渠道。同时，也可以通过高校智库人员到地方政府部门挂职，加大了高校智库对地方政府决策的参与深度，直接参与决策。这种人员流动，也使得高校智库与地方政府之间的信赖关系愈加紧密。

（二）间接引导模式——中西部地区高校智库影响地方政府的决策理念

通过各种渠道潜移默化地影响地方政府的决策理念，是目前中西部地区高校智库服务地方政府决策最持久、最广泛的方式。对于大多数中西部地区高校智库来说，直接参与地方政府政策决策的机会并不多，更多的时候是根据长久以来中西部地区高校智库对相关政策问题进行长期的、多学科的跟踪研究，围绕政策相关问题形成一种理论框架，或者一种决策模式，并且通过宣传、发表自己的研究成果，向地方政府传达自己的政策主张，这种主张对为地方政府的决策形成一种政策氛围，进而间接影响政策决策。

中西部地区高校智库除了提供可供地方政府借鉴使用的政策理念外，更深层次的是提供决策新思想，改变地方政府政策制定者对客观世界的想象及其反应方式。特别是在改革的关键时期，地方政府决策者迫切需要专业人士为其政策调整和重新选择提供思想引领，而高校智库的长期学术积累及对地方政策问题的专业化积淀，

往往成为地方政府决策者不得不依靠的重要外部社会力量①。

（三）逆向反馈模式——中西部地区高校智库跟踪地方政策实施，提供决策反馈

跟踪地方政策实施，提供决策反馈，是中西部地区高校智库服务地方政府决策的重要补充方式。政策制定实施后的效果如何，是否需要进一步的修订和调整，往往需要专业团队进行长期的跟踪评估。中西部地区高校智库对于政府来说具有一定的独立性，并具有相应的专业知识和研究能力，在地方政府决策的跟踪反馈工作方面具有明显的优势②。

中西部地区高校智库通过对地方政府出台的政策进行检查评价和衡量，可以判断政府政策的利弊得失，是否得以有效运作，是否遵循了社会发展和政策制定的规律等。从中不断寻找和发现存在的问题，并提出解决问题的方案，从而影响政府政策的实施力度和广度，进一步改进政府政策的实施战略，以提升地方政府的施政能力，这也是中西部地区高校智库的重要使命。中西部地区高校智库参与政策评估以及社会问题研究，具有积极的意义。首先，作为相对独立的第三方，其对政策的实施效果可以实现客观、广泛的评估和鉴定，更容易整合社会各群体对政策的态度、倾向，及时提出对政策的修正、补充、甚至推翻意见，有力地促进科学决策。其次，参与政策的评估和修订，能及时、有效地化解政策利益相关方的矛盾，反映了公平正义的原则。广大专家学者参与到政府政策的评估反馈工作中来，实际上也是代表公众实施民主权利的过程，通过政策评估的落实，可以促进地方政府决策行为更加民主化，从而提高社会发展的和谐度③。

---

① 李安方等．中国智库竞争力建设方略［M］．上海：上海社会科学院出版社，2010 年．

② 林洁．美国智库的建设对发展我国智库的启示［D］．湖北大学硕士论文 2011：22.

③ 林洁．美国智库的建设对发展我国智库的启示［D］．湖北大学硕士论文 2011：23.

三、中西部地区高校智库服务地方政府决策的障碍因素分析

近年来，高等教育愈来愈显示出强大的社会属性。作为社会人才培养的基地和知识生产、创新、传播、整合与转化的基地，高等教育服务社会的功能主要是通过高等院校服务所在的区域社会而显现的。当前，中西部地区高校也积极转变自身发展理念，提高自身服务经济社会发展的能力，充分发挥其社会服务职能，参与到地方经济社会发展中来。而这一转变突出地表现在中西部地区高校智库对地方政府决策影响力有了一定的提升。但是，在其参与地方政府决策、服务地方发展的同时，也有一些因素阻碍了这种社会服务职能的充分发挥，主要有：

第一，信息不对称。中西部地区高校智库与地方政府信息交流沟通渠道杂而不畅。首先，地方政府各个部门以及高校智库都有着自己的信息渠道，相互之间缺乏整合，一些研究问题反复提出，导致研究资源的浪费。其次，地方政府各部门以及高校智库对现有信息不能实现共享，研究基础的不同，容易导致研究结果大相径庭，从而失去参考价值。再次，高校智库对政府信息获取度低。中西部地方政府尚未建立起制度化的信息发布机制，还不能做到定时、定向地向高校智库发布政府的相关需求信息、选题信息、决策信息等。高校智库的研究团队的组建、研究方向的确立、前期的调研等都会滞后，甚至无法进行，延缓了高校智库的研究进程，导致高校智库无法及时提供研究成果供决策参考。

第二，需求有差异。中西部地区高校智库研究人员对政府需求知之甚少。高校虽然是人力资源集中地，但中西部地区高校智库的研究人员只有少数人有过政府部门或社会机构兼职的经历，缺乏相关经验。同时，目前中西部地区高校智库研究人员的入职，从高校到高校的情况比较普遍，缺乏社会基层工作经历，也缺乏实践调研经验。此外，由于目前中西部地区高校科研成果考核体制的局限，政策研究类的科研成果并不能得到充分的认可和尊重，所以高校智库研究人员的事业发展需求就有所偏差。这种情况带来的结果是研

究者所做的研究不能适应决策需要，并与政府部门决策者的需求相差甚远。

第三，学科融合度低。中西部地区高校智库跨学科研究不足。推进学科融合的目的主要在于通过超越以往分门别类的单学科事业和研究方式，瞄准解决国家、地方需要解决的复杂问题，汇聚众多学科视野，实现对问题的整合性研究，提出整体性的解决思路和方案。高校虽然拥有多学科、多领域的研究优势，但目前，中西部地区高校智库仍然是以人文社会科学学科的研究者为主体，这种单一学科的人才队伍保证了政策咨询的专业性，却在很大程度上缺失了政策咨询的针对性和可操作性。各学科之间、各领域之间的相互交融、合作研究的优势还没有充分体现。

第四，可持续性弱。中西部地区高校智库对地区相关问题的研究缺乏持续性。中西部地区高校智库的大部分研究者在高校智库中的工作性质属于兼职，其中很大一部分研究者的主要身份是专任教师，本身就有大量的教学、科研工作任务。中西部高校智库组织相对较为松散，多数是为了某一个问题研究，临时抽调的各学科研究人员，问题研究告一段落，组织中的研究人员的主要精力又集中到原有的教学科研基础工作上。所以，中西部地区高校智库大部分研究者难以全身心致力于智库项目研究，对问题研究的持续性较弱。

四、提升中西部地区高校智库服务地方政府决策能力的几点建议

（一）处理好四组关系

1. 处理好中西部地区高校与地方政府的关系

首先，维持相对“独立性”。独立性是智库的重要特征，若智库对政府的依托性过强，缺乏独立性，容易导致其观点、立场倾向性明显，难以客观的评估所要解决的问题，也容易滋生学术腐败。相对于其他一些类型智库来说，中西部地区高校智库的独立性相对较强。中西部地区高校保持着本身的文化传统、有独立的智库运作模式，因此，能够进行独立的研究，最大限度地站在客观公正的立场上，做出最符合实际情况、客观的预测和判断。但是，若这种

“独立性”过强，完全脱离地方实际，也必然导致研究成果的可操作性差，更缺乏战略性。

其次，保持与地方政府的“紧密”联系。服务地方，是中西部地区高校智库的使命，区别于其他高校研究机构的学术研究、学科研究，主要从事具有实用价值，针对性、可操作性强的政策研究，以影响公共政策选择。基于这种角色定位，中西部地区高校智库只有同地方政府保持“紧密”联系才能更清楚地知晓其政策需求，其研究才更有针对性，同时，也能更加深入地方政府的决策，从而更充分地发挥自身影响力。

2. 处理好基础理论研究与应用对策研究之间的关系

基础理论研究与应用对策研究两者相辅相成。以应用对策研究促进基础理论研究，以基础理论研究带动应用对策研究。一方面，应用对策研究的重点是社会关注、政府关切、群众关心的热点、难点和焦点问题。应用对策研究在为地方政府科学决策提供咨询建议的同时，也为基础理论研究提供了充足的现实资料。另一方面，基础理论研究的重点是瞄准学术发展的前沿，不断拓宽研究视野，通过理论观点和研究方法的创新，在推动学科建设和人才培养的同时，也为应用对策研究提供坚实的理论和人才支撑。因此，中西部地区高校智库需要积极推进基础理论研究和应用对策研究的融合，充分发挥中西部地区高校的学科优势和人才优势，不断提高服务地方政府决策的深度、高度和水平①。

3. 处理好国家需要与个人研究方向之间的关系

鼓励中西部地区高校智库研究人员将个人的研究兴趣建立在国家需要的基础上。高校研究人员都有个人不同的研究方向，即使在研究目标相对统一的高校智库内部，也突出存在这样的问题。一方面，良好的个人研究兴趣，充分的学术自由，有利于研究人员全身心地投入研究工作，从而催生良好的研究成果；但另一方面，脱离

① 涂成林，魏伟新．高校智库服务地方政府决策的路径与对策——以广州大学广州发展研究院为例［J］．广州大学学报（社会科学版），2011（12）．

开国家需要的研究，主观膨胀的个人研究兴趣，只会造成资源配置的混乱，无益于学科建设、现实社会问题的解决，让研究人员的个人研究与客观世界愈加背离，同时也与高校智库的中心任务愈加背离。因此，鼓励中西部地区高校智库研究人员将个人的研究兴趣爱好建立在国家需要的基础上，贴近实际、贴近生活、贴近群众，以实际成效吸引人才，凝聚队伍，中西部地区高校智库的发展才会有扎实的根基，才更有生命力。

4. 处理好个人与高校智库团队的关系

个人与高校智库团队相互依存，同生共息。高校智库作为思想库，其影响力的实质在于研究人员的影响力，更在于高校智库人才团队的影响力。复杂多变的外部环境，使现代决策中个人力量显得更加微弱。高校智库内部按照个人的研究特长进行分工，在分工的基础上，相互协作、共同努力，完成各类研究课题。这种基于个人研究特长的分工强调个性创造、个性发挥。同时能够合理利用每一个成员的知识和技能协同工作、解决问题、达到共同目标。所以，一个良好的高校智库团队中，合作的总体成效必定大于各自单干的成效之和，团队个体的价值也会因为团队的发展而凸显出来。可以说，高校智库这一团队并不湮没个人，反而鼓励个人彰显能力，在这一团队中，个人才能才可以得到充分发挥。从某种意义上讲，团队的发展就是个人的发展。

另外，中西部地区高校智库需要注意以团队来整合、处理高校智库成果。一方面，以高校智库团队的名义整合内部研究人员的研究成果，并对成果进行分类及各种深度加工形成团队成果群；另一方面，高校智库需要以团队的名义来处理集体的研究成果。研究成果本身是科研能力和学术能力的载体，体现了团队的整体学术水平。以团队来整合、处理这些研究成果，也是中西部地区高校智库团队形成学术吸引力和凝聚力的重要途径。

（二）抓住几个关键

1. 建立多元化的中西部地区高校智库人才队伍

高校智库以社会公共政策作为主要研究对象，社会问题的多样性和复杂性要求高校智库拥有跨部门、多学科背景的研究人员。中西部地区高校智库人员结构的多元化是提升智库研究成果水平的重要途径，一要充分吸收中西部地方政府离职人员等熟悉地方政府决策与运作的管理人员充实高校智库研究团队；二要创造条件，积极鼓励中西部地区高校智库研究人员到地方政府挂职锻炼，让研究人员切实了解地方政府的实际需要，了解并进一步开拓与地方政府沟通的途径；三要充分发挥现有人大、政协及各民主党派的人才智力和参政议政的优势，构筑广泛、多元的高校智库研究团队；四要充分利用中西部地区高校驻外机构和留学生等其他资源，延伸中西部地区高校智库收集整理外部信息的能力。

2. 创新优化中西部地区高校智库科研评价机制

中西部地区高校智库需要摈弃原有的单一化科研评价手段、评价指标、评价方式，以及缺乏弹性和多元的评价体制机制，转变到“强调牢固树立质量第一的评价导向，把解决国家重大需求的实际贡献作为科研评价的核心标准，完善以贡献和质量为导向的绩效评估办法，建立以政府、企业、社会等用户为主的评价机制。”① 最大程度地尊重及公正评价高校智库研究人员的智力成果和社会贡献。对高校智库提供的具有战略性、前瞻性、适应地方经济社会发展需要的对策建议、研究成果，中西部地区地方政府不仅仅要对高校智库研究人员个人或团队进行表彰和奖励，更需要以积极的形式让这些研究成果走向社会，扩大智库成果的社会受众范围。

3. 逐步推行中西部地区高校智库人才问责制度

高校智库是地方政府决策中的重要辅助部门，高校智库的决策咨询水平的高低在很大程度上影响了地方政府决策的水平。当今地方政府的决策对社会各个利益主体都有着实质的影响，特别是与国计民生有关的政策，涉及面更深、更广。因此，对于参与决策咨询与制订的高校智库来说，就有必要建立一套实施并要求承担否定性后果的一种责任追究制度。而中西部地区目前尚未形成一个针对高校智库研究人员在参与决策过程中具体责任划分与承担的制度，政

① 教育部．中国特色新型高校智库建设推进计划，教育部网站，2014年2月．

策建议的现实效果对智库研究自身的发展没有任何影响。这种制度的缺位造成了一些高校智库在决策过程中低责任感，降低了智库的效度与信度，这类研究成果一旦进入地方政府决策程序，造成的后果或者损失无法估量①。

2013 年 4 月，中共中央总书记习近平对建设中国特色新型智库作出重要批示，把智库发展提高到国家战略高度，作为国家软实力的重要组成部分。同时指出我国智库发展相对滞后，提出中国特色新型智库的建设目标。要求探索中国特色新型智库的组织形式、管理方式，加强智库自身建设，为政府的科学决策提供高质量的智力支持。这是迄今为止，中央最高领导专门就智库建设作出的最为明确、内涵最丰富的一次重要批示。2014 年 1 月上海社科院智库研究中心发布《中国智库报告》，2013 年中国智库排行榜影响力排名中，中西部高校智库位居前列的屈指可数②。应该说，中西部地区高校智库作为哲学社会科学事业的生力军和各学科人才聚集的高地，在为地方政府提供决策支持，服务经济社会发展方面仍有相当长的路要走。

---

① 谭维克．建设首都社会主义新智库研究［M］．中央文献出版社，2012 年．

② 参见上海社科院智库研究中心：《2013 年中国智库报告》，2014 年 1 月。

探索中西部新型高校智库发展之路

顾岩峰*

智库作为国家软实力的重要组成部分已经被提高到国家战略层面。特别是2014年2月10日，教育部印发了《中国特色新型高校智库建设推进计划》，这为高校智库建设指明了方向，使得高校智库在国家及地方经济社会发展的重大改革、重大问题、重大决策中可以发挥更强大的作用。目前我国中西部地区的20个省（区、市、兵团）拥有地方属普通高等学校1150所，占全国总数的50.81%，中西部高校在推进中国特色新型智库建设，提高服务国家和区域经济社会发展的能力上理应发挥其应有的作用①。然而，根据上海社会科学院智库研究中心发布的《2013年中国智库报告》发现，我国的活跃智库约有60%分布在东部发达地区，中部、西部地区的活跃智库分布仅为17.0%和17.5%，这和中西部高校占全国高校的数量比是不相符的②。因此，探讨中西部高校新型智库建设的意义重大。

一、中西部新型高校智库建设的现状

（一）中西部新型高校智库建设优势

1. 智库建设是“中西部高等教育振兴计划”的重要内容

习近平总书记代表中国政府在联合国“教育第一”全球倡议

* 顾岩峰，河北大学社科处科长。

① 教育部．中西部高等教育振兴计划，教育部网站，2013-5-22.

② 参见上海社科院智库研究中心：《2013年中国智库报告》，2014年1月。

行动中说过："百年大计，教育为本。教育是人类传承文明和知识、培养年轻一代、创造美好生活的根本途径。"办好教育是人民群众最关心、最直接、最现实的利益问题之一，体现了党和国家实现好、维护好、发展好最广大人民的根本利益的出发点和落脚点。高校智库集中了大部分优秀人才，代表了先进的教育思想，办好人民满意的教育体现在两个方面：一是用先进的教育思想培养祖国现代化建设的四有人才，二是将科学研究成果转化为社会效益，助力社会经济发展现实需求，促进社会发展水平，提高广大人民群众福祉。这两个方面恰恰体现了高校智库的人才培养和政策咨询的双重任务。2011年教育部提出启动"中西部高等教育振兴计划"，在计划中明确提出高校在协同服务区域经济社会发展过程中，一是要以建立研究院的形式为地方经济发展提供政策咨询。二是建立成果转化平台，促进高校研究成果转化为地方经济增长点。三是完善高校服务地方经济的机制。这说明高校智库建设的目标是明确的。

2. 党和国家高度重视智库建设

2013年4月，习近平总书记首次提出建设"中国特色新型智库"的目标。刘延东副总理在"繁荣发展高校哲学社会科学，推动中国特色新型智库建设"座谈会上指出，高校是建设新型智库的重要力量，要求各高校要以哲学社会科学繁荣发展为依托，努力打造一批在国内外具有重要影响的高端智库。党的十八届三中全会《决定》又提出了"加强中国特色新型智库建设，建立健全决策咨询制度"这一重要任务，在社会上掀起了一股智库研究热潮。之后，教育部发布《中国特色新型高校智库建设推进计划》，为新型高校智库建设提出了具体要求。这一系列要求和文件的出台，凸显了高校智库在影响政府决策和服务地方的作用越来越重要。

3. 《中西部高校综合实力提升工程》中的14所高校的综合实力进一步提升，为新型高校智库建设提供了政策保障，应该起到排头兵的作用。在该工程计划中指出，中西部高校要按照内涵发展、提高质量、建设本地区"有特色、高水平"大学的要求，提高科学研究水平和人才培养质量，增强办学综合实力和可持续发展能力，促进这些大学重点加强特色学科和师资队伍建设，增强为国家和区域经济社会发展服务的功能①，这为智库建设提供了营养丰富的土壤和成长环境，这14所高校要抓住机遇，开展智库建设，为中西部其他高校示范经验。

4. 中西部各省对高等教育的重视程度不断提高。

国内重点大学的分布高度集中，它们占有了大部分人才资源、政策支持和资金保障。但是中西部高校所在省份的政府逐步认识到优质高等教育的重要性，认为高等教育是一个地区经济、社会、文化可持续发展的根本，这也为中西部高校智库的发展与建设提供了机遇。

（二）中西部新型高校智库建设面临的困境

1. 高校智库建设重视程度不够，这个是核心问题。一是学校领导重视不够。在学校社会服务职能的发挥上，满足于横向课题的开展，没有积极地寻找其他社会服务途径。二是研究机构小而分散，造成资源的浪费。一些学校各类中心、研究所上百个，涉及经济、管理、文化、社会等各个领域，但是真正能够运行的只有一小部分，能够产生高质量成果的那就更少了，因此出现了不少“光杆司令”。三是智库建设没有形成足够的氛围。在高校教师里面调查，“智库”的概念似乎很遥远，问起“是否知道世界上的知名高校智库?”时，回答似乎都很一致——“兰德公司”、“布鲁金斯学会究院”，但对本校的智库建设情况，教师们几乎都不知晓。这说明，智库建设中充分调动教师的积极性的外部环境还没有形成。四是组织并不得力。中西部大部分高校在社会服务功能的实现上，都在为国家和地方经济建设积极地献计献策，提供技术支持，而且有些高校做得还是非常好。但为什么在《2013中国智库报告》中的新型高校智库排名中中西部高校没有特别突出的呢?这与组织工作有着很大关系。

2. 中西部高校智库建设的意识不足，还未能达到国家的战略需求。高校智库的建设目标应该从影响地方政府的决策到影响国家政策决策逐步发展。然而，我们看到现在的高校智库研究人员构成

① 教育部．中西部高校综合实力提升工程，教育部网站。

未形成良性体系，研究人员科研水平参差不齐，评价方式不够完善，参与性与主动性严重不足，未能使高校的智力资源与地方经济社会发展和国家政策决策需要方面得到充分的发挥。

3. 中西部高校智库影响地方政府及国家政策决策平台建设不足。高校智库肩负着人才培养和政策影响双重任务，在实际情况中，高校智库的大部分精力都放在了科学研究和人才培养工作上了，为政府提供政策咨询是其工作的附带任务。主要体现在：一是政府缺什么，智库不能及时获取信息①；二是智库有什么科研成果，政府不能及时了解。高校与政府之间的联系只能通过简报、汇报、请示等方式进行沟通，这些非常规性、固定性的形式带来的是高校科研团队对政府政策影响的随机性和消极性。长此以往，就会形成高校与政府之间的不信任，使得高校智库的作用大打折扣，这也是不利于高校智库发展的一个因素。

二、中西部新型高校智库的发展图景设想

《2013年中国智库报告》将我国智库分为党政军智库、社会科学院智库、新型高校智库和民间智库四大类。与其他智库不同，传统的高校智库以学术研究和学生培养为主业，政策影响是其主业的某种延伸。然而，在党和国家提出建设新型高校智库的目标后，中西部各高校应如何结合自己的特点定位智库主要功能和发展图景呢？笔者认为，只有明确了发展目标和功能才能为智库建设要素的研究明确方向。

第一，对“新型”高校智库概念的解读。中国特色新型智库，作为国家软实力的重要组成部分已经提高到国家战略高度。高校智库是中国特色智库的重要组成部分，其内涵的研究还存在很多不足，没有统一的建设标准，特别是“新型”特点的论述还很匮乏，笔者认为“新型智库”应具有“特色、创新、专业、优质”四个

① 李建军、催树义．世界各国智库研究［M］．北京：人民出版社，2010年．

方面的特点①，这个为高校智库建设提供了新的理论依据和建设方向。

第二，在我国拥有的官方智库、军方智库、大学智库和民间智库中，官方思想库依然保持其核心影响力，为政府决策机构提供创新性、前瞻性的政策建议②。高校智库要立足学生培养和政策影响双重任务，以学科齐全为优势，树立“立足本地、放眼全国、走向世界”三步走发展思路，走出一条赶超专业及其他智库的路子，在建设过程中，及时吸取国内外知名新型高校智库经验，从而使其真正为国家的经济繁荣、政治繁荣、文化繁荣作出贡献，为提升中国国际形象和地位作出贡献。

第三，中西部高校智库要担当起政府决策的“主要军师”之一。中西部高校智库具备承担政府决策主要影响者的条件和能力。随着国家对智库建设的重视，中西部新型高校智库在数量、规模和影响力上都会稳步扩大，在这种背景下，要组织形成具有中西部区域特色的、相对成熟的高校智库市场③。从党和国家的决策需求看，对高校智库的决策知识需求与日俱增。除了政府智库外，还需要高校智库利用其对某一问题、某一领域长期性、前瞻性的研究，提供针对性强、理论性强的政策咨询。

第四，中西部高校智库要建立为政府输送专业人才的“绿色通道”。由于我国政府人才培养机制适合我国的政治体制，因此，美国式的“旋转门”人才机制在我国不可能复制。随着我国高校智库的日益成熟，特别是中西部高校智库人才对区域型问题研究的熟悉性，使它更能为政府输送“专业人才”。开辟政府人才队伍建设的新途径，这也是智库影响政府决策科学化、民主化的另一途径。

---

① 胡鞍钢．中国特色新型智库胡鞍钢的观点［M］．北京：北京大学出版社，2014 年．

② 王莉丽．旋转门美国思想库研究［M］．北京：国家行政学院出版社，2010 年．

③ 王莉丽．旋转门美国思想库研究［M］．北京：国家行政学院出版社，2010 年．

第五，中西部高校智库担当承担起传播“中国声音”的主力军。中西部新型高校智库要发挥地域特色优势、学科特色优势，积极与国外高水平智库建立交流平台，传播“中国声音”。改变国外对中国的认识，积极为我国树立良好的国际形象、扩大中国的国际影响力。

三、中西部新型高校智库建设要素论议

上述六点是笔者对新型智库的理解和建设目标的建议，如果以此为目标，作为中西部高校的管理者和建设者来说，应从哪些方面着手呢？笔者归纳了新型高校智库建设的五个要素，希望对此问题能够提供一些思路。

（一）建设思路

中西部高校能否按照发达地区知名高校智库的发展思路来建设呢？笔者认为由于客观的差距，建设思路是可以借鉴，但不可能照搬，中西部新型高校智库建设不可能是一蹴而就，要像“种树”一样。首先分析土壤中有什么适合树种生长的养料，其次明确土壤适合种什么种类的树，而后选取优良的树种，最后细心照料，育树成才。因此，中西部新型高校智库建设应遵循“立足本地，放眼全国，走向世界”三步走的建设思路。

1. 中西部新型高校智库建设要立足本地。一是明确高校自身优势，发挥地域性学科优势、人才优势、政策优势；二是明确本省本地区政策需求；三是搭建新型高校智库与服务对象之间的平台建设，明确自身责任。

2. 中西部新型高校智库建设既应放眼全国，借鉴知名智库建设经验，又要发挥自身优势，具有独创性。

3. 中西部新型高校智库建设要以建设世界知名智库的目标为指引。具有中国特色新型高校智库要不断强化智库的国家使命和社会责任担当，提升智库对国家重大决策的正面影响，提升国际竞争力，掌握国际话语权，在国际上发出“中国声音”，在相关领域努力使研究成果的质量、数量和权威跻身于世界前列，争创“世界一流”，将中国新型高校智库建设成为能够与世界一流智库直接对

话的研究中心、研究基地①。

（二）人才队伍

队伍建设是智库建设的核心问题。智库能否产出高质量的政策建议，主要取决于人才队伍。结合中西部高校的实际情况，笔者提出三点建议：一是建设好管理团队和专业人才两支队伍，明确管理队伍要以专业人才队伍为核心，积极协调各部门为专业队伍创造良好的科研环境。二是建立完善智库型人才的培养体系。清华大学胡鞍钢教授认为现代智库是“有学生的大学”，即将人才培养与决策咨询有机结合，又将教书育人与智库建设相结合。这说明高校自行培养智库型人才是智库专业人才队伍建设的主要途径。三是坚持走“送出去，引进来”的高水平人才的培养方式，与高水平院校建立联合培养人才的运行模式，努力培养高端人才。五是努力提高智库队伍的综合素质。知名智库不但要有扎实的基础知识和科研能力，还要有过硬的思想道德素质，端正的学术风气，所以高校智库在优化人才队伍时，应避免“科研只为自己”的现象发生。

（三）管理机制

高校智库基本上挂靠到某一学院下，由学院相关领域专家组成，以课题项目为依托进行相关问题的研究，是一种“以院带所”的管理模式。这种模式的主要弊端是缺乏独立性。笔者认为管理机制的改革要从人事、财务、制度三个方面进行。一是智库负责人以学科带头人、相关领域著名专家为主，改变现在智库建设以学院主要领导为负责人的模式，学院行政领导应做好协调；二是应有专项资金支持；三是应建立健全各项制度，用制度来规范行为。

（四）评价机制（指标）

王莉丽博士在《美国思想库》一书中提出，运营资金、媒体引用量、国会听证数量、网站点击率、政府任职官员数量是美国智

① 胡鞍钢．中国特色新型智库胡鞍钢的观点［M］．北京：北京大学出版社，2014年．

库公开影响力评价的指标①。但笔者认为我国高校智库影响力的评价没有统一的标准，都是“就事论事”，评价指标盲目性很强。因此，笔者提出用“模块式”评估方式对智库的影响力进行评价，分为四个部分：一是学术水平模块，包括项目承担数量、学术成果数量及影响力、同行评价；二是社会评价模块。主要指高校社会服务效果，体现在横向课题数量、社会反响、科研成果转化等；三是政府—高校信息平台模块，智库的主要任务是政策影响，因此高校和政府之间的对接平台是智库发挥作用的主要途径和平台，平台建设的数量和效率也将是智库评价的一级指标。四是人才队伍模块，主要包括国家、省、市中青年专家数量与成果产出比重，人才队伍“老中青”结构合理性等。

（五）区域性发展应急机制

从智库角度来讲，在未来相当长的时间内，中国社会科学院、中国国际问题研究所、中国现代国际关系研究院、国际战略研究中心、上海国际问题研究院和国务院发展研究中心等这些高水平专业智库对政府决定的影响还处于核心地位。高校智库肩负人才培养和政策影响的双重属性使得其从没有妄想走出超越专业智库的路子，这不能不说是一种束缚新型高校智库建设的魔咒，那么我们能不能摆脱这种束缚呢？笔者认为高校智库建立地区发展应急机制是必须要走的一步。建立区域性发展应急机制，强化精品观念，对区域发展的某一个突出问题进行研究，重视时效性，改变“十年磨一剑”的尴尬局面。笔者认为区域性发展应急机制的建立，一是高校智库要“紧跟、跟紧”地方政府的重大决策，将视野放宽，形成“预见性研究—实质性研究—实践性研究”的模式，及时提供理论支持和咨询服务，对政府的政策影响做到“快速预见、准确把握、深入研究、创新观念、提高时效”②。二是坚持基础研究与应用研

① 王莉丽．旋转门美国思想库研究［M］．北京：国家行政学院出版社，2010 年．

② 李建军、催树义．世界各国智库研究［M］．北京：人民出版社 2010 年．

究并重。在科研过程中，以突出解决区域性发展瓶颈为主攻方向，开展具有区域特色的理论研究，特别突出实践应用，从而体现前瞻性、战略性、规律性。

（六）宣传机制

长期以来，大部分高校智库影响力的宣传途径并不是很丰富，都是以工作总结的形式对主管部门进行汇报，以工作简报的方式对相关部门进行通报。要提高高校智库的知名度和影响力，与其政策宣传策略是紧密相连的。笔者主要探讨三种宣传途径：一是完善成果简报机制进行“点式”宣传。高校智库的研究成果很少进入地方政府主要领导的视野，很大程度上是缺乏高校与地方政府主要领导的沟通渠道，处在“地方政府领导想看但看不到，高校科研成果想送却送不出”的被动局面，因此建立完善成果呈送机制是必要的。二是利用会议、学术交流等活动进行“面式”宣传。坚持开门搞科研，加强与国内知名智库的学术交流，充分利用学术会议、学术讲座等有效形式宣传高校智库的科研成果；三是利用大众媒体进行“广泛”宣传，在信息技术高度发达的今天，大众媒体已经成为每个人生活中必不可少的信息获取源，以此高校智库要利用好出版媒介和网络媒介进行宣传。高校智库在利用期刊、年鉴、白皮书等出版媒介进行宣传的同时，还要充分利用网络媒介提升智库的影响力。

四、河北大学智库政策影响和地方服务平台选列

（一）政策影响和地方服务平台——河北大学与保定市共建经济社会发展研究院

河北大学作为河北省唯一一所综合性大学，始终坚持以服务地方为己任，充分发挥河北大学学科优势和人才优势为地方政府提供政策决策咨询和参与地方经济社会建设。保定是河北省社科智库建设试点市，为进一步推动保定市社科智库建设，2014 年 3 月河北大学和保定市委联合提出成立智库型“保定市经济社会发展研究院”。

1. 职能定位

在省社科院、省社科联的业务指导下，在市委、市政府的领导

下，保定市社会发展研究院为充分发挥保定市高等院校及科研单位的人才优势，调动社科人才身在保定、热爱保定、研究保定的积极性，与河北大学等驻保、市属院校开展共建工作，为市委、市政府和部门决策当好智囊团和参谋部，为京津冀协同发展，打造环京津新的发展增长极提供高站位、接地气、讲实际的理论服务和智力支持，推动市校合作进入融合协同发展的新阶段。

2. 组织机构

（1）成立保定市哲学社会科学学术委员会（以下简称市社科学术委员会）。该委员会是全市社科系统最高学术机构，是保定市社科智库的重要组成部分。

市社科学术委员会下设4个专业委员会，分别为：经济发展与城市建设专业委员会；政治建设与社会治理创新专业委员会；文化教育新闻研究专业委员会；“三农”问题研究与生态文明建设专业委员会。

（2）成立相关领域的研究中心。由保定市社会发展研究院与各高校签订共建协议，成立研究中心。市社会发展研究院课题规划处和相关高校科研处（社科处）等科研管理部门具体对接，共同承担共建工作。

3. 工作内容

各研究中心以承担市社会发展研究院的委托课题为主要共建形式，实行项目化管理。根据市社会发展研究院制定的年度发展规划和研究计划开展研究；根据保定经济社会发展需要提出重大研究课题，并申请立项，开展联合攻关；承担保定市相关学科基地建设；撰写本领域年度发展研究报告。市社会发展研究院将各研究中心研究成果以《成果呈阅》、《专家建言》的方式报送市委、市政府相关领导参阅；出版《保定市年度社会科学发展研究报告》。共建《保定社会科学》和保定社科网，将其打造成省内一流的学术理论阵地。

第一，组织开展应用对策研究。围绕市委市政府中心工作和事关保定经济社会发展重大理论和现实问题，确定研究课题，委托中心（所）开展项目公关，为市委市政府提供高层次理论支撑和智力服务。

第二，提供决策咨询服务。把握社会发展大趋势，立足保定市情，针对保定和京津冀区域发展开展全局性、战略性、前瞻性研究，为领导决策提供咨询服务。

第三，建立保定市社科数据库。依托河北大学信息中心，把保定市有关部门的基础数据收集起来，建立全市权威、体统、全面的社科数据库，为开展社科研究提供便捷服务。

第四，举办“保定文化”大讲堂。依托保定深厚的文化底蕴和不可克隆的发展优势，深入挖掘始祖文化、诚义文化、书院文化、直隶文化，讲好保定历史故事；挖掘红色文化，讲好革命故事；挖掘长城、英利、巨力等企业的新文化，讲好创业故事；挖掘大学城、冠军城，讲好时代故事，打造文化保定新名片。

第五，举办“保定发展”论坛。围绕市委、市政府中心工作，聚焦保定发展需要，谋划确定论坛主题，邀请省内外乃至全国知名专家和部委领导做主旨报告，组织专家学者和综合部门领导交流思想，共同探讨，共谋保定发展大计。

4. 队伍建设

由保定市社会发展研究院与各高校签订共建协议，成立研究中心，河北大学的占60%以上。研究中心是从事社科研究的基本单位，由在相关学科领域具有较大影响力、有较强组织协调能力的专家挂帅，根据课题研究需要召集高校和社会科研力量，组成科研团队，负责完成研究院交办的研究任务，推出高质量研究成果。

5. 经费保障

以市财政支持为主，同时采取多渠道、多元化的融资方式。一是研究院日常运转经费。二是重大课题研究经费、成果奖励及出版自助经费。以上预算纳入市财政预算。三是“保定文化”大讲堂和“保定发展”论坛有关经费采取市场化运作。四是动员社会力量支持参与研究院工作。五是接受社会捐赠。

（二）政策影响和地方服务平台——河北省乡土文化与艺术传承研创基地

河北省乡土文化与艺术传承研创基地成立于2013年12月，是经由河北省社科联批准，依托河北大学艺术学院雄厚的科研、教学、艺术创作实力，由河北大学与河北省社科联共同建设的河北省哲学社会科学研究基地之一。基地的成立正值河北大学入选“中西部高校基础能力建设工程”和“中西部高校综合实力提升工程”的历史机遇，以及河北省社科联基地建设大发展的契机。河北省乡土艺术是艺术的母体和民族文化之根，她体现着河北省的地域文化特征和历史文脉。“乡土”是“本乡本土”、“故乡”的意思。乡土文化是一个国家、一个民族的本土文化根脉。“乡土艺术”是乡土文化最精华、最形象、最鲜活的门类，“乡而不俗，土而不粗”，总体风格是生动、温暖、质朴、深厚，是精英文化之根。本基地目标是对我省地域乡土艺术进行系统的整理、研究、保护、传承，展现地域特色和历史文脉。用乡土艺术演绎“燕赵故事”，挖掘燕赵本土文化根脉，提纯打造燕赵文化名片，形象地展现善美河北。

1. 机构设置

河北省乡土文化与艺术传承研创基地下设1部5个中心，分别为：河北省乡土艺术研创总部、河北省乡土美术研创中心、河北省乡土音乐舞蹈研创中心、河北省乡土戏剧研创中心、河北省乡土技艺研创中心、河北省乡土动画模拟研创中心。把河北省乡土艺术研究基地打造成汇聚燕赵传统艺术的特色基地，成为河北省历史文脉的展示与传承基地、传统艺术教育的展示基地、教学基地、产品研发基地。

2. 学科依托

依托河北大学艺术学院在音乐、舞蹈、美术、艺术设计、影视、戏剧、动画等方面的综合学科优势，全方位、立体式整理河北省“乡土艺术”资源。艺术学院有六系一部，八个本科专业，对河北省乡土艺术中的传统音乐、传统舞蹈、传统美术、传统戏剧、传统曲艺、传统技艺、民俗、民间故事等项目及传承人，进行系统的调查、记录、研究。建立研究档案、积累口述材料、建设数据库、制作虚拟影像体系、研发相关产品。探讨文化遗产继承与发展的关系，及虚拟技术在文化建设方面的应用研究，形成鲜明的乡土艺术保护与产业开发研究和文化传播方面的研究新特色，从而使基地成为具有影响力的河北省“乡土艺术”传承与发展的研究中心、艺术展示中心。

3. 学术成果

工作团队研究水平较高，他们多年来关注河北民间艺术，研究、学习、教学实践。河北大学艺术学院持续开展燕赵文化相关保护与发展方面的研究，整合艺术学科优质资源，本研究团队凝聚了刘宗超、杨文会、齐易、郄建业、张冬梅等一批国内的学术带头人，他们在全国及河北省的书法、美术、设计、音乐、影视、舞蹈等艺术研究领域颇具影响。他们的研究成果在国际、国内重要学术刊物上发表，在国家级出版社出版发行。这些学术研究成果有的填补了艺术学研究的空白，有的以其学术风格的严谨规范、研究内容的深入独到而受到学界的赞誉。这些学者大多为中年人，朝气蓬勃，建有“芦苇艺术研究所”、“河北省非物质文化活动站”、以及正在建设中的“保定市乡土艺术研究基地”。相关研究专著十几部：包括《河北剪纸艺术及其历史文化研究》、《曲阳石雕艺术及其历史文化研究》、《武强年画的艺术风格及历史文化研究》等。这些学术带头人所带研究生，持续进行河北民间艺术研究，近五年来已经撰写河北省乡土艺术研究等相关硕士论文近50篇。

对中西部高校智库服务国家和区域经济社会发展的思考

李华忠*

智库是国家治理体系和治理能力的重要组成部分，具有“咨政启民”的重要作用。近年来，我国各地高校纷纷成立面向地方经济社会发展、面向政府决策咨询研究的科研机构（以下简称“高校智库”），已成为当今我国决策咨询行业一支不可忽视的重要力量。党的十八大提出“坚持科学决策、民主决策，健全决策机制和程序，发挥思想库作用”、“要大力促进教育公平，合理配置教育资源，重点向农村、边远、贫困、民族地区倾斜”。十八届三中全会进一步强调“要加强中国特色新型智库建设，建立健全决策咨询制度”。这预示着智库时代与智库发展春天的到来。2014年2月10日，教育部发布《中国特色新型高校智库建设推进计划》，从多个方面对我国高校智库建设给予了明确指导，这标志着我国由政府统筹的高校智库建设正式启动。随着我国社会转型进入关键时期，如何建设好高校智库，为国家和区域经济社会发展的科学决策提供强大理论支撑和政策建议，已经成为重要的时代课题。

一、中西部高校智库建设的意义

我国正处于全面建设小康社会的关键阶段，新事物、新问题、新挑战不断涌现，加强智库建设既是服务党和政府科学民主决策、破解发展难题的迫切需要，也是回应人民期待、有效引导社会舆论

* 李华忠，华中师范大学社会科学处副处长。

的迫切需要①。习近平同志就加强智库建设多次作出重要指示，明确提出中国特色新型智库建设的总体目标和主要任务，为新形势下推动智库建设指明了方向、提供了强大动力。随着我国经济社会的持续发展，面临的形势和问题也日趋复杂，未来智库在国家改革发展进程中所发挥的作用越来越大。中西部高校智库是我国高校智库的重要组成部分，有很大的发展空间，也有巨大的发展潜力。促进中西部高校重点加强特色学科和师资队伍建设、提高人才培养质量和科学研究水平、推动中西部高校智库跨越发展，对于优化高校智库区域布局结构，加快缩小区域间高校智库差距，构建中国特色新型智库来说可谓是重大战略举措。因此，对于新形势下中西部高校智库建设的必要性、重要性和紧迫性，我们必须要有充分的认识。

（一）我国实施西部大开发、中部崛起战略的必然要求

我国是一个发展中国家，地域辽阔、人口众多、地区之间经济发展不平衡。由于历史、自然、社会和政策等因素影响，我国中西部的发展很大程度上落后于东部，其中最重要的一点就是人力资源数量庞大而质量相对低下、“孔雀东南飞”的人才流失现象严重。究其深层次原因，便是中西部高校高等教育落后、资金投入不足、教育结构不合理等。实施西部大开发、中部崛起战略，教育必须先行。解决中西部人力资源问题，要从长期发展的角度出发，要重视中西部高校高等教育，加大教育投资力度、转变教育模式，进一步合理地安排中西部高校高等教育投资比重，调整教育投资结构，着力构建中西部高校智库，全面提高人口受教育水平，提升人力资源自身素质，使教育更好地服务于中西部地区经济的快速发展。

（二）优化高校智库区域布局、缩小地区差距的现实选择

自 20 世纪 90 年代以来，全国高校智库数量、规模有很大发

① 李卫红．高校在新型智库建设中的使命担当[EB/OL]. http://politics. people. com. cn/n/2014/0216/c1001-24370193. html.

展，质量和效益得到很大提高，结构体系也进一步优化。东部地区经济发达，由于经济和地区的优势，高校智库要比其他地区发展得更快更好。中西部地区高校智库也有了较大发展，不论从规模、数量还是从智库影响力上看，都稳步上升，但是受到地理、经济、环境、人才等多种条件的限制，与发达的东部地区相比还有很大差距。我国高校智库发展的地区差距，既是我国整个社会经济地区间发展不平衡的重要表现，同时又作为一个制约因素，进一步阻碍了我国教育、经济、社会的均衡发展。它不仅加剧了不同地域的人们受教育权利和机会的不平等，即人才培养和人才结构的不平衡，还加剧了经济发展的不平衡，最终影响社会发展和稳定。建设高等教育强国、推进民族复兴需要整个高等教育系统质量和水平的提升，这意味着中西部高校智库和东部高校智库必须均衡协调发展。没有中西部高校智库的可持续发展，就不可能有中国高校智库的可持续发展。离开中西部高校智库的“异军突起”，只有东部高校智库“一枝独秀”，整个高校智库体系必将独木不成林。

（三）维护区域政治稳定和保持民族团结的重要举措

许多中西部高校身处民族区域自治区或少数民族聚集地，是当地教育、文化的中心区和集中地，具有鲜明的区域特色优势，长期以来在加快少数民族和民族地区发展、保护民族文化、维护各族人民利益方面作出了卓越贡献。尤其是，中西部高校积极推动党的民族理论和民族政策、国家民族法律法规进课堂、进教材、进头脑，努力使民族团结、社会和谐的思想扎根于各少数民族。现在，中西部高校在广泛开展民族团结宣传教育活动、大力加强马克思主义民族理论研究和建设、培养民族工作人才队伍上将发挥不可替代的重要作用。因此，促进中西部高校重点加强特色学科和师资队伍建设、提高人才培养质量和科学研究水平、提升中西部高校高等教育水平、推动中西部高校智库跨越发展、优化中西部高校智库区域布局结构，对于维护区域政治稳定、保持民族团结具有重大意义。

（四）构建中国特色新型智库的重要力量

建设中国特色新型智库对于坚持和发展中国特色社会主义、提升国家软实力、全面建成小康社会具有重要意义。中西部高校作为中国哲学社会科学事业的生力军和各学科人才聚集的高地，是建设中国特色新型智库的重要力量。要以服务决策为导向，以提升能力为核心，以改革创新为动力，以哲学社会科学繁荣发展为依托，努力打造一批在国内外具有重要影响的高端智库。中西部高校要创新体制机制，加强平台建设，强化协同创新，增强内生动力，推动形成特色鲜明、结构合理、形式多样的智库发展新格局。中西部高校智库是我国高校智库的重要组成部分，了解全国各地高等教育发展现状和差异，加强中西部高校智库建设，促进高等教育的均衡发展、优质高等教育资源的合理布局，对中西部乃至全国各地区的智库的共同发展，构建中国特色的新型智库具有重大意义。

(五) 增强国家文化软实力的有力保障

随着全球化、信息化的快速推进，各国间的竞争已不仅仅是“硬实力”的竞争，以思想、观念、文化为核心的“软实力”已成为新的竞争点，智库成为各国决策者在处理社会、经济、科技、军事、外交、文化等问题时所倚重的一支重要力量，为各国政府、经济组织提出研究报告、咨询建议以及预测分析，并且发挥着越来越大的功能和作用。高水平、国际化的智库建设成为一个国家软实力和国际话语权的重要象征。21 世纪是中国高速发展、立于世界民族之林的世纪，发展的中国需要形成、汇集世界级水平和影响力群体的智力支持，中国的智库应首先出现在高校。数据显示，中国已连续 30 多年保持近 10%的经济增长速度，居民收入增长 30 多倍，经济总量世界第二，外贸规模世界第一。但是，软实力与高校应有的地位还不相称，缺乏有全球影响力的高端智库。据美国宾夕法尼亚大学最新推出的《2013 年全球智库报告》，美国拥有 1828 个智库机构，且世界排名前 10 位的智库中美国占了 6 个，遥遥领先于世界上其他各个国家。可以说，今天美国的强大与它拥有世界上最顶尖的智库是分不开的。

中西部高校作为人才库、思想库、科技库，是中国特色智库的重要组成部分，是一个国家和地区软实力的重要体现和标志，是影响政府决策、优化发展环境、推动科学发展的研究平台和骨干力量。面对新形势、新任务和新要求，我们应高度重视新型高校智库建设的必要性、重要意义和现实作用，及时转变观念、创新思路，积极探索高校的组织形式和管理方式，加强高校智库建设，以不断提高政府行政决策的科学化、民主化水平。

二、中西部高校智库建设的现状及优势分析

高水平智库是高等教育质量的显著标志。经过改革开放，特别是经过“985工程”、“211工程”、“2011计划”、高校哲学社会科学繁荣计划等的建设，我国高校科学研究事业取得了极大的发展。近年来，高校紧密围绕国家需要，积极建言献策，一批优秀成果及时转化为政府决策和政策。地区智库发展不均衡是我国智库的一个特点。我国活跃智库约60%分布在东部发达地区尤其是一些特大城市，中部、西部地区的活跃智库分布仅为17.0%和17.5%①。中西部地方高校占全国高校总数的54%，“211工程”院校仅为13所，本科院校也只有318所，其余均为专科院校，且多集中在省会及中心城市；中西部高校生人均教育经费、教学用房、教学设备等都还远低于全国平均水平；新兴交叉的边缘学科专业较少，石油、化工、制药、水利、艺术等专业在某些省还是空白；高等教育毛入学率与全国19%的平均水平相比还有差距，有的省份甚至只能达到3%~5%。可以看出，中西部高校总量不少但布局结构欠合理，区域发展不平衡，不利于其他城市经济发展和人才培养。

上海社科院年初同期发布了《2013年中国智库报告——影响力排名与政策建议》，将我国智库划分为党政军智库、社科院智库、高校智库和民间智库四大类。党政军智库和社科院智库通称为官方智库。《2013年全球智库发展报告》显示，我国有6家智库位列全球顶尖智库前100名，分别为中国社会科学院、中国国际问题研究所、中国现代国际关系研究院、国际战略研究中心、上海国际问题研究院和国务院发展研究中心。在中国智库综合影响力排名前10位当中，高校占据3席，依次是北京大学、清华大学和复旦大

---

① 张垚．中国智库：面临最好发展机遇（零距离），http：//politics.people.com.cn/n/2014/0216/c1001-24370192.html.

学。在类别结构排名当中，综合影响力顶级智库排名前30位的智库，高校占据5个席位，分别是北京大学、清华大学、复旦大学、中国人民大学和南京大学①。

由以上资料可以看出，在我国智库建设当中，以党政军智库和社科院智库构成的官方智库占有绝对优势，民间智库实力微弱。而中西部地区智库发展形态相对滞后，影响力相对不足，东部智库对中西部地区发展问题关注相对较少，这些可能是促成中国地区发展非均衡的重要因素之一。高校智库对决策的影响与官方智库相比，虽并不具有优势，但从社会影响力来看，高校智库具有举足轻重的力量。与其他类型智库相比，从拥有的先决条件到政策研究的开展过程，从研究成果的公开发布到转化为决策方案的推广实施，高校智库都显示出独特优势和巨大潜力。

（一）发展机遇：国家政策倾斜

我国整个社会经济地区间发展不平衡，造成我国高等智库发展的地区差距，这种差距同时又作为一个制约因素，进一步阻碍我国教育、经济、社会的均衡发展。它不仅加剧不同地域的人们受教育权利和机会的不平等，即人才培养和人才结构的不平衡，还加剧经济发展不平衡，最终影响社会发展和稳定。在经济战略上国家已经确定了深入推进西部大开发、全面振兴东北地区等老工业基地、大力促进中部地区崛起等战略，不仅旨在促进中西部地区经济、文化、社会的发展，同时也是构建中西部高校智库，提升中西部高校高等教育水平，促进东中西部高校智库均衡协调发展的历史机遇。

教育政策作为一种体现教育方针，调整教育资源的措施，对高校的发展具有举足轻重的作用。如“985工程”、“211工程”属于高等教育资源分配政策，此教育政策极大地提升了部分高校高等教育水平。在教育上，国家所确立实施的“中西部高等教育振兴计划”、“东部高校对口支援西部高校计划”等，是有效破解中西部高校发展难题，构建中西部高校智库、优化高校智库结构的一个重

① 参见上海社会科学院智库研究中心：《2013年中国智库报告》，2014年1月。

大举措。

（二）携手共建：东中西区域联动

三十多年的改革开放已使东部沿海发达地区先富起来，使其在资金、技术、人才、产业结构、开放程度、思想观念、教育程度等方面明显优于中西部地区，东部高校智库的整体素质高于中西部高校智库。西部地区人口众多、资源丰富，市场宽广，为发展高校高等教育、构建高效智库奠定了良好的人才输送基础。再加上西部地理位置的重要性，东中部发展同这些地区之间的经济、教育、文化的交流与合作具有一定区位优势，有利于东部、中部和西部高校高等教育的联动发展。东部经济发达，中部地区是枢纽，拥有承东启西，连接南北的发展优势，西部丰富的资源、广阔的市场空间，使得中西部省、市、区既有较强的互补性，又有展开大范围协作的可能性。

（三）后发优势：中西部区域特色

许多中西部高校身处民族区域自治区或少数民族聚集地，是当地教育、文化的中心区和集中地，具有鲜明的区域特色优势。加强中西部高校智库建设，推动中西部高等教育跨越发展，要充分发掘自身区域特色优势，重点加强特色学科和师资队伍建设、提高人才培养质量和科学研究水平，并加快实施东引西联战略，充分利用和借鉴东部高等教育先进的资源和经验，引进东部充裕的资金、先进的人才与教师资源、高水平的专业学科、现代化的管理技术和多元化的运作模式等教育资源，并加强合作办学、学术交流等多形式发展的引智工作，以促进中西部高等教育的较快发展。

三、中西部高校智库建设的困境

近年来，中西部各地各高校为响应国家号召，提升高校智库服务国家和区域经济社会发展能力，纷纷建立了一批自己的协同创新中心，为发挥智库作用、推进智库建设奠定了基础。但从总体上看，目前我国中西部高校智库建设成效还明显不足，有份量、有影响力的智库不多，组织结构不尽合理，高端人才和创新团队匮乏，高质量的、具有真知灼见的研究成果不多，每年提交的咨询报告对重大决策产生影响还不理想。

（一）中西部高校自身能力不足

我国中西部地区的高校作为高校智库的重要载体，本身存在着一定的缺陷和不足，主要表现在：中西部地方高校占全国高校总数的54%，虽总量不少但布局结构欠合理，区域发展不平衡；重点建设院校少，研究生学位授权点少，影响了中西部高层次人才的培养；中西部地方高校中“211工程”院校仅有13所，办学实力整体较弱；教育经费投入不足，办学条件亟待改善。中西部高校生人均教育经费、教学用房、教学设备等都还远低于全国平均水平；高层次人才大量流失，“孔雀东南飞”现象仍然很严重。很多地方高校现有的人才留不住，外地的人才引不来，送出去深造的高层次人才也经常半路“改嫁”；教育资源、教育质量相对较弱，但农村学生和弱势阶层的子女比例相对较大。给中西部地区农村学生和弱势阶层子女及其家庭带来了很大的经济压力。高校的这些不足给当地智库的建设造成了重要影响。

（二）与东部地区相比总体上发展较慢

《2013年中国智库报告》中，从中国高校活跃智库分布的区域特征来看，大约60%都分布在东部沿海地带，中部和西部地区的高校活跃智库仅占到40%左右。① 从各省的分布状况来看，主要集中在北京和上海。从我国智库综合影响力来看，中部和西部地区的高校智库排名比较靠后，排名前十的都是北京和上海的各大高校和研究机构。另外，从专业影响力的角度看，无论是经济建设还是政治建设，影响较大，实力较强的智库基本上都位于东部沿海和北京。由此可知，我国中西部地区高校智库在服务国家和区域经济社会发展中的作用还有待进一步提高。

（三）中西部高校智库服务面向不清

中西部大部分高校更多沉浸在开展纯粹学术研究的传统里，还没有确立起较为明确的智库意识。虽然服务社会已经成为国际社会

---

① 参见上海社会科学院智库研究中心：《2013年中国智库报告》，2014年1月。

公认的高校重要职能之一，但在现实中，我国中西部的很多高校，受各种因素制约，仍然难以完全摆脱“象牙塔”情结，尤其是研究型高校，热衷于进行纯粹的学术研究，“躲进小楼成一统，管他冬夏与春秋”，经常对社会现实问题表现得比较淡漠。意识淡漠直接导致行为疏离，中西部很多高校缺乏足够的智库热情与能力。一部分中西部地方普通高校智库有意无意地回避地方性，似乎一谈地方性就把本身降格了；也不提为地方经济建设服务，好像服务地方经济局限了其发展空间。有的高校智库虽然提出立足某市，服务某省的服务面向，但是非常笼统，不具有可操作性。只能致使高校智库在面临决策性问题时缺乏足够的应对能力，因而很难高效地出台高质量的决策建议。

（四）中西部高校智库与社会需求脱节

谈到中西部高校智库建设时，应充分考虑所在地区的现实状况。当今社会发展日新月异，需求不断变化。我国中西部地处内陆，与外界沟通相对于东部发达地区来说较少，而且智库相互之间又大多缺乏必要的沟通与合作，习惯于各自为战，这就势必导致中西部高校智库发展滞后，导致与社会需求脱节。表现为：一是大部分中西部高校智库由于缺乏对社会需求的定期分析和科学预测，其人才培养方案一直处于相对落后的困境，与社会需求脱节；二是面对知识发展日新月异的形势，中西部高校教学体系的更新则相对滞后，培养出的人才难以适应社会需求；三是人才培养目标一味求高、同质化严重，造成人才资源配置不合理。这就导致了在中西部很多地区，人才资源得不到合理的培养，从而人才资源严重匮乏。我国中西部的高校智库缺乏高端人才和创新团队，同时没有及时掌握第一手信息资料。这就进一步影响了高校教师从事咨政研究的积极性，制约了我国中西部高校智库潜力的发挥。

（五）中西部高校智库缺乏良好的社会环境和舆论氛围

很多中西部地方政府以及政府官员缺乏相应的治理观念和治理思维，没有从内心真正认识到高校智库对于政府科学施政的重要意义，仍然满足于凭个人经验好恶自觉不自觉地干预高校智库成果的形成。借西部大开发和中部崛起之机，很多地方政府或官员都为争取中央财力、人力和物力等方面的支持，盲目追求政绩，把当地的高校智库建设当成了显示政绩的“幌子”，仅停留在装样子、做表面文章，并没有真正想发挥高校智库的作用。① 因此造成了我国中西部很多高校智库对社会了解和认知程度还很低，同时导致当地民众对高校智库缺乏足够认识，并不清楚高校智库发展对于当地的治理体系和治理能力究竟有什么意义，更有个别极端人士竟然将高校智库不加辨识地认定为就是一种“忽悠”，从心底就予以排斥。置身这样的社会舆论环境，中西部高校智库发展难免受到不良影响和不公正对待。

总之，我国加强中西部高校智库建设所面临的困难主要为缺乏明确的服务对象，与社会需求脱节，缺乏健康的社会环境和舆论氛围，以及高校自身能力不足等。因此，在加强当地高校智库建设的同时，我们还要加强相关体制的建设，为高校智库的发展提供良好的社会环境。

四、加强中西部高校智库建设的思路与建议

习近平总书记最近关于智库建设提出了八字要求——“服务决策、适当超前”，并以此作为指导方针建设高质量的国家智库②。而中西部高校智库是我国高校智库的重要组成部分，具有很大的发展空间，也具有巨大的发展潜力。《国家中长期教育改革和发展规划纲要（2010—2020年）》提出，优化区域布局结构，设立支持地方高等教育专项资金，实施中西部高等教育振兴计划，加大东部高校对西部高校对口支援力度。面对新的历史，为有效推进我国中西部高校智库建设，本文提出了中西部高校智库建设的总体思路和政策建议。

（一）加强中西部高校智库建设的总体思路

当前中国特色新型高校智库建设的总体思路是：紧紧围绕

① 秦惠民，解水青．我国高校智库建设相关问题及对策研究［J］．中国高校科技，2014（4）．

② 教育部．中国特色新型高校智库建设推进计划，教育部网站，2014-2-10.

“五位一体”总布局和“四化同步”新要求，聚焦国家急需，明确建设目标，立足高校特点，以学者为核心，以机构建设为重点，以项目为抓手，以成果转化平台为基础，创新体制机制，整合优质资源，打造高校智库品牌。① 中西部高校智库应为我国西部大开发和中部崛起做出应有的贡献，因此，亟待完善和加强其建设。

1. 明确主攻方向

出思想、谋战略、提对策，是我国中西部智库的根本功能。高校智库建设必须紧紧围绕服务国家战略，结合高校优势和特色，明确主攻方向。一是建立重大决策跟踪机制。紧密跟踪各级党委和政府的重大决策，及时提供动态监测、效果评估和信息反馈。加强战略研究，就未来可能出现的问题进行超前研究，提供决策储备。二是完善理论联系实际机制。如选拔推荐高校智库优秀学者到国际组织任职、到实际部门挂职，参与政策制定，推动智库人才在实践中增长才干。三是建立与需求对接的新模式。邀请实际工作部门直接参与、共同确定智库的重点任务，联合组建研究团队，从源头上解决科学研究与决策需求脱节的问题。拓展成果发布应用渠道，完善专家建议报送机制，把我国中西部高校智库打造为成果发布平台，增强对政府决策和社会舆论的渗透力、影响力②。

2. 提升创新能力

真正具有前瞻性、科学性、实用性的政策建议，必须有厚重的理论、多学科的视角和先进的方法作支撑。推进我国中西部高校智库建设，要从加强基础研究、推动跨学科研究和方法创新等几个方面提升能力、夯实基础。一是坚持基础研究和应用研究并重。发挥高校基础研究实力雄厚的优势，重点支持一批对经济社会发展、社会和谐稳定和国家安全具有长远影响的基础研究项目，推出对理论创新具有重大影响的标志性成果，为提升应用对策研究水平提供坚

① 张东刚．发挥高校优势 打造新型智库，中国教育新闻网，2014-3-24.

② 李卫红．高校在新型智库建设中的使命担当［N］．人民日报，2014-2-16.

实的理论支撑。二是着力推动跨学科研究。促进哲学社会科学与自然科学、哲学社会科学不同学科之间的交叉渗透，大力推进新兴学科发展，为应用对策研究提供更为有力的学科支撑。三是大力推动科研方法创新。吸收借鉴自然科学的研究方法，充分利用现代信息技术，加强文科实验室和数据库建设，推动资源共建共享，为智库建设提供有力的方法支撑和条件保障。

3. 深化综合改革

加快推进我国中西部建设新型高校智库，关键在于深化综合改革，创新体制机制，释放改革红利，激发科研潜能。一是改进评价制度。牢固树立质量第一的评价导向，健全科学合理的分类评价标准，针对应用研究和新型智库的特点，建立以政府、企业、社会团体等用户评价为主的多元评价机制，把解决国家重大需求的实际贡献作为核心标准，改进绩效评估，形成有进有退的动态管理体制。二是完善开放合作机制。大力推动协同创新，积极探索开放、集成、高效的新模式，对封闭、分散的研究资源进行优化组合，组织多部门、多学科、多领域专家开展联合攻关。三是改进管理方式。推进高校智库建设，需要创新管理理念，加强宏观指导，完善顶层设计，提供有力保障。同时，要充分调动各方面积极性，建立健全政策指导到位、保障措施得力、有利于激发智库活力的管理机制。

（二）加强中西部高校智库建设的建议

我国中西部高校智库建设是一个系统工程，需要遵循智库所应具有的独立性、专业性、实践性、服务性、公开性、互动性、话语权等基本属性①，针对我国中西部智库建设现实存在的问题和不足，进行系统规划设计：一方面将高校智库所蕴含的优势充分发挥出来，另一方面有效规避新的发展过程中可能产生的新问题。

1. 营造重视高校智库的社会环境

一方面，政府要发挥引导作用，在实现治理体系和治理能力现代化的过程中，推进科学决策和民主决策，加强对我国中西部高校

① 杜宝贵，隋立民．正确认识中国高校智库建设中的几个关系［J］．高校教育管理，2014（3）．

智库建设的重视程度。由于我国智库总体属于“盖楼型智库”，政府姿态会起到强烈的导向作用。这就要求中西部的地方政府必须真正树立起依靠科学决策推进施政的现代治理理念，并将这种理念强烈地表达和呈现出来，要主动向高校智库征询决策谋略和政策方案，通过需求引导生产，从而极大地激发高校智库参与决策研究的积极性；毕竟政府“采信”高水平智库研究成果的力度越大，越能够赢得高校智库的“真实”服务。

另一方面，中西部应该加强基础教育建设，提高我国中西部地区的整体文化素质，提升人们对该地区智库的认识，重塑高校智库的形象，给我国中西部高校智库一个良好的环境，营造了解、认同、信赖、推崇智库的基础。

2. 健全高校智库运行的体制机制

在我国，高校智库与政府的关系具有双重性，中西部也不例外。一方面，双方是委托与受托关系，即政府委托高校智库承办政策研究的项目；另一方面，双方是市场关系，即高校智库自主产生关于政策研究的成果，由政府决定是否选择采用。本质上，高校智库所提供的是自主研究提出的公共政策方案，政府则是向高校智库购买公共服务方案。高校智库与所在高校的关系，其一涉及智库是否独立设置的问题，主要应该解决目前存在的有些高校智库与高校二级行政管理部门合署办公或挂靠二级学院的问题；其二涉及智库是否成为独立法人的问题，可以探讨建立独立法人、附属机构、挂靠单位、合作举办等多种实现方式，并在此基础上相应理顺智库与高校及政府之间的关系。需要强调的是，无论属于何种关系，都应该保证高校智库业务方面的独立运转，确保智库的专业化发展，以维护智库的基本特性。

在我国中西部高校智库的体制建设问题上，还存在一个类似于“大学自治”的问题，即要求智库尽可能保持独立的价值判断。智库所着力研究和企图解决的问题应该是立足现实并指向未来的，尤其强调其价值层面的应然性判断。所以，其研究成果必须要有超越现实的理念设计、知识构架和实践设想。因此，高校智库既要服务于政府，又要独立于政府之外；或者说，智库只有独立于政府之外，才能更好地服务于政府，这是一种时刻需要准确把握的辩证关系。

高校智库运行机制主要是内部组织结构及其运转。本质上，智库属于开放性的学术组织，所以，应该由科学搭配的人员共同组成扁平式的组织架构，成员可以根据项目需要聘用临时专业人员；工作开展不是简单依靠行政指令而应更多遵循研究需要，交由承担任务的科研人员自主研究。为了保证常规运行，我国中西部的高校智库需要足够的经费支持，根据智库的具体性质，经费应来自校方、业务项目、资助基金等多种渠道。工作评价标准除了常规的质和量的指标之外，尤其应该突出研究成果被政府借鉴、参考、采用以及实际效果的情况。高校智库要有自己的展示平台，既可以是传统的报刊杂志，又可以是现代的网络载体，或兼而有之，还可以采取报告、讲座、研讨、培训、媒体发布等动态方式。展示本身也是智库运行的组成部分，因为展示可以进一步引发当地政府及公众关注，提高智库成果被政府采纳的可能性。智库的自我展示一定要实事求是，保持展示内容与成果水准相匹配，切忌哗众取宠，否则只会适得其反，导致对于智库自身声誉和社会话语权的伤害。

3. 提升高校智库的整体服务能力

我国中西部高校智库要真正体现其价值，在服务国家和区域经济社会发展中发挥作用，根本还在于必须具备足够的服务能力。由于我国中西部高校智库总体发展水平不高，所以要提升中部和西部高校智库的整体服务能力，要从以下几点着手。第一，明确服务对象，注意政策提出的地方性，端正态度，将注意力的重心置于服务决策和社会发展的质量上。第二，与社会发展需求紧密结合。加强其不抓信息的能力，真正做到实事求是，与时俱进。第三，中西部高校作为高校智库的主要载体，发挥着重要的作用，因此加强中西部高校建设也势在必行。地方高校应在正确把握时代背景、适应区域经济社会发展趋势和遵循高等教育规律基础上，围绕人才培养、科学研究、服务社会三大功能，突出办学特色，全面提升地方高校的竞争力。办学特色是地方高校可持续发展的重要保证。中西部地方高校尤其应注重办学特色，而特色能否形成的重要前提就是学校的人才培养与区域经济社会发展所需人才的关联度。为区域经济社会发展服务，始终是地方高校特别是中西部地区高校应树立的基本办学理念。把握改革重点，加大办学体制创新力度。中西部地方高校不能再躺在计划经济的襁褓中“等、靠、要”，应进一步转变思想，更新观念，拓展办学经费渠道。第四，中西部地区高校智库数量少，影响力小，针对这一困难，建议中西部高校智库采取协同发展的模式。中西部高校智库协同发展有利于整合有限的资源，有利于资源的合理、充分利用。另外，高校智库协同建设需要不同学科的相互交流与合作，任何一项决策都是一项系统的工程，也需要多学科的知识和力量。因此，协同发展高校智库有利于提升其服务能力。

服务中西部经济社会发展是中西部高校的重要职能之一，而智库则是高校发挥这一职能的有效载体。高校智库作为民间智库的重要组成部分，不仅能够相对独立于政府而客观地提供决策支持服务，同时也具备智库所需的人才和知识储备优势。对于政府而言，国家和区域经济社会的发展同样需要大量的智力支持，而地方高校无疑具备提供专业决策支持服务的能力。作为汇集专业技术人才最为集中的高等院校，在为国家和地方经济社会发展过程中，不仅具备为国家和地方经济社会发展献言献策的能力，同时积极服务所在区域经济社会发展也是地方高校的基本义务。我们认为，建设中国特色新型智库，是高校义不容辞的重要责任，以紧紧围绕“五位一体”总布局和“四化同步”新要求的总体思路，高校哲学社会学工作者要增强责任感和使命感，聚焦重大问题，服务国家战略，深入开展应用对策研究，积极建言献策，为全面推进小康社会建设，增强国家软实力，提高党和国家决策科学化水平，实现中华民族伟大复兴的中国梦贡献智慧和力量。

美国高校智库运作对建设中国特色新型高校智库的启示

曾向红 *

党的十八大提出“坚持科学决策、民主决策、依法决策，健全决策机制和程序，发挥思想库作用”的新要求。习近平总书记在 2013 年中央经济工作会议上指出，要健全决策咨询机制，按照服务决策、适度超前原则，建设高质量智库。2014 年 4 月，习总书记就加强智库建设又作重要批示：智库是国家软实力的重要组成部分，随着形势的发展，智库的作用会越来越大。美国拥有世界上数量最多、水平最高的智库。研究美国高校智库，从运作成熟的美国高校智库中得到启迪，对建设中国特色的新型高校智库有较强的借鉴意义。

一、美国高校智库运作的特点

智库，也称“思想库”，即智囊团，是指由专家组成的多学科的为决策者在处理社会、经济、军事、外交、科技等各方面问题出谋划策，提供最佳理论、策略、方法、思想等的公共研究机构。智库最早出现于“二战”时期的美国，是指战争期间美军用来讨论作战计划的密室，后来泛指一切以政策研究为己任、兼顾影响公共政策和舆论的政策研究机构。高水平现代智库是一个国家重要的软实力，是政府决策科学化、民主化的重要保障。

美国智库具有生产思想、设计政策、引导舆论和储备及周转人

* 曾向红、江南大学社会科学处副处长。

才等四大功能。美国智库通过专家学者的集聚所产生的集体智慧为政府决策服务，为经济、政治、社会、军事、外交等方面的政策规划提供具有针对性的理论知识、思想范式和政策建议，号称美国继立法、行政、司法以及媒体之后的“第五种权力”。

美国约75%的智库附属于大学。美国名牌高校智库，依托大学的多学科综合性优势，在出政策、出战略、出人才方面具有杰出的影响力。美国著名的大学智库有：斯坦福大学的胡佛研究中心、国际安全与合作中心，哈佛大学的俄罗斯研究中心、肯尼迪政府学院贝尔福中心，普林斯顿大学的威尔逊公共与国际事务学院，哥伦比亚大学的国际动态研究所，加利福利亚大学的国际和战略研究中心，耶鲁大学的经济发展中心等。其运作主要有如下特点：

（一）独立的运作方式

1. 合同制

独立运作的方式通过与客户（主要是政府）签订独立运作的合同来体现。智库在规定的期限内完成合同内容，双方就约定的内容达成《项目说明书》，内容一般包括：问题、方法、背景、数据、进度、预算、时间表等。接下来项目开始执行，预算到位，智库按时间表提供报告研究结果，完成项目。对部分智库认为有意义或会造成重大影响的自主选择研究项目，开题后会向可能的用户推荐和兜售，或研究结束后，以粗线条方式告之潜在用户，动员其购买研究成果。

2. 依托于政府、独立于政府

智库跟政府有非常密切的关系，同时也保持一个独立的地位。布鲁金斯学会中国研究中心研究室主任李成认为：“我们处在一个独立的地位，没有特别强的党派色彩。如果民主党当政，我们的研究人员更多是共和党的；共和党当权时，民主党退下来的人进入我们的队伍，所以在一定程度上保持了独立性和对政府批评的作用。同时由于跟前政府官员、现政府官员或者未来政府官员之间紧密的关系，我们并不担心骨干人才交替带来的影响。”

在美国，咨询是政府决策过程的法定程序，政府项目的运作与论证等各个阶段都必须要有不同的咨询报告为参考，这为智库充分发挥独立的资政作用创造了条件。智库尊重并且受益于跟政府、私人企业、学者的良好关系，但坚持原则仍然是最首要的，研究报告之所以受到政府重视，主要是因为他们在这个领域的权威和公信力。

（二）多元的筹款渠道

多元化、多渠道的资金来源是确保智库独立运作的重要基础。美国智库的资金来源于公司、基金会、政府委托研究的合同收入、个人捐赠、智库本身的基金收入等多个渠道。为保证研究的独立性、观点的多样性，美国智库对资金来源的比例有较严格的规定。如布鲁金斯学会每年的预算收入有74%来自公司和个人捐款，来自政府部门的资金只占3%~4%，这有助于学会长期保持无党派的独立立场。

政府作为智库产品的最终需求和消费者，应率先加大对智库研究资源的投入，并建立有效的制度基础保障智库获得多元化的财政来源，包括：设立政府的政策研究基金，通过法律或政策鼓励社会公益捐助，通过法律鼓励民间资本作为研究基金的补充，鼓励智库专家自由申请政策研究公益基金等。

国家财税政策支持对美国智库产业的发展有重要推动作用，如：美国政府专门设立了国家科学基金会，每年有十几亿美元的资金专门用于资助各种智库。政府对智库还有税收方面的扶持，智库享有免征所得税和财产税，公司和个人对智库的捐赠可从应纳的税额中扣除，这使得美国许多企业乐于捐助。一些企业还希望通过对智库的捐赠来提高知名度，树立公司良好的社会形象。

（三）灵活的用人机制

1. 进出政学两界、一池活水“旋转门”

美国智库建立的“旋转门”制的人才流动机制已成为美国政治的一大特色，即智库成员的身份在政要与研究者之间变换，智库成为政府要员的“供应商”和“蓄水池”。一方面智库将精英输送到政府机构任职，由研究者变为决策者，可以对政府决策产生至关重要的影响；另一方面也为在政府换届中下台的官员提供“落脚点”和“过渡带”。通过四年一届的总统选举，新一届政府成立，一批高官卸任，一批新内阁走马上任，他们要么回归智库，要么出自智库，使得学界与政界、思想与权力之间得到更加通畅的交流。

2. 合理的人员配置

高、中级研究人员占较大比重，一般是橄榄型；注重研究人员来源的多元化和学术背景的多样化，研究团队在工作经历、学术训练、政治和思想观念、民族、性别和种族方面相当多元化；通过聘用研究员、客座研究员、高级顾问等多种渠道，迅速进入自己不熟悉的领域开展新课题研究，充分借助多个领域专家的才能，借助外力提高研究水平。

合理配置研究力量、管理团队和服务人员。如著名的布鲁金斯学会（非大学智库）在人员组合方面，坚持将专职研究人员和辅助研究人员人数比例设定为1∶2.5。智库拥有负责媒体、政府关系、市场等分支部门，这些部门的工作人员担当起所有研究人员并不擅长的工作，让研究人员可以将注意力完全集中在项目研究之中。

(四) 科学的研究方法

1. 研究团队跨学科配置

全球化和信息化时代，所有国家的政策制定者都面临着无比复杂的决策环境和互动日益频繁的问题领域，对科学决策的要求创造了对学术研究所产生的知识和智慧的巨大需求。在这一背景下，高校智库多学科的技术密集型人才的优势就彰显出来了。对于不同领域长期的积累和思考，知识结构多样性，有利于在新形势和新环境下做出科学的对策和建议。例如，国际安全与合作中心的特色是依托斯坦福大学雄厚的科技实力和人才储备进行跨学科的综合性研究。为应对复杂的挑战，很多项目是由政治学者、社会科学学者和工程师联合完成的。该中心每一个研究团队都是跨学科配置，研究团队人员由两部分构成：一部分是社会科学的专家学者，包括政治学家、历史学家、法学家、经济学家和心理学家等；另一部分则是理工类和工程类科学家，包括核物理学家、化学家和生物学家。这种跨学科配置充分发挥了高校的特色优势。

2. 双向研究法、多元方案

美国学者克拉克曾经说过这么一句话：决策所必须遵守的第一条原则就是，如果没有反对意见，就不能决策。美国高校智库研究遵循双向研究法则，即对相同课题组织正反两个小组，一个小组从积极正面的角度研究分析，一个小组从消极反面的角度提出质疑，最后两组展开辩论，从而避免最终结论的片面性。

一般情况下，智库会向项目委托人提供多个决策咨询选择，并将每一种选择在政治、经济、公共关系等方面可能产生的后果及利弊，一并忠告用户，向决策者提供科学、客观、公正而全面的决策建议。

（五）完善的考评体系

1. 打造拳头产品、树立核心品牌

智库的“拳头产品”既包括一些特色研究项目，也包括一些有重大影响的学术刊物。智库（包括大学智库和其他著名智库）大多定期出版自己的刊物，努力打造学术精品和“思想载体”，不断强化智库的品牌形象。例如战略与国际问题研究中心《华盛顿季刊》，布鲁金斯学会的《布鲁金斯评论》，卡内基国际和平基金会的《外交政策》，尼克松中心的《国家利益》季刊，而外交关系委员会的《外交》双月刊则影响最大、地位最高。

2. 科学的考评机制

美国智库都很重视咨询研究的质量管理，建立了严格的质量管控和成果评价机制。按照标准，对研究团队和研究成果进行客观评价和考核。考核包括内部考核和外部考核两个部分，一般每 4 年或 5 年进行一次。内部考核是各研究部门的管理团队对自己部门的研究质量进行内部评级和总结。参与外部考核的人员由两部分组成：一部分是智库以外的考核人员，这部分人员属于核心成员；还有一部分人员来自智库的其他部门。许多美国智库还从社会上聘用全国有名望的教授和各类高级专家，作为特约顾问和研究员，主要任务是参加智库高层管理和对重大课题进行研究分析和成果论证，以确保研究质量及研究成果的权威性。

（六）成熟的成果转化

美国高校智库实现影响力的行为是丰富多样的，不仅向政府部门输出，还以各种形式向其他任何关心政策问题的群体输出。完善的智库成果传播、转化、应用机制是智库助力政府提升决策水平的助推器。美国智库成果转化渠道广泛且畅通，主要有以下途径：

1. 定期出版刊物。如哈佛大学肯尼迪政府学院的贝尔福中心，编辑出版的《国际安全》季刊，向政府决策者、媒体以及公众推荐中心的最新研究成果。

2. 发表研究报告。智库选择紧迫的、重大的热点政策性问题，组织专门班子重点研究，形成研究报告影响政府。如奥巴马总统决定放弃在东欧部署导弹防御系统，极大地依赖于斯坦福大学国际安全与联合中心的一份研究报告《伊朗的核与导弹潜力》。

3. 出席国会听证会。通过向国会推销智库的政策主张与治国理念来影响立法部门、政府决策。

4. 为企业提供咨询。通过为大企业提供咨询服务来扩大影响，强化与企业界的关系，同时获得企业的经费资助。

5. 亮相媒体。通过媒体介绍自己的政策主张，专家们频频亮相于大众媒体，引发公众对时政问题的关注从而牵引社会舆论。

6. 承担政府委托课题。由于有这层关系，著名高校智库影响政府决策就拥有独一无二的优势。

7. 举办研讨会等各种学术交流活动。参加会议的大多是政界、商界名流，智库可及时了解政府政策走向，同时用自己的政治理念影响政府决策者。

二、对建设中国特色新型高校智库的启示及建议

据美国宾夕法尼亚大学公布的《2013 年全球智库报告》显示，全球智库数量已增至约 6826 家，其中中国的智库有 426 家。在全球前 100 名顶级智库中，中国只有 6 家（中国社会科学院、中国国际问题研究所、中国现代国际关系研究院、北京大学国际战略研究院、上海国际问题研究院、国务院发展研究中心），并且目前我国有影响力的智库主要是政府智库，高校智库明显不足。

在经济全球化、世界多极化、社会信息化深入发展的大背景下，无论是巩固党的执政地位、实现执政使命，还是服务党和政府

科学决策民主决策、破解发展难题推动经济社会发展，以及参与全球治理、扩大国际影响力，都越来越需要智库的思想支撑。因此，打造一批高水平的高校智库，推进中国特色社会主义实践创新、理论创新和制度创新提供强有力的学理支撑，就显得非常迫切。

为打造一批党和政府“信得过、离不开、用得上”的高校智库，教育部进行了顶层设计，2014 年 2 月 10 日专门印发了《中国特色新型高校智库建设推进计划》，从目标布局、人才队伍、平台建设等方面确立了新型高校智库建设的宏伟蓝图。如何围绕《推进计划》分层次分阶段落实实施，成为高校智库建设的重要任务。

中美两国高校所处的制度环境差异较大，智库运作的思路和方法也不尽相同，但我们期冀能从成熟规范运作的美国高校智库中得到启迪，使中国大学智库真正成为中国特色新型智库改革与发展的发动机。

（一）组建竞争平台，科学理性研究

组建公开透明的智库竞争平台，明确招投标标准和规则，不论是官方智库还是民间智库，都通过这个平台拿课题拿项目。公开透明的智库竞争平台，可以避免高校智库与政府信息交流沟通渠道比较杂乱且不畅通的问题，还可以克服各个部门只通过自己的信息渠道，相互之间缺乏整合，导致一些已经提出过、研究过的问题重复出现的问题。选择不同的智库同台竞争，不但能提高智库的竞争水平，同时能提高政府部门的决策水平。

在智库的经费来源上，政府应鼓励企业捐助、基金会赞助、个人资助，制定国家财税支持智库健康发展的扶持条款。

淡化行政化，独立研究、理性研究。我国目前除了国研中心是公务员管理机制，其他智库很多是隶属于某个政府的事业单位，“我们首先要的是领导满意。课题争取过来，我们也想独立研究，但是经常有政府部门的人暗示我们，他们领导希望的方案是什么样的。不按领导的意思走，课题就通不过”。这是某智库研究人员谈的现象，但这不只是个别问题。

（二）坚持问题导向，建立跟踪机制

提倡以问题为导向开展项目研究，更加符合国家发展需要。以

问题为导向，面向区域发展需要，在高校培育一批面向区域产业需要的特色政策咨询机构。建立重大决策跟踪机制，紧密跟踪各级党委和政府的重大决策，及时提供动态监测、效果评估和信息反馈。加强战略研究，就未来可能出现的问题进行超前研究，提供决策储备。

（三）发挥集成优势、创新研究方法

打破学科壁垒，发挥集成优势。目前高校智库研究团队跨学科组建明显不足，确乏科学系统的团队研究，无法发挥合作研究的优势，难以获得高质量的研究成果。虽然政府机构也经常邀请高校专家出谋划策，但是发出的只是个别人的意见，具有临时性特征，并不是一个团队系统、严谨的研究成果。

大力推动科研方法创新，组建社会科学实验室。吸收借鉴自然科学的研究方法，激活人文社科研究方法，充分利用现代信息技术，加强文科实验室和数据库建设，推动资源共建共享，为智库建设提供有力的方法支撑和条件保障。围绕内政外交重大问题，重点建设一批社会调查、统计分析、案例集成等专题数据库及以模拟仿真和实验计算研究为手段的社会科学实验室。

（四）推动人员流动，完善用人机制

目前高校智库研究人员只有少数人具有在政府部门或者社会机构任职的经历，基本上是从校门到校门，关起门来做学问的情况比较普遍，而且存在针对性、实践性不强，过于学术化的问题。这种情况带来的结果是研究者所做的研究不能适应决策需要，不能引起政府部门决策者的重视。

加快人员流动，完善用人机制，可以借鉴美国经验探索“中国式旋转门”机制，如选拔推荐高校智库优秀学者到国际组织任职、到政府部门任职挂职，参与政策制定等灵活方式，推动智库人才在实践中增长才干。2013 年 11 月，在上海市高校新型智库建设工作推进会上，出台了《加强上海高校新型智库建设的指导意见》，提出建立上海特色的“旋转门”制度，高校保留 3%的编制额度专门用于支持教师流动。探索设立特聘岗位、兼职岗位的年薪制，用于吸引政府、高校、研究机构和企业的优秀咨询研究人员。

(五) 深化考评改革，强化成果转化

目前高校科研评价、人才激励和成果应用转化机制还不能适应智库建设需要，影响了高校智库研究人员的积极性。要尽快建立以政府、企业、社会等用户为主的评价机制。智库研究成果应纳入现有的学术科研评价体系。智库运作的终极目标是决策咨询被采纳，最终价值在于影响政府决策，要积极拓展成果发布、成果转化渠道，完善专家建议报送机制，打造高校智库成果发布平台，增强对政府决策和社会舆论的渗透力、影响力。

理工类高校建设中国特色新型智库存在的问题及对策研究

安 实 卜琳华*

智库（think tank）又称“思想库”，顾名思义就是储备知识和提供思想的“仓库”，是指研究、分析和参与公共政策的智囊机构。在中国古代就有类似机构，即具有类似功能的“智囊”组织。智囊在我国历史上曾有过多种称呼，如门客、军师、谋士、参谋、顾问等，他们在军事及其他政治活动中起着十分重要的作用。如史书、兵书中有记载的孙武、吴起、孙膑等都是谋士，他们为各自的国君在治国兴邦中做出了不可磨灭的贡献。智库在西方的起源，学术界普遍认为该词最早是由美国人提出的，最初专指第二次世界大战期间美国军事人员和文职专家聚集在一起讨论制订战争计划及其他军事问题的军事服务部门（类似作战参谋部）。如今，在西方，智库已不仅仅是指从事战略、军事以及国际关系研究的机构，其涵盖的范围和领域已囊括当代政治、经济以及社会问题等多种机构，如此也使得智库成为西方政治生活中众所周知的概念。西方国家涌现出了一批全球知名的智库，如美国的布鲁金斯学会、兰德公司，英国的查塔姆研究所、国际战略研究所，瑞典的斯德哥尔摩国际和平研究所，比利时的布鲁盖尔研究所等。这些智库对西方国家的政府决策有强大的影响力，被称为政府的第四部门或第五种权力。

---

* 安实，经济管理与人文社科研究院教授；卜琳华，哈尔滨工业大学助理研究员。

一、理工类高校建设有中国特色新型智库的提出

随着全球化深入发展，各类智库在世界各地不断涌现，冷战结束后更是呈爆炸式增长，据美国宾夕法尼亚大学《2013年全球智库发展报告》①，截至2013年8月，世界上共有6826家智库。智库越来越受到世界各国的重视。我国在历史上一直非常重视智库的作用，清朝人陈澹然在《寤言二迁都建藩议》中更是指出："不谋万世者，不足谋一时；不谋全局者，不足谋一域"。中华人民共和国在成立后不久，于1949年就由政务院设立了参事室（我国官方智库的雏形）。改革开放以来，尤其是党的十七大以来，党中央对智库的建设高度重视。党的十七大指出要"鼓励哲学社会科学界为党和人民事业发挥思想库作用"。党的十八大提出了"坚持科学决策、民主决策、依法决策，健全决策机制和程序，发挥思想库作用"的新要求②。2013年4月，习近平总书记作出关于加强中国特色新型智库建设的重要批示，指出"智库是国家软实力的重要组成部分，随着形势的发展，智库的作用会越来越大。要高度重视、积极探索中国特色新型智库的组织形式和管理形式"。刘延东副总理在2013年5月30日发布重要讲话，提出要充分发挥高校学科齐全、人才密集的优势，繁荣发展高校哲学社会科学，为建设中国特色新型智库作出贡献。党的十八届三中全会进一步强调要"加强中国特色新型智库建设，建立健全决策咨询制度"。这既明确了当前和今后一个时期我国智库发展的基本方向，也为新时期加强中国特色新型智库建设提出了新的更高的要求。中国知识分子的治学理想就是"修身齐家治国平天下"，中国特色新型智库建设为知识分子实现这一理想提供了重要的社会参与和咨政建言的舞台。

目前高校哲学社会科学研究队伍总人数约占全国哲学社会科学

① University of pennsylvania. 2013 global go to think thank index criteria, methodology and timeline. 2014. 1. 30.

② 河南省社会科学院课题组．关于加强中国特色新型智库建设的思考［N］．中国社会科学报，2013-11-27.

研究队伍的85%，当之无愧地成为了国家哲学社会科学事业的主力军和国家哲学社会科学创新体系建设的重要力量①。因此我国高校理应在建设中国特色新型智库中发挥重要作用。对于理工科高校而言，由于历史和现实、观念和机制的双重影响，在哲学社会科学的研究，尤其是在智库建设上相对处于较为劣势的局面。因此，在中国特色新型智库建设的过程中，理工类高校的领导及科研管理工作者应进一步转变观念，把握好当前深化哲学社会科学科研领域综合改革的大好机遇，以建设高水平中国特色的新型智库为契机，快速扭转理工类高校在哲学社会科学上的劣势。

二、理工科高校智库建设的现状和发展水平低的原因

（一）理工科高校智库建设的现状

近年来，各级政府、高校和科研机构积极推动智库建设，我国智库在数量上迅速提高。据美国宾夕法尼亚大学全球智库发展报告项目统计，2008年中国智库有74家，约占全球智库的1.4%，数量排名全球第12位。2013年的数据显示中国智库有426家，约占全球智库的6.24%，数量排名全球第2位。然而从影响力看，我国智库与国际一流智库相比，还存在较大差距，在全球十大顶尖智库中仅有中国社科院占据了1个席位，排名世界第9，我国智库进入前100名的仅有4个，且均为官方智库。当前，我国十大智库是中国社会科学院、国务院发展研究中心、中国科学院、中国军事科学院、中国国际问题研究所、中国现代国际关系研究院、中国太平洋经济合作全国委员会、中国科学技术协会、中国国际战略学会、上海国际问题研究所。据《2013年全球智库发展报告》，全球排名前40的高校智库，我国仅有2个入选，分别为清华—布鲁金斯公共政策研究中心和北大国际关系研究所。近年来，我国高校哲学社会科学研究取得了一定的成绩，目前全国高校人文社会科学的研究队伍近36万人，其中教授3万多，副教授8万多；高校现在每年发

① 张东刚．以科学发展观为指导建设高校哲学社会科学创新体系［J］．中国高等教育，2013（1）．

表的专业论文大概有25万篇，出版的专门著作大概有25000部，无论在数量上还是在质量上都取得了骄人的成就①。高水平高校智库的缺乏与我国高校的科研实力极不相称。而对于我国大部分理工科高校，因为长期不重视人文学科的发展，在当前智库快速发展的状况下，很难看到理工科高校的身影。

（二）理工科高校的哲学社科研究长期得不到重视

近年来，党和国家多次强调大力发展哲学社会科学的重要性，但是在理工科高校，由于学科发展的不平衡，理工科无论是在资源获取上，还是在发展的重视程度上，都远远超过哲学社会科学学科。很多知名的学者，甚至一些知名院士，都认为只有自然科学才能算得上科学。由于这种现象在理工科高校普遍存在，加之理工科高校中，无论是教师还是学校领导，理工科出生的人数都占据绝对优势，有更大的话语权，从而在学校的各项政策乃至未来的发展规划上，哲学社会科学都受到不公正的待遇。这就造成了哲学社科研究吸引不到高水平的研究人员。很多优秀的哲学社会科学毕业生不愿意到理工科高校工作，加之哲学社会科学研究是一个长期的过程，很多知名学者都是在经历了长期的冷板凳之后才写出重要成果，而对于青年学者，他们很难有比较出色的成果，这样在人才招聘时，理工科高校也向理工类专业倾斜，这就造成了后备年轻科研人员不足。这些都导致理工科学和哲学社会科学发展的不平衡。然而，智库建设迫切需要高水平哲学社科研究人员，特别是青年哲学社科研究人员的参与，他们知识结构新，能较快地接受新事物，能跟上当今世界和国家的快速发展趋势。因此理工科高校要建设有中国特色的智库，必须使哲学社会科学得到重视。

（三）理工科高校与政府联系不密切

众所周知，美国智库之所以能够向美国政府提供高质量的咨询和研究报告的一个重要原因就是他们拥有“旋转门”制度。所谓“旋转门”，即智库在机制上能够辅助决策，智库成员的身份在政

---

① 袁振国．立足创新大力提高高校哲学社会科学研究质量［J］．宁波大学学报（人文科学版），2007（5）．

要与研究者之间转换，智库的研究员经常能有机会进入政府机构成为政要，而重要官员离职后又常进入智库，成为研究人员，由此而“旋转”，有的甚至“旋转”了两三次，这个制度不但能够使研究人员亲自了解到政府的需要，还能有效提高政府的活力，使政府官员拥有更好的专业知识和能力，提高政府决策的质量。另一方面使智库成了为政府培植、储备人才的地方，有丰富政界经验的人进入了智库，能强化智库咨询服务的人缘资源和实效性，对智库发展的意义也非常重大①。美国的经验让我们得知，如果要建设高水平智库，必须让智库和政府之间保持密切的关系。

理工科高校由于历史原因和学科特点，与政府特别是政府的决策部门之间缺乏紧密联系，这就造成了理工科高校的教师和科研人员与政府部门的信息不对称，高校不能及时了解到政府的需求，更难得到政府的第一手数据。当前理工科高校的人文社科研究仍以学术研究为主，很少进行以辅助政府决策为目的的应用研究。这就造成了理工科高校的人文社科研究所提供的咨询和研究报告可操作性不强。此外由于理工科高校和政府联系不太密切，即使有非常好的智库成果，也难以及时送到政府决策者手中。

（四）理工科高校建设高水平智库缺乏好的学术交流平台

建设有中国特色的高水平智库，必须有良好的平台支持，这样才能使各学科研究人员共同研究，使他们进行知识结构互补，从而更有利于对政府需求进行研究，形成高质量的咨询报告和调研报告。然而在理工科高校，哲学社会科学专业的设置，最初大多是为了公共课的需要，之后在学校的不断发展过程中，才不断得到补充。理工类高校，虽然理工类专业的建设非常完备，但理工类专业的研究人员由于科研任务较重，很难和哲学社会科学的研究人员合作。而众所周知的是，当今的科学研究已经没有严格的文理界限，如历史学和社会学的研究经常会用到很多理工科的研究方法和研究

① 许共城．欧美智库比较及对中国智库发展的启示［J］．经济社会体制比较，2010（2）．

手段。由于理工类学科和哲学社会科学学科不能有效地协同，这样就不能解决很多国计民生中遇到的重大难题。如当今众多城市所面对的空气污染问题，就需要多学科研究人员的参与，而如今在我国理工科高校，普遍没有良好运行的科研平台为哲学社科研究人员服务。从而使大部分哲学社会科学研究人员埋头于自己的研究。因此，在理工科高校，必须建立高效的、多学科交叉的协同科研平台，为方便文理科研究人员之间的科研协作和交流服务。

三、理工科高校建设有中国特色智库的优势

习总书记在 2014 年 6 月 9 日在中国科学院第十七次院士大会、中国工程院第十二次院士大会上的讲话中指出："科技是国家强盛之基，创新是民族进步之魂。自古以来，科学技术就以一种不可逆转、不可抗拒的力量推动着人类社会向前发展。"尤其是自 20 世纪中叶开始的信息化革命以来，理工科研究成果对社会发展的影响越来越密切。无论是政府的日常管理决策，还是对于突发事件的处理，都越来越涉及理工科知识。而在传统的智库中，一般更重视哲学社科研究人员的研究工作。近年来，国内外都加强了对理工科智库的重视程度。在近年来的全球智库发展报告中，都单独列有国际著名科技智库，在最新的 2013 年报告中，德国马普所等著名理工科科研机构赫然在列。在建设有中国特色的新型智库时，理工科高校智库在政府的决策中具有独特的优势，这主要表现在四个方面：一是具有现代化自然科学知识的高层次人才密集且与国际领先水平相差不大，由于我国理工类高校一直重视理工科的发展，加上近年来高等教育的迅速发展，理工科高校的很多学科进入了世界排名 1%，这标志着我国理工科高校的研究及人员储备已经能够跟得上世界主流；二是理工科高校与社会生活相联系的理工类学科系统而全面，如哈工大、西安交大、同济大学、东南大学等理工科高校具有较为完备的理工科学科，这些为理工科高校建设有中国特色的智库提供了必备条件；三是理工科高校理工类资料丰富、信息灵通，理工科高校一直都重视科技资料和文献的搜集和整理，大部分理工科高校，特别是排名较为靠前的理工科高校拥有最新的科技文献；

四是具有良好的学术研究环境，理工科高校因为与国际同行联系较多，接轨较早，无论是在研究方法上还是在学术规范上都与国际学术界接轨较早，目前已形成了良好的学术研究环境。这些优势有助于形成启发灵感、活跃思维的良好氛围，从而使理工科高校所建立的智库能够在偏向理工类的政府需求上产生创新性的思想、方法、成果和政策建议。

四、理工类高校建设有中国特色智库的对策

习总书记关于中国特色新型智库建设的重要批示和刘延东副总理5月30日重要讲话精神，要求我们必须紧密结合所在高校实际，创新体制机制，汇聚优质资源，扎实推进有中国特色的新型智库建设。为各级政府提供优质的战略咨询建议和服务，不但是党中央建设高校智库对我们提出的要求，也是理工科高校学者的职责。

一流智库是一流大学的重要内涵。在建设有中国特色新型智库的工作中，哈工大作为国内一流高校责无旁贷要聚焦重大问题，服务国家战略，“急国家之所急，想国家之所想”，发挥学科齐全、人才密集的优势，开展独立性、前瞻性的研究工作，“不唯书、不唯上、只唯实”，为党和政府的科学决策提供高质量的智力支持。国家领导人对智库的高度重视和经济社会发展对智库的强烈需求，对于哈工大来讲是一个重要的战略机遇。哈工大从新中国成立以来，一直以国家需要为导向进行学科建设和人才培养，如何更好地为国民经济建设服务是哈工大人一贯的追求。我校作为工科院校，人文社科发展的水平一直跟不上哈工大的发展，我们应以建设有中国特色的新型智库为契机，加大投入，进一步提高哈工大人文社会学科的研究水平和实力，更好地为国民经济建设、为早日实现中国梦服务。为此，近期我们主要从以下几个方面加强智库建设：

（一）凝练智库建设目标、整合学术资源

哈工大是传统的工科强校，为此在进行哲学社会科学的规划时，就依托学校优势学科和省级研究基地，结合我校学科特色和优势，发挥我校工科学科完备且实力较强的优势，充分发挥我校优势学科和重点研究方向，着力推进跨学科研究。同时我们以建设有中

国特色智库为契机，精心谋划，科学布局，依照当前及未来一段时间国家和地区政府的重大需求，围绕党和政府关注的重大现实问题、人民群众关心的热点难点问题，组织我校环境、航天、机电、材料、交通等工科领域和经管人文领域的骨干力量，凝练我校智库建设的目标和重点，从而使我校在建设有中国特色新型智库时能够充分整合我校的优势学科资源，出思想、谋战略、提对策，形成有深度、有见地、可操作的研究成果，努力为国家和地方政府决策提供高质量研究成果和政策建议，为建立有我校特色的高校智库提供基础。

（二）全方位、多层次对接国家及地方政府需求

由于理工科院校教师与各级政府联系不密切，这很大程度上制约了中国特色新型智库的建设。在我国，目前还没有类似美国的“旋转门”制度，科研人员与政府需求之间不能有效协同。而智库建设不但要关注国家重大战略需求，同时也要为区域及地方经济建设服务。为此我们协调当前发展和未来战略的关系，既要使我校科研工作者着眼于解决各级政府部门最关心的一个又一个的实际问题，也要未雨绸缪提前研究将来可能出现而当前尚无端倪的重大战略问题，这也是党和国家对建设有中国特色新型智库的基本要求。

习总书记在出席院士大会时指出，科技成果只有同国家需要、人民要求、市场需求相结合，完成从科学研究、实验开发、推广应用的三级跳，才能真正实现创新价值、实现创新驱动发展。对于智库建设来讲，亦是如此，理论联系实际是增强哲学社会科学活力的根本途径。当前，制约哲学社会科学发展的最大问题就是理论与实际相脱离，许多教师对现实问题关心不够、认识不足。对此，我们应逐渐完善成果应用转化机制，鼓励我校人文社会科学科研工作者和科研团队，紧紧围绕全面建成小康社会和发展中国特色社会主义的新要求，多与各级政府、企业联系，为经济社会发展服务，加强应用研究与技术开发，促进产、学、研相结合，从而为建设新型智库提供条件。为此我们依托我校现有的四个教育部及省重点社科研究基地，理论联系实际，为国家及地方经济建设服务，同时创造条件使各学科教师及时了解到国家及地方政府的重大需求。在这些工

作的基础上，通过我校科研工作者的共同努力，我校近年来在信息化建设、电子商务、区域经济、科技服务业、新文化产业等方面的国家软科学研究计划项目、教育部人文社会科学研究一般项目、黑龙江省重点专项规划项目以及哈尔滨市的课题中得到立项。这些课题涵盖了国家及各级地方政府的需求，不但展示了我校人文社科研究者解决问题的实力，也为中央和地方政府科学决策提出了具有前瞻性、战略性、可操作性的咨询服务，为推动我国经济社会又好又快发展提供了学理支撑。

（三）搭建新型区域内高校科研协作与交流平台

和平与发展是当今世界的主题，而协作和整合优势资源是很多领域发展的趋势。高度全球化已经使各个国家密不可分，国与国之间的竞争也日趋自然化。我们建设有中国特色的高水平智库，应凝聚更多优势学术资源，在建设智库的同时，通过科研协作与交流，提升区域内各高校的科研水平。李卫红部长在深化科研领域综合改革的会议上强调，要按照以改革推动发展、提高质量、增强活力的总体思路，坚决破除各方面体制机制弊端，进一步解放和发展科研生产力，推进科研体系和管理体系现代化①。党的十八大《中共中央关于全面深化改革若干重大问题的决定》特别强调了要加强金融危机、网络安全、资源环境、反恐维和等全球性重大问题以及区域和国别问题研究。为此去年下半年，我校联合了包括管理学、经济学、交通运输、建筑规划、城乡规划学、社会学、马克思主义哲学、外国语言文学、环境科学、法学等多个学科，成立了黑龙江省区域科学学会。这是一个包含黑龙江省各高校的科研协作、展示与交流平台，依托这个平台，我们将以全新的视角，集成众多科研机构及不同学科的研究力量为国家及黑龙江省的政府决策提供支持，在高校和政府、社会之间搭建起桥梁和纽带，探索服务需求对接的新模式，密切关注、全程跟踪党和政府的重大决策，及时提供动态监测、效果评估和信息反馈，形成全程参与的服务决策机制。同

---

① 李卫红．深化哲学社会科学科研领域综合改革［N］．中国教育报，2013-12-4.

时，黑龙江省众多高校、科研机构以及企事业单位的协同合作，能显著提升这些机构的创新能力，将为建设有中国特色的新型智库提供一个便捷的省域科研平台。

（四）积极培养建设中国特色智库所需的后备人才

知识就是力量，人才就是未来。建设有中国特色的新型智库，不但需要发挥领军人物的学术引领作用，激发科研骨干的协作创新积极性。更要加大科研人才，尤其是青年科研人才的培养力度，形成文科科研梯队化的科研人才培养机制。为此，我校出台了“青年拔尖人才培养计划”，在引进国内外高水平科研人才的基础上，依照哈工大自身的学科特点和发展目标，促成合理的学术梯队，为智库建设提供后备人才。同时由于青年人才是学校发展的未来，是学校可持续发展的保障，对青年人才的培养关系到学校的长期发展水平和发展后劲，哈工大近年来专门出台并切实落实《哈工大人文社会科学研究资助计划》，专门资助 40 岁以下的具有博士学位的青年教师。扶植和培育新领域、新方向以及科研战线的新生力量，这些措施将能推动青年科研人员的快速成长，使他们能够瞄准国家和地方政府重大需求进行研究，从而为建设新型智库提供支持。

习总书记在山东考察时指出，国无德不兴，人无德不立。为此我们要积极对青年科研人员进行思想教育和引导，使他们“牢固树立中国特色社会主义理想信念”，这对每一位教师来说，既是政治立场，也是思想品质，更是职业道德。为此哈尔滨工业大学全面贯彻党的教育方针，将后备人才培养和践行社会主义核心价值观有机结合在一起，力争培养出一支有信念、有热忱、有能力、有担当的后备人才队伍。无论何时，我们都要坚守在中国大地上形成和发展起来的社会主义核心价值观，从而使我们的科研队伍能够担当起党和人民赋予的历史重任，在实现中国梦的伟大实践中创造自己的精彩人生。

（五）支持高水平的学术交流，为建设有中国特色新型智库提供保障

建设有中国特色的新型智库，迫切需要我们的科研人员具有国

际化的视野和与国际接轨的学术水平，高水平的国内外学术交流是建设有中国特色智库的重要保障。为此，2013 年我们出台了《文科学术交流活动资助管理办法》（讨论稿），通过营造人文社科学术氛围，充分调动文科教师主办和参加国际学术活动，参加国内外学会、学术团体的积极性，积极创造条件与国内外学术机构开展高层次的学术交流，扩大我校文科的国内和国际学术影响力。同全球学者一道，积极应对国际重大问题，加强对影响人类生存和经济社会可持续发展的全球性问题的研究，发出我校学者的声音。2013 年我校教师参加国际学术会议 82 次，作大会特邀报告 6 次，大会主报告 12 次，分报告 44 次，发表会议论文 57 篇。2013 年，我校还精心组织和策划了一系列高层次的国际国内学术会议，大力支持我校学者扩大国际学术交流与合作，与顶尖同行开展前沿对话。积极推进跨学科、跨国界的学术交流与合作研究。2013 年，我校承办人文社科大型国际会议 5 场，国内有影响力的学术会议 1 场。这些措施显著地提高了我校科研人员的国际化视野，加强了他们与国际学术界的联系，从而为建设有中国特色的智库提供了重要保障。

五、结论

当前世界处于急剧变化的时期，以前瞻性、战略性、创新性为主要研究方向的智库必将发挥更大作用。建设中国特色新型智库是服务党和政府科学民主决策、破解发展难题的迫切需要，对于坚持和发展中国特色社会主义、提升国家软实力、全面建成小康社会具有重要意义。理工科高校由于历史发展水平和学科特点的限制，当前在智库建设上距离国家要求还有较大差距。为此，理工类高校应结合自身的优势和特色，加强与决策机构的合作、聚焦中国在国际问题上面临的重大课题、坚持公共属性承担社会责任，采取各种有效措施快速提高向中国社会乃至国际社会提供公共产品的意识和能力。理工科高校必须抓住国家哲学社会科学大繁荣大发展的历史机遇，用好机遇，深化哲学社会科学科研领域综合改革，积极服务国家和区域经济社会的重大战略发展需求，加强战略性、前瞻性、对策性研究，充分发挥哲学社会科学在党和国家发展中的思想库和智囊团作用，以科学咨询支撑科学决策，以科学决策引领科学发展。进一步增强责任感、使命感和紧迫感，以更加创新的理念、更加开阔的思路、更加扎实有力的举措营造良好的学术生态环境，创新体制机制，加强平台建设，强化协同创新，增强内生动力，提高为国家和地方政府决策提供支持的能力，探索一条背靠工科、发展文科的特色发展之路，使理工科高校在建设有中国特色新型智库的道路上实现历史性跨越，努力创造出无愧于时代的业绩，为实现中华民族伟大复兴作出新的更大的贡献！

改革机制，协同创新，建设特色鲜明、优势突出的新型智库

田启波*

一、建设新型智库是新时期充分发挥我国高校服务社会功能的迫切需要

智库主要是指以公共政策为研究对象，以影响政府决策为研究目标，以公共利益为研究导向，以社会责任为研究准则的专业研究机构。作为政府的“外脑”，智库在当代社会的作用日益凸显，影响着政治、经济、社会、军事、外交、科技等方面的重大决策，被学者视为继立法、行政、司法和媒体之后的“第五权力中心”。

我国智库萌芽于改革开放伊始，中央制定各种政策方案需要顾问队、智囊团和思想库，为改革献计献策。这个时期，政府研究机构和社科院蓬勃发展，中国智库发展出现了第一波活跃期，大量知识分子进入国家政策部门参与决策制定和咨询。二十世纪八、九十年代，我国智库体系呈现出多元发展的状况，第一批民间智库出现，成为中国知识分子关注国家发展的重要渠道。2000年以后，我国智库体系出现转型发展，社科院明确定位智库建设，积极探索地方智库创建路径，尤其是通过管理体制创新和信息化手段，围绕地方经济社会发展过程中遇到的紧迫和重大现实问题，提供高质量的决策咨询服务，新型智库开始显现，专业性分工逐步加强。

智库是国家“软实力”和“话语权”的重要组成部分，对政

* 田启波，深圳大学社会科学部主任。

府决策、企业发展、社会舆论与公共知识传播有深刻影响。然而，由于起步较晚以及政治、经济、社会、文化体制等原因，我国智库的发展与西方发达国家还存在一定的差距。根据宾夕法尼亚大学智库与公民社会计划（TTCSP）《2013年全球智库发展报告》，中国的智库数量是426家，仅次于美国1828家。但在排名前50位的智库中，美国占11家，英国占9家，德国占6家，中国仅有3家（其中，中国社会科学院排名第20位；中国国际问题研究所排名第36位；中国现代国际关系研究院排名第44位）；最佳大学智库前40位排名中，美国占据11位，英国占据4位，我国占据2位，分别是清华大学清华—布鲁金斯公共政策研究中心（排名第7位）和北京大学国际关系学院（排名第13位）。

智库汇聚不同领域专业化研究的协同创新能力，在影响决策、拓展公众思维及开阔眼界、提供多元化思想及研究成果等方面，深刻地影响着民众、企业、社会和国家的思想与决策。鉴于我国智库发展的现状以及我国社会主义建设的现实需要，党的十八大提出了坚持科学决策、民主决策、依法决策、健全决策，发挥思想库作用的新要求；2013年4月，习近平总书记作出关于加强中国特色新型智库建设的重要批示；党的十八届三中全会明确提出，要加强中国特色新型智库建设，建立健全决策咨询制度。

何谓中国特色新型智库？中国特色新型智库是既符合智库发展的一般规律，又具有鲜明中国特色的智库。研究中国智库的影响力和创新能力，必须立足"中国元素"、"中国语境"和"中国特色"，结合中国智库的成长环境与演化规律，确定相应的筛选和分类标准，提出在中国政治体制、社会、经济、文化背景下发展智库的对策性建议。

高校智库是中国特色新型智库的重要组成部分，是高等教育质量的显著标志，是未来高校综合科研实力竞争的重要指标，也是推进哲学社科研究的重要生长点。当前，高校哲学社会科学研究的重要发展趋势，就是对策化、跨界化、国际化的不断加强。2013年5月30日，刘延东副总理主持召开了"繁荣发展高校哲学社会科学，推动中国特色新型智库建设座谈会"。2014年2月，教育部专门出台《中国特色新型高校智库建设推进计划》，强调以“2011 协同创新中心”和人文社会科学重点研究基地建设为抓手，提出重点打造一批“国家急需、世界一流、制度先进、贡献重大”的国家级智库。建设中国特色新型高校智库，为服务中央科学决策，推动经济社会发展做出新贡献，已成为高校社科界的共识。深圳大学要抓住机遇，立足基础，拓展领域，积极打造特色鲜明，优势突出的新型智库。

地方政府的高度支持也是高校智库发展前所未有的机遇。2010 年 3 月，深圳市委办公厅、深圳市政府办公厅在《关于全面提升深圳文化软实力的实施意见》中强调：加强公共智库工程建设，提升公共智库的服务能力。具体来说，就是要“加强市社科院、深圳大学、南方科技大学等公共智库建设，贴近改革开放，贴近国际化城市建设，贴近领导决策，努力将研究成果推向社会实践”。这为深圳大学进一步加强新型智库建设提供了重要机遇。

二、深圳大学新型智库建设的成绩与不足

近年来，深圳大学紧贴深圳市委和市政府的需要，有大批优秀成果及时转化为政府决策和政策。作为“特区大学、窗口大学、实验大学”，深圳大学扎根深圳改革创新的沃土，31 年间不仅为深圳市培养了大批优秀人才，而且还围绕国家战略与深圳改革进行智力输出和咨政服务，产生了重要的社会影响。

（一）智库建设特色鲜明、成效显著

1. 横向经费增长显著，咨政服务日趋加强。多年来，我校人文社科研究逐步形成了“基础与应用并重，以应用研究为主”的特色，为政府、企业决策服务已成为我校人文社科研究的重要特征和突出优势。近 5 年，我校完成了决策咨询类项目总数 858 项，决策咨询类课题经费 6047.32 万元，在省内各高校中处于前列。承担的决策咨询项目中，来自政府相关部门委托项目为 522 项，占项目总数的 57.8%，充分显示了深圳大学人文社科队伍在推动地方政府决策咨询方面发挥了积极的作用，成为地方政府决策的重要智库。

2. 智库平台建设稳步推进，学科领域分布广泛。人文社科研究基地是我校智库建设的重要依托平台。近年来，我校科研平台建设稳步推进，已形成了国家、省部、市校级等多层次结构。其中国家级平台3个：教育部省部共建人文社科重点研究基地“中国经济特区研究中心”，全国人大常委会港澳基本法委员会研究基地“港澳基本法研究中心”、文化部研究基地“国家文化创新研究中心”；广东省高校人文社科重点基地3个：当代中国政治研究所、传媒与文化发展研究中心、文化产业研究院；广东省高校协同创新培育中心1个：创新型城市建设与治理研究中心；广东省地方特色文化研究基地1个：移民文化研究所。此外，国家体育总局和最高人民法院知识产权庭也在我校设立了体育文化研究所、中国知识产权司法保护理论研究基地。近期，我校与中国社会科学院马克思主义研究院合作共建的“当代中国思想文化研究所”也揭牌成立。此外，我校还与深圳市相关部门共建若干市级研究机构，在校内分两批培育了5个校级人文社科重点研究基地，并有其他校级科研机构40多个。

这些科研平台既是社科理论成果的孵化器，也是参与咨政服务的智囊团。平台集合了我校经济学、政治学、管理学、新闻传播学、法学、体育学、文学、哲学、艺术学等学科的优势科研力量，形成了特区经济、政府创新、新闻传媒、文化创意、港澳基本法等若干科研团队。近3年来我校承担的4项国家社科基金重大项目，1项教育部哲学社会科学重大攻关项目，以及2项国家社科基金重点项目，均来自上述科研平台。2013年，这些科研平台承担横向课题项目总数84项，占全校横向课题总数的42%；经费总额1227.25万元，占全校横向课题总经费的38%。

3. 咨政服务特色鲜明，若干成果影响广泛。我校具有人才集聚、学科健全、理论创新上的独特优势，并且在相关学科领域具有一定的相对优势。近年来，我校社科专家队伍围绕中央有关部门和地方政府的重要决策，出思想、谋战略、提对策，形成了若干特色鲜明、影响广泛的应用成果。我校当代中国政治研究所黄卫平教授团队先后承担中组部年度重点调研课题13项，其中6次荣获中组部调研课题一等奖，得到贺国强、李源潮、赵乐际等中央领导同志的重要批示；汪永成教授的咨询报告《香港特区法定机构的基本情况与启示借鉴》获得汪洋同志长篇批示，并获省哲学社会科学优秀研究成果一等奖。中国经济特区研究中心创办的《建议活页》出版10余年、130多期，得到李长春、刘延东等中央领导同志的批示，有的转化为政策，产生了较大社会影响。港澳基本法研究中心成立时间虽短，已承担19项全国人大常委会香港、澳门基本法委员会特别委托项目。中心常务副主任邹平学教授、副主任张定淮教授成为全国人大和国务院港澳决策的重要咨询专家，多次赴京参与相关决策研讨。文化产业研究院主办的《深港文化创意参考》电子刊，集政策信息、学术信息与行业信息于一体，已成为党政决策部门和文化企业不可或缺的信息源；每年一期的《文化科技蓝皮书》也成为政府和业界决策的重要参考。自2012年以来，我校传媒与文化发展研究中心吴予敏、王晓华教授承担深圳市政府公共文明指数测评和窗口行业公众满意度调查项目，产生较大的社会影响，其中“深圳市公共文明指数测评项目”等部分成果已形成政策性文件。我校深圳国际化发展战略研究中心与深圳市外事办合作开展了“首尔釜山国际化发展战略与模式研究”，并形成研究报告，得到广东省委常委、深圳市委书记王荣的充分肯定和批示。

4. 围绕地方决策，贡献智力成果。我校还积极参与深圳地方政府的决策规划和政策咨询，是深圳市政府智库的重要成员。在近3年的横向课题来源中，来自深圳市的政府课题占项目总数的62%、经费总数的64%。中国经济特区研究中心过去10年间向各级政府和企业提交了60多份研究报告，涉及现代服务业发展、社会保障体系完善、产业结构调整、能源发展等深圳改革发展中的重大现实问题，对有关部门的决策起到了重要参考作用。当代中国政治研究所参与培育和推荐深圳地方政府改革项目，先后两次获得“中国地方政府创新奖”。传媒与文化发展研究中心紧密结合广东“文化强省”和深圳“文化立市”战略，多年来持续承担深圳市社会舆情调查、广告监测、全市文明指数调研、媒体集团受众效果研究、文化产业基金项目绩效评估研究，受到市委领导、市委宣传部的表扬。文化产业研究院两次承担深圳市委市政府重大调研课题，参与论证《中国（深圳）文化产业博览交易会发展规划（2010—2020）》和《深圳市文化产业振兴发展规划（2011—2015）》，对深圳市文化产业发展实践做出了积极贡献。在长期的咨询服务中，我校科研团队与中央和地方政府相关部门，如港澳基本法研究中心与全国人大常委会港澳基本法委员会，当代中国政治研究所与中央组织部党建研究所、中央编译局，国家文化创新研究中心与文化部文化科技司，中国经济特区研究中心与深圳市发改委、经济促进局，文化产业研究院、传媒与文化发展研究中心与深圳市委宣传部、市文体旅游局，社会管理创新研究所与市民政局，物流研究所与市交通运输委等形成了长期制度化的合作关系。

（二）深圳大学智库建设存在的问题与短板

当前，我校在智库建设上尚存在一些短板，制约着新型智库建设的发展。

1. 科研力量缺乏整合与协同。除了若干国家级和省级科研平台之外，社科专家之间科研协作困难，多处于“散兵游勇”和“小作坊”状态，难以形成品牌效应，知名度和美誉度欠缺；也难以承担政府重大决策课题，形成跨学科、综合性的应用政策成果。

2. 基础理论研究与应用政策研究两层皮现象突出。强调智库建设，不是要忽略基础研究，相反，要进一步加强基础理论研究，强调基础研究的应用转化。但是，“理论的归理论，应用的归应用”，这种基础理论研究与应用政策研究的“两张皮”现象在我国高校社科界十分显著，我校也不例外。当前我校社科研究的重要理论成果转化为政策建议的很少，同时应用政策研究提升为重要理论成果的也不多见。应对对策研究的理论转化率低，是一个普遍现实。这一状况也制约我校理论研究者参与政府咨询课题研究的意愿和动力。

3. 发挥智库功能的方式单一。除了少数科研机构外，当前我校科研平台的智库功能单一，多局限于“接订单式”的咨询决策，坐等政府部门委托课题。我校庞大的教学、科研、信息和网络资源没有得到充分利用，用于满足地方政府决策需求；而且也缺乏主动意识，在应用成果报送、政策研讨、参与式决策、课程开发与业务培训、政校人员交流等方面进展缓慢。

4. 应用课题质量意识不强。一些课题负责人重申请，轻完成，虎头蛇尾，应付了事；一些课题负责人理论思维与政策思维不匹配，"话语系统"转换不灵，导致课题质量不高，操作性不强，失去委托方的信任。

5. 咨政服务能力与政府需求还存在不少差距。如我校社科力量参与省委省政府及省级相关部门决策几率很少，"理论粤军"重大现实问题课题以及省级政府部门委托课题尚未有突破。参与市委市政府年度重大调研课题几率也很少；对周边城市如东莞、惠州、中山、珠海等地政府决策咨询辐射力度不够。

三、大力推进深圳大学新型智库建设的主要措施

加快新型智库建设是国家繁荣人文社会科学的新重点，也是拓展深圳大学人文社科研究的新方向。在我校努力打造"立足深圳、面向国际的高水平、有特色、现代化一流大学"的过程中，智库建设是其中的重要一环。面对国家科学民主决策的迫切需求，与深圳深化改革的宏大战略，深圳大学理应有所担当，在立足自身优势和突出研究特色的基础上，努力打造特色鲜明、优势突出的新型智库。

（一）创新智库观念，提升智库水平

1. 聚焦重大问题，服务国家战略。高校新型智库应当发挥战略研究、政策建言、人才培养、舆论引导、公共外交的重要功能，坚持求真务实，多出具有前瞻性、战略性、针对性和可操作性的研究成果，为党和政府科学决策提供高质量的智力支持。在新形势下，我校应坚持以服务中央决策为目标，围绕港澳问题、党的建设、社会转型、文化改革与创新以及区域经济发展等领域，积极主动地参与中央部门的决策咨询，争取产生有广泛影响、"高大上"的智力成果。我校将立足深圳、扎根珠三角、服务广东，争取在优势领域贴近国家和地方发展战略，积极探索人文社科工作服务国家和地方经济社会发展的新路径，创建高校与政府、行业、企业共建

人文社会科学研究组织的新模式，适时组建开放合作的新平台，提升社科研究回答重大理论和现实问题的综合能力。以服务深圳改革实际为己任，全面强化对深圳改革战略的参与和影响，担当起深圳重要智库的重任。以辐射广东和周边城市为努力方向，加强智库平台的打造和智力成果的输出，形成具有相对优势的区域性智库高地。

2. 定位国家需求和问题导向。选择重大理论和现实问题作为主攻方向，积极适应国家和地方需求，围绕全面建成小康社会和社会主义现代化建设过程中的重大理论和实践课题进行协同攻关。采取相应措施妥善处理基础理论研究和应用对策研究的关系，发挥智囊咨政、服务社会的作用，把应用对策研究和建言献策摆到应有的地位和高度。加强应用学科领域规划，推出重要决策咨询成果。通过引导和资助，鼓励和培育应用学科领域有决策价值的系列咨询报告和蓝皮书，报送有关政府部门提供决策参考，打造决策咨询品牌。

（二）整合研究队伍，推动交叉研究

1. 凝聚高端智库人才。人才是智库的第一资源和建设核心，我校应立足自身特点，整合研究队伍，引进、培育和凝聚一批学术造诣高、善于理论联系实际、熟悉政策制定的高端人才。促进不同学科、不同领域人才的交叉研究，创造条件引导他们围绕战略性问题开展协同创新，为国家和地方政府提供前瞻性研究成果。

2. 培养青年后备力量。围绕国家和地方改革发展的重大战略，打造一批优势突出、结构合理的科研团队。每个团队由具有较高学术知名度的1~2名首席专家和5~8名中青年科研骨干组成，形成特色鲜明、实力雄厚的智库专家团队。进一步加强社会科学首席专家的宣传推介，加强中青年社科骨干的培养和扶持。

3. 推动智库人才交流。就高校人事聘用和考核评价体系建设提出制度性设计，特别是需要改变单一“单位人”的身份制度，确立“多重人”的身份制度，以激励不同学科、不同行业科研人员从事跨学科和跨行业的协同创新工作。重大理论和现实问题往往涉及社会的方方面面，仅仅依靠某个人、某个学科或是某所学校的

力量难以真正解决问题，这就需要积极开展多学科的协同攻关，坚持“开门办所”，采用“柔性引智”，凝聚各方智慧，增强综合解决社会重大问题的能力，方能取得高水平的成果。加强高水平国际化学术交流与合作平台建设，推进我校智库平台与国际顶尖智库、著名高校国际交流合作，加强在全球战略层面的对话，产出具有国际影响的政策成果。

4. 打造跨界智库平台。在现有科研平台基础上，我校下一步拟大力推进协同创新，重点构建若干跨学科智库平台：一是加快人文社会科学与自然科学的交叉融合，推进创新型城市建设与治理研究中心、国家文化创新研究中心等协同创新平台的培育和建设。依托这些高层次平台，构建与国家相关部门对接的政策咨询关系，产出具有重要影响的应用对策成果，力争进入教育部中国特色新型高校智库建设推进计划。二是突破人文社科的专业壁垒和院系分割，筹建“人文社会科学创新研究院”，大力开展跨学科应用对策研究，提出真知灼见，为党和政府科学决策贡献智慧和力量。三是探索建立社会科学综合实验室，强化文理工等多学科交叉，注重现代实验技术、信息技术和网络技术的应用，为应用对策研究朝着定量化、实验性拓展提供技术支撑。四是建设好深圳大学城市发展研究院，全面对接深圳市和珠三角地区重大改革决策。城市发展研究院将依托深圳大学的优质社科研究力量，与深圳市政府发展研究中心全面对接合作，围绕广东省、深圳市的重大决策部署开展系统性、前瞻性的应用对策研究，全面深入参与广东改革创新的宏大进程。

（三）集中优质资源，突出研究特色

《中国特色新型高校智库建设推进计划》提出高校智库主攻的八大领域分别是：经济建设、政治建设、文化建设、社会建设、生态文明建设、党的建设、外交与国际问题、“一国两制”实践与推进祖国统一。结合我校研究基础和优势，重点突出特区研究、港澳研究、文化产业、政府创新、新闻传媒、社会治理、创新型城市建设与治理研究等领域。我校将集中优势力量，推进跨学科、跨地区、跨国别协同科研，共建及新建一批高水平人文社科重点研究基地和协同创新中心，对分散的研究资源进行优化组合。在“深大

讲坛”设立“智库系列”，使学术讲坛变成建言国家和地方经济社会发展的重要“发声器”。

（四）改革体制机制，加大保障措施

推进我校科研体制机制综合改革，构建有利于智库创新发展的长效机制。

1. 强化校政校企沟通机制

（1）突出咨政服务意识，密切政校合作。密切关注党和政府的重大决策，定期收集、整理、分析和反馈相关信息，拓展成果报送渠道。与省市政策研究部门相比，我校具备明显的资源优势，包括校园环境、图书资源、电子数据库、教学资源、学术网络和国际合作。我校应充分开发这些优势资源，拓展智库服务形式，开展主题讨论、专题培训、学术沙龙、内参编辑以及人员交流等活动，打造综合性、多元化、宽领域的咨政服务格局。

（2）推行学校智库和政府部门的“旋转门”机制。通过聘请拥有较高理论素养的政府部门领导干部参加智库研究，推荐智库核心人才到政府部门锻炼等举措，推动智库和政府部门的人才交流，全面拓展智库服务的新形式。

2. 完善成果转化和激励机制

树立“质量第一、效益优先”的评价导向，实施科学合理的分类评价标准，把解决国家和地方重大需求的实际贡献作为核心标准，完善以贡献和质量为导向的绩效评价办法，建立以政府、企业、社会等用户为主的评价机制。协调推进组织管理、人才培养、资源配置等方面的综合改革，构建有利于智库创新发展的长效机制。

大力宣传我校人文社会科学的优势领域，推荐专家及相关成果，扩大社会影响。建立成果转化机制，推进研究成果向决策成果转化。

3. 改革资源与经费投入分配机制

加大智库建设经费投入力度，完善经费使用机制，加大人力资本投入，实行绩效奖励。修订完善《科研机构管理办法》，重点遴选扶持一批新型智库型科研机构。

中国特色新型智库建设是一项长期工程。相信在中央和地方政府部门及上级教育主管部门的指导和支持下，通过不断推动《深圳大学人文社会科学繁荣发展实施意见（2013—2020）》和《深圳大学新型智库建设推进计划》的落实，经过若干年的持续努力，深圳大学新型智库建设一定能够取得更加显著的成效，进而为国家和地方经济社会发展奉献更多高质量的智力成果。

第五部分　社科评价

以科研贡献理念引领哲学社会科学评价制度建设

顾红亮*

十八届三中全会文件指出："到2020年，在重要领域和关键环节改革上取得决定性成果，完成本决定提出的改革任务，形成系统完备、科学规范、运行有效的制度体系，使各方面制度更加成熟更加定型。"通过全面深化改革，"使各方面的制度更加成熟更加定型"。从科研评价领域来看，社科评价的综合改革要使科研评价制度更加成熟更加定型。在哲学社会科学取得了巨大成就的今天，如何建立更加成熟稳定的社科评价制度，进一步推进社科评价机制体制的创新，激发人文社科研究者的积极性，是社科管理工作者需要思考的紧迫问题。

在哲学社会科学创新体系的建设过程中，科研评价是一个指挥棒。科学合理的科研评价对优化科研资源的配置、调动社科工作者的积极性具有重要意义。科研评价的指挥棒指向哪里，就等于是给出了一个明确的信号，引导哲学社会科学研究的行为方向。我们在社科管理的实践中，深切体会到这个指挥棒对于科研活动具有导向性。

笔者认为，在构建哲学社会科学研究评价制度的过程中，有三个环节是最关键的，一是要更加注重科研贡献，让专家学者把科研贡献理念融入到科研活动中和学术共同体的培育过程中，创造新的经典著作。二是要培育健康的学术共同体评价制度，让更多的同行

* 顾红亮，华东师范大学社会科学处处长。

参与研究成果的评价。三是要进一步完善公开透明的评价程序体系，确保评价过程得到有力的监督。

一、哲学社会科学研究评价制度构建的难度

近几年来，我国的哲学社会科学发展速度迅速，著作论文数量大增，新的研究机构大量涌现，哲学社会科学研究出现繁荣景象。但是，在繁荣的背后，我们也看到，哲学社会科学评价领域也出现了一些不合理的现象。《教育部关于进一步改进高等学校哲学社会科学研究评价的意见》（教社科［2011］4号）指出，高校哲学社会科学研究评价工作仍在探索过程中，还有一些问题亟待解决，例如，“注重理论创新和实际应用价值的质量评价导向有待进一步强化；符合哲学社会科学特点和发展规律的分类评价标准有待进一步完善；科学合理、诚信公正的评价制度有待进一步健全；重数量轻质量、重形式轻内容的评价方法亟待根本扭转；重人情拉关系、本位主义、门户之见等不良现象亟待有效遏制”。这些问题有很多具体的表现，例如看重研究成果的数量，以数量来论学者的研究水平。例如，看重期刊的等级，以期刊来论论文的水平。例如，看重头衔，一方面，管理者邀请那些有重要头衔的专家来做科研评价；另一方面，专家在评审过程中，出现看研究成果作者的头衔、不看研究成果内容的现象。这些问题在很大程度上阻碍了哲学社会科学研究的创新。

哲学社会科学研究评价制度构建有相当大的难度，这不仅因为哲学社会科学研究的对象具有非确定性，而且因为很多研究成果具有非共识性。哲学社会科学的研究对象常常是人与社会，或者是与人和社会紧密相连的问题，人与社会及其相关问题具有流变性，由此产生的研究成果也常常是仁者见仁智者见智，很难取得一致共识，研究结论很难达到一定的精确度。

哲学社会科学研究评价制度构建有相当大的难度，这不仅因为评价方法很难有统一的标准，而且因为评价文化有较大差异。在哲学社会科学领域，很难纯粹运用定量的评价方法来评估研究成果，因此难以获得一套整齐的评价标准。在不同的国家，评价文化会有

差异，有的评价文化注重道德评价，有的评价文化注重才能评价，有的评价文化注重形式上的表现，这些文化差异无形中给科研评价带来某种不确定性。

哲学社会科学研究评价制度构建有相当大的难度，这不仅因为历史评价和时代评价很难统一，而且因为长时段的历史评价也会呈现波动与转折。时代评价不一定可靠，相对而言，历史评价较为公正。但是在历史长河中，很多著作也是起起落落，有时被褒扬，有时被焚烧。对于人文社科经典的评价，也常常是众说纷纭，众口难调。

二、坚持构建以科研贡献为导向的评价体系

既然哲学社会科学研究的评价有相当大的难度，那么，如何做到科学合理的科研评价，如何构建健康有序的哲学社会科学研究评价体系，就成为社科管理的难题。

在现有的社科管理文件中，《教育部关于进一步改进高等学校哲学社会科学研究评价的意见》（教社科［2011］4号）是一个规范性文件，对科研评价工作和评价体系的构建具有指导意义。该文件提出了一些很有针对性的观点，例如，对于基础研究和应用研究等不同类型的研究成果，要有不同的评价方式。“基础研究应坚持服务国家目标与鼓励自由探索相结合，研究成果要在思想理论上有所创新，传承文明上有所贡献，学科建设上有所推动。应用对策研究应以重大现实问题为主攻方向，研究成果要在提升国民素质上有所作为，解决经济社会发展重大问题上有所突破，为党和政府提供决策服务上有所建树。”该文件还辩证地提出了科研评价的一些基本原则，例如，“坚持同行评价和社会评价相协调、定性评价与定量评价相结合、过程评价与结果评价相衔接、当前评价和长远评价相补充，增强评价结果的科学性和公信力”。这些原则是构建哲学社会科学研究评价体系的基石，是做好科研评价工作的准绳。

在遵循上述原则的基础上，笔者想在科研评价领域特别强调一个观点，即科研贡献。在我国现行的科研评价程序中，科研贡献这个观念还没有引起足够的重视。例如，我们现在对一个优秀学者的

介绍，总是列举一些他的著作和论文，列举一些他所获得的省部级奖项或者各类科研领域的荣誉称号，或者他入选的省部级人才计划，如长江学者计划、千人计划、新世纪人才计划等。我们从一大堆著作和论文目录中、从一大堆灿烂的头衔中，很难看出这位学者的科研贡献到底在哪里。

我们可以看看诺贝尔奖的例子。每年诺贝尔奖委员会发布获奖信息，宣布某位科学家、经济学家或文学家获奖，一定会提到这位获奖者的科研贡献。颁奖词中总是蕴含着获奖者的贡献。2012年，中国作家莫言获得诺贝尔文学家。诺贝尔委员会给莫言的颁奖词为：The Nobel Prize in Literature 2012 was awarded to Mo Yan "who with hallucinatory realism merges folk tales, history and the contemporary"“将魔幻现实主义与民间故事、历史与当代社会融合在一起”)。2012年，诺贝尔经济学奖授予阿尔文·E. 罗斯(Alvin E. Roth)(美国经济学家，哈佛商学院经济与商业管理教授)和劳埃德·S. 夏普利(Lloyd S. Shapley)(美国数学家、经济学家，加州大学洛杉矶分校教授)。他们的授奖原因为，“稳定分配理论和市场设计中的实践”(“for the theory of stable allocations and the practice of market design”)。这就是他们的科研贡献。

1913年，印度诗人泰戈尔获得诺贝尔文学奖，他的贡献在于：“由于他那至为敏锐、清新与优美的诗；这诗出之于高超的技巧，并由于他自己用英文表达出来，使他那充满诗意的思想业已成为西方文学的一部分。”1938年，美国作家赛珍珠获得诺贝尔文学奖，她的贡献在于：“她对于中国农民生活的丰富和真正史诗气概的描述，以及她自传性的杰作。”

诺贝尔奖是颁给那些在经济学、文学、医学、化学等领域做出了杰出贡献的精英，他们得奖的一个共同点是他们对于人类和历史的贡献，“贡献”是关键词。受此启发，我们在科研评价中，一定要把科研贡献放在突出位置上。

科研贡献包括学术贡献和社会贡献。学术贡献指理论上的贡献、观点（概念）上的贡献、方法上的贡献。社会贡献主要指服务社会所得的贡献，如某项研究成果转化为政府的文件，转化为政府的一项重大决策。新的科研评价机制要把这两类贡献都考虑在内，以适当方式奖励那些做出了学术贡献和社会贡献的科研人员。《教育部关于进一步改进高等学校哲学社会科学研究评价的意见》（教社科［2011］4号）指出："把是否发现新问题、运用新方法、使用新材料、提出新观点、构建新理论、形成新对策等作为衡量研究成果质量高低的主要内容。"这句话提到的新问题、新方法、新材料、新观点、新理论、新对策都可以看作是科研贡献的具体表现。

三、培育健康的学术共同体评价制度

如果哲学社会科学研究的评价注重科研贡献，那么谁有资格来对科研贡献做出鉴定，这一定离不开学术同行的评价。哲学社会科学研究评价体系的构建，离不开学术共同体的参与。哲学社会科学的自主创新，包括科研评价方式和评价机制的创新，这大体上是一个革故鼎新的过程，尽管这个过程带有研究者的个性特征，但是它离不开学术共同体的滋养和协助。一个健康、开放、积极向上的学术共同体常常是孕育哲学社会科学自主创新和评价机制创新的土壤。

学术共同体有不同的分类法。它可以有广义和狭义之分，广义的学术共同体是一个泛化的概念，可以指任何形式的学术组织或学术团体。狭义的学术共同体常常指由那些有特殊关系的学者组成的共同体。按照德国社会学家滕尼斯的区分，社会概念和（狭义的）共同体概念是不一样的，（狭义的）共同体指的是那些有着亲密关系的成员组成的团体。他说："共同体是持久的和真正的共同生活，社会只不过是一种暂时的和表面的共同生活。因此，共同体本身应该被理解为一种生机勃勃的有机体，而社会应该被理解为一种机械的聚合和人工制品。"① 我们可以把滕尼斯界定的这对概念运用到学术中来，对学术社会和学术共同体做一点区分。我们一般所

① 滕尼斯．共同体与社会［M］．林荣远译．北京：商务印书馆，1999年．

说的学术界、学术圈、各类专业学会大概属于学术社会，即属于广义的学术共同体，而不属于狭义的学术共同体。

在宽泛的意义上，学术共同体可以区分为不自觉的和自觉的共同体两类。例如，在哲学社会科学研究成果的评奖过程中，我们需要邀请同行专家组成评奖委员会，对申报的或推荐的著作和论文进行审读和评论，由这些同行专家组成的学术共同体是不自觉的，他们不是自觉地为了某一个学术理想或者学术兴趣聚集在一起，而是出于评审的目的而被邀请组合在一起。他们组成的学术共同体是松散的，是临时性的，也许称为学术社会或不自觉的学术共同体更恰当。我们现在有全国性和地方性的各类专业学会，它们属于学术社会，这些学会每年或每两年开一次年会，从总体上讲是比较松散的，很难真正发挥自觉的学术共同体的作用。

自觉的学术共同体可大可小，一个研究团队是学术共同体，一个全国性的中国哲学史学会也可能是学术共同体，大与小不是判断学术共同体质量高低、自觉与否的主要尺度，主要的尺度在于学术共同体是否有独特的自主性的学术理念。如果一个学术共同体有追求原创性的学术理念，培养出一批或几代优秀的学者，逐渐在某个专业或学科领域形成了学派或学脉，他们的学术研究成果对人类文明的发展有所贡献，这样的学术共同体是高质量的，是自觉的。

当然，我们不能武断地说哲学社会科学的自主创新和评价机制改革只需要自觉的学术共同体，而不需要不自觉的学术共同体。其实，哲学社会科学的自主创新既需要自觉的学术共同体，也需要不自觉或不那么自觉的共同体。我们需要经常思考的是：怎么把现存的、不自觉的或不那么自觉的学术共同体或学术社会转换成、提升为自觉的、有凝聚力的、有共同旨趣的学术共同体，促进哲学社会科学研究的自主创新和科研评价机制的改革？

一个自主创新的学术共同体不是某个人或某个机构事先规划出来的，而是从学者的合作研究中生长出来的。高等学校和各级各类科研基金要鼓励民间的、自发的、健康的学术共同体的创建，它可以是一个读书小组，可以是一个专业性的、主题性的论坛，可以是一个研究团队，有一批志同道合的研究生、学者聚集在一起，切磋学问，纵论古今，孕育新思想，产出新成果。这是一个自然生长的过程，当然需要得到外部的资助，国家、学校、社会的科研基金要给予经济上的资助，但是外部的资助不等于学术的干预。

哲学社会科学的自主创新和评价机制改革需要发挥学术共同体的积极作用。当务之急是要在学术界培育更多具有自主创新意识的学术共同体。笔者举一个实际的例子说明学术共同体的自然创建过程。一开始，两位波士顿大学的学者研究儒家和犹太人关于葬礼的手册，后来另外两位哈佛的学者加入这个研究团体，形成一个小型的学术共同体。经过讨论，后来他们把兴趣集中到对于一般意义上的礼的研究。他们先是开工作坊，邀请人类学等相关学科的学者、犹太教的拉比、针灸师等参与讨论，后来是召开一系列的主题研讨会，再后来，他们决定写一本书，他们设想这本书是集体合作的著作，就像是一个人写的那样，别人看不出哪一章是谁写的。所以，他们共同设定写作提纲，分工写作，每人写一章，写完后，提交给他们这个学术共同体讨论、修改，这样反复讨论修改四五次，等每一章完成后，初步形成一本书的草稿。接下来，他们把整部书稿发给这个共同体成员，先发给其中一位，他可以对整个书稿进行补充、删除、编辑，可以改动每一个字句。然后，发给第二位，第二位学者也可以对书稿所有内容进行修改，包括对第一位所作的修改，再依次发给第三位和第四位，第四位完成修改后，重新发给第一位学者，依次进行，这样反复修改几轮，直到大家对于彼此的修改无异议，才确定书稿的正式内容。此书的书名是《礼及其后果》(*Ritual and Its Consequences*)。笔者举这个例子不是来宣传这本书关于礼的观点，而是想说明学术共同体的自然生长过程。当前中国的学术科研评价体制已经为自主创新的学术共同体的形成创造了一定的氛围，但是还远远不够。我们期盼着，在不久的将来，中国学术界有越来越多的自主创新的学术共同体涌现，有更科学合理的注重科研贡献的评价机制。

四、完善公开透明的评价程序体系

在哲学社会科学领域，社科评价具有主观性。不同的专家对于同一项社科成果的评价，常常莫衷一是，各有各的评价尺度。要得出一个大家都认可的评价结论，有的时候有一定的难度。要彻底解决这个难题是不可能的。但在评价工作中，我们可以诉诸公开透明的程序，尽可能得出具有广泛认可度的评价结果，试图以程序的公开保证评价结果的相对公平，以程序的透明保证评价结果的高可信度。

很多部门已经实行评价结果的公示制度，但是这还只是很小的一步。我们建议还需要建立评价程序、评价过程的公开透明制度。这里以华东师范大学的思勉原创奖为例来说明评价程序的公开透明。思勉原创奖评选的是人文领域的精品力作，评选的标准是：观点新颖，见解独到，填补空白，载入史册。程序的公开透明是思勉原创奖的特色之一，这主要体现在几个方面。

第一，思勉原创奖实行推荐制和公开评审制，推荐专家名单、评审专家名单和评审结果全部登报公示。

第二，思勉原创奖的评审过程全程采取实名制度。评审过程中的几个关键环节，都实行实名制：例如，推荐专家实名推荐作品，100 份同行实名做问卷测评，5 位评审专家实名对参评作品写出评阅意见，评审专家委员会成员实名投票。这些实名，有的是当场公开的，如推荐专家的名单，大部分的实名材料保存在学校档案馆，供未来的研究者参考。

第三，思勉原创奖评审现场公开。在评审会议之前，主办方公开告知评审时间和地点，邀请青年教师、学生和社会人士参加旁听，旁听者可以参加评审现场的互动，可以发言，发表自己对某部作品的看法，可以发表与评审专家不同的意见。旁听者的在场使评审现场完全透明①。

每个评审专家都有自己的研究偏好，对研究成果的评价结果可能不一定公正。但是，评审的程序一定要公正，一定要公开透明。程序的公开透明，可以让科研评价过程得到有力的监督，避免有人

---

① 关于原创奖的基本情况，可参见《原创：‘评价与创新’微评论·‘思勉原创奖’诞生始末》，华东师范大学出版社 2013 年版。

操纵，有人作弊。有学者指出："不管是直接利益相关者还是间接、外部利益相关者，都希望确保评价的独立性，而评价的独立性主要由公平公正的评价程序来维护。……如果发挥好间接和外部利益相关者在评价程序实施过程中的广泛监督作用，就可以让那些违反学术公正的行为暴露在阳光之下，截断直接利益相关者之间长期存在的'利益链条'，扭转评价程序'失灵'的困境，获得公平公正的高校人文社会科学研究成果评价结果。"① 这个论断从利益相关者的视角指出了程序公开透明在公正评价中的重要性。通过公开透明的评价程序，使那些真正有学术贡献和社会贡献的研究成果脱颖而出。

《教育部关于进一步改进高等学校哲学社会科学研究评价的意见》（教社科［2011］4号）指出，改进哲学社会科学研究评价体系，需要"以激发研究活力为根本，以提升研究质量为导向，以推进学科体系、学术观点、科研方法创新为重点，以改革体制机制为动力，完善评价标准，健全评价制度，规范评价方法，构建评价体系"。这是我们构建哲学社会科学研究的评价制度的目标。科研贡献理念的弘扬、学术共同体的培育、评价程序的公开透明，为我们实现这个目标，为构建一个健康合理的科研评价制度提供了有力的保障。

① 谭春辉．高校人文社会科学研究成果评价机理研究——基于利益相关者的视角［J］．社会科学管理与评论，2013（2）．

以“协同创新”贯穿和推进高校人文社会科学研究评价改革

刘中兴　徐福刚*

随着我国改革开放各项事业的大发展，特别是高校各项事业的深入发展，高校人文社科研究和科研管理事业越来越受到党和国家领导人的高度重视，获得了难得的发展机遇和有力的政策支持。邓小平同志重新确定了社会科学研究的重要定位，强调科学应该包括社会科学；江泽民同志指出要始终“重视哲学社会科学，加快发展哲学社会科学”，并提出哲学社会科学与自然科学“四个同等重要”，提出了“五个高度重视”；胡锦涛同志在党的十八大报告中强调，要加强社会主义核心价值体系建设，建设哲学社会科学创新体系；习近平同志 2014 年 6 月在中国科学院第十七次院士大会、中国工程院第十二次院士大会上强调，要“完善好人才评价指挥棒作用，为人才发挥作用、施展才华提供更加广阔的天地”。也就是要求创新对人才的科学研究成果评价体制机制，进行更科学的评价。2004 年，党中央颁布《中共中央关于进一步繁荣发展哲学社会科学的意见》，充分鼓舞和调动了人文社科界的积极性、主动性和创造性，提升了高校人文社科发展质量和整体水平；2010 年，党中央颁布《国家中长期教育改革和发展规划纲要（2010—2020 年）》，规定要提升科学研究水平，大力开展哲学社会科学研究；2011 年，教育部和财政部联合印发《高等学校哲学社会科学繁荣

---

* 刘中兴，华中师范大学科研部社科处副处长；徐福刚，华中师范大学科研部社科处职员。

计划（2011—2020年）》的通知，为人文社会科学的繁荣发展提供强大后续动力，也必将进一步推动人文社会科学的大发展、大繁荣。

国家领导人的高度重视和不断出台的有效政策，促使我国人文社会科学研究，特别是高校人文社会科学研究取得了前所未有的繁荣发展。以国家社科基金为例，2012年年度项目立项数达3219项，2013年立项数达3826项，两年立项数合计超过了“十五”期间立项5122项的总数，预计“十二五”期间立项总数可以达到“十一五”期间立项总数的两倍。

但在高校人文社会科学研究取得巨大荣耀和成绩的背后也存在巨大的学术隐患，特别是严重的学术不端和学术腐败问题。有一些人文社会科学学者在研究中太急功近利，浮夸浮躁之风颇盛，偏好“短、平、快”的效益追求方式，助长了这些人的研究懒惰作风，更有一些学者喜欢借“他山之石”，编编改改、抄抄写写，“剪刀加浆糊”，以极快的速度完成自己的科研成果①。

这些科研成果多多少少存在抄袭问题，是非常严重的学术不端和失范行为，是对踏踏实实从事科研事业学者的不公，破坏了人文社会科学研究的良好氛围和环境。

要从根源上解决学术不端和失范行为，必须加强和改进科研管理，建立科学、合理、公平、高效的人文社会科学研究评价体系。而建立科学、合理、公平、高效的人文社会科学研究评价体系必须具有公认、顶层、科学的理论指导。2011年，胡锦涛同志在庆祝清华大学建校100周年大会上发表重要讲话，提出“协同创新”重要理论。2012年，教育部和财政部联合发布《关于实施高等学校创新能力提升计划的意见》及该计划实施方案。“协同创新”理念是指创新资源和要素有效汇聚，通过突破创新主体间的壁垒，充分释放彼此间“人才、资本、信息、技术”等创新要素的活力而实现深度合作。“协同创新”作为一种指导理论、理念和实践形式

① 谢海波．成果转化与推广：高校社科研究的根本出路［J］．华南师范大学学报（社会科学版），2005（6）．

可贯穿于人文社会科学研究评价之中，能够提升和完善目前人文社会科学研究评价体系的科学性、合理性、公平性和高效性。

一、在高校人文社会科学研究评价中贯穿“协同创新”的重要性和紧迫性

目前，在高校人文社会科学研究评价中贯穿“协同创新”理念和实践具有必然的重要性和时代紧迫性。具体体现在以下五个方面：

（一）协同创新构建科学、合理、公平、高效的人文社会科学研究评价体系

在国内，学界尚缺乏人文社会科学研究评价的合理理论，对人文社会科学研究评价体系也没有统一的共识。在学术评价体系上还存在着质量和创新力评价弱化、过分数量化、过分形式化、过分行政化和评审专家人情化、评价结果软化等所谓“六化”问题，针对人文社会科学的特点和复杂性的评价体系尚未形成①。可见，当前人文社会科学研究评价体系还存在诸多缺陷，有很大的改进和提高空间。“协同创新”理念就是要促进教育、经济、科技、文化等的相互交叉融合，协同高等学校与管理机构、高等学校、科研院所、行业企业、社会团体、地方政府和国际社会相互合作，打破机制障碍和体制壁垒，大力提升创新能力，是研究制定人文社会科学研究评价指标体系的重要依据，可以指导构建科学、合理、公平、高效的人文社会科学研究评价体系。

（二）协同创新人文社会科学研究评价的重要对象和内容

一般认为，人文社会科学研究评价体系包括评价主体、评价客体、评价目标、评价标准与指标、评价方法和评价制度等六大部分。“协同创新”从一定意义上说本身具有一定形式的研究实体特征，也是一定形式的评价标准。在《“高等学校创新能力提升计

---

① 叶继元．人文社会科学评价体系探讨［J］．南京大学学报（哲学·人文科学·社会科学），2010（1）．

划”实施方案》中，国家的目标就是建设一批“2011协同创新中心”。协同创新中心的建立要经历三大步骤，包括培育组建、评审认定、成绩评价三个必要阶段。而每个步骤中都存在评价问题。以评审认定阶段为例，其存在协同创新中心的形式初审、专家评审、专家复审、综合咨询和领导小组审定五个环节。在各个环节主要以机构有效整合资源、实现“协同”和“创新”为标准。可见，作为协同创新中心成立必要条件的“协同创新”本身就是评价的客体，是人文社会科学研究评价的重要对象和内容。

（三）协同创新是推进完善人文社会科学研究管理体系创新的重要举措

人文社会科学研究管理体系主要包括指导、评价与支持三个主要环节，其中评价是关键环节①。《高等学校哲学社会科学繁荣计划（2011—2020年）》要求高校建立健全哲学社会科学管理体系，为学术发展提供良好的制度保障；《国家中长期教育改革和发展规划纲要（2010—2020年）》指出高校要不断提升科学研究水平，完善以创新和质量为导向的科研评价机制；教育部《关于全面提高高等教育质量的若干意见》提出要改进高校科学研究评价办法，形成重在质量、崇尚创新、社会参与的评价方式。可见，改革创新和进一步完善人文社会科学研究管理体系仍然是人文社会科学发展的最大“红利”。“协同创新”是一种全新的发展理念和实践形式，先试先行，贯穿于人文社会科学的研究评价中，有利于促进评价体系机制体制创新，从而带动人文社会科学研究管理体系不断创新。

（四）协同创新营造良好学术风气，是促进人文社会科学研究健康、快速、科学发展的重要保障

人文社会科学研究评价是一项相当复杂的系统工程，涉及评价主体、平行评价主体、评价客体、评价客体所属单位、评价客体竞争对象等多方诉求和利益。如果评价不当或不合理，会影响评价客体或其所属人、其竞争对象的学术研究积极性、主动性和创造性，

① 赵文洪．略论人文学科管理中的评价机制［J］．社会科学管理与评论，2010（1）．

造成一些评价客体或其竞争对象“不当得利”，形成各种学术矛盾和利益纠纷。“协同创新”的指导思想具有“起点高、标准高、有特色”的特点，以“国家急需、世界一流”为要求和标准。如果评价客体或其所属人能够以“国家急需、世界一流”作为学术研究的标准，就能以“十年磨一剑”的精神，避免研究中的急功近利和浮夸浮躁陋习，创造出符合人文社会科学发展规律、经得起实践检验的伟大学术成就。这有利于发挥评价的学术激励补偿机制作用，营造良好的学术氛围和环境，促进人文社会科学研究健康、快速、科学地发展。

（五）协同创新是促进高等教育提升创新水平，加快建设创新型国家的重要支撑

创新是一个民族的灵魂，已经成为经济社会发展的最主要驱动力，创新能力已经成为国家竞争力的核心要素之一。“协同创新”的重要任务之一就是建立协同创新机制与体制，包括创新组织管理体系、人事管理制度、人才培养模式、人员考评机制、科研组织模式、资源配置方式、国际合作模式以及创新文化建设等八个方面的改革。人文社会科学研究评价在很大程度上能够借鉴和应用这些改革理念和措施。如果运用得当，人文社会科学研究评价必将进一步带动和促进高等学校提升各项事业的创新水平，大幅提升高等教育的办学水平和质量，有力促进高校实现“内涵式”发展。高校在和科技、经济、文化等相互融合的前提下，也必将促进国家经济社会发展方式的转变，加快实现创新型国家建设。

人文社会科学研究评价体系的六大组成部分中，评价主体是评价的组织者、实施者和管理者，评价客体是评价的对象和基础，是学者的学术创作结晶。评价主体和评价客体是最能体现主观能动性和创造性的部分。本文将主要探讨高校人文社会科学研究评价主体和客体的“协同创新”。

二、高校人文社会科学研究评价主体的“协同创新”

按照社会学结构功能主义理论，高校人文社会科学研究评价主体的内涵主要是指特定意义上的政府机关、行业企业、个人、社会

团体等评价组织者、实施者和管理者，为有效界定特定人文社会科学研究成果评价领域各方责权利之间的关系，按照委托方的需求和目的，根据特定的学科发展规律和现实发展需要，依据特定的评价理论及其评价原则，遵循一定的评价程序，运用相关评价方法，对研究成果的政治取向、逻辑水平、创新价值、实际用途、成熟程度和社会贡献等方面进行相对规范的评定和推测，并发表专业意见①。

当前，高校人文社会科学评价的主体部分存在很多突出问题和矛盾，在很大程度上影响了评价的科学性、合理性、公平性和高效性，亟待进行进一步梳理和完善，从而体现评价的巨大价值。

（一）高校人文社会科学研究评价主体存在的主要问题

高校人文社会科学研究评价主体主要存在以下四个问题：

1. 评价主体构成过于单一

当前，高校人文社会科学研究评价主体种类较多，主要有政府机构、高等学校、科研院所、社会团体和个人等。但存在“单打独斗”、“各自为政”的倾向和弊端。如我国对论文的质量评价主要以发表的期刊为主要依据，而评价期刊质量和级别的单位主要的就有三家，即主持完成《中文社会科学引文索引》（*Chinese Social Science Citation Index*，简称 CSSCI）的南京大学中国社会科学评价中心 、主持完成《中国人文社会科学核心期刊要览》的中国社会科学院文献信息中心、主持完成《中文核心期刊要目总览》的北京大学图书馆。这三家期刊评价机构有各自的评价标准和指标，独立开展工作。这种局面造成了人才、资本、信息、技术的资源浪费，没有形成合力。而且，单一评价主体有时脱离评价制度的约束，更有甚者放弃学术标准从中暗暗谋取私利。

2. 评价主体行政化和僵化

高校人文社会科学研究评价主体往往带有政府背景性质，行为

---

①　谢士强．从经济学角度看政府在构建社会科学研究成果评价体系中的地位和作用［J］．社会科学管理与评论，2011（1）．

行政化倾向比较严重，思想过于陈旧和僵化。这些“体制内”的工作人员具有政府赋予的公权力，具有开展学术评价的唯一资格。但一些人缺少行业间评比和竞争压力，开展评价工作时“高高在上”，不熟悉评价客体，工作方法过于粗糙和简单，不善于总结工作经验和开拓创新，这些负面影响直接造成了一些有真才实学的学者不屑于参与学术评价，不利于人文社会科学研究评价工作的健康有序开展。

3. 评价主体国际视野狭窄

高校人文社会科学研究评价主体往往局限于国内机构、团体和个人，国际视野狭窄，评价工作国际化水平不高。如高校比较认同的外国关于人文社会科学研究期刊索引主要有两种，即《社会科学引文索引》(*Social Science Citation Index*，简称 SSCI）和《艺术与人文科学引文索引》(*Art & Humanity Citation Index*，简称 A&HCI)，但很多高校科研管理部门工作人员并没有把国外重要期刊上发表的论文作为评价奖励标准。这与评价主体的个人视野和国际化水平有密切联系，很多评价主体工作国际化水平低下。

4. 同行评价责任意识淡化

高校人文社会科学研究评价主体通常会邀请评价客体所属研究领域相同或相近的同行专家对评价客体进行评价。如全国哲学社会科学规划办公室和国家教育部社会科学研究与思想政治工作司，在评选国家社科基金和教育部人文社科研究项目时会从已经建立的专家库中抽取部分评委进行通讯评审，这种“双向匿名”的同行评价方式是国内人文社会科学研究评价中比较常用的评价方式。但在实施过程中存在同行专家责任意识淡化问题，存在不能充分评价、不能客观评价和评价失真现象，同行评价体制有待进一步改善。

(二)“协同创新”优化评价主体部分的主要措施

针对高校人文社会科学研究评价主体存在的主要问题，应用“协同创新”理论、理念和实践形式，提出以下四点建议：

1. 尝试组建人文社会科学研究评价协同创新中心

“协同创新”的重点任务之一就是构建协同创新平台和模式，即组建协同创新中心。高校具有人才集聚和学科齐全优势，可以作为牵头单位联合政府机构、高校、科研单位、社会团体、专家学者和国际科研力量共同组建面向文化创新类人文社会科学研究评价协同创新中心，进一步整合资源、汇聚人才、凝聚力量，提升我国高校人文社会科学研究评价质量、水平和国际化程度，创新协同创新中心机制体制，解决高校人文社会科学研究评价主体单一、过于行政化和思想僵化等问题。

2. 构建多元化的评价主体

高校人文社会科学研究评价主体要实现多元化，可以通过“协同创新”机制体制创新，形成一个具有普遍认可度和公信力的联合体，从而避免单一化带来的评价不专业、资源浪费严重、学术不端和失范行为等问题。构建多元化的评价主体要注意三个方面问题，一是要面向需要解决的现实问题，突出问题导向；二是主体选择要“优中选优”，实现“强强联合”；三是主体自身具备条件要体现国际化水平，吸纳国际科研力量。具体地说，主体可以包括高校科研管理专家、国家行政机构人员、高校和科研院所各个学科专家、财务专家、管理专家、地方政府人员、国外科研院所和高校专家等。

3. 重视“质量、创新、贡献”的评价导向

当前高校人文社会科学研究评价要实现三个改变，即改变当前评价中“重视数量、轻视质量”的导向，树立“质量为先”的评价理念；改变以发表刊物或出版社排名为主的评价标准，树立注重原始创新的评价标准；改变以引用、获奖为主的评价方式，树立以解决国家重大需求和作出重要贡献为主的评价方式。通过重视“质量、创新、贡献”的评价导向，引导人文社会科学研究者扎根科研工作第一线，多出精品、多出力作。

4. 尝试构建权威的学术共同体

在高校人文社会科学研究评价主体中，起主导性和决定性作用的是直接开展评价工作的评委。原则上应由评委直接决定评价客体的优劣等级。鉴于“双向匿名”同行专家评审存在一些弊端，可以通过“协同创新”，发挥科研管理、组织优势，聘请固定的同行专家，开展全程实名评审，尝试构建权威的学术共同体。在构建权

威的学术共同体中需要注意三个方面问题，一是聘请的同行专家既要有一流的学术水平，又要有科学精神、高尚品德、自律意识；二是要尽可能以三级学科来聘请同行专家；三是要处理好学术共同体与科研管理工作者权利与义务的关系。

三、高校人文社会科学研究评价客体的“协同创新”

高校人文社会科学研究评价客体主要是指被评价主体评价的对象，可以是学者专家，也可以是学术机构、研究项目申请、论文、著作、咨询报告、学术媒体等。研究客体作为各种资金和资源投入的结果，有责任也有义务不断提高自身水平和质量，提高投入产出比。当前，我国高校人文社会科学研究评价客体也存在一些问题急需解决。

（一）高校人文社会科学研究评价客体存在的主要问题

高校人文社会科学研究评价客体主要存在以下三大问题：

1. 评价客体学术性不够强

高校人文社会科学研究评价客体种类很多，包括人的评价，如教师、行政人员、专家学者等；机构评价，如高校本身、各类学术机构、学术社团等；科研项目评价，如国家社科基金、教育部人文社科研究项目、其他国家部委研究项目、省市社科基金项目等；科研成果评价，如论文、专著、咨询报告、专业教材、学术工具书、翻译作品、科普知识、文学创作作品等；学术媒介评价，如学术期刊、学术报纸或报纸学术专版、学术网站、电视的学术专栏等。但在现实评价中，只有社会比较关注和重视的评价客体能够参评，很多评价客体如专业教材、翻译作品、科普知识等都不在参评范围之内，这一方面是由于评价主体评价种类设置过于狭窄，另一方面也与很多评价客体自身学术不够强有重要关系。总体来说，评价客体参评种类还比较单一。

2. 评价客体学术质量不高

近年来，人文社会科学研究评价种类不断增多、数量不断增加，但整个人文社会科学研究风气和环境并没有明显好转，高校人文社会科学研究评价客体存在一定程度的质量下滑。如在很多高校，已经很难产生能够在学术界享有盛誉的大家、名家，很难推出高层次的科研专家学者，优秀青年科研教师出现断层。很多教师不能产出一本高水平的代表作，甚至多年没有在核心期刊发表作品，没有出版学术专著，没有省部级以上科研项目。在这种情况下，评价客体或其所属人缺乏相互比较、相互学习，缺失良性竞争环境，致使评价客体整体学术质量不高，造成资金和资源的浪费。

3. 评价客体水平不易体现

高校人文社会科学研究评价没有固定的评价方法，目前采用的一些评价方法主要有：同行评议法（专家意见法、德尔斐法）、引文评价法、文摘评价法、加权求和评分法、指数加权求和评分法、混合评分法、系统分析评价法、模糊评价法、分层评价法、因果评价法、果因评价法、间接评价法、直接评价法等。也可以概括为定性方法、定量方法以及定性定量相结合方法①。但评价主体实施评价时在方法上往往采取“非此即彼”的选择方式，致使评价方法采取过于简单，不能体现和反映评价客体的真实水平。

（二）“协同创新”优化评价客体部分的主要措施

针对高校人文社会科学研究评价客体暴露的主要问题，运用“协同创新”理论、理念和实践形式，提出以下三点建议：

1. 鼓励评价客体在研究中提升学术质量

高校人文社会科学研究评价客体应该充分认识自身肩负的重要责任，在资金和各种资源投入的基础上，以“高起点、高标准、有特色”来要求自身，切实做到提高自身学术水平和质量，起到人文社会科学研究“认识世界、传承文明、创新理论、资政育人、服务社会”的重要作用。评价客体应摈弃研究的形式主义，放弃简单的以数量体现自身价值的方式，要注重提升自身学术属性和学术质量，不断在基础研究领域和应用研究领域开拓创新，按照国家需求，以为国家经济社会发展提供重要智力支持为导向，不断完善和发展评价客体。

---

① 叶继元．人文社会科学评价体系探讨［J］．南京大学学报（哲学·人文科学·社会科学），2010（1）．

2. 构建评价客体持续创新的科研组织模式

高校人文社会科学研究评价客体可以应用“协同创新”理念，尝试构建持续创新的科研组织模式。评价客体可以充分发挥高校人才、学科和资源优势，以自身为基础，吸引、集中优势资源，注重学科交叉融合，开展跨学科合作研究，形成联合攻关优势；可创新科研合作的组织管理体系和人事管理制度，建立多方参与机制，制定灵活有效的日常运行制度，明确评价客体的归属，吸引凝聚国内外优秀人才，打造“协同创新”科研团队；注重评价客体的国际交流合作科研模式，积极与国外高水平大学、科研机构、社会团体等达成合作协议，开展实质性科研合作，加快实现评价客体的国际化进程。

3. 尝试建立统一、系统、科学的评价客体分类方法和评价方法

对高校人文社会科学研究评价客体可以尝试建立统一、系统、科学的分类方法和评价方法，体现“协同”性。对评价客体更全面、深入的分类可以提高其研究动力、水平和质量。从宏观层面，可以划分为纯学术研究、应用类研究、科普类研究三大类分别开展评价，从微观层面，可以对每一类进行更详细、更深入的划分，如对教师的评价可以分为助教、讲师、副教授、教授、高层次人才等分别评价，还可以进一步细分为不同的级别，如对教授分为一至四级分别评价。在评价方法上，可以选择定量与定性相结合的方式，采取实名评审制，并贯穿于评价过程的始终，这样既兼顾了内容也兼顾了形式，既掌握了外显特征也掌握了内在本质。

四、结语

本文试图以“协同创新”的理论、理念及实践形式作为提升我国高校人文社会科学研究评价水平的切入点。在开展评价活动时，还应注意以下三点：

一是“协同创新”应贯穿评价体系的各个组成部分。高校人文社会科学研究评价体系是一项由六大要素组成的系统工程，“协同创新”宗旨不仅仅在评价主体和评价客体中发挥作用，在评价

目的、评价标准与指标、评价方法和评价制度中也可以采用，也能产生相当于“质”级别的水平提升。

二是要进一步加强和改进高校人文社会科学研究评价工作。高校人文社会科学研究评价具有创新传承文化、提升科研质量、提升高校办学水平、营造良好学术氛围和环境、解决国家重大急需问题等巨大作用，不可替代。国家和高校要提高重视程度，给予政策支持，创新评价体系建设，大力开展高校人文社会科学研究评价活动。

三是要进一步增加高校人文社会科学研究评价投入。无论是评价体系优化研究，开展评价活动，还是评价结果的奖励，都需要较大资金和资源的投入。只有资金和资源充足，才能高效开展评价工作，否则将会事倍功半。相对于巨大的产出，国家和高校有责任也有义务对评估工作投入更多资金和资源。

如何建构以质量和创新为导向的科研评价体系*

——基于知识链视角的分析

张艳涛**

学术研究是人类认识和改造世界、推动社会进步的重要活动，科研能力则是衡量一个国家软实力和综合国力的重要指标。学术研究水平，深层次地体现着一个国家和民族的思维能力和创新能力。中国要成为一个文化强国就必须重视科学研究和思想创新。当前我国科研取得了长足的进步，但仍存在一些薄弱环节和深层次问题。以高校为例，长期以来形成的以统一、量化为特征的科研评价机制，面对全面提高质量和创新驱动发展的时代要求，问题日益显现。一些高校科研评价与评聘机制不完全符合科研规律与人才成长规律，结果导致创新潜力未得到充分发挥；一些研究者急功近利、学术浮躁倾向比较严重，敬畏学术崇尚真理的心态有待形成。如何既给创新者以激励，又防止“马太效应”，既给懈怠者以压力，又促其奋起直追，应进行“顶层设计”。

一、全球知识生产链中中国知识生产和思想创造的困境与出路

如今，知识、智力、创新能力日益正成为主导社会历史发展的

* 本文系厦门大学哲学社会科学繁荣计划项目“中国发展道路的理论与实践研究”（2013—2017）、2013 年度福建省社会科学规划一般项目“结构转型与中国发展关系研究”和 2012 年度“福建省高等学校新世纪优秀人才支持计划”的研究成果。

** 张艳涛，厦门大学马克思主义基本原理概论教研室主任。

基本力量。创新成为时代的强音，也成为一种时代性焦虑。当前，人类整体上已迈进知识经济时代的门槛，知识创新能力已成为当今时代的主导力量，资讯传媒、教育培训、研发创意成为时代关注的中心，各种研发中心、创意产业和文化园区成为时代潮流，这反映了世界历史力量转移从“制造”到“创造”、从“创新”到“创意”的发展趋向。与以往具有“独占性”和“排他性”的土地或机器不同，同样的知识可以由许多不同的使用者同时应用，而且在使用过程中还能产生更多的新知识。因此，按其本性而言，知识不具“独占性”和“排他性”。这是世界历史“力量转移”中的革命性变化，它有可能确立一种“合作共赢共生”的发展关系。

如果说“牛仔”和“英雄”代表暴力的力量，那么“企业家”和“银行家”象征财富的力量，而“发明家”和“创新者”则表征着知识的力量。问题是：“武力和财富都是强者和富人的财产，知识却可以为弱者和穷人所掌握，这是知识的真正革命性的特点”。① 知识是人有效行动的指南，如今知识生产已经明显链条化即形成“知识链”。从其本质上看，“知识生产链条化”实际上是当今世界知识生产的新一轮大分工，其核心是自主创新。这意味着，在新的分工体系中，知识生产和思想创新是整个产业体系的关键和战略制高点。进一步而言，“知识生产链条化”的背后则是一种全球利润分配格局的新变化。这一变化意味着，创意和营销成为获利的主要环节，而作为居于制造环节的国家实际上处于一种利益分配的劣势位置。以知识产权为例，长久以来，中国是美国知识产权重要的消费国，美国从向中国出口知识产权贸易中获取了巨额利益，这不仅为美国知识产权的再生产提供了源源不断的物质动力，而且使得中国在知识产权的生产和消费方面陷入了困境。其实在美国知识产权的生产链条中，包括中国在内的其他国家为美国提供了大量优质人力资本，而美国只需强化知识产权保护制度，将科技成果转化为知识产权，就能从中获得巨额垄断利润。可见，高素质人

① ［美］托夫勒．力量转移：临近21世纪时的知识、财富和暴力［M］．北京：新华出版社，1996年．

才特别是高层次创新型人才的缺乏，仍是制约我国自主创新能力提升的主要因素。

面对全球知识生产链条中的不利地位，中国如何提升自主创新能力？出路之一就是走科教兴国、人才强国、提高科研成果质量的内涵式发展道路。问题是：科教兴国提出已有多年，并且已成为中国的基本国策，遗憾的是中国至今仍未成为一个科研强国。如果科研体制不进行彻底的改革，恐怕科教兴国只会是一个美丽的中国梦。长此以往，我们的人文社会知识将在一种前提自明的状态下不断“量产”。学者们无意识地按照一种普世的规范与方法生产知识，其结果是：恰恰需要反思的“前提”变成了“常规”。在“常规”之下，知识生产者目的明确、方法因袭、语言老套，一切皆在一种惯常中顺流直下，但思想创新凤毛麟角。就总体而言，中国在全球知识链上仍然处于底端、处于不利地位。一个突出的表现就是，中国科研成果的数量虽然庞大但其质量却不高。“如果不能有效提升中国在世界知识链上的附加值，那么中国的科研就很难具有实质性意义的进步。这种情形不仅会成为中国各方面发展的阻碍，而且国家本身也很难成为一个名副其实的大国。”①

笔者认为，改善科研管理是一个突破口。科研成果的评价是社会科学科研管理的重要环节，也是社会科学科研管理的一个难点。科学、民主、专业、公正地评价科研成果，对于科研的健康发展有着极为重要的作用。改进科学评价的关键是要确立科研评价的质量导向，建立科学研究分类评价标准体系，完善科学研究评价的方式方法，强化同行专家评审制度，形成科学、民主、专业、公正的科研评价体系。

二、当前我国高校科研评价体系存在的主要问题

当前，我国高校科研发展已经站在一个新的历史起点上，大力推进学科体系、学术观点和科研方法创新，建立适应我国科研发展

① 郑永年．中国国际知识链上的低附加值问题［J］．中国科技财富，2009（17）．

需要的现代科研制度成为现实问题。首先应直面当前我国高校科研评价体系中存在的问题，从现实的角度看，至少存在以下问题。

（一）从科研单位方面看，主要是重“管理”轻“服务”

近些年各高校在科研评价体系建设方面下了很大的功夫，但在具体实践中，一些根本性问题仍未得到解决，甚至解决“形式主义”的措施最终也演变成“新的形式主义”，无法跳出“形式主义”的怪圈。为什么解决形式主义的措施总是难以取得实效，形式主义的根源在哪里？从发达国家的经验看，对人的考核评价不能完全依赖于技术本身，还取决于是否具备有利于这些技术充分发挥作用的外部环境。因此，不优化科研的外部环境，科研改革很难取得实效。从科研单位来看，应摆正科研单位的位置，强化服务理念，为研究者创造更好的科研条件。恐怕管理者首先要解决好两个问题：怎样管理？为谁服务？

（二）从科研主体的视角看，主要是重“数量”轻“质量”

目前考察科研人员的研究成果主要有以下各种形式：论文、专著、译著、研究报告、教科书、普及读物等，其评价标准基本是偏重于数量方面，即成果“篇数”与“字数”。由于这种考核方式与科研人员的职称晋升、晋级、科研奖励等挂钩，就存在导向的问题，客观上起着鼓励科研人员重数量、轻质量的作用。其结果是很多研究人员是在“写”文章，而非在作研究和思考。而“写”的过程，则往往演变成了“抄袭”的过程（把别人的据为己有），这显然并没有知识增值。笔者以为，要治学术造假，打破陈腐、僵化、流于形式的管理制度是关键。

如今，科研人员似乎已沦为“下蛋的鸡”，一些高校不仅规定研究者一年至少要下几个“蛋”，而且还要看所下蛋的大小（字数），是否是“双黄蛋”（转载），单独下的蛋还是合作下的蛋（第几作者），蛋下在什么地方（国内还是国外、何种级别），如果一只鸡，几年不下蛋或不下像样的蛋（不够规格的蛋），就面临评聘烦恼或生存危机。由于下“小点的蛋”相对容易，因此，一些鸡光下“小蛋”，长此以往就下不出像样的蛋了，最后走向平庸化。“科研人员既要具备‘精品意识’，出来成果必须具有创新性，同时也不要等到研究成果‘完美无缺’的时候才发表，而是要将发表成果作为提高质量的一种手段。”① 恐怕研究者首先要解决好两个问题：为什么搞科研？为了谁搞科研？

（三）从社会评价的角度看，主要是重“短期经济效益”而轻“长期社会效益”

评价一个科研人员的能力和学术水平如何，自然是看他的研究成果。总体上看，社会科学成果评价的发展，经历了一个从同行学者的单一定性评议，到使用评价指标将定性评价与定量评价相结合，从较为单一的同行评价方式，到同行评议与文献计量分析多种评价方法互相补充的演变过程。然而由于社会科学研究成果不同于自然科学研究成果，其效益难以用直观带来多大经济效益衡量，它需要的是同行专家的鉴定和社会实践的检验。这就存在一个以何种价值尺度来衡量科研成果质量高低的问题。在科研中，一项有创新性的科研成果发表以后，通常会在学界引起同行的重视，其观点、方法或结论会被学术同行接受，并在同类或相关研究中多次被引用。实际上，当一个学者的理论和观点被广泛传播并得到某种回应时，恰恰说明他的理论和观点经受住了历史的考验。所以，可以根据研究成果被他人引用的次数，来衡量该项成果的社会价值：越是被他人引用得多，社会影响就越大，社会效益就越高。“时间和实践是科研成果最好的试金石”②。恐怕社会首先要解决好两个问题：如何引导科研？如何评价科研？

（四）从国家的角度看，主要是重“政治正确”轻“思想创新”

虽然中国从整体上已走过了凡事必问“政治正确”的时代，但是一些人脑子里还是留有不合时宜的凡事首先问“政治正确”

---

① 王周谊．社会科学研究论文数量与质量的例证分析［J］．社会科学管理与评论，2008（1）．

② 纪宝成．时间和实践是科研成果最好的试金石［N］．人民日报，2003-6-25.

的惯性思维。必须承认，人文社会科学研究具有很强的意识形态属性，主要表现为研究者必须坚持正确的政治导向。其结果，为了保持政治上的正确性，一些研究者的独立思考和思想创新精神就会受到不同程度的影响，于是注解论证的多了，学理研究的少了、阿谀奉承的多了，敢说真话的少了、追新逐潮的多了，自主创新的少了，长此以往，思想创新必然乏力。

当前，人们在研究中国现实问题上存在五种顾虑：其一，一些人认为研究中国现实问题不是学术，因此不愿研究；其二，一些人怕研究中国现实问题触及政治，因此不敢研究；其三，一些人认为学术不能解决中国现实问题，因此不必研究；其四，一些人感觉研究中国现实问题困难重重，因此不去研究；其五，一些人找不到研究中国问题的有效分析框架，因此不会研究。学术研究关键是要有“独立之精神、自由之思想”。实际上，一个国家思想创新的成就与该国思想自由的程度成正相关，越是思想自由的国家，越容易思想创新。恐怕国家首先要解决好两个问题：如何摆正自身定位？怎样尊重创新规律？

（五）从科研管理体系角度看，主要是重“形式”轻“内容”

中国的知识附加值为什么这么低？主要原因在研究体制和评价体系。在西方，各国的大学都会分为研究型大学和教学型大学，与此相应科研评价也会有所区分。就中国的研究体制而言，我们往往论文数量上去了，但论文质量却不高。出路之一就是突出质量和创新要求，淡化“学术 GDP 式”的数量要求，弱化科研指挥棒，减少行政性评价，鼓励教师潜心治学。首先简化，取消核心期刊分级，实行代表作制。其次科学分类，区分教学科研型、科研为主型、教学为主型教师的不同考核标准，力求平衡不同岗位教师在教学科研方面的投入。最后是灵活，在考核周期、成果形式及数量等方面增加了更多的弹性。

三、建构以质量和创新为导向的科研评价体系

科研评价体系是一个牵一发而动全身的枢纽，原因就在于科研

评价体系具有导向意义、激励效果和诊断作用。为此应根据各学科不同特点及其发展规律，探索更加科学化的分类评价标准。当前深化科研体制改革，增强科研创新活力，关键是建立以质量和创新为导向的科研评价体系，改变科研评价中的虚骄浮躁、急功近利的倾向。

（一）改革学术评价体系，强调专业精神，回归学术本身，鼓励创新

学术组织的泛行政化是科研评价体系创新的一个主要阻碍因素。本来学校和科研组织应是扁平的，但在中国，它们和政治组织一样具有等级性。与之对应，课题项目也被分成三六九等，等级越高研究经费也就越多。不可否认，这有一定的合理性，但也带来了一些不容忽视的负面效应。以课题大小论英雄，其结果是研究人员一年到头疲于奔命地申报项目、填表格、中期评估、填表格、项目结项、填表格，根本没有多少时间和精力静下心来从容地钻研学问。当前“金钱化、权力化和形式化是科研异化现象的三个最显著的特征，分别有其深刻的经济、体制和观念上的根源。三者的共同特点是，都使科研活动趋于过度外在化，从而使科研活动和从事科研活动的人离开其本质。”① 学术评价应回归学术本身，建立起以代表性成果为评价对象、以学术影响和社会贡献为评价标准的科研水平评价奖励体系。遗憾的是，学术评价“论资排辈”不仅是学界的潜规则，而似乎已成为一些学者的潜意识。

（二）改革学术评价体系，激发科研工作者的使命感和责任感，激励创新

“人类对创新的永恒的、狂热的追求是不争的事实，但是只有在特定的社会和文化条件下，这种狂热才能发展成为人类演化的核心驱动力。”② 如今，创新成为一种时代焦虑，然而关于创新说得多做得少。通常，创新不外乎“纵向继承”与“横向借鉴”两种

---

① 孟建伟，周晓慧．科研异化论［J］．新视野，2010（2）．

② ［美］大卫·哈维．资本之谜：人人需要知道的资本主义真相［M］．北京：电子工业出版社，2011 年．

类型。所谓“纵向继承”，就是学术研究要扎根于中华民族的优良传统，吸收优秀传统文化精髓，做到“古为今用”；所谓“横向借鉴”，就是学术研究要具有国际眼光，既要密切关注当今世界发展变化的最新态势，又要密切关注国外各种社会思潮的最新进展，做到“洋为中用”。笔者认为，学术研究不仅要“出成果”，更要“出人才”。从出成果而言，“作为一篇论文，从论点、论据、论证三方面看，必然需要其中之一具有创新，否则就不成其为论文——要么论点创新，即有新的观点、新的理论；要么论据创新，即对于既有观点，提供新的材料、事实加以论证；要么论证手段创新，用新的论证手段对原有观点进行阐述。”① 从出人才角度看，关键是打造一支具有学术前沿眼光和可持续发展潜力的研究团队，使研究者在学术视野、学术规范和学术质量上更上一个新台阶。总之，改革学术评价体系，不仅可以收获高质量论文，而且有助于建立公平公正的竞争平台，培养德才兼备的创新型人才。

（三）改革学术评价体系，营造良好的学术生态和创新的文化环境，引导创新

无论是《中共中央关于进一步繁荣发展哲学社会科学的意见》，还是《教育部关于大力提高高等学校哲学社会科学研究质量的意见》，其主旨都意在提高我国哲学社会科学研究的整体水平，其中也包含了正确处理科研成果的“数量”和“质量”的关系。做学问、搞研究本来是一个慢功夫，可是一旦与金钱和名利挂钩，自然就等不起、耗不起、坐不住了，尤其现有的学术评价体系和职称评定也不会真正容忍“十年磨一剑”的做法。当前，对中国来说提高质量的关键是创新。以哲学理论创新为例，“要真正实现哲学理论创新，一个重要条件和要素在于是否能以哲学的力量切中并穿透‘当代问题之所在的问题的中心’，深刻反映和表达时代个人和公共生活的苦恼、矛盾与希望。哲学的理论创新要成为可能，哲学就必须有能力成为时代个人和公共生活的‘镜’与‘灯’。只有

① 熊丙奇．高校创新人才培养的两大误区及调整策略［J］．中国高等教育，2008（5）．

这样，哲学才能获得‘理论创新’所应具有的思想份量与话语厚度。”① 为此，要“大力推进学科体系、学术观点、话语体系、科研方法和科研手段创新以及形成科研组织管理创新，努力形成中国特色、中国风格、中国气派的哲学社会科学创新体系”②，助推“科教兴国”的梦想早日实现。

总之，学术研究只有“立地”才可能“顶天”。所谓立地，是指学术要“接地气”，要确立“以问题为导向”的学术研究，即贴近实际、贴近生活、贴近群众。所谓顶天，是指学术研究要适应国家和社会发展需求，要确立“以经世致用为导向”的学术研究，即瞄准国计民生的重大战略问题。这需要学者既要“眼睛向下”，坚持为人民服务的学术立场，又要“脑袋向上”，坚持党性和人民性相统一的原则，密切关注时代脉动，始终走在学术前沿，坚持以重大现实问题为研究方向，加强对全局性、战略性、前瞻性问题的学理研究。张载曾提出真正的学者要：“为天地立心，为生民立道，为去圣继绝学，为万世开太平。”③诚然，不可能每个学者都能达到这一境界，但保持对学术的真诚与敬畏是必须的。

---

① 贺来．哲学理论创新的基本要素：以德国古典哲学研究为个案［J］．江海学刊，2014（1）．

② 王伟光．指导和推动中国特色社会主义伟大实践的科学指南：学习《习近平总书记系列重要讲话读本》［N］．光明日报，2014-6-26.

③ 张载．近思录拾遗·张载集［M］．北京：中华书局，1978 年．

高校哲学社会科学科研评价标准探析

——以中西部高校为视角

王思锋　刘　丰*

一、问题的提出

党的十八大报告指出，全面建成小康社会，实现中华民族伟大复兴，必须推动社会主义文化大发展大繁荣，兴起社会主义文化建设新高潮，提高国家文化软实力，发挥文化引领风尚、教育人民、服务社会、推动发展的作用。社会主义核心价值体系是兴国之魂，决定着中国特色社会主义发展的方向。社会主义文化强国的建设，必须要深入开展社会主义核心价值体系的教育，用社会主义核心价值体系引领社会思潮、凝聚社会共识。推进马克思主义中国化、时代化、大众化，坚持不懈用中国特色社会主义理论体系武装全党、教育人民，深入实施马克思主义理论研究和建设工程，建设哲学社会科学创新体系，推动中国特色社会主义理论体系进教材、进课堂、进头脑。党的十八届三中全会通过的《中共中央关于全面深化改革若干重大问题的决定》（以下简称《决定》）则进一步提出：建设社会主义文化强国，增强国家文化软实力，必须坚持社会主义先进文化前进方向，坚持中国特色社会主义文化发展道路，培育和践行社会主义核心价值观，巩固马克思主义在意识形态领域的指导地位，巩固全党全国各族人民团结奋斗的共同思想基础。由此

* 王思锋，社会科学科研管理处处长助理，副教授；刘丰，社会科学科研管理处处长。

可见，党的十八大报告和十八届三中全会《决定》不仅明确提出了要发展哲学社会科学，建设哲学社会科学创新体系，而且明确要求要以社会主义核心价值观为指导，走中国特色社会主义文化发展道路。

社会主义核心价值观是在充分吸收人类历史发展中一切优秀文明成果的基础上，从中国特色社会主义建设实际需要出发，结合时代发展要求，综合创新的结果①。高等院校是我国哲学社会科学发展的主要阵地，是社会主义文化建设的重要力量。高等院校哲学社会科学的繁荣和创新发展，应该以党的十八大和十八届三中全会精神为指引，贯彻社会主义核心价值观，体现鲜明的中国特色、中国风格、中国气派。实践证明，科研评价标准是影响和决定高校哲学社会科学发展的关键性因素，高校哲学社会科学要实现创新发展，必须要有科学合理的科研评价标准作为指导。然而，目前我国高校哲学社会科学科研评价标准的制定和执行过程中还存在着很多问题，如盲目追求国际化、不切合学科发展实际实行“一刀切”、不合理地跟风和照搬、受自然科学评价标准影响唯数量、唯指标至上等。这些问题，在中西部高校哲学社会科学发展实际中尤为明显，成为制约中西部高校哲学社会科学创新发展的重要机制性障碍。据统计，截至2013年6月21日，全国共有普通高等学校2198所，其中，中西部18个省份共有1119所，占到全国高校的51%②。因此，根据《高等学校哲学社会科学繁荣计划（2011—2020年）》和《中西部高等教育振兴计划（2011—2020年）》的要求，以探索高校哲学社会科学科研评价标准为视角，探索中西部高校哲学社会科学科研综合改革路径，具有重要的意义。

---

① 李书吾，李秋发．社会主义核心价值观具有世界意义［J］．中国社会科学报，2014-5-28.

② 数据来源：教育部官方网站 http://www.moe.edu.cn/publicfiles/business/htmlfiles/moe/moe_229/ 201306/153565.html,2014-4-10.

本文重点以中西部18省40所“211工程”大学为视角①，对高校哲学社会科学科研评价标准进行综合调查和分析，总结我国中西部高校哲学社会科学科研评价标准存在的突出问题，并对如何进一步改革提出初步的见解。

二、高校哲学社会科学科研评价标准的统一化之辩

所谓标准，一般被认为是科学、技术和实践经验的总结，是经过协商一致并由公认机构批准，共同使用和遵守的统一规范性文件。评价标准一般是指人们在评价活动中应用于评价对象的价值尺度和界限，不仅具有对某种对象客观评判的作用，亦具有指引被评价者工作方向的重要功能。高校哲学社会科学科研评价标准是指用来客观评判高校哲学社科科学发展质量的价值尺度和准则。高校哲学社会科学的评价标准主要体现为对各类学术著作、学术论文、研究报告等研究成果以及不同级别科学研究项目等的评判制度或准则。从实践来看，对于高校哲学社会科学科研评价标准是否应该统一之问题，无论在理论上存在多大争议，但是不可否认的是，这一评价标准的统一化趋势的确客观存在，主要表现为：

第一，高校与高校之间哲学社会科学科研评价标准的趋同。根据调查统计，中西部高校的职称评审文件对于教师学术水平的考核，普遍都以是否主持纵向（或者横向）科研项目、在高质量学术期刊发表论文的数量、学术专著的数量及出版社等级、哲学社会科学科研成果获奖的级别等指标作为教师晋升职称的必备条件。科研项目一般都要符合相应的级别，如按照政府的级别分为国家级或者省部级等，或者按照重要性分为一、二、三、四类等；发表学术论文一般都要求是核心期刊甚或权威期刊（一流期刊），学术专著也普遍要求是国家级几级出版社或者专业出版社等。除了数量和级别略有差异之外，绝大多数的考核指标都是相同的，评价标准趋同

① 中部地区主要包括山西、安徽、江西、河南、湖北、湖南，西部地区主要包括重庆、四川、云南、贵州、广西、西藏、内蒙古、陕西、甘肃、宁夏、青海、新疆，中西部18个省份共计40所国家211工程大学。

化比较明显。以核心期刊为例，目前国内大部分高校都将在 CSSCI (*Chinese Social Science Citation Information*，《中文社会科学引文索引》) 来源期刊上发表的论文作为核心期刊，该核心期刊目录由南京大学中国社会科学研究评价中心每两年发布一次，现已成为国内绝大多数高校评价哲学社会科学学术论文的唯一标准。

第二，学科与学科之间科研评价标准的趋同与统一。学科之间科研评价标准的趋同，首先表现为文理科学科之间的趋同，其次表现为哲学社会科学各学科之间的“一刀切”式的评价标准。近年来，哲学社会科学的科研评价标准，出现了向理工科靠拢的迹象，如学术期刊评价片面追求影响因子，学术论文评价唯引用率和转载次数至上。在哲学社会科学各学科之间，也往往不再区分哲学、艺术、管理、经济、语言、体育、新闻等不同学科差异，实行统一的评价标准，在科研项目、学术论文、学术专著的评价方面采取基本相同的要求。

评价标准的制定既是规范化管理和客观评价的需要，也是为了更好地发挥其指引作用，“统一适用”亦是各类评价标准的内在要求之一。然而，对于高校哲学社会科学科研评价，笔者并不赞同采用统一的标准，其理由在于：首先，哲学社会科学自身的特殊属性决定了采用统一量化的指标对其评价，结果不一定客观和公正。其次，各高校学科发展水平和优势各异，如果采用统一的评价指标，并不能完全保证契合该校的学科发展实际，也可能会有失去特色和传统学科竞争优势的弊端。因此，各高等院校应该根据各自实际，在充分照顾哲学社会科学不同学科发展差异的基础上，适当参照并有所选择地借鉴其他高校的科研评价标准，制定合理的科研评价标准，以推进该校哲学社会科学的创新发展。

三、高校哲学社会科学科研评价标准的国际化反思

近些年来，提升高等教育国际化水平逐渐成为国内各高校发展的重点，联合办学、学术交流、互派教师、合作研究等各种国际化方式异彩纷呈。在科学研究方面，不仅自然科学，而且在哲学社会科学发展领域，也出现了国际化的评价要求。调查发现，众多中西

部高校为了体现自身哲学社会科学研究的国际化，被动适应大学排名的竞争压力，普遍将SSCI(*Social Sciences Citation Index*,《社会科学引文索引》)和A&HCI(*Arts & Humanities Citation Index*,《艺术和人文学科引文索引》)作为其科研评价标准，部分高校甚至将在这两大索引来源期刊发表的论文视为权威期刊论文并将其作为晋升教授或者博士生导师的必备条件。在这样的评价标准指引下，国内高校、科研机构、高校教师、博士研究生们的学术研究导向逐渐出现了偏离，高校哲学社会科学的发展变得不再关注中国问题，也不再真正强调研究成果的质量，所有的研究都是为了达到以外文在外国期刊上发表的终极目的，只要在SSCI和A&HCI索引期刊上发表论文，作者的身价随即倍增，荣誉、项目、金钱等纷至沓来。

上述现象已经引起学界的警觉，有学者专门对SSCI这个被捧得过高的评价标准进行了专门研究，在他看来，作为西方学术评价的重要参照之一，SSCI“归根到底，它只是美国商业机构建立的以英语为主的期刊论文数据库。然而，在我国学界，尤其是许多学术行政管理者不顾该体系的初衷及局限，把它视作评价我国人文社科研究成果的重要甚至最高标准，过分抬高了它的地位，夸大了它的影响，正在产生越来越严重的消极后果”。何况，SSCI“是地域的而非国际的、片面而非全面的、主观而非客观的，故SSCI不能作为中国人文社会科学的科学评价标准”。① 另有学者指出，“社会科学毕竟是研究‘人’和‘社会’的科学，不同地区的历史、文化、意识形态等方面具有较大差异，导致价值观以及衡量标准也不一样，这在政治学、历史学等学科上体现得尤为明显。因此，用能否在‘外国’的期刊上发表文章来作为一个硬性的评价指标，也并不妥当。”② 有专家专门从学科分布角度研究SSCI期刊对于哲学社会科学评价指标的影响，研究发现：“由于学科分布的不均

---

① 党生翠．美国标准能成为中国人文社科成果的最高评价标准吗？——以SSCI为例［J］．社会科学论坛，2005（4）．

② 高科．在实践中构建和完善社会科学评价体系［N］．中国社会科学报，2014-5-21.

衡，对整个社会科学科研进行评价时，会产生很多偏差。如心理学、经济学和公共管理学三大学科的期刊数将近占到SSCI收录期刊总数的一半。而历史学、哲学、民族学等学科期刊数相当少。所以，在使用SSCI作评价时，一定要坚持同类相比的原则，否则将会有损于那些期刊数较少、被引频次总体水平较低及一些重要的冷门学科的正常发展。”①

高校哲学社会科学的发展要不要国际化？当然要。但是，此处的国际化并非指的是唯西方化或者唯美国化，更不是指用外国的学术评价标准来评判中国学者的学术水平。高校哲学社会科学国际化的原旨在于，学术研究要有国际化的视野和兼容并包的胸怀，要紧跟世界学术发展前言并参与国际对话，扩大中国学术的国际影响力，增强我国的学术话语权②。但是，以科研评价标准视角来考量，相当部分高校哲学社会科学发展所谓的国际化，实际背离了国际化的初衷，片面地认为采用了国际化的学术期刊评价标准就是实现了国际化，这种情形实在令人费解。SSCI和A&HCI虽然在国际上享有很高的知名度，也能在一定程度上反映一个国家、机构或个人的研究水平。但是，唯此至上、盲目推崇就有些不妥。更何况，这两大索引都是由美国科学情报研究所（ISI）研究创立的，中国的高校普遍以外国的学术评价标准来检验和评判中国的哲学社会科学研究成果发展水平，其评价结果的准确度和可信度究竟如何？如果一个中国高校的老师只有以外文完成论文并将该文章发表在外国相关机构主办的外文学术期刊上，方能证明自己的学术水平或者凑够晋升职称的必备条件，那么长此以往，我们的哲学社会科学研究，必将因为我们的“自我殖民化”而受外国学术评价机构的影响和制约，学术研究的中国特色、学术评价的中国话语权就会逐渐丧失。

---

① 褚超孚，刘艳阳，熊晓英. SSCI期刊学科分布对社会科学科研评价指标的影响［J］. 科学学与科学技术管理，2003（11）.

② 参见教育部《高等学校哲学社会科学“走出去”计划》教社科［2011］5号。

法国科学家巴斯德曾说“科学无国界，科学家有祖国”，这里的“科学”主要指的是自然科学，哲学社会科学以及人文科学应该是有国界的，有地域属性的。如果说自然科学服务的是全人类，那么哲学社会科学包括人文科学主要服务的是本国家、本民族。因此，深化高校科研领域综合改革，创新哲学社会科学评价标准，就必须全面理解“国际化”的真正内涵及其要求，并正确处理好追求“国际化”与坚持“民族特色”的相互关系。我们应该在坚持国际视野的前提下，立足中国现状，解决中国问题，构建符合中国实际需求的哲学社会科学科研评价标准，中国学术评价的话语权应该掌握在我们自己手中。不仅如此，哲学社会科学评价标准的国际化也同样要求，在世界范围内的哲学社会科学评价中，亦应该有中国的声音。只有这样，才能真正发挥高校哲学社会科学的智库作用，服务于中国社会现实问题，也才能真正增强中国文化的软实力，推动中国特色社会主义文化的大繁荣和大发展。

四、高校哲学社会科学科研评价标准的泛自然化

在不同场合、不同机构组织的总结或者考评实践中，高校哲学社会科学科研成果通常会被和自然科学研究成果进行比较。其结果是，无论是科研项目数量、科研经费到款数额，还是发表权威期刊论文数量、发表期刊的影响因子，自然科学各学科均整体遥遥领先于哲学社会科学，自然学科学者们、科研管理工作者也必将会受到学校的肯定和鼓励。相比之下，哲学社会科学学者尤其是科研管理部门往往会因科研业绩不强而略显尴尬。这些迹象表明，哲学社会科学的科研评价标准正在受自然科学评价标准的渗透和影响，评价标准“泛自然化”趋势明显。如过分强调科研项目数量和科研经费总额、片面追求学术论文发表数量、以影响因子界分哲学社会科学期刊的等级和质量、以引用率来评价学术论文的质量、科研项目和论文评审过度强调自然科学研究方法和范式的运用等。资料显示，中西部几乎所有的高校都有各自的期刊认定目录，根据一定的标准将期刊分为不同级别，有的高校不仅要求期刊的级别与论文数量，甚至将论文的引用次数作为硬性规定，如果引用次数达不到要

求，无论文章发表的期刊如何权威，也同样不予认定。

自然科学和社会科学分属不同领域，具有很强的学科差异性，以自然科学的评价标准来评价社会科学，甚或对科研业绩进行比较，难免有时偏颇。将国家自然科学基金和国家社会科学基金这两大国家级最高级别课题进行比较，2013 年国家自然科学基金面上项目、重点项目、重大项目等各类研究项目立项 35316 项，资助总经费 2352353. 55 万元①；2013 年国家社会科学基金项目立项总数为 4333 项，资助总经费为 81258 万元。另外，以一流期刊或者权威期刊为例，自然科学多采用 SCI（*Science Citation Index*，《科学引文索引》）期刊目录，该索引收录期刊 8183 种；哲学社会科学多采用 SSCI 索引，该索引收录期刊 2756 种，加上人文科学 A&HCI 索引收录的 1567 种期刊和国内各高校认定的国内一流期刊（总数一般在 30~60 种），总数也远远不及自然科学 SCI 期刊总数。不仅如此，不管是在 SSCI、A&HCI 还是国内一流期刊发表论文，难度均远远大于一般的 SCI 期刊。例如，根据检索统计，截至 2013 年 4 月，中国学者在 SCI 期刊上发表的学术论文总数为 1447154 篇，占总数的 4. 473% ，而在 SSCI 期刊上发表的论文总数为 52869 篇，占总数的 0. 619%②。

高校哲学社会科学科研评价标准的制定，一定要避免和减少对自然科学科研评价标准的盲从，要正确对待自然科学和社会科学的不同功能，体现哲学社会科学的功能与特色。自然科学的主要功能在于认识和改造世界，推动人类经济社会不断发展，满足人们的物质生活所需。而哲学社会科学的主要功能在于认识世界、传承文明、服务社会等，满足人们的精神生活所需。因此，哲学社会科学的科研评价，不能简单再以论文数量或者科研经费到款等指标为标

① 数据来源：国家自然科学基金委员会官方网站，http：//www. nsfc. gov. cn/，全国哲学社会科学规划办公室官方网站，http：//www. npopss-cn. gov. cn，2014-4-20.

② 数据来源：汤森路透 Web of science 引文索引数据库，http：//apps. webofknowledge. com，2014-4-28.

准，应该更加重视哲学社会科学研究成果所具有的实质影响，注重哲学社会科学研究所传递的正能量，加强构建符合哲学社会科学发展需求的科研评价指标。正如党的十八大报告中指出的，文化实力和竞争力是国家富强、民族振兴的重要标志，要坚持把社会效益放在首位，社会效益和经济效益相统一，推动文化事业全面繁荣、文化产业快速发展。

五、高校哲学社会科学繁荣发展与科研评价标准的制定

哲学社会科学是人们认识世界、改造世界的重要工具，是推动历史发展和社会进步的重要力量①。2004 年 1 月 5 日，中共中央出台的《关于进一步繁荣发展哲学社会科学的意见》明确指出，繁荣发展哲学社会科学是建设中国特色社会主义的一项重大任务，要求努力建设面向现代化、面向世界、面向未来，具有中国特色的哲学社会科学。为了大力推进高校哲学社会科学创新发展，2011 年 11 月 7 日，教育部、财政部联合发布实施了《高等学校哲学社会科学繁荣计划（2011—2020 年）》，明确提出了高校未来十年哲学社会科学发展的主要任务和重点建设内容。此后，各高等院校纷纷以此为契机，积极探索高校哲学社会科学创新发展之路。高校哲学社会科学的繁荣发展，离不开科学合理的科研评价标准。高校哲学社会科学科研评价标准的制定，应该处理好以下问题：

（一）评价标准应凸显中国特色，体现中国话语

党的十八大和十八届三中全会均强调要大力发展哲学社会科学，增强中国文化软实力，推进中国特色社会主义文化大繁荣大发展。因此，高校哲学社会科学科研评价标准的制定，应该着眼于中国哲学社会科学发展实际，构建体现中国特色、具有中国话语权的科研评价标准。这就需要妥善处理好哲学社会科学科研评价“国家化”与“民族化”的关系，学术研究应该具有国际视野，应该紧跟国际前沿，参与国际对话，但是学术评价的标准却必须由中国

① 陶文昭．十六大以来我国哲学社会科学的新发展［J］．思想教育研究，2013（3）．

的权威机构或者各高校来制定，即中国高校哲学社会科学的科研评价权应该由我们自己来掌握，高校哲学社会科学科研评价标准应该充分顾及学术研究的本土化资源，体现鲜明的中国特色。

（二）科研评价标准要全面顾及哲学社会科学的功能和具体学科差异

如前文所述，自然科学和哲学社会科学的功能明显不同。因此，高校哲学社会科学科研评价指标的制定，首先要立足于哲学社会科学自身特性及其功能，尤其是服务地方经济社会发展的智库功能，合理借鉴自然科学的评价标准。否则，哲学社会科学的发展就会失去特色，失去生命力。其次，哲学社会科学管理部门或者高校有权制定相应的科研评价标准，但是制定过程中既应该立足各高校自身学科整体发展现状，也应该认真区分具体的学科差异，例如，对于外语、艺术、体育等学科的科研评价，在研究项目、论文发表等方面不应该和法律、经济、管理、哲学、社会学等其他学科完全相同，必须充分尊重具体学科的特殊性。

（三）科研评价标准应将定性与定量方式相结合，注重成果的社会价值

评价指标量化有一定的合理性，通过量化，可以改变以往评价中标准过于模糊的弊端，可以增强评价的刚性，使结果较为客观公正，可以减少人为干预和主观因素的影响。① 采用定量方式来评价哲学社会科学研究水平，自然具有较强的可操作性，也比较令人信服，同时可以刺激科研产量。但是，哲学社会科学由于其特殊性，采用定量方式评价并不一定能够真正体现其价值。哲学社会科学重在通过广泛传播，来影响人们的思想、观念，指引人们的行为方式。现实中，许多具有前瞻性、高质量的研究成果，开始可能并不为同行认可和接受，需要经历很长时间才能真正体现其价值。有学者主张："真正的学术成就应该经得起历史的考验，真正的学术评

---

① 李培利．人文社会科学教师科研评价的问题与思考［J］．现代教育科学，2009（6）．

判也应该经得起历史的检验。"① 这不仅表明了学术研究成果价值的发挥一般需要较长时间，也要求我们应该用历史的眼光辩证地进行学术评判。因此，哲学社会科学科研评价标准的制定应该将定性与定量评价方式相结合，要更加关注研究成果的实质内涵和社会价值，而不是盲目搞数量崇拜。

（四）科研评价标准要体现前瞻性、保持灵活性、具有可行性

高校哲学社会科学科研评价标准的前瞻性是指评价标准的制定应该有远见，要对高校哲学社会科学的未来发展趋势有比较准确的把握，要全面考虑到该标准制定后执行过程中可能出现的新问题，防止出现评价指标落后于哲学社会科学发展现状或者出现评价指标缺失等特殊情形；灵活性要求评价标准的制定应该防止"一刀切"，要考虑不同学科之间的差异，要注重对研究成果的质量评价而非过度追求数量，要给特殊问题的处理留有可操作性空间；评价标准的制定，目的是为了重复适用，必须在评价实践中切实可行，这就要求评价标准要实事求是，要密切联系科研项目、学术论文、学术专著等研究成果的评价实际，并能够得到客观公正的评价结果。

（五）科研评价标准应在广泛调研的基础上充分发挥专家的指导作用

为了保障前瞻性、可行性等各项要求，无论是何种层次和范围的哲学社会科学科研评价标准，首先都应该对预评的对象进行摸底调查，广泛听取被评价者的意见和建议，包括高校教师和研究人员、在校学生、社会科学科研管理工作者等。其次，高校哲学社会科学科研评价标准制定过程中还应该充分发挥校内外专家的咨询和指导作用。例如，在已经建立学术委员会制度的高校，关于哲学社会科学的科研评价标准，就应当提交学术委员会讨论通过。当然，学术委员会制度的建立，应该严格以《高等学校学术委员会规程》

① 张觉．学术评判应经得起历史检验［J］．中国社会科学报，2014-5-7.

为依据，学术委员会一般应当由学校不同学科、专业的教授及具有正高级以上专业技术职务的专家组成，并应当有一定比例的青年教师，学校可以根据需要聘请校外专家及有关方面代表，担任专门学术事项的特邀委员①。当然，在制定和执行科研评价标准的过程中，对专家的选聘也应该谨慎、认真，学术评价的专家不仅应具有较高的学术造诣和学术声望，更应该严把客观、公平、公正的学术评价关卡。专家要有刚正不阿、敢于担当的学术风范，否则极有可能被左右而导致学术评价标准的公正性受损，也有可能造成学术评价标准流于形式，滋生和助长学术不端的风气。

① 《高等学校学术委员会规程》（教育部令第31号）第六条，2014年3月1日起正式施行。

转变观念，构建科学合理的科研评估体系，实现哲学社会科学研究成果从注重量的增长到注重质的提高

刘洪彪*

科学研究从注重“量”的增长向注重“质”的转变很大程度上与中国发展方式从注重数量和速度向注重质量和效益转变的时代大潮合拍。方今之世，从注重“量”的增长向注重“质”的提高转变已成为时代精神，诸如，食品消费从注重数量向注重质量和安全转变，专利工作从注重数量向注重质量转变，房地产开发理念从注重“量”到注重“质”转变，吸引外资正从注重数量向注重质量转变，劳动力培训要从注重“量”向注重“质”转变，等等，不一而足。而科研评估体系从注重“量”向注重“质”转变更是关乎国家命运和前途的大事，显然，这项工作取得共识与付诸实践是相对滞后的。

一、时代精神要求科研成果注重质的提高

20世纪90年代以来，越来越多的国家认识到提升软实力对于国际竞争的重要意义，并试图从软实力的角度思考国家战略。党的十七大以来，我国学者从中国的国情出发，在软实力理论的基础上进一步提出了文化软实力的概念。提升哲学社会科学研究水平是文化软实力建设的重要组成部分。改革开放以后，邓小平提出“社

* 刘洪彪，重庆大学公共管理学院教授。

会科学也是科学”的论断，2004年，中共中央下发《关于繁荣发展哲学社会科学的若干意见》，各界越来越重视哲学社会科学研究。但是，未来很长一般时间内，“我国高校和专门的社科研究部门，在哲学社会科学研究职称评定、考核晋级的标准方面存在重数量、轻质量的问题、盲从国内名刊和国外刊物的问题”①。

有鉴于此，国家“十二五”规划首次设立“哲学社会科学创新工程”。这表明，国家已经高度重视社会科学研究从注重“量”向重视“质”的转变问题。“哲学社会科学创新工程”强调以提高质量为核心。总体思路强调坚持质量第一，遵循哲学社会科学发展规律和教育规律、人才成长规律，弘扬马克思主义学风、文风，鼓励潜心治学②。为贯彻落实党的十七届六中全会精神，深入推进高校哲学社会科学繁荣发展，教育部、财政部联合下发了《高等学校哲学社会科学繁荣计划（2011—2020年）》，同时，教育部下发了《关于进一步改进高等学校哲学社会科学研究评价的意见》、《高等学校哲学社会科学“走出去”计划》、《高等学校人文社会科学重点研究基地建设计划》等配套文件。

这些文件明确提出了“完善以创新和质量为导向的科研评价机制”的要求，为制定符合社科研究自身规律的学术评价标准指明了方向，在教育科研部门引起了强烈反响。

教育部副部长李卫红强调，回顾改革开放30年来高校哲学社会科学事业的发展历程，我们看到，一方面高校哲学社会科学空前发展，成绩巨大；另一方面，高校哲学社会科学的发展现状与我国经济社会快速发展的要求相比，与哲学社会科学所承担的时代责任相比还有不适应，需要我们从党和国家事业发展的全局高度，增强责任感和使命感，不断改革创新，转变高校哲学社会科学发展理念

① 张国祚．提升我国文化软实力的战略思考［J］．红旗文稿，2011（8）．

② 建构创新体系，促进繁荣发展高校在哲学社会科学创新中大有可为——访教育部部长袁贵仁［N］．中国社会科学报，2011-7-6.

和模式，努力实现从数量增长向质量提升的转变①。

教育部社会科学司原司长杨光表示，近十年来，在中央各级领导的关心支持下，在全体高校哲学社会科学工作者的共同努力下，我国高校哲学社会科学获得了长足的发展，形成了比较完备的三大体系，形成了门类较为齐全，布局较为合理的学科体系，建立了较为健全的管理体制机制，形成了具有相当规模、水平较高的研究教师队伍，涌现了一大批学术价值厚重、社会影响广泛的优秀成果，研究质量和服务能力显著提高，学术影响力和创新力明显增强，发挥了认识世界、传承文明、创新理论、资政育人、服务社会的重要作用。但是，我们也要清楚地看到，我国的高校哲学社会科学仍然存在着创新研究能力不强，对关乎国家前途命运的全局性、战略性、前瞻性问题的研究力度不够，较为科学的评价体系尚未完全建立，学术浮躁、学术不端现象屡有发生，哲学社会科学“走出去”的步伐不够，成效不显著等问题②。

教育部相关领导在充分肯定高校哲学社会科学取得巨大的成就的同时，也指出了高校哲学社会科学仍然存在着创新能力不强等严重问题。这些问题的解决不是一朝一夕一蹴而就的，而是需要多角度全方位的改革才能实现。在诸多措施中，哲学社会科学评估体系的完善是十分重要的环节。对此，许多教育管理专家有深刻的洞见和精彩的论述。

教育部社会科学司司长张东刚指出，以改革体制机制为动力，围绕《教育部关于进一步改进高等学校哲学社会科学研究评价的意见》，推进高校建立健全符合哲学社会科学特点、适合校情的分类评价标准，进一步完善科学合理的评价制度，创新规范科学的评价办法，构建多元的评价体系。真正把质量第一、创新为先的评价

① 以科学发展观统领高校哲学社会科学繁荣发展：在改革开放与理论创新暨“历史新起点”系列丛书编写专题理论研讨会上的发言摘要［N］．光明日报，2008-11-30.

② 教育部社科司司长杨光谈高校哲学社会科学创新体系构建，http：//news. amu. Bedu. c/s/13/t/542/53/9f/info86943. html.

导向落到实处，不断推出更多代表国家水准、具有世界影响、经得起实践和历史检验的优秀成果①。

重庆大学校长欧可平认为，要制定好学术评价标准，必须全面贯彻六中全会《决定》关于提升全民族文化自觉与自信的精神。为此要把握好以下两点：其一，高校应成为引领哲学社会科学和文化创新与发展的标杆。高校不懈地追求真善美，不断地创造或选择新思想、新文化、新方法，始终处于先进文化改革的最前沿，因而引导着社会价值和文化诉求的健康发展，这也成为高校哲学社会科学必须坚持的价值取向和理应承担的社会责任。因而能否引领社会文化的创新与繁荣也就成为检验高校哲学社会科学研究的价值标准之一；其二，要提升我国在国际上的话语权和软实力。高校作为国际化程度很高的机构，发挥着重要的国际交流的作用，因此我们高校社科研究尤其要坚持民族文化的传承与创新，要从我国灿烂的历史文化中挖掘出具有人类共性的文明要素，认识到中华文化的特色和崇高的历史地位，使之与世界其他民族的先进文化积极开展交流，并向全世界传播，成为世界性、全人类的共同价值。②

一些学者就以创新和质量为导向的高校哲学社会科学研究评价机制作了较为深入的研究。这些研究分析了高校哲学社会科学研究评价机制存在的弊端，产生弊端的原因以及应对策略。

罗晓燕，欧阳克氤撰写的《以创新和质量为导向的高校科研评价机制改革》就高校科研评估机制的弊端及应对对策进行了论述。该文指出了目前我国高校的科研评价存在着重数量轻质量，重形式轻实质，重短期轻长远等弊端。该文还分析了现行科研评价机制弊端产生的原因。该文认为科学研究，尤其是探索性的科学研究具有创造性、探索性、长期性和明显的滞后性，其产生的成果或者社会效益往往不是在短时期内能够表现出来的。但是，许多科研机

① 张东刚．建设高校哲学社会科学创新体系，http://www. hie. Bedu. c/zitty_detail. fp? id=1163,2013-1-25.

② 深入推进高校哲学社会科学繁荣发展［N］．中国教育报，2011-12-13.

构和高校的科研奖励制度或考评制度却存在着急功近利的倾向。该文最后提出了应对策略，即坚持科学的评价导向，建立多元化的评价体系，进行适度的科研评价，建立独立的社会化科研评价机构①。

胡敏强教授从科研评价体系、科研组织与管理体系、经费投入与保障体系以及成果转化体系等方面，对实现高等学校哲学社会科学的体制机制创新进行了研究。他认为，质量与创新是建立科学的科研评价体系的首要标准，要破除一味追求“科研 GDP”的简单做法，倡导质量结合、分类评价和诚信公正的原则②。

从上面的分析可以看出，哲学社会科学研究从注重量的增长到向质的提高转变是站在提升国家文化软实力的战略高度提出的重大战略决策，它是时代精神的精髓。要想抢占世界科学研究制高点，科学研究就必须要从注重量的增长向注重质的提高转变，鼓励高质量的、具有前瞻性的、处于世界学术前沿的科研成果产生。这就需要科研工作者省去意义不大的重复性劳动，潜心研究，深入探索。这还需要社会评价转变观念、建立科学合理的科研成果评估体系。

二、科研评估应转变观念

任何制度或机制的创新，都离不开观念的转变。只有观念更新了，才有可能在制度和机制上创新③。目前，科研评估长期以来有一个功利化的观念，即认为科研人员既然是“吃财政饭”，那么拿一份钱就干一份活。因此，缺乏远见的做法就是政府对科研人员进行定期考核，而考核的依据就是科研人员在一定周期内取得的“科研成果”。科研人员也就疲于奔命，甚或弄虚作假。

在考核压力下，有些学者放弃了科学研究的本义，把学术的内

① 罗晓燕，欧阳克氤．以创新和质量为导向的高校科研评价机制改革［J］．安徽农业科学，2013（5）．

② 胡敏强．体制机制创新是推进高校哲学社会科学繁荣的重要保障体制［J］．中国教育报，2011-12-28．

③ 加速高校科技成果转化重在观念更新——访教育部科技发展中心李志民博士，http：//www. edu. cn/20040114/3097524. shtml.

在求索精神理解成乏味的重复性劳动，致使科学研究片面追求数量和速度，进行低水平重复。例如有的高校要求硕士、博士研究生在读期间，须在指定的刊物上发表一定数量的学术论文才可申请学位；职称晋升和研究生导师遴选等须在学术成果的所谓“质”或“量”上达到指定的要求；科研津贴与奖金的发放也与科研成果情况直接挂钩。这就违背了科学研究的基本规律，造成了高校科研的功利化和投机钻营氛围的日渐浓厚①。媒体经常曝光的“学术腐败”、“学术不端”在很大程度上是被“考核”给逼出来的，而很多质量低劣的“豆腐渣文章”很大程度上也是“考核”的副产品。

对此，全国政协委员王庭大的提案很有深意。王庭大对全国4个领域的11家科研院所374位研究员“直接从事科研时间”进行的问卷调查显示，16.5%的科研骨干直接从事科研时间占工作时间三分之一甚至更少，科研占二分之一工作时间的有44.1%，其他时间大多用在项目申请、评审考核、申报评奖等活动上，有90.6%的研究员认为主要是用在争取项目上。因此，他们不得不在双休日和晚上加班搞科研，其中每周加班超过16小时的占一半以上。对此，王庭大指出，要建立完善科学的科研评价评估体系，要开辟体现科技人员和管理支撑人员不同特点的职业发展道路，重视科技管理支撑队伍的建设，鼓励和支持科技人员在科技创新实践中成就事业并享有相应的经济社会待遇；要尊重科学发现、技术发明的规律，对厚积薄发的基础研究不能过分地考核、评价，要完善以质量和创新为导向、以成果和贡献为依据的科研评价制度，减少频繁的评比奖，把广大科研人员从繁琐的考评事务中解放出来，让他们心无旁骛地潜心钻研；同时还要给他们“愣愣神”的时间，有一些冷静思索和奇思妙想的工夫②。

毛殊凡指出，高校哲学社会科学只有勤勤恳恳地甘于在哲学社

---

① 罗晓燕，欧阳克氙．以创新和质量为导向的高校科研评价机制改革［J］．安徽农业科学，2013（5）．

② 王庭大：完善科研评价制度 把科研人员从繁琐的考评中解放出来，人民网，2011-3-9.

会科学的原始创新探索中默默耕耘，少些浮躁，多些踏实，不断努力提升自身的研究原始创新能力，才能在深厚的学术积累中不断创新发展，为我国哲学社会科学大繁荣、大发展作出贡献①。

这些实际上讨论了转变科研评估观念的重要命题。它是有感于科研评价体系存在严重的弊端而展开讨论的一个话题。2012 年“两会”期间，就曾有多位代表委员递交提案，呼吁把科技评审权还给科技人员，认为学术考核制度以论文数量、期刊级别为硬指标严重束缚着科研成果的应用和推广，导致很多成果没有应用价值。中国科学院院士路甬祥也曾表示：再也不能用文章，尤其用文章数量，作为评价科研工作的唯一指标了。对一些以应用研究为主的研究机构而言，对国民经济作出的实际贡献才是更重要的②。

李志民指出，要加快高校科技成果转化和产业化的速度，观念的更新与转变应从三个方面来理解。第一，社会对大学功能的认识不能简单地停留在“教学”这一单一功能上；第二，高校领导对于大学科技成果转化的认识应加以进一步提高；第三，科研人员本身的观念有待进一步转变③。

上述几位学者的观念实际表明，哲学社会科学评估体系从注重量的增长到注重质的提高转变，首先还是科研管理部门转变科研评估观念。而其中最为重要的是已经成为潜规则的“拿一份钱干一份活”的观念，将科研工作者与体力劳动者所做的工作牵强比附，将科研工作者的劳动商业化比附。而实际上，政府给予科研工作者的报酬与其科研贡献是不符的。就收入而言，政府应进一步重视科研工作者的待遇问题。经过改革开放几十年，中国已经积累了足够的财力可以培育一批专门从事科研和教育的人员，让他们潜心研究与教育教学。只有真正地尊重知识，尊重人才，才能设身处地地考

① 毛殊凡．以科学发展观指导高校哲学社会科学创新发展［J］．思想政治教育研究，2013（5）．

② 科技评价理念的转变是时代发展的需要［N］．中国气象报社，2014-3-3.

③ 加速高校科技成果转化重在观念更新——访教育部科技发展中心李志民博士，http：//www. edu. cn/20040114/3097524. shtml.

虑到现行科研评估机制很大程度上已成为真正的科学研究的障碍。

三、科研成果评价体系的建构

科研成果评价体系的选择与构建事关“哲学社会科学创新工程”的实现程度，《国家中长期教育改革和发展规划纲要（2010—2020）》提出“完善以创新和质量为导向的科研评价机制”，《国家教育事业发展第十二个五年规划》也将“探索学校评估、专业评估、国际评估等多种形式结合的教育教学质量评价办法”。科研成果评价体系的选择与构建成为提高人才培养质量的关键措施，无论是大学，还是科研院所，均应紧紧围绕科研质量与效益开展科研成果的评价，最终服务于提高高等教育质量，服务于经济社会发展。

《2013 年中国大学及学科专业评价的创新与结果分析》提出正确处理定性与定量的关系，坚持定性分析和定量评价相结合，正确处理数量与质量的关系，坚持适当偏重于质量的原则①。

中国人民大学修订颁布的科研考核办法及核心期刊目录以改进科研评价机制为导向，其主导思路是：突出质量和创新要求，淡化“学术 GDP 式”的数量要求，弱化“科研指挥棒”的作用，鼓励教师自主治学，支持教师从容治学，减少行政性评价，鼓励教师潜心治学。修订后新的变化主要有：一是简化。新方案简洁地规定了教师应达到的以论文为主要形式的科研成果基本任务指标，取消了核心期刊分级，取消了对教师的科研项目要求，取消了“计分制”，实行代表作制和免考核制。二是分类。新方案进一步区分了教学科研型、科研为主型、教学为主型教师的不同考核标准，力求平衡不同岗位教师在教学科研方面的投入。三是灵活。与原有方案相比，在考核周期、成果形式及数量等方面增加了更多的弹性。试行延期考核制。四是分责。管理主体重心向学院转移，扩大了学院

① 2013 年中国大学及学科专业评价的创新与结果分析，http：//www.buzz.com，2013-5-7.

在科研管理方面的职能，形成了校院两级分工合作的考核体系①。

杨红艳在《学术成果评价的新视野》一文中以《人大复印资料》作为哲学社会科学成果考核评价的参照，指出当前量化评价占主导地位的现状，不仅导致了学术成果“数量激增”与“高水平成果稀缺”的反差，也影响了评价结果的准确性和公正性。她指出当前我国学术成果评价中出现的“重量轻质”、“重刊轻文”等偏离评价目标的异化现象与利用“核心期刊”开展学术评价有很大的关系，要对我国人文社科学术成果评价体系进行优化改进，关键是要增强同行评议在学术成果评价中的作用，将成果评价扭转到“以同行评议为主，文献计量为辅”的思路上来。在众多评价实践中，具有50余年历史的中国人民大学《复印报刊资料》日益凸显出学术资料与学术评价的双重功能。《复印报刊资料》在人文社科学术论文同行评议理论与实践方面的探索，在一定程度上体现了“理想与现实”之间的优化选择，为我国人文社科学术成果评价体系的改进提供了有价值的经验②。

我国教育部在印发的《高等学校“十二五”科学和技术发展规划》（一下简称《规划》）中指出，当前高校科技发展仍存在一些薄弱环节和深层次问题。人才评价与选聘机制不适应人才成长的规律，创新潜力未得到充分发挥；急功近利、学术浮躁的倾向比较严重，崇尚真理的创新文化氛围有待形成。《规划》要求深化科技人才评价聘用机制改革，建立以创新和贡献为导向的科研评价机制，积极探索适合基础研究和原始创新的科研评价体系和激励方式，改变重数量、轻质量，重形式、轻效果的单纯量化考核评价方式，适当延长评价周期，改变科研评价中的急功近利倾向，建立多元化考核评价体系，建立不同领域、不同类型人才的评价体系，明确评价的指标和要素；探索国际同行评价；发挥科技奖励引导和激励作用。探索建立既符合国际惯例，又具有中国特色的科技人员聘用机制。探索建立高校、科研院所、企业之间科技人员的流动合作

① 以质量与创新为导向，完善科研评价机制，光明网，2011-12-22.

② 杨红艳．学术成果评价的新视野［N］．光明日报，2012-4-24.

机制；支持高校依托重大课题、重点任务，自主设立科研岗位；鼓励和引导高校将技术应用和成果转化的绩效（如农技推广）纳入职称评聘的条件。按照事业单位工资改革的总体要求，结合科研经费管理办法改革，完善科技人员薪酬分配体系，推动高校关键科研岗位年薪制试点。①

经过多年的沉淀与积累，中国已经形成了许多有特色、高水平的学术期刊。按照学术期刊自身的生存规律，各类期刊都有其用稿质量要求。譬如中国社会科学研究评价中心制定的《中文社会科学引文索引来源期刊CSSCI（2010—2011年）目录》，北京大学制定的《中文核心期刊要目总览》（2008），南京大学社科研究评价中心制定的《CSSCI来源期刊（2012—2013年）目录》等都列举了不同版本的核心期刊目录。各个地方社科院也有自己的核心期刊目录，例如“关于重庆市社会科学权威期刊、重要期刊和核心期刊认定的意见（渝社联〔2010〕72号）”。各类期刊目录分别对管理学、经济学、马克思主义、哲学、宗教学、语言学、外国文学、中国文学、艺术学、历史学、考古学、政治学、法学、社会学、民族学、新闻学与传播学、图书馆、情报与文献学、教育学、体育学、统计学、心理学、综合性社会科学、人文、经济地理、环境科学、高校综合性社科学报等学科刊物做了认定。此外，全国也涌现出一批优秀的出版社，譬如“全国百佳图书出版单位”（即一级出版社）。而高等学校的排名也很大程度上反映了该高校的科学研究水平。

由于学术期刊质量、出版社质量、高校办学质量关系着学术期刊、出版社、高校的生死存亡，因此学术期刊、出版社、高校的质量在很大程度上成为科研成果评价体系的一部分。但现在造成学术成果“重量轻质”、“重刊轻文”，“数量激增”与“高水平成果稀缺”形成反差的根源不在于学术期刊、出版社、高校本身，而在于科研管理部门对科研人员的量化考核。考核体系要求每个科研人

① 中国将建立以创新和贡献为导向的科研评价机制，中国新闻网，2012-3-27.

员必须在一定的周期内完成相应数量的论文，而且考核结果与职称、薪酬挂钩，导致“科研成果”数量越来越多，而“成果”质量与数量不均衡。

因此，科研成果评价体系不能忽视学术论文、著作本身，而是一个“量”的把握的问题。与其考核科研人员在普通核心期刊一年发表多少篇论文，还不如考核科研人员是否以“十年磨一剑”的精神在几年间完成一篇高质量的论文。

四、结论

建构科学合理的科研成果评价体系是事关哲学社会科学从注重量的增长向注重质的提高转变的根本性问题，时代精神呼唤有一套科学合理的科研评估体系。科研成果从重视“量”向重视“质”转变，归根结底要建构一套机制让科研工作者能够静下心来做研究，这不仅要借鉴国际先进的科研管理经验，也需要根据中国的国情有一些科研管理创新。

本文认为，要实现科研成果从重“量”向重“质”转变，有两个关键问题要解决：一是科研工作的劳动付出与劳动报酬不能以商品买卖规则衡量，应切实摈弃科研管理中存在的商品买卖潜规则。二是科学合理的科研评估体系不是不考核，而是一个“度”的把握的问题，各个高等院校、科研院所应形成自己独具特色的科研评估体系，不能全国一刀切。而对高等院校、科研院所的评估应建立另外一套评估体系，其导向是该高等院校、科研院所对区域、中国、世界经济社会发展所作出的贡献。

广东高校科技评价体系改革探索与思考*

蒋艳萍　罗远芳　谢春艳　吕建秋　田兴国**

高校是国家创新体系的重要组成部分，在建设创新型国家中担负着重要的历史使命。经过多年持续不断的发展，我国高校的科技创新和社会服务能力逐步提升，取得了巨大的成绩，已经成为促进科技进步和解决国民经济以及社会重大问题的重要力量。近年来，高校师生发表的科技论文数量已占全国科技论文总量的 70%；高校获资助的国家自然科学基金面上项目已超过全国总量的 80%，重点项目超过全国总量的 60%；高校在全国科学技术奖励中获奖数超过获奖总数的 2/3。同时，高校科技工作在推进技术与资本融合、成果与市场对接、科技创新与市场创新相结合，建设以企业为主体、产学研结合的技术创新体系中发挥了基础和支撑作用。改革开放三十多年来，我国科技事业蓬勃发展。然而，当前我国的科技评价体系并不能适应科学技术发展趋势的要求，也不能很好地为国家重大科技决策提供支持①，基于此，本文分析了当前高校科技评价存在的主要问题，结合广东高校在创新科技评价体系方面所开展

---

* 课题资助：广东省教育厅 2013 年政策咨询课题“深化高校科研管理体制机制改革研究”；广东省教育厅政策咨询课题“广东高校科技竞争力评价研究”（2012ZCZX0003）；广东省软科学课题“广东科技管理体制创新的路径选择”（2012B070300044）。

** 蒋艳萍，广东省科技管理与规划研究院；罗远芳，广东省教育厅；谢春艳，广东省教育厅；吕建秋，广东省科技管理与规划研究院；田兴国，广东省科技管理与规划研究院。

① 谈毅．中国科技评价体系的特点、模式及发展［J］．科学学与科学技术管理，2004（5）：15-18.

的一些探索性工作，提出了改进高校科技评价的思考建议，以期为科技评价体系改革创新提供参考。

一、科技评价对高校科技创新能力提升的重大意义

习近平同志在考察中国科学院时指出，要坚决扫除影响科技创新能力提高的体制障碍，有力打通科技和经济转移转化的通道，优化科技政策供给，完善科技评价体系。科技评价是科技发展的产物，科技资源的合理分配和适时调整成为了提高科技整体效益和质量的关键。科技评价作为一种社会评价，具有“判断”、“选择”、“预测”和“导向”等基本功能①，且被广泛用于科技项目、科技人才、科技机构、科技成果、科技奖励及科技政策等科研管理的各个方面，成为世界各国优化科技资源，促进科技持续发展的重要手段，也是推动高校科技工作、提高科研管理效率的有效途径。

（一）科技评价促进科技创新能力建设

高校科技评价方面的工作涉及职称评审、晋升职务、年度考核、评聘导师、科技成果鉴定、科研机构评估、学科建设评估等众多方面，囊括了科技评价的不同内容，对高校整体的科技创新能力建设具有较大影响。科技评价作为一种科技制度，它在某种意义上对科技创新能力建设起着决定性的作用②。若高校的各类科技评价体系科学公正而又遵循科技规律，则能对鼓励创新、促进高校科技创新能力建设产生正面影响。反之，不合理的评价制度也会阻碍高校科技创新能力的提升。

（二）科技评价辅助科技管理部门决策

教学、科研、社会服务和文化传承是高校的四大基本职能，科研竞争力的高低是体现高校实力和发展潜力的重要指标，且关乎高校的发展方向。科技评价有助于高校在创新能力建设中通过对人、

---

① 杨力．科技评价与高校科技创新能力建设［J］．求索，2004（2）：177-179.

② 杨力．科技评价与高校科技创新能力建设［J］．求索，2004（2）：177-179.

财、物等科技资源做出客观判断，揭示现有创新能力与建设目标之间的差距，制定出切实可行的建设规划；有助于高校根据社会需求，确定重点建设、发展和扶持的对象，使资源利用最大化；有助于对科研功能和效率做出客观评价，找出薄弱环节和制约因素，为相关部门制定政策提供依据①。

（三）科技评价推动科研体制机制改革

科研体制改革的主要目标就是形成有利于研究创新和提高科研绩效的机制，那么在改革过程中如何摸清当前科研体制机制现状，科技管理、科技政策和科技环境对改革的作用有多大等，这些都离不开科技评价的正确结论②。科学合理的科技评价体系可以防止评价活动中可能出现的问题，保证科技活动的健康发展。科技评价活动的规范以及评价结果的合理使用，在科研资源配置、科技政策制定、科研机构改革和人事制度改革等方面具有重要参考作用，因此，科学的科技评价对推动科研体制改革的作用不言而喻。

二、当前高校科技评价存在的问题

当前科技评价工作对广大高校教师及其他各类专业技术人员主要起着正面的导向作用。但评价制度不健全、评价体系不完善、评价方法不科学等问题依然存在，导致出现一些急功近利、浮躁、浮夸的不良现象，其问题主要体现在以下几个方面：

（一）重数量、轻质量

我国在高校科研评价方面存在过分强调量化的倾向，这在一定程度上促进了中国大学科研与国际的接轨，但是也造成了盲目追求论文数量，而不重科研实际效益，重数量轻质量的倾向。目前，各高校无论是对科研项目、科研人才的考核，还是对院系、平台和基地的评估，采用的评价指标体系越来越细，把科学研究简单地等同

① 王雪珍．高校科研项目绩效评价研究［D］．长沙：中南大学，2007：1-53.

② 吕春，彭博文．对高校科研评价若干问题的思考［J］．沿海企业与科技，2005（7）：32-33.

于产品生产的“记工分制”①。一是过分强调SCI论文发表数量，不少高校把SCI论文数量作为衡量大学、科研机构和科学工作者学术水平的最重要甚至是唯一尺度，以致最终损害了论文的质量。据报道，某教授在2003年共发表SCI论文65篇，平均不到一周发表1篇②，论文的质量可想而知。也有一些医学院校的教师、医生因有繁重的医疗救治任务，没有足够的时间也难以静下心来撰写论文。此外，还有一些学者认为，SCI也存在学科倾斜、地域倾斜、语种倾斜等缺陷③。二是过度看重科研项目和科研经费的数量，将“立项”本身当作实际成果，很多高校在评审教授岗位时都要求必须主持国家级科研项目，有些还盲目追求科研经费数量，在一定程度上违背了项目申请的规律和目的。

（二）重短期、轻长远

短期考核在一定程度上违反了科学研究本身的规律，使广大教师无法潜心研究，难以产出高水平成果。其主要原因一是高校普遍采用一年一度的科研考核，教师只能把发表论文、申请专利、获取项目作为科学研究的主要目的，片面追求数量和速度，低水平重复、缺乏原始创新。但是高水平成果通常需要“十年磨一剑”，一年一度的短期考核只能让他们“一年磨几把小刀”而已。二是国家和地方各级科研项目的考评周期短，而且还有诸多中期检查，导致科研人员经常疲于填写各类检查表格、参加答辩会、评审会等，真正用于科学研究的时间受限，也导致他们趋于追求直接的、近期的、显性的价值，而忽视间接、长远、隐性的价值④。

（三）重个人、轻团队

高校科技评价体系“重个人轻团队”的倾向较为严重，不利于科研人员之间、学科之间、单位之间的合作与交流，也不利于科研

---

① 杜德斌．改革和完善高校科技评价体系［N］．文汇报，2013-4-15.

② 傅铭，马卫华，章群等．我国高校科技评价制度的反思［J］．科技管理研究，2006（11）．

③ 彭兰，唐慧君．构建高校内部科研评价体系之思考［J］．黑龙江高教研究，2005（2）．

④ 杜德斌．改革和完善高校科技评价体系［N］．文汇报，2013-4-15.

人员的自由流动和合作创新，导致大家都争当“科研个体户”，突出表现在职称评聘、岗位津贴发放的考核中，过分强调个人获得科研成果的数量及其排名，过分注重第一作者、第一单位，排名第二及以后的团队成员没有受到应有的重视。科研项目评价中也缺乏对团队成员的认可机制，其他团队成员的积极性和主动性严重受挫。在目前实施“2011 计划”强调协同创新的大背景下，这种评价导向不利于科技联合攻关和资源共享，难以实现协同创新。

（四）重成果、轻转化

由于评价体系的导向性作用，科研人员关注的是其承担科研项目、获取经费、发表论文、申请专利的数量，而对科技成果的转化关注不够，导致高校科技成果转化率长期偏低。据某调查报告显示，2007 年某省高校取得理工农医类科技成果 35732 项，其中著作或论文类成果占了 96.3%，有转化可能的成果只有 3.7%，而当年该省高校实际转化的科技成果为 54 项，仅占 0.15%①，如此之低的转化效率在一定程度上影响了高校科研服务社会的能力，极大地制约了高校科技创新能力的提高，也导致有些高校培养出来的大学生由于缺乏实践平台，对专业和行业知识的掌握能力滞后或欠缺，实际动手能力不强，社会工作能力不足。

三、高校科技评价体系改革探索与思考

高校的科技评价制度，要真正起到服务和推动高校科技创新能力建设的目标，必须结合高校的科技工作实际，建立健全科技评价机制，在促进科技资源优化配置，构建合理的人才梯队，多出重大创新成果，强化国内外学术交流，强化科技成果的转化意识等方面取得突破性发展。要实现以上目标，科技评价体系要实现以下几个转变：

（一）由重视投入的评价向重视产出的评价转变

我国现行的科研评价体系重视承担课题的数目和投入经费的数量，对于成果的获取以及其产生的社会、经济效益重视不够，导致

① 王康．高校科研评价指标应重划［N］．科技日报，2009-3-18.

各大高校“各显神通”争取经费、抢夺资源，但同时也有大量资源被浪费与滥用，造成资源利用效率极低。比如，国家每年给“985”、“211”类高校投了上千万元到上亿元不等的经费，真正要用投入产出指标去衡量，其经费利用效率也不一定能比地方高校好。因此，我国高校科研评价指标的重心应较多转变到重视产出、效率、效益等指标上，把科研成果的市场适应性、经济性、可持续性、发展前景以及对社会的影响作为评价科研成果的重要指标，这样才能真正起到提高高校科研的竞争力的作用①。中央教育科学研究所2009年发布的《中国高等学校绩效评价报告》对教育部直属的72所高校进行了绩效评价，该报告在一定程度上更加注重评价投入与产出的关系，以促进高校重视科研效率②。

（二）由重视量的评价向重视质的评价转变

科研成果不在多而在精，成果的真正价值要看其产生的影响。发表论文、申请专利、软件登记等都不能以其数量作为评价的唯一标准，要从成果对技术进步、产业发展和社会生活产生的贡献来评价成果的质量。因此，我们建立起定量评价与定性评价结合，同行评价为主、文献计量方法为辅的高校科研评价体系，同时通过有效手段确保同行评价科学、规范、透明、公正和文献计量方法的科学、规范。比如广东有的高校在教师专业技术职称评审中采用代表作制度，用代表作的鉴定结论作为衡量申报人员学术、技术水平的重要参考依据，这也不失为一种有价值的尝试。

（三）由“一刀切”评价向分类评价转变

目前，高校的科技评价体系多数采用的是统一标准的“一刀切”评价标准，而科学的评价体系应该根据基础研究、应用研究、技术推广、科技产业化等不同类型的科技工作的特点逐步建立起分类评价的标准。比如，对于基础研究，要遵从科学和创新的规律，

① 刘莉．欧洲各国大学科研评价及其启示［J］．科学学与科学技术管理，2005（9）：86-90.

② 袁振国．中国高等学校绩效评价报告，http：//wenku.baidu.com/view/b2274128915f804d2b16c1e0.html，2013-6-19.

鼓励原始创新和探索性研究，减少数量和形式的要求，适当延长评价周期，注重科学价值和人才的评价①。而对于技术推广和成果转化方面的研究，不能仅关注其是否发表论文或论文的层次，而要结合技术和成果投入生产后产生的经济和社会效益来确定其水平。比如广东省华南农业大学实施的“推广教授”、“推广研究员”制度就体现了对技术开发和推广工作的认可。

华南农业大学为技术推广人员设立了专门的评价机制，促进农业技术的推广。从1992年起，华南农业大学每年都有十几个科技人员在广东温氏食品集团股份有限公司（该公司由七户农民集资8000元起步，现已发展成一家以养鸡业、养猪业为主导、兼营食品加工的多元化、跨行业、跨地区发展的现代大型畜牧企业集团，现为全国农业产业化重点龙头企业）兼职，直接为他们解决技术问题。在长达21年的合作中，华南农业大学与“温氏”集团合作共建了“国家农业动物种业工程技术研究中心”和“国家生猪种业工程技术研究中心”等两个国家级平台，育成新兴矮脚黄鸡等近40个纯系，建立了国内最大的优质肉鸡生产基地。温氏集团年产值从合作前的0.4亿元发展到2012年的330多亿元，同时带动近5万农民致富，华农的科技人员在其中作出了巨大的贡献。但是他们的科研论文很少，在正常的职称晋升中很难被认可。针对这个问题，华南农业大学创新科研评价机制，实施了“推广教授”、“推广研究员”等制度，也就是在《华南农业大学专业技术资格评审办法》中设置了“推广教授”、“推广研究员”系列，他们在科技推广中的工作量可以与高水平的论文、成果进行换算。这一办法不仅使学术研究、课题研究、发表论文的学者能评教授，同时使在技术应用推广中作出贡献、解决了现实问题的学者也可以评教授。这些教授在与温氏等农业企业的合作中，在科技下乡、服务三农、服务新农村建设等科技推广活动中所做的工作都可以得到认可，极大地调动了他们的工作积极性，并且推动了农业科技成果落地和农

① 葛新权，金春华．论高校科技评价与管理的完善［J］．中国研究生，2007（6）．

业科技现代化。

（四）由重视个人的评价向重视团队的评价转变

建立学科评价特区制度，改变过分强调个人成果的评价方式，加强对学科团队的评价是高校科技评价体系改革的一个重要方向。学科评价特区采取学科带头人负责制，学科带头人与学校签订学科建设任务书，学校进行年度检查和终期验收。本学科建设与发展计划的可行性论证由学科带头人自行组织，可根据学科发展实施或调整计划，学科带头人对团队教师工作考核、职称评定及岗位津贴等具有重要建议权①。广东省华南理工大学实施的“兴华人才工程”团队建设项目就在这方面做了一些有益的探索。

“兴华人才工程”主要是围绕学科发展目标，通过师资队伍的团队式管理与运行，发挥团队协同增效作用，发扬团队协作精神；学科团队下设置学术团队，学术团队中设置不同层级的岗位，按照不同岗位层级进行聘任，改变了原来的单兵作战状态，促进不同层次、不同知识结构、不同特长的人员共同参与，协作共进。截至目前，“兴华人才工程”团队建设至今历经 13 年，共四期，对教师的考核评价从原来考核个人的做法过渡到了以考核团队为主，考核个人为辅的做法，并且从《教学科研人员绩效评价办法》、《“兴化人才工程”学科和教学团队建设实施办法》以及配套的相关政策、制度上做出了明确的定位。据统计，进入团队后的教师人均教学、科研工作量是进入团队前的 2 倍，人均工作量是进入团队前的 2.2 倍，团队在争取大项目、大平台、出大成果方面的竞争力也显著得到了提升②。

（五）由短期考核向长效考核评价转变

科技评价也应该遵循科学研究的规律和特点，科技研究，是人们不断探索、发现和应用新知识的连续过程，它是创造性与继承

① 傅铭，马卫华，章群等．我国高校科技评价制度的反思［J］．科技管理研究，2006（11）．

② 吴春燕，刘继红．“组建团队”促高校人事制度改革［N］．光明日报，2004-1-04.

性、个体性与协同性、自主性与社会性的统一。有价值的研究成果不会一蹴而就，因此，科技评价要改变目前重短期轻长远的现状，将一年一考核改为长效考核，即考核科研人员在较长一段时间内的科研成果。比如：广东省汕头大学的“教授年薪制”、“三年一考核”制度就是创新科技评价体系的一项非常有特色的改革。

广东省汕头大学实施的“教授年薪制”是该校重组学术管理体系、重建以教师为主体的学术研究与创新管理决策体系的一个重要内容，在一定程度上消除了教师“挣工分”的现状。具体做法是：将教授按特聘讲座教授、特聘教授、教授、副教授等分为多个等级，每个等级的基本要求和相应报酬不同。例如，教学方面要求每学期要上几节课，科研要有基本的课题、经费，除此之外没有大量的考核指标，而且是三年考核一次，这也在一定程度上给了教师更大的空间，避免了短、平、快的考核制度的弊端。

（六）由全员考核向“为天才留空间”的评价转变

在所有的科研评价中，科研人员是评价的主体。有学者指出，高校学者中大致存在着三类人员：第一类是对科研有浓厚兴趣，将科研当成自己毕生的事业的人；第二类是有科研潜力可挖但惰性较强的人；第三类是科研能力不足的人但教学水平好的人。应针对以上三种人的特点采取不同评价方式和标准，因为对第一种人进行评价，硬性的评价指标只会打乱他们的研究计划，打击他们的积极性，要给他们宽松的政策，评不评价他们都会自觉严格要求自己；而对第二种人进行适当的评价，可以促进他们科研工作的积极性；对第三种人呢，则应该侧重评价其教学水平和教学成果①。因此，中山大学就提出了“给天才留空间、给中才立规矩”的理念，实现了由全员考核向“为天才留空间”的转变。中山大学前校长黄达人教授提出了“给天才留空间、给中才立规矩”的理念，对各类人才建立不同的考评机制。在这个理念指导下，该校从 2003 年起就开始在科技评价上贯彻实施并取得较显著的成效。具体做法是

① 傅铭，马卫华，章群等．我国高校科技评价制度的反思［J］．科技管理研究，2006（11）．

通过各个学科专家组的评议，对200多位教授的教学科研工作免予考核，学校下拨特殊津贴而不硬性规定他们的教学或科研工作量，为高端人才进行长期、深度的科学研究创造充分空间，彰显了中山大学独特的自由宽松的学术氛围。

改进科技评价体系，是推动以提高质量为核心的高等教育改革的重要方面，也是实施自主创新战略、建设创新型国家的重要保障。高校科技评价是一个内涵丰富、涉及面广、影响深远的科技活动，目前高校科技评价还存在着相当多的问题，有些不是改革评价方法本身所能解决的，而是要结合整个国家的政治体制、行政体制、司法体制、科技管理体制等改革综合考虑。高校的科技评价工作需要在国家科技管理体制改革逐步深化中不断完善，真正为高校创新能力建设起到应有的导向和激励作用。